国家社科基金青年项目(项目编号：09CJL016

中央高校基本科研业务费专项资金资助出版(

U0590620

中国政府支出宏观效应及其传导机制研究

Research on the Effects and Transmission Mechanism of Government Spending

◆ 王文甫／著

经济科学出版社
Economic Science Press

图书在版编目（CIP）数据

中国政府支出宏观效应及其传导机制研究／王文甫著.
—北京：经济科学出版社，2015.1
ISBN 978 - 7 - 5141 - 5337 - 8

Ⅰ. ①中…　Ⅱ. ①王…　Ⅲ. ①财政支出 - 研究 - 中国
Ⅳ. ①F812. 45

中国版本图书馆 CIP 数据核字（2014）第 298613 号

责任编辑：肖　勇
责任校对：曹　力
版式设计：代小卫
责任印制：潘泽新

中国政府支出宏观效应及其传导机制研究
王文甫　著
经济科学出版社出版、发行　新华书店经销
社址：北京市海淀区阜成路甲 28 号　邮编：100142
总编部电话：010 - 88191217　发行部电话：010 - 88191522
网址：www. esp. com. cn
电子邮件：esp@ esp. com. cn
天猫网店：经济科学出版社旗舰店
网址：http：//jjkxcbs. tmall. com
北京汉德鼎印刷有限公司印刷
华玉装订厂装订
880 × 1230　32 开　11. 25 印张　300000 字
2015 年 1 月第 1 版　2015 年 1 月第 1 次印刷
ISBN 978 - 7 - 5141 - 5337 - 8　定价：48. 00 元
（图书出现印装问题，本社负责调换。电话：010 - 88191502）
（版权所有　侵权必究　举报电话：010 - 88191586
电子邮箱：dbts@ esp. com. cn）

前言

改革开放 30 多年以来，财政政策在宏观经济调控中发挥了重要的作用，特别是在应对外部经济冲击或者周期性经济波动时，财政政策更成为最直接有效的调控工具。尤其在 2008 年秋，随着美国次贷危机爆发和蔓延，中国经济运行受到极大冲击，为保持经济平稳较快发展，中国政府重启积极财政政策，在两年多的时间政府财政投入 4 万亿元，推动中国经济在全球的率先复苏。不过，随后的欧洲债务危机持续恶化，对中国经济形成冲击的外部威胁依然存在。而目前中国经济的结构问题依然十分突出，城乡差距持续扩大，国内有效需求依然严峻，而政府在民生方面的投入也没有得到根本改善，这些已成为社会的主要经济矛盾，也是未来政府财政政策制定、调整的主要依据和方向。基于此，探讨财政政策的宏观效应及其传导机制并就此提出相应的政策措施显得尤为重要。

从现有相关研究来看，对财政政策的宏观效应及其传导机制的探讨明显不足：国外部分学者研究了政府支出效应的传导机制，不过，他们的讨论对象几乎都是欧美发达国家，而没有涉及发展中国家或地区；而国内学者对财政政策效应及其传导机制的研究很少，且没有研究采用动态随机一般均衡分析框架来讨论；在实证分析上，尽管在国外向量自回归（VAR）已经成为财政政策效应的主要实证分析工具，但国内相关财政政策效应的研究主要运用最小二乘回归以及面板数据来进行分析的。为此，本书利用了向量自回归模型（VAR）、H–P 滤波对中国相关数据进行处理和计量分析，去探索讨论中国政府支出效应的特征事实，然后主要在随机动态一般均衡（DSGE）框架下，引入政府支出的正外部性和居民消费习惯、流动约束等非完全竞争因素来探讨中国政府支出传导机制，拓展了财政政策的宏观效应研究视角，在理论上是一个新尝试。

本书可以分为两个主要部分：

1. 对中国财政政策效应的经验事实的探讨

这部分内容分别选取中国的年度数据和季度数据，利用 SVAR 模型进行实证分析，探讨中国财政政策效应的经验事实。主要结论可概括为，一是，政府支出对总产量、居民消费、社会投资产生正效应；政府支出增加会提升劳动就业和平均劳动报酬的水平；政府支出增加会使总产量、净出口增加，而有效汇率下降；税收对总产量、居民消费产生负效应；二是，税收会减低劳动就业和平均劳动报酬的水平；收入税率增加会使总产量、净出口和有效汇率下降。

同时第十章、第十一章，对新中国成立后 30 年和改革开放 30 年以及 1992～2000 年和 2001～2010 年这两个阶段的财政政策效应进行脉冲反应分析，讨论财政政策效应的阶段性差异。发现中国财政政策效应在时间段上具有一定差异性，但仍支持"政府支出对总产量和消费作用为正，政府收入或税收对总产量和消费作用为负"的基本观点，即中国财政政策具有挤入效应这一经验事实。

2. 对财政政策传导机制的分析

为什么我国财政政策会产生挤入效应呢？我们分别引入价格黏性、垄断竞争、消费习惯等一些非完全竞争因素构建几个动态随机一般均衡模型，去探讨我国财政政策的传导机制，结果发现所构建的模型能较好解释我国财政政策的经验事实。这一点，我们可从三个方面去理解：

（1）关于中国财政政策对居民消费效应的传导机制，包括政府支出的传导机制和税收冲击的传导机制，中国政府支出对消费产生正效应，这一效应来源于两个方面，一是，政府支出的正外部性会促使消费水平的提高，即政府支出的正外部性效应；二是，政府支出对有流动性约束的居民消费有正效应，即流动性约束效应。而这两个效应的总合大于政府支出的负财富效应，从而使中国政府支出对总消费的净影响效应为正，即政府支出对总消费产生挤入效应。

从税收冲击的传导机制来看，税收对居民消费有负效应。一方面，正向税收冲击会使居民的收入减少，降低居民消费支出。另一方面，居民消费支出水平的降低会连带对投资产生乘数效应，降低社会投资支出水平，进而促使社会总产量和总消费水平下降。

（2）关于财政政策对劳动力市场效应的传导机制。一是从劳动需求来看。一方面，政府支出增加的负财富效应使居民消费量下降。而居民的消费习惯又使其消费在短期内下降缓慢，从而使总需求下降趋势力量较小；另一方面，政府支出增加会使总需求水平有上升趋势的力量。这两股合力促使总需求上升幅度较大，从而引致的劳动需求可能有较大地提高。二是从劳动供给来看，政府支出的负财富效应使居民的劳动供给增加；尽管总需求增加，而由于价格黏性的存在使劳动工资开始下降较小，于是推动劳动供给增加的力量较弱；劳动供给增加为正数。三是由于居民消费习惯和黏性价格的存在，从而政府支出增加所引致的劳动需求可能大于劳动供给，在劳动市场回到均衡状态时工资水平上升，劳动就业量就增加。同时，在短期内劳动就业量上升会使总产量水平提高。同理可得出对税收对总产量、劳动就业及工资水平的效应传导机制。

（3）关于财政政策对净出口、实际有效汇率效应的传导机制。由于政府支出的正外部性存在，政府支出增加会有利于社会投资增加，促使社会总量或总收入的水平提高，而消费习惯使居民消费在近期内增幅不大，这样由于供给多而消费少，会促使更多产品出口，最终净出口增加和有效汇率下降，而税收对净出口、实际有效汇率的效应传导机制正好与政府支出效应作用相反。

综上所述，我们认为：在中国财政政策对总产量、居民总消费、社会投资、劳动就业以及净出口的宏观效应传导机制中，不仅流动性约束可能起到重要的作用，而且政府支出的正外部性、消费习惯在其中也可能担任重要的角色。

以上研究结论也蕴涵着一些启示和政策含义：我们不仅在讨论中国财政政策宏观效应时需要考虑到这些非完全竞争因素在其中所起的作用，而且中国政府在制定和实施财政政策时，也需要考虑到非完全竞争市场环境的变化对财政政策实施绩效的影响，随着中国经济发展的持续推进，政府支出的正外部性、消费者流动性约束、消费习惯正在减弱。如果宏观政策制定者没有意识到这些因素的变化，不进行及时地、有效地调整，宏观政策实施效果必将受到一定影响。因此，今后一段时间内，根据市场非完全竞争环境以及外部经济环境的变化，在保持财政政策连续性及稳健性的情况下，灵活地调整财政政策，将成为提升宏观经济调控水平的一个重要思路。

王文甫

2014 年 6 月 17 日

目录

第四篇　财政政策效应的阶段性分析

绪　　论

一、研究意义

改革开放以来，我国宏观经济调控这一话题一直受到公众、政府和经济学界高度关注，尤其是进入"十二五"期间，在我国经济结构问题突出的经济背景下，对于如何保增长、促就业、调结构诸多疑问，宏观经济政策被寄予厚望。但要进行有效宏观调控，理论必须先行。我国国内对宏观调控的研究尚存在一个不足，表现对货币政策效应及其传导机制的研究较多，而对财政政策效应及其传导机制的研究却很少，几乎没有专门的深入的相关研究，这与社会对宏观调控中财政政策效应理解的愿望，以及政府要进行有效的宏观调控而对财政政策作用机理的理论需求是不相匹配的。因此，探讨我国财政政策的宏观效应及其传导机制并就此提出相应的政策措施显得尤为重要。基于上述原因，本书做一些尝试性的探讨。

我国国内与本书相关的研究可概括为以下三个方面：一是探讨政府支出对总产量的影响（张海星，2004；郭庆旺、贾俊雪，2006；董直庆、滕建洲，2007）；二是分析政府支出对社会投资的效应（吴洪鹏、刘璐，2007；杨子晖，2008）；三是研究政府支出与消费的关系（李广众，2005；李永友、丛树海，2006；潘彬等，

2006）。① 这些研究有以下三个特点，一是分析的结论具有一致性，大多数都支持"政府支出对总产量、投资和消费产生正效应"的观点。笔者认为，这一观点难以用李嘉图等价原理来解释；二是它们几乎没有对政府支出的效应传导机制进行专门讨论；三是这些研究主要以实证分析为主，而较少的理论模型分析也仅是在新古典模型中进行讨论的，却很少有学者在 DSGE 框架中涉及本书的研究。国内为数不多的 DSGE 研究主要局限于解释经济波动的根源，仅有黄赜琳（2006）在此框架下讨论中国经济波动时做了与本书的相关尝试，但对于政府支出的动态效应分析也没有深入展开。因此，可见本书的课题具有一定的研究空间。

二、创新之处

从国外相关研究来看，尽管它们讨论政府支出效应的传导机制，但是它们的研究对象几乎都是欧美发达国家，而与发展中国家相关问题却没有涉及，同时，它们并未对政府支出结构效应、税收效应、开放经济下财政政策效应及传导机制进行深入探讨，② 本书在第三章、第四章、第五章、第八章对这些方面进行讨论。再从国内相关的研究来看，本书的课题创新还主要体现在以下三点，一是在研究问题上，国内研究几乎没有专门对财政政策效应及其传导机制进行探讨，于是本书的研究具有一定新意；二是在实证分析上，尽管在国外向量自回归（VAR）已经成为财政政策效应的主要实证分析工具，③ 但是国内相关财政政策效应的研究主要运用最小二乘回归以及面板数据来进行分析的，于是本书利用了结构向量自回归模型（SVAR）去探索讨论中国政府支出效应的特征事实，这在实证方法上具有一定的新颖性；三是在理论模型建构上，主要在动态

---

① 国内这些研究出处可参见第二篇第二章的参考文献部分对应的内容。

②③ 可参见本书第一篇第二章对国外政府支出效应及其传导机制研究述评的内容。

随机一般均衡（DSGE）框架下引入政府支出的正外部性和居民消费习惯、流动约束等非完全竞争因素来探讨中国政府支出的传导机制，拓展了财政政策的宏观效应研究视角，在理论上是一个新尝试。

三、研究思路

本书主要遵循实证分析和理论分析内在逻辑一致性的思路。一是本书在评述国外政府支出的宏观经济效应及其传导机制的相关研究之后，分别采用中国年度和季度数据、运用 SVAR 模型，来分析我国政府支出的宏观经济效应，这是对国内政府支出效应的实证分析做一个有益性的补充，目的是以观察研究结果是否和现有国内的主流结论一致，从而得出中国政府支出效应的特征事实；二是基于动态随机一般均衡的视角，考虑了在中国市场上存在的一些非完全竞争因素，并将它们引入构建的模型中，探讨中国政府支出效应的传导机制以及在此过程中起决定作用的因素，从而主要对中国政府支出效应的特征事实做尝试解释；三是利用结构向量自回归模型（SVAR），分别实证分析新中国成立后 30 年和改革开放后 30 年以及 1990 年后我国财政政策效应的差异性，并就其原因进行讨论。

四、分析工具

本书研究主要采用理论分析与实证分析、定性分析与定量分析相结合的方法。在实证分析上，主要运用以下的方法：利用 SVAR 对我国财政政策效应进行实证分析，使用 H－P 滤波对实证分析年度和季度数据进行处理，运用协整、误差修正模型对我国生产性和非生产性政府支出的劳动就业效应进行讨论。在理论分析上，主要采用 DSGE 分析框架，并引入政府支出的正外部性、消费者的流动性约束、消费习惯等非完全竞争因素构建模型，用以解释我国财政政策效应的经验特征。关于模型参数估计方法，尝试运用校准法。在政策含义上，基于实证和理论分析的结论，我们使用定性方法来讨论相关政策含义。

五、结构安排

本书主要有四篇内容组成。

第一篇是文献综述部分，由两章内容组成：

（1）第一章是对动态随机一般均衡框架下的财政政策做研究述评。主要将对国外在该框架下进行财政政策问题的研究现状进行了系统梳理。

（2）第二章是对国外政府支出效应及传导机制研究述评。

第二篇主要讨论和分析封闭经济下政府支出效应及其传导机制，由五章内容组成：

（1）第三章是从动态随机一般均衡视角，分析政府支出的外部性在中国政府支出的宏观效应及传导机制中的作用。先基于 1978 ~ 2007 年的中国宏观数据和 VAR 模型的研究发现一些经验事实，后尝试将消费性和生产性的政府支出分别引入效用函数和生产函数去解释中国总产量、居民消费、社会投资对政府支出冲击响应的经验事实。

（2）第四章也从动态随机一般均衡视角，分析价格黏性、流动性约束对中国财政政策宏观效应的作用。先选取中国宏观经济运行季度数据，再利用 SVAR 方法得出中国财政政策宏观效应的经验事实，后在动态随机一般均衡框架下，以垄断竞争为经济背景，引入价格黏性、流动性约束、政府支出的正外部性以及投资调整成本等非完全竞争的因素，构建动态新凯恩斯主义模型对中国财政政策宏观效应的经验事实进行解释。①

（3）第五章是基于实证分析的结论，在动态新凯恩斯主义框架下，对中国财政政策的就业效应及其传导机制进行探讨。先通过SVAR模型实证分析中国财政政策对总产量、劳动就业以及平均劳动报酬的效应，得出一些经验特征，后尝试模拟一个完全竞争的动态随机一般均衡模型（标准真实周期模型），看完全竞争因素是否能解释中国劳动力市场上财政政策的效应，再尝试把垄断竞争、资本调整成本、习惯形成引入DSGE模型框架中对中国财政政策对总产量、劳动就业以及劳动回报的动态效应进行解释。

（4）第六章是对生产性和非生产性政府支出对劳动就业的影响进行理论与实证分析。先在Barro（1990）模型基础上，把生产性财政支出和消费性财政支出分别引入生产函数和效用函数，利用动态一般均衡方法求解最优问题，得出计量分析方程，探讨中国财政支出结构对劳动就业的影响。

（5）第七章是总需求、总供给和宏观经济政策的动态效应分析。先在讨论一个凯恩斯主义的AD－AS模型基础上，主要采用Gali（1992）的分析框架，通过SVAR模型实证的结论去检验凯恩斯主义的AD－AS模型与中国数据的匹配性。

第三篇是讨论开放经济下财政政策效应及其传导机制，由两章内容组成：

（1）第八章利用SVAR模型实证分析通过对开放经济下财政政策效应。

（2）第九章基于第八章的研究结论上，建立一个新开放宏观经济模型，通过引入垄断竞争、价格黏性、消费习惯以及政府支出的正外部性等非完全竞争因素，考察财政政策的宏观经济效应及模型

---

① 动态新凯恩斯主义模型是在动态随机一般均衡模型框架中引入垄断竞争、名义价格和名义价格黏性等非完全竞争因素来分析经济问题的一种分析范式（Monetary Policy, inflation, and the Business Cycle: An introduction to the new Keynesian Framework, P edited Galí, Jordi, Princeton. N. J.: Princeton University Press, 2008.）

的传导机制。

第四篇是讨论中国财政政策效应阶段的差异性及其原因，由两章内容组成：

（1）第十章是讨论新中国成立后30年和改革开放后30年中国财政政策的宏观效应，并加以比较本章分别选择新中国成立后30年和改革开放后30年这两个阶段的年度数据，利用SVAR模型进行脉冲反应及方差分解分析对此问题进行探讨。

（2）第十一章是对1990年后中国财政政策效应阶段性进行分析。这一章分别选择1990～2000年和2001～2010年这两个阶段的数据，利用SVAR模型进行脉冲反应及方差分解分析对此问题进行探讨。

六、主要结论及其原因

本书的第三章、第四章、第五章、第八章、第九章是本书研究的主体内容。分别选取我国的年度数据和季度数据，主要利用SVAR模型进行实证分析，得出主要结论可概括为：一方面，政府支出对总产量、居民消费、社会投资产生正效应；政府支出增加会提升劳动就业和平均劳动报酬的水平；政府支出增加会使总产量、净出口增加，而有效汇率下降；税收对总产量、居民消费产生负效应；另一方面，税收会减低劳动就业和平均劳动报酬的水平；收入税率增加会使总产量、净出口和有效汇率下降。这些结论可以称为我国财政政策效应的经验事实。此外，第七章研究得出关于我国数据实证分析的结论之一，即政府支出对总产量产生正效应，而第十章、第十一章分别使用SVAR模型，对新中国成立后30年和改革开放30年以及1992～2000年和2001～2010年这两个阶段的财政政策效应进行脉冲反应分析，发现中国财政政策时间段上具有一定差异性，这三章研究结论支持"政府支出对总产量和消费作用为正，政府收入或税收对总产量和消费作用为负"。国内相关大多数研究也支持这一观点，但国外研究在政府支出效应还存在分歧，① 因此我们可以把实证结论中的中国财政政策具有挤入效应称为中国财政政策的经验事实。

为什么我国财政政策会产生挤入效应呢？为此我们分别引入价格黏性、垄断竞争、消费习惯等一些非完全竞争因素构建动态随机一般均衡模型，去探讨我国财政政策的传导机制，结果发现所构建的模型较好解释我国财政政策的经验事实。关于我国财政政策的传导机制，我们可概括地从三个方面去理解。

（1）关于中国财政政策对居民消费效应的传导机制。首先就政府支出的传导机制来看。尽管政府支出的负财富效应对消费和投资产生负作用，但政府支出对消费有正效应，一是政府支出的正外部性会促使消费水平提高；二是经济体中存在的非流动性约束和流动性约束的两类居民，政府支出对非流动性约束居民的消费有负效应，而对流动性约束居民消费有正效应。若流动性约束居民的比例大于非流动性约束居民的比例，则政府支出对总消费产生正效应，称此为流动性约束效应。因此，正是由于政府支出的正外部性效应和流动性约束效应之和大于政府支出的负财富效应，从而使中国政府支出对总消费产生挤入效应。其次从税收冲击的传导机制来看，正向税收冲击会使居民的收入减少，这样使居民用于消费的支出降低。同时，税收使居民消费支出水平降低，对投资有乘数效应，也使社会投资支出水平下降，从而使社会总产量、消费水平下降。

（2）关于财政政策对劳动力市场效应的传导机制。首先，从劳动需求来看，一是政府支出增加的负财富效应使居民消费量下降。而居民的消费习惯又使其消费在短期内下降缓慢，从而使总需求下降趋势力量较小；二是政府支出增加产生使总需求水平有上升趋势的力量。这两股合力促使总需求上升幅度较大，从而引致的劳动需求可能有较大地提高。其次从劳动供给来看，政府支出的负财富效

---

① 可参见第一篇第二章对国外政府支出效应及其传导机制研究述评的内容。

应使居民的劳动供给增加；尽管总需求增加，而由于价格黏性的存在使劳动工资开始下降较小，于是推动劳动供给增加的力量较弱；劳动供给增加为正数。最后由于居民消费习惯和黏性价格的存在，从而政府支出增加所引致的劳动需求可能大于劳动供给，在劳动市场回到均衡状态时工资水平上升，劳动就业量就增加。同时，在短期内劳动就业量上升会使总产量水平提高。同理可得出对税收对总产量、劳动就业及工资水平的效应传导机制。

(3) 关于财政政策对净出口、实际有效汇率效应的传导机制：由于政府支出的正外部性存在，政府支出增加会有利于社会投资增加，促使社会总量或总收入的水平提高，而消费习惯使居民消费在近期内增幅不大，这样由于供给多而消费少，会促使更多产品的出口，最终净出口增加和有效汇率下降，而税收对净出口、实际有效汇率的效应传导机制正好与政府支出效应作用相反。

此外，本书还对我国财政政策效应做了一些其他的实证分析。

在第六章建立计量分析模型、探讨中国财政支出结构对劳动就业的影响，结果发现：生产性政府支出对就业的长期弹性为正，而消费性政府支出对就业的长期弹性为负。但从短期来看，生产性政府支出对于就业的影响为负，而消费性政府支出对于就业的影响为正。那么政府支出结构对就业长期和短期影响为什么出现反差呢？可以解释为：政府生产性支出项目以技术和资本密集型为主，自身容纳就业能力有限，同时这些投资项目周期较长有滞后性，在短期内无法创造大规模就业岗位，但是在长期内这些投资对于相关产业的拉动效应将显现，这必然带来就业量的大幅上升；而政府消费性支出项目一般都可以较快地转化为消费，由此在短期内会对就业产生正效应。但从长期来看，消费对经济增长的贡献有限。

第七章研究得出关于中国数据实证分析的结论主要有：(1) 总产出和物价水平对总需求冲击反应的同向运动与 AD - AS 模型的总需求变动促使产量和价格同向运动的经济学含义具有一致性；(2) 财政政策和货币政策对需求冲击和供给冲击的反应与凯恩斯主

义有效需求管理政策的观点相吻合；（3）产量和物价水平对总供给冲击反应的同向运动与 AD – AS 模型的供给变动促使产量和价格反向运动的经济学含义不相符合；（4）货币供给冲击使物价水平上升却使产量几乎没有变化符合新古典主义货币无效性的观点。这些结论说明：中国数据与凯恩斯主义的 AD – AS 模型的内涵具有一定的不匹配性。

第十章利用 SVAR 模型实证分析新中国成立后 30 年和改革开放 30 年财政政策效应的差异性。脉冲反应分析发现，不管在新中国成立后 30 年还是在改革开放后 30 年，我国政府的财政收入增加都使社会的总产量水平即国内生产总值（GDP）和居民消费降低，然而，前一期的财政收入对 GDP 的效应要大于后一期的效应；不管在新中国成立后 30 年还是在改革开放后 30 年，我国政府支出增加都使 GDP 和居民消费提高，即前一期的税收对居民消费的效应要小于后一期的效应。那么为什么我国财政政策在这两个时期会出现这样的差异性呢？本书认为由这两个时期的经济体制不同而造成的。在新中国成立后 30 年我国实行的是计划经济体制，经济效率低下。而 1978 年后市场经济制度不断地完善，促使资源的配置效率大大提高，这样的经济效率较高，在财政政策效应上就表现为一定差异性。

第十一章分别选择 20 世纪 90 年代和中国加入世界贸易组织（WTO）后 10 年这两个阶段的季度数据，利用 SVAR 模型，实证分析财政政策效应的差异性。脉冲反应分析发现，不管在 20 世纪 90 年代还是在加入 WTO 后的 10 年，我国政府支出增加都使居民消费水平提高，然而前一期的税收对居民消费的效应要小于后一期的效应。那么为什么这两个时期财政政策的效应具有一定差异性呢？在 20 世纪 90 年代，经济发展处在起飞早期，市场配置效率刚开始作用，资源未达到充分利用，财政政策的挤入效应就较大，税收负效应就较小，而在加入 WTO 后的 10 年，资源利用率相对大大地提高，税收对经济负效应逐渐加强，政府支出的挤出效应相应增加。

于是就表现为这两个时期财政政策一定差异性。

七、研究启示

本书的研究结论蕴涵着一些启示和政策含义：

（1）从非完全竞争因素在财政政策效应机制的作用研究来看。政府支出的正外部性、居民消费流动性约束、消费习惯等因素在开放经济下中国财政政策宏观效应的传导机制中起到重要作用。这意味着，不仅在我们讨论中国财政政策宏观效应需要考虑到这些非完全竞争因素在其中所起的作用，而且中国政府在制定和实施财政政策时，也需要考虑到非完全竞争市场环境的变化对财政政策实施绩效的影响，随着中国经济发展的持续推进，政府支出的正外部性、消费者流动性约束、消费习惯正在减弱。如果宏观政策制定者没有意识到这些因素的变化，不进行及时、有效地调整，宏观政策实施效果必将受到一定影响。所以，今后一段时间内，根据市场非完全竞争环境以及外部经济环境的变化，在保持财政政策连续性及稳健性的情况下，灵活地调整财政政策，将成为提升宏观经济调控水平的一个重要思路。

（2）从财政政策的就业效应研究来看。研究财政政策对就业效应的研究结论对政府制定宏观政策有一定的参考价值。如第五章认为"政府支出会促进总产量、就业量增加"，这意味着，政府可增加支出达到"保增长"和"保就业"的两个目标，政府不能仅通过影响总需求来实现此两个目标，政府可利用过多资金去投资或促进一些产业发展，如支持新兴支柱产业的发展，促使城乡一体化发展，增加供给以实现这两个目标。而第六章研究认为，生产性政府支出对就业的长期弹性为正，而消费性政府支出对就业的长期弹性为负，但从短期来看，正好相反。这一结论意味着，政府对于财政支出结构安排要综合考虑长期和短期效应。生产性财政支出在长期有利于就业创造，不过就业效应有较大时滞性，不利于当期就业形势缓解。所以在当前严峻的就业形势面前，要求政府在安排财政支出时，可适当考虑就业优先原则，加大消费性财政支出的投放比例，以缓解社会巨大的就业压力。同时对于生产性财政支出，也要加大对人力资本、科学研究开发的投入，以从根本上解决就业难的问题。

（3）从政府支出结构方面研究来看。在区分消费性和生产性的政府支出的真实周期模型经济中，第三章研究发现，如果政府支出的生产性增大，而对消费者的正外部性变小，那么政府支出对投资影响就增大，而对消费影响会减少。这意味着，我国实行积极的财政支出政策可能增加生产性投入和减少消费性支出将促使消费和投资比例失调的程度加大，最终可能导致出现产能过剩的局面。因此，政府在现阶段应该更多地增加社会养老金、医疗保险、失业保障等方面的消费性支出，以刺激居民消费、扩大内需，促使国民经济保持平稳较快发展。

（4）从税收方面研究来看。税收或政府收入对总产量、消费、就业产生负效应，这一实证结论意味着，税收对宏观经济运行产生负面影响。我国近几年来财政收入的增长超过了国内生产总值的增长，这必然给经济发展带来负效应。然而政府要提供公共产品和保障经济发展，必须要一定的财政收入作为保障。因此，政府在通过结构减税促使民营企业或第三产业的发展，增加总产量同时，保证就业总量有较大幅度地提高。

（5）从财政政策效应的阶段性研究来看。第十章分析认为，新中国成立后的30年的财政政策对经济效率的影响要小于改革开放后的30年，这意味着，政府应继续推动和深化市场化改革，促使资源配置效率的提高，使经济发展再迈上一个新的台阶。第十一章研究认为，相对从20世纪90年代，21世纪前10年政府支出对总产量和消费负效应变小，这说明政府支出的挤入效应越来越小，这一结论蕴涵着，在"十二五"期间，政府不能运用增加政府投资来保增长和就业，政府应在支出结构上进行调整，更加关注民生方面支出，以保证居民消费的后顾之忧，使他们愿意多消费，以扩大内需同时，政府支出应关注供给水平提高，如在科研教育方面多投入，以保证经济长期增长的动力。

（6）第七章的研究发现，中国数据与 AD – AS 模型的经济学内涵在一定程度上具有不匹配性。这意味着，当我们运用凯恩斯主义来作为中国宏观经济问题分析和作为政策制定的理论基础时，经济学者和政策制定者一定要慎重考虑其适用性，否则会导致经济分析的结论出现错误或者政策制定出现失误从而造成政策实施无效或适得其反的作用。

八、研究不足与拓展

本书主要关注财政政策的总量效应及其传导机制，尽管本书在第三章、第六章考察了政府生产性支出和消费性支出的效应，但由于数据较少或缺乏的原因，本书未对政府支出中的转移支出效应及机制进行讨论，同时，本书在第四章、第五章，以及第八章至第十一章讨论了关于收入税收和经济效应，但由于数据的缺乏或不完整性的原因，我们也没有对其他税种如消费税、资本收入税、工资收入税的效应及机制进行深入的探讨，这些是本书的研究不足。然而，随着经济统计数据的发展和研究水平提高，这些方面问题讨论将会得到进一步深化。同时，我们发现财政政策的效应还体现在另外一些方面，从宏观经济总量来看，财政政策对物价水平也会产生一定的效应；从经济结构来看，中国经济正处在经济结构变化的经济起飞的阶段，财政政策必然对经济结构或产业结构产生效应；从地区经济发展不平衡来看，由于中国地域比较辽阔、经济政策差异性，使地区经济发展产生差异性，这样财政政策会对地区经济发展产生一定的差异性；从宏观调控政策来看，财政政策和货币政策一般在经济危机或繁荣时期搭配来调节宏观经济运行，于是财政政策会对货币政策的效应产生一定的影响等，这些问题由于篇幅限制和本书主题的原因，本书未对它们加以讨论。因此，以上这些方面可能是我们进一步讨论中国财政政策效应及其传导机制的拓展的方向。

第一篇
国外相关研究的述评

第一章

动态随机一般均衡框架下的
财政政策研究述评[①]

自 Kydland 和 Prescott（1982）做了开创工作后，动态随机一般均衡分析框架（Dynamic Stochastic General Equilibrium，DSGE）得到不断发展和完善，它成为现代宏观经济学研究的基本框架之一，被广泛用于诸多经济学研究领域，如货币经济学、国际经济学、金融经济学、劳动力市场问题等。而基于 DSGE 框架下的财政政策研究也成为近 20 年研究在该框架下研究经济问题的重要方向之一，这些研究主要是在 DSGE 分析框架下，引入政府支出、税收冲击或技术冲击等相关因素，在完全竞争市场或非完全竞争市场的经济背景中构建模型进行经济模拟，以探讨经济波动及其财政政策的传导机制等经济问题。以下将重点对国外基于 DSGE 分析框架下的财政政策研究状况进行梳理和评述。

一、财政政策冲击与经济波动

早期的 DSGE 模型分析以真实周期模型（Real Business Cycle model，RBC）为代表，侧重于在完全竞争背景下探讨技术冲击与经

---

① 有关财政政策效应及其传导机制研究综述在第一篇中只给出国外相关研究述评，而国内研究具体可参见本书第二篇的第三章、第四章相关文献的综述。

济波动的关系，而在这一框架下探讨财政政策冲击与经济波动问题也随之成为该分析框架关注的重要研究方向之一。从现有研究文献来看，对此问题的分析主要是从两个方面进行的，一是政府支出冲击与经济波动；二是政府税收冲击与经济波动。

（一）政府支出与经济波动

在政府支出与经济波动研究方面，早期具有代表性的研究是由 Ambler 和 Paquet（1996）做出的，他们的研究以美国为例，在 DSGE 框架下讨论政府支出与经济波动问题。他们假设政府支出具有内生性，即政府选择公共投资和非军事开支以最大化社会福利，这样政府支出决策影响消费者最优决策，于是政府和消费者之间存在一个完美信息动态博弈或斯坦博格博弈（stackelberg games）。并以此为基础，把两种政府支出引入 DSGE 模型，一是政府消费性支出进入效用函数；二是公共投资进入生产函数，以分析政府支出变量和其他宏观经济变量之间协动性（co‐movement）和相关性是否和美国的实际情况相一致。最后通过对模拟的二阶矩和脉冲响应结果进行分析，发现他们构建的模型能较好地解释美国产出波动、主要宏观经济变量如消费、投资、政府支出相对产出的波动，以及这些主要宏观经济变量和产出的交叉相关性。同时发现模型在解释政府总支出波动与产出波动、政府消费性支出波动与私人消费波动、政府公共投资波动与私人投资波动的一致性方面具有较大的适应性。而模型分析的不足之处是，模拟分析得出的政府支出与产出相关性比实际情况要高。此外，Lansing（1998）也在 DSGE 分析框架中考察了美国经济波动中政府支出和税收与产出之间的一些经验特征，尽管他的分析思路与 Ambler 和 Paquet（1996）的类似，但他侧重于解释美国经济运行中政府支出的波动、政府支出与产出的相关性；另外，Lansing 在模型中引入工资收入税和资本收入税的扭曲性税收（distortationary taxes）因素进行考察，这与 Ambler 和 Paquet（1996）考虑的一次性税收（lump‐sum taxes）和收入比例税不同。

Lansing 也假设政府追求的目标是选择税收和政府支出使社会福利达到最大，即财政政策是内生的。在此基础上，他建立模型，利用美国数据进行参数校准，最后经济模拟结果能较好地解释一些特征事实：公共投资的波动程度小于私人投资；公共消费的波动程度大于私人消费波动；资本收入税的变动幅度大于劳动收入税；税收与产量之间具有弱相关性；政府债务对产出的比例相对产出有较高的标准差，且这一比例与产出具有弱相关性。不过，在他的模型中内生政府支出的波动被模拟出来的结果波动幅度较大，这与事实存在一定的不一致性。

而 Roche（1996）也从政府支出冲击的角度，构建一个 DSGE 模型来解释国家与国家之间经济波动的特征事实。Roche 发现一般工业化国家之间的经济波动具有以下特征事实，一是国家之间总产出的相关性表现为正，而国家之间总消费的相关性也表现为正但比产出的要小，且这两种相关性的大小随国家的经济规模变动而变化（vary in size）；二是国家之间的储蓄以及投资具有较高的相关性；三是一国的贸易盈余与产出的相关性是负数。不过，开放经济下的标准 RBC 模型却不能很好地解释这些特征事实。为此，Roche 在 DSGE 框架下引入政府支出，以弥补标准 RBC 的缺憾，提升经济模拟的解释力度。他假设政府支出影响消费者效用水平，然后在 DSGE 分析框架下选取可分劳动和不可分劳动两种模型进行最优化求解，分别进行参数校准和经济模拟，比较发现可分劳动模型比不可分劳动模型能更好地解释开放经济中的劳动力市场的特征事实，最后进行经济模拟得到的结论也较好地解释 G7 国家之间在私人消费上和产出上具有一定的相关性，以及贸易盈余反周期等国家与国家之间的经济特征事实。而对此模型具有较高解释力度的原因，Roche 认为可能是，财政支出冲击从两个方面发挥重要的作用：一方面，政府支出的变动通过财富效应影响经济，一个国家的政府支出持续地增加可能由于收入负财富效应减少消费者的闲暇，从而使劳动供给增加，于是国内产出增加，而扩张性财政政策促使利率增加，从而使国外利率相对降低，促进国外的投资增加，从而导致国外的产量增加；这样产量增加使国外的消费增加；另一方面，政府支出由于财富负效应使消费有减小的趋势，若政府支出有利于消费者，则政府支出又使消费有增加的趋势，这样积极财政可能减弱本国消费的波动。因此，把以上两个方面结合起来，本国消费和国外的消费可能出现弱相关性。同样，以上的政府支出作用机制也可去理解持续的政府支出对贸易盈余产生负效应。

McGrattan 等人（1997）也从政府支出冲击角度，同时考察了家庭生产行为，构建一个 DSGE 模型来考察它是否能较好地解释美国经济波动，并对财政经济政策进行数值模拟。一是他们采用美国宏观经济变量的时间序列数据，运用最大似然估计法（maximum likelihood）估计消费者偏好和生产者技术的参数，二是进行经济模拟发现，即考虑家庭生产的 DSGE 模型能较好地描述大部分美国经济运行中总产出的波动、消费、投资及工作时间相对产出的波动、工作时间和劳动生产率的相关性，以及厂商和家庭之间投资的相关性。由此，McGrattan 等人认为具有家庭生产的模型在讨论经济波动问题上与其他模型一样可以作为一个基准模型。同时，他们也对财政支出和技术冲击进行数值模拟分析，表明若家庭消费自己生产的产品与厂商生产的产品之间的替代弹性系数变大，则政府支出冲击造成产量、投资、消费以及工作时间的波动变小；如果家庭生产的技术冲击变大，那么生产率水平和工作时间的相关性下降，家庭和厂商的投资的相关性就较高。

此外，也有学者在 DSGE 框架中引入政府支出，对实际经济波动中出现的宏观经济变量之间的相关性问题进行讨论。如 Christiano 和 Echenbaum（1992）在 DSGE 分析框架下引入政府支出行为来解释实际经济中生产率与工作时间之间的弱相关性。他们发现，现存的真实周期模型在解释实际经济中劳动生产率和工作时间的相关性上存在较为显著的不足，一般的真实周期模型得到两者的相关系数要很高，而从实际经济中的数据得到这个相关系数是几乎接近于零，这种不一致性被称为劳动生产率之谜。为了揭开这个谜，Christiano 和 Echenbaum 假设政府消费支出影响消费者的消费水平，即 $c_t = c_{pt} + ag_t$，这里 c_t 消费者的总消费水平，c_{pt} 表示私人消费量，g_t 是政府消费支出，此处参数 $a > 0$ 代表政府消费支出与私人消费支出相互替代。在此假设前提之下，他们构建一个 DSGE 模型，利用 GMM 进行估计模型参数值，模拟得出的结论能很好地解释实际经济中工作时间与劳动生产率具有弱相关性这一特征事实。而关于他们建立的模型具有较好解释力度的原因，Christiano 和 Echenbaum 认为是，在政府消费性支出引入效用函数的情况下，一方面，技术进步会使劳动生产率提高，使消费者收入提高，从而消费者的劳动时间就减少；而另一方面，政府支出增加产生财富负效应，即降低了消费者收入水平，于消费者会增加劳动工作时间。因此，这两个方面综合作用，最终呈现劳动生产率与工作时间可能表现为弱相关性。

（二）税收与经济波动

McGrattan（1994）从税收冲击的角度建立一个 DSGE 模型，考察美国扭曲性税收对经济波动和社会福利的影响。他认为，RBC 模型尽管能解释一大部分宏观经济时间序列的波动性和共动性（co‐movements），不过，与实际经济的情况相比，RBC 模型模拟出的消费、工作时间以及产出的方差较小，而投资的方差、真实工资与工作时间的相关性太高，这都降低了 RBC 的解释力度，而引入税收冲击则可能规避这些问题。于是 McGrattan（1994）在动态均衡下考虑引入扭曲性税收，同时在最优求解上考虑使用个体最优替代社会计划者最优。他运用了最大似然估计法（maximum likelihood）估计出美国战后的消费者偏好、生产者的技术以及财政政策的参数值，经济模拟发现：总消费、总产出、工作时间、资本存量以及投资的变化很大一部分可被劳动收入税、资本收入税以及政府支出的波动所解释。同时，模型能较好地解释工作时间与真实工资具有弱相关性。此外，McGrattan 又通过估算扭曲性税收造成福利损失（deadweight loss），发现资本收入税引起的福利损失超过劳动收入税。而对关于引入税收可提供解释实际经济中工作时间与真实工资的弱相关性的原因，McGrattan 认为是，正向的技术冲击会使劳动需求曲线向右移动，而扭曲性税收的变化也可能会影响到消费者的劳动供给曲线也向右移动，这样造成工资水平变化不大，而工作时间或均衡就业量增加。

Jonsson 和 Klein（1996）也从政府税收冲击的角度构建一个DSGE 模型，来解释瑞士经济波动的特征事实。首先他们总结出瑞士的经济波动有三个主要的特征事实，一是私人消费波动与产出波动的程度大小相差不大，而前者略微高于后者；二是劳动投入的波动幅度几乎与产量的波动大小相当；三是劳动投入和真实工资之间具有弱相关性。Jonsson 和 Klein 认为产生这样的特征事实主要和瑞士税收有关系。为此，他们建立了三个 DSGE 模型：模型Ⅰ是包含流转税（payroll tax）、消费税和政府消费的模型；模型Ⅱ是包含流转税、消费税、政府消费、税前的收入税和累进税收入的模型；模型Ⅲ是没有考虑财政政策的基准模型。他们通过模拟矩方法（Simulated Method of Moments，SMM），对这三个模型进行比较分析，结果表明：包含流转税、消费税、政府消费的标准真实周期模型能很好地解释瑞士经济波动的以上三个特征事实。特别是，具有考虑财政政策的模型能较好地解释劳动投入与实际工资的弱相关性以及劳动投入和私人消费相对产出的波动程度。为什么引入税收构建的模型能较好地解释瑞士经济波动的特征事实呢？Jonsson 和 Klein 认为原因是：暂时的税收增加会推迟家庭的消费，所以税收的波动会引起私人消费的波动；同时，当流转税和收入税较低，家庭就会多提供劳动，反之，这些税收较高时人们提供的劳动就减少，于是税收波动会导致劳动波动，这可能导致劳动波动与产量波动程度具有一致性；而由于政府的税收会减低私人的劳动供给，而技术冲击进步会促使劳动需求增加，因此，最终可能出现政府税收冲击减低工作时间和实际工资的相关性。

二、财政政策的宏观经济效应及其优化问题

（一）财政政策的宏观经济效应

Baxter 和 King（1993）在 DSGE 分析框架下，主要考察了政府永久性支出和暂时性支出的效应以及政府乘数的大小问题。他们假设政府消费支出有利于家庭的消费，而政府公共投资对消费者的行为和生产者行为都产生正作用，于是把政府支出引入效用函数和生产函数，建立一个 DSGE 模型，然后取符合美国经济的一些参数值，进行数值模拟，并得出结论：厂商雇用的劳动和资本对财政政策冲击反应较强；政府购买永久性的改变会导致短期和长期的乘数大于 1；政府购买的永久性变化效应大于政府购买的短期变化效应；在等量变化的情况下，政府减税对总产量的效应比增加政府购买的效应要大；公共投资对产出和投资具有一定的正效应；政府购买对消费者的消费具有挤出效应；不管增加的是扭曲性税收还是一次性税收，税收对消费的影响都表现为挤出效应。对政府支出产生挤出效应的原因是：可能由于来自税收的政府支出增加会减少消费者的财富，即产生财富的负效应，从而减少了私人的消费。

Lundvigson（1996）以完全竞争为背景，在一个完全前向预期（forward－looking）一般均衡模型，即 DSGE 分析框架下分别探讨了税收和政府债务的经济效应。他主要关注两个问题：一是因减税而出现的财政赤字对投资和总产量的效应，二是政府税收和债务的宏观经济效应差异。为此，Lundvigson 假设政府融资方式通过对收入征收比例税和发行债券的两种形式，然后，在不可分劳动模型中引入政府支出冲击和政府债务冲击，对模型的偏好参数和生产技术参数取不同的值来进行数值模拟，比较分析显示：政府债务的永久性冲击程度大小影响宏观经济变量对债务变化的反应，若政府债务

冲击较大，则总产量波动较大，若政府债务冲击具有充分的持续性（sufficiently persistent innovations），则政府发行债务融资会挤出私人投资；同时，发现劳动供给具有弹性不是保证以上结论成立的必要条件。模型分析结果也显示：政府支出的效应大小可能决定于不同的政府融资方式，具体讲，政府通过扭曲性税收去融资可能导致总产出、家庭消费和社会投资等下降，反而，发行公债形成的财政赤字融资会促使政府支出对投资和消费具有一定的正效应。

Linnemann 和 Schaberty（2003）从非完全竞争的角度，在 DSGE 分析框架下考虑垄断竞争因素和黏性价格等因素构建一个模型，即新新古典综合（New Neoclassical Synthesis, NNS），主要考察问题是：在厂商之间垄断竞争和黏性价格经济环境中财政政策对总产量、劳动就业、工资水平和私人消费效应是否与凯恩斯主义的理论内涵具有相一致？货币政策在政府支出对宏观经济产生的作用中应担任什么角色？在引入黏性价格进入垄断竞争模型中，通过优化求解，进行数值模拟发现：中央银行实行的货币供给增加会使真实利率降低；如果中央银行货币供给是来满足货币需求的，那么一个正向的政府支出冲击会促使通货膨胀和实际工资增加；政府支出对私人消费产生挤出效应。前两个结论是与凯恩斯主义的内涵相一致，然而最后一个结论与新古典模型相一致，于是 Linnemann 和 Schaberty 认为他们构建的模型在这个意义上是真正的新新古典综合。此外，他们的模型模拟结论说明：价格黏性不是凯恩斯主义理论观点之一"政府对私人消费产生挤入效应"成立的充分条件，而对于产生这样的结论原因，Linnemann 和 Schaberty 认为是，由于他们建立的模型其中的假设是垄断竞争和黏性价格，于是政府冲击是 IS 冲击的一种，这种需求冲击具有凯恩斯主义的经济学含义，对消费产生正效应，而从新古典经济学角度，政府支出冲击是消费者的财富减少，使产品供给减少，从而对消费产生负效应，最终这两个效应共同作用决定政府支出对消费的效应可以为正也可以为负。

（二）最优财政政策

Chari 等人（1994，1995）在 DSGE 模型框架讨论了公共经济学的最优财政政策问题，他们以完全竞争为背景，研究了最优财政政策的数量特征，分别考虑了外生财政政策的效应和具有约束的最优财政政策问题。当政府在制定财政政策追求社会福利最大化时，他们假设政府行为受资源约束和执行约束（implementability constraint）两种制约，而执行约束从消费者和厂商最优化问题得到的。同时，他们假设经济模型中随机冲击有两个：技术冲击和政府消费冲击。然后通过求解最优化问题，并对得出的一阶条件进行线性对数泰勒展开，再利用美国数据进行参数校准和经济模拟，分析发现最优财政政策是：劳动收入税在经济波动中大致是保持不变的常数；资本收入税在每一期大体上接近于零；债券的回报率和事后的对资本收入的税主要来自政府预算约束等式的变动。此外，他们还发现，来自较高资本收入税导致福利增加主要发生经济向稳态的转移过程中。

Benigno 和 Woodford（2006）认为 Chari 等人（1994，1995）使用的近似方法存在不足，因为 Chari 等人（1994，1995）在动态随机模型中使用一个二次线性（linear-quadratic，LQ）近似得到对数线性形式，而这样 LQ 的二次目标函数是直接对代表性的家庭效用函数 u（c_T，h_T）（c_T，h_T 分别表示 T 的消费和劳动时间）进行泰勒展开得到的，从而讨论最优税收，Benigno 和 Woodford 这样得出结论是幼稚的（naïve）或不准确的，并且他们通过一个例子加以说明。因此，他们提供另一种二次线性近似的正确方法重新考察最优劳动收入税和资本收入税，即他们是对 $u_c(c_T,h_T)c_T + u_h(c_T,h_T)h_T$ 进行泰勒展开得到二次目标函数来讨论最优税收。他们分析发现，自己设定的泰勒展开的二次目标函数基础在利用美国的数据进行参数校准后，模拟得出最优税收的误差值不是很大，这就意味着他们这种线性二次近似的方法可以很好地来分析最优财政政策，也就是说，该方法既可作为较简单的相关近似计算方法，又可以作为去分析最优政策问题。

以上最优财政政策的讨论经济背景是完全竞争的市场，而有些研究者从非完全竞争的市场的角度，同时把最优财政政策与最优货币政策放在一起加以讨论，例如：Schmitt-Grohe 和 Uribe（2004）在 DSGE 分析框架中研究拉姆齐最优税收和最优货币政策所假设模型的经济背景是非完全竞争，即假设名义量和实际量具有一定的黏性，具体地说，他们考虑了价格、工资黏性、家庭的货币需求、厂商的工资账户受现金现行的约束等四种名义黏性，同时考虑投资具有调整成本、变量容量的利用率（variable capacity utilization）、消费习惯、商品市场和要素市场的非完全竞争，以及扭曲性税收等五种真实黏性。在这些假设基础上，然后建立模型去讨论问题，他们在讨论了最优货币政策，分析认为，价格稳定是最优货币政策的中心目标，最优通货膨胀是每年 0.5%，标准差为 1.1%。同时，他们探讨最优财政政策并得出的结论：在国民收入体系中，最优收入税率是非常稳定的，其表现为均值为 30%，标准差为 1.1%。这样的最优货币和财政政策是对考虑拉姆齐最优税收的竞争性均衡分析的一个补充。同时，得出结论：如果政府以不同的税率向资本收入和劳动收入征税时，最优财政政策的特征是以对资本进行大的补贴，并且它的标准差甚至达到 150%。Schmitt-Grohe 和 Uribe（2004）在 DSGE 模型框架中，考虑一个没有资本的生产情况，并假设产品价格具有黏性、政府的收入来自扭曲性税收，以及产品市场是垄断竞争的。由于只考虑劳动要素投入，没有资本要素投入或资本要素投入为固定的，那么利润实质是资本固定要素的经济租。然后在这些假设上他们建立模型，分析显示：名义利率相当于资本经济租的直接税；如果社会计划者征收利润（资本的经济租）的所得税率不是 100%，那么弗里德曼规则，即最优名义利率为零（Friedman rule）就不成立。同时，他们通过数值模拟，得出拉姆齐税收的动态特征是：在非完全竞争的经济中，尽管通货膨胀波动大且序列不相关，但最优劳动收入税是非常平滑的（remarkably smooth）。此外，Siu（2004）也是在 DSGE 模型中从非完全竞争的视角考虑最优财政和货币政策问题。尽管他侧重于最优通货膨胀的角色的分析，但也研究最优财政政策问题。他假设税收是扭曲性的税收，名义债券是非状态决定的（non-state-contingent），且价格是黏性的。在这些假定上，他建立具有实物和现金的两种消费形式的现金先行（Cash-in-Advance）动态随机一般均衡模型，利用战后美国数据进行参数校准，模拟分析发现：引入价格黏性模型的最优政策与引入灵活性价格模型的最优财政政策具有较大的差别，对于较小的价格黏性，最优政策显示出有较小的通货膨胀波动；在黏性价格的模型中，最优收入税率和真实债务的变动类似于随机游走过程（random walk）。如果政府支出的随机过程由战后美国数据来估计，那么即使在价格黏性较大的情况下，最优货币政策也表现为非常大的通货膨胀波动，而扭曲性税收变动不大或比较平滑（smoothed）。较高政府支出伴随着税收和政府债务的增加，反之，较低政府支出伴随着税收的减少和债务的缩减。政府支出的持续性对政府的税率和债务的持续性有较大影响。

三、财政支出的挤出、挤入效应的传导机制

　　与货币政策实证研究的不同，国外关于政府效应的实证研究还在结论上存在分歧，一种观点认为，政府支出具有挤出效应（Ramey and Shapiro，1998，Edelberg et al.，1999），而另一种观点认为，政府支出具有挤入效应（Fatás and Mihov，2001，Blanchard and Perotti，2002，Galí et al.，2007）。为什么出现这样不同的分析结论？Perotti（2007）认为是由政府支出冲击的程度大小决定的，在战争时期或国防开支较大情况下，政府支出对私人的消费和投资产生挤出效应，而较小的政府支出对私人的消费和投资具有挤入效应。Galí 等人（2007）也这样认为，在战争时期或国防开支较大的情况，政府支出具有挤出效应，这与新古典的理论具有一致性，而

在平时（ordinary time）较小的政府支出情况下，政府支出具有挤入效应，这与凯恩斯主义的理论观点相吻合。于是接下来，我们将分别综述两种情况的研究：一是战争时期或国防开支较大情况下的政府支出挤出效应的传导机制研究，二是一般情况下的政府支出挤入效应的传导机制研究。

（一）政府支出挤出效应的传导机制

Burnside 等人（2004）在以完全竞争为经济背景的 DSGE 框架中分析了财政政策冲击对主要宏观经济变量产生的效应。首先也运用 Ramey 和 Shapiro（1998）实证分析方法，利用美国第二次世界大战后数据进行分析，通过外生的军事购买变化来识别财政政策冲击，发现：外生的军事购买增加会使政府购买、资本收入税率以及劳动收入税率持续增加，并导致工作时间持续增加，而真实工资下降。同时这些冲击使私人投资上升，而对私人消费影响较小。然后，他们建立一个具有技术冲击和政府支出冲击的标准 RBC 模型，并作为他们的基准模型来解释这些经验特征，通过经济模拟发现，基准模型能较好地解释政府支出冲击对工作时间、真实工资、消费和投资的效应经验特征。然而这个简单的基准模型较难解释劳动对政府支出冲击的反应时间长短，Burnside 等人认为出现这种情况原因是扭曲性税收变化的作用促使反事实的就业变动，使之与政府支出冲击的时间更接近，而基准模型过度估计了政府支出冲击对投资的正效应和对消费的负效应，于是他们又在基准模型中引入消费习惯和投资调整成本，在进行经济模拟后，结果显示：私人消费对政府支出冲击反应程度比实际经济的还要大，即使把劳动供给弹性系数调整到实际值以上，仍不能改变这种情形，不过修正的模型解释力度相对于基准模型有明显提高。

McGrattan 和 Ohanian（2006，2008）在 McGrattan 和 Ohanian（1999）的基础上考察了以完全竞争为背景的标准 DSGE 模型是否能解释美国在第二次世界大战期间财政政策的宏观经济效应。为了分析此问题，他们在建立一个 DSGE 模型中，主要考察政府购买的大幅增加、战争发生时间的不确定性、劳动力大幅下降、要素税率的较大幅度改变、产品配给变化以及战争造成萧条的可能性等因素对宏观经济的影响。为了理解每个冲击的宏观经济效应，他们依次将这些冲击引入模型中，去分析每个冲击如何影响产品的价格和数量，并把分析的结果与实际经济的产品数量和价格进行比较分析，发现：标准 DSGE 模型能较好地解释第二次世界大战期间的一些经济特征，以及政府行为对经济产生的效应；在政府支出冲击发生后，消费者工作时间会较大幅度地增加，而私人消费和投资则显著减少，同时税后工资和利息也显著减低；战争结束时间的不确定性和战后萧条的可能性是解释第二次世界大战中高劳动投入和低税后工资及低利息的重要因素。

Edelberg 等人（1999）也在以完全竞争为背景的 DSGE 模型中，考察了美国国防开支对宏观经济变量的效应及其传导机制。然而，他们实证的结论与以上的研究存在一定的不一致性，Edelberg 等人使用 Ramey 和 Shapiro（1998）实证方法，得出实证结论：政府支出在对消费上表现为挤出效应，而在非居民投资上表现为挤入效应。这与 Burnside 等人（2004），McGrattan 和 Ohanian（2006，2008）等的实证部分分析的结论，即政府支出对消费和投资都表现为挤出效应，具有不一致性。为此，Edelberg 等人考虑两种投资，一种是非居民投资，它用于产品生产，另一种是居民投资，它用于购买耐用品，为消费者提供服务，为了讨论方便他们把购买房屋的投资归为居民的耐用品消费。接着，他们在建立一个 DSGE 模型后，利用美国数据进行参数校准、经济模拟，结果显示：他们建立的模型能较好地解释他们实证得出的结论：政府支出对就业、产量、非居民投资具有正效应，而对工资、居民非耐用品消费和耐用品消费具有负效应。而关于对这样模型能解释他们实证结论的原因，Edelberg 等人认为是，一个持续国防开支增加会加重居民的税收负担，从而对居民产生财富的负效应，会促使居民劳动供给增加、消费降低，结果均衡工资和居民消费下降，另外，在劳动就业增加同时，由于生产投入的要素劳动和资本可能具有一定互补性，劳动就业增加会促使私人投资增加，因此，政府支出增加会使私人消费减少，而私人投资增加。

（二）政府支出挤入效应的传导机制

对于正常情况下政府支出具有挤入效应的解释，一些经济学者认为不能从完全竞争或新古典主义角度去解释（Fatás and Mihov，2001，Galí et al.，2007），因为在完全竞争的 DSGE 分析框架下，政府支出产生财富负效应从而使私人消费下降（Baxter and King，1993）。近十年来，这样问题激发一些经济研究者从对非完全竞争角度尤其是在 DSGE 分析框架中去探讨。

有一些学者从政府支出的正外部性角度，如：Linnemann 和 Schabert（2006）假设政府支出对生产者具有生产性或外部性，即他们在新凯恩斯主义框架下引入政府支出对厂商的生产行为产生正的外部性，来讨论财政政策冲击的传导机制。他们认为，引进政府支出生产性会产生两个效应，一是需求效应，因为政府支持增加意味着会有较高的劳动需求和资本需求，这会引起产品的边际成本增加，二是供给效应，政府支出冲击由于它具有生产性，它会提高劳动生产率，从而有减低产品边际成本的作用。如果政府支出冲击的供给效应大于需求效应，那么增加私人消费水平。因此，他们引入政府支出的正外部性构建模型，优化求解，通过参数校准和数值模拟后，分析结论显示：政府支出的生产性有助于构建模型解释政府支出冲击具有正效应的经验特征；如果政府支出不具有生产性，那么政府支出对私人消费具有挤出效应；在政府支出占 GDP 中比例不大、政府融资完全靠扭曲性税收来实现的情况下，政府支出冲击会促使私人消费、真实工资及劳动就业增加。此外，Bouakez 和 Rebei（2007）从政府支出对消费产生正外部性的角度，来解释政府支出对私人消费具有挤入效应的经验特征，他假设私人消费和公共消费具有艾奇沃斯互补性（edgeworth complementarity）和家庭消费具有习惯的形成（habit formation）或消费习惯，并将它们引入DSGE分析框架中，通过优化求解，利用美国数据使用最小距离和最大似然估计方法（minimum distance and maximum-likelihood methods）估计模型参数，分析结论发现，他们建立的模型能较好地解释政府支出对私人消费具有的挤入效应的经验特征。此外，Ambler等人（2008）利用了Ambler和Paquet（1996）的研究思路，在DSGE分析框架下从政府支出的内生性角度来解释政府对消费的挤入效应。实际上，他们仍然是从政府支出对消费和生产都有外部性的角度来讨论的，因为政府消费性支出对消费者产生正外部性，公共投资形成公共资本对厂商有利，即具有生产性或正外部性，于是他们分别把这两种政府支出引入效用函数和生产函数建立模型，在经济模拟后发现他们的模型较好地解释了政府支出的挤入效应。

还有一些学者从非李嘉图等价角度来解释。如：Galí等人（2007）认为，新古典主义理论很难解释一般情况下政府支出的挤入效应，因为政府支出会产生财富的负效应，若消费者行为满足李嘉图等价（ricardian equivalence）原理，则政府支出增加使私人消费减低，这样政府支出与消费之间具有挤出效应。于是Galí等人在把垄断竞争和价格黏性引入DSGE框架中的同时，考虑了消费者的非李嘉图等价行为（non ricardian equivalence），构建一个新凯恩斯主义动态一般均衡模型，利用美国数据进行参数校准，经济模拟得出的结论能较好地解释美国的政府支出对私人消费的挤入效应。为什么引入非李嘉图等价的消费者构建的模型能解释政府支出的挤入效应呢？Galí等人认为，这是因为通过税收增加政府支出，会使非李嘉图等价的消费者收入降低，从而使他们的劳动增加，政府支出增加又会促使工资水平增加，这样又使他们收入水平增加，于是最终可能他们的收入增加，这样非李嘉图等价的消费者对政府支出反应为正。非李嘉图等价的消费者又被Galí等人称为拇指规则的消费者（rule-of-thumb），他们不能进行跨期决策。另一类消费是跨期最优化的消费者（optimizing），即具有李嘉图等价性质的消费者，非李嘉图等价个体行为不受流动性或借贷约束，可以进行跨期决策。这样当政府支出正冲击发生以后，非李嘉图等价消费者由于财富负效应促使她们工作时间增加，政府支出增加会促使劳动需求增加，于是价格黏性下工资水平增加，非李嘉图等价消费者收入增加，从而她们的消费增加。如果在经济中非李嘉图等价消费者的比例大于李嘉图等价消费者，那么政府支出正冲击促使经济中的总消费增加。此外，在类似于 Gali 等人（2007）研究框架下一些经济学者也进行政府支出挤入效应的探讨，如 Coenen 和 Straub（2005）通过实证分析欧盟的非李嘉图消费者所在所有消费者占比例较低，从而建立 DSGE 模型，最后模拟的结果政府支出正向冲击对消费的正效应很小；Horvath（2009）同样考虑到具有跨期优化和具有流动性约束的两类消费者，但他假设效用函数是不可分离的形式，假设税收是扭曲性税收形式，对欧盟一些国家政府支出的效应进行探讨，但他的最终分析得出的结论不支持政府支出对消费具有挤入效应；Furlanetto 和 Seneca（2009）认为 Gali 等人（2007）得出结论主要是靠较高的价格黏性和较大比例的流动性约束消费者，于是他们在 Gali 等人的模型框架下引入消费习惯、固定资本专有性以及科姆鲍尔需求曲线（kimball demand curves）等因素的实际黏性，结果显示：不需要较高的价格黏性和较大比例的流动性约束消费者的因素模型也能得到政府支出对消费具有挤入效应。

从以上的研究可看出，从对完全竞争市场背离角度来探讨政府挤入效应是主要的研究视角，但 Linnemann（2006）认为从完全竞争市场的新古典主义视角也可解释政府支出的挤入效应，他主要引入不可分离的效用（non-separable utility）加以分析的，这与 Linnemann 和 Schabert（2006）、Galí 等（2007）的假设可分离的效用是不同的。Linnemann（2006）假设效用函数是不可分离的具体形式为 $u(c_t, n_t) = \dfrac{1}{1-\sigma} c_t^{1-\sigma} n_t^{1+\varphi}$（$c_t$、$n_t$ 分别表示消费在 t 期消费和劳动，

σ 表示消费者的相对风险规避系数，φ 表示消费者的劳动供给弹性的大小）。于是 Linnemann 就把这效用函数引入 DSGE 模型中，经济背景被假设是完全竞争市场，通过美国数据进行参数校准和经济模拟得出的结论能较好地解释实际经济中的经验特征：消费、产出、劳动就业等对政府支出正冲击反应为正，而私人储蓄和投资的反应为负。Linnemann 认为政府支出效应对消费和产出表现为正效应原因是：当较高政府支出发生时，会产生财富负效应，导致消费者减少自己的休闲，即消费者的劳动供给增加。由于消费者的效用函数具有消费和休闲之间的不可分性，这样消费和劳动两者之间具有一定的替代性，于是政府支出财富负效应促使消费者的工作时间增加，这会提高消费者的消费的边际效用。如果消费者的消费和劳动的替代性足够强，那么在面临政府支出正冲击以后，尽管私人储蓄、私人投资下降，但私人消费、总产量、劳动就业增加，这样的结论正好和实际情况相符。Linnemann 利用不可分离的效用函数建立完全竞争为背景的 DSGE 模型从而解释政府支出对私人消费的挤出效应经验特征，这与 Galí 等人（2007）的考虑非李嘉图等价的消费者来分析该问题的结论一致性，从而反驳一般 RBC 模型不能解决这问题的观点。

四、结语

从以上代表性的研究文献中可以看出，在动态随机一般均衡框架下对财政政策问题的研究有以下两个主要特点：

（1）由考虑完全竞争市场的因素逐渐转向考察不完全竞争市场的因素。标准真实周期模型是以完全竞争市场为经济背景，这与现实经济运行相差甚远，以至于标准的真实周期模型在解释实际经济波动及其相关现象方面存在明显不足。于是研究者利用动态随机一般均衡框架去讨论经济波动或冲击的传导机制时，引入了一些非完全竞争市场因素进行研究，以弥补这一缺憾。由此，在动态随机一般均衡框架下研究财政问题时，一些研究者也尝试着引入了一些不完全竞争市场因素来进行分析，并得到较好的效果，如 Schmitt-Grohe 和 Uribe（2004）、Siu（2004）引入价格垄断竞争和价格黏性，Linnemann 和 Schabert（2006）考虑了政府支出的外部性，Coenen 和 Straub（2005）、Galí 等人（2007）引入垄断竞争、投资的调整成本及流动性约束等。

（2）逐渐由讨论经济波动问题转向财政政策效应及其传导机制等方面。早期基于动态随机一般均衡框架的财政政策研究，如 McGrattan（1994）、Ambler 和 Paquet（1996）、Jonsson 和 Klein（1996）、McGrattan 等人（1997）主要关注财政政策与经济波动关系的问题，后来的 Baxter 和 King（1993）、Linnemann 和 Schaberty（2003）等也侧重于讨论政府支出的效应。不过近年来，随着动态随机一般均衡研究框架的进一步拓展，特别是近年来经济随机冲击（技术冲击，货币政策冲击）的传导机制研究备受动态随机一般均衡研究者的关注，这也为一些研究者在该框架下探讨财政政策的传导机制提供了契机。如 Burnside 等人（2004）、McGrattan 和 Ohanian（2006，2008）构建一个真实周期模型探讨政府国防开支的挤出效应传导机制，Linnemann 和 Schabert（2006）利用政府支出的正外部性、Galí 等人（2004，2007）考虑了李嘉图等价来分析政府支出挤入效应的传导机制。

此外，我们发现，在动态随机一般均衡框架下，有关财政政策问题的现有研究还存在以下不足，一是在建立模型时，假设政府支出的来源主要是以一次性税收（lump sum tax）为主，而假设政府支出的来源是扭曲性税收（distortionary tax）较少。从现有的研究文献来看，Chari 等人（1994，1995）、Lansing（1998）、McGrattan（1994）、Jonsson 和 Klein（1996）、Coenen 和 Straub（2005）、Horvath（2009）以及最优税收问题的研究考虑了扭曲性税收，除此之外，大多数在考虑政府的税收时主要还是以一次性税收为主。二是讨论政府支出的效应及其传导机制较多，而对其他财政政策如政府

税收和发行公债的效应及其传导机制的研究较少。仅有 Lundvigson
（1996）考察了政府税收和发行公债的效应并进行了比较分析，除
此以外，在动态随机一般均衡框架下讨论政府税收和发行公债的效
应却很少，而对政府税收和发行公债效应的传导机制讨论几乎没
有。三是对政府支出问题的探讨只考虑政府的总支出，而对政府支
出结构的效应及其传导机制没有加以分析。我们从代表性研究可以
看出这一点，如 Ambler 和 Paquet（1996）、Roche（1996）在研究
政府支出与经济波动问题、Baxter 和 King（1993）在讨论的政府支
出暂时性和永久性效应、Burnside 等人（2004）、Linnemann 和
Schabert（2006）、Galí 等人（2007）在讨论政府支出的传导机制
时，他们只考虑了政府的总支出这一项，而对政府支出结构的效应
及其传导机制没有加以讨论。同时，他们的研究对象都集中在发达
国家问题上，缺乏对发展中国家和地区相关问题的讨论。四是模型
的参数估计以校准法（Calibration Method）为主。在消费者偏好和
生产者技术的参数估计中，相关的现有研究主要以较传统的参数校
准来进行的，而其他估计方法，如：广义矩估计（GMM）、最大似
然估计（maximum likelihood）等反而较少。仅有 Christiano 和 Ech-
enbaum（1992）在参数估计时用到了广义矩估计、McGrattan 等人
（1997）用到了最大似然估计，这些方面是我们在动态随机均衡框
架下对财政政策问题进一步研究的一些方向。

参考文献

［1］Ambler S. and A. Paquet, 1996, "Fiscal Spending Shocks, Endogenous
Government Spending, and Real Business Cycles", *Journal of Economic Dynamics
and Control*, 20: 237 – 256.

［2］Ambler Steve, H. Bouakez, and E. Cardia, 2008, "The Effect of Public
Spending on Consumption: Reconciling Theory and Evidence", September, ht-
tps: //papyrus. bib. umontreal. ca: 8443/jspui/ handle/1866/2579.

［3］Baxter M. and R. G. King, 1993, "Fiscal Policy in General Equilibri-
um", *American Economic Review*, 83: 315 – 334.

［4］Benigno P. and M. Woodford, 2006, "Optimal Taxation in an RBC Model: A Linear-quadratic Approach", *Journal of Economic Dynamic & Control*, 30: 1445 - 1489.

［5］Blanchard, O., and R. Perotti, 2002, "An Empirical Characterization of the Dynamic Effects of Changes in Government Spending and Taxes on Output", *Quarterly Journal of Economics*, 117: 1329 - 1368.

［6］Bouakez, H. and N. Rebei, 2007, "Why does Private Consumption Rise after a Government Spending Shock?", *Canadian Journal of Economics*, 40 (3): 954 - 979.

［7］Burnside, C., M. Eichenbaum, and J. D. M. Fisher, 2004, "Fiscal Shocks and Their Consequences", *Journal of Economic Theory*, 115 (1): 89 - 117.

［8］Chari, V. V., L. J. Christiano, and P. J. Kehoe (1994), "Optimal Fiscal Tax in Business Cycle Model", *Journal of Political economy*, 102: 671 - 652.

［9］Chari, V. V., L. J. Christiano and P. J. Kehoe, 1995, "Policy Analysis in Business Cycle Models", In: Cooley, T. F. (Ed), Frontiers of Business Cycle Research. Princeton University Press, Princeton.

［10］Christiano L. J. and M. Eichenbaum, 1992, "Current Real-Business-Cycle Theories and Aggregate Labor-Market Fluctuations", *The American Economic Review*, 82, (3): 430 - 450.

［11］Coenen, G. and R. Straub, 2005, "Does Government Spending Crowd in Private Consumption? Theory and Empirical Evidence for the Euro Area", *International Finance*, 8 (3), 435 - 470.

［12］Edelberg W., M. Eichenbaum and J. Fisher, 1999, "Understanding the Effects of Shocks to Government Purchases", *Review of Economic Dynamics*, 2: 166 - 206.

［13］Fatás, A., and I. Mihov, 2001, "The Effects of Fiscal Policy on Consumption and Employment: Theory and Evidence", Working paper, INSEAD.

［14］Furlanetto F. and M. Seneca, 2009, "Fiscal Shocks and Real Rigidities", The B. E. Journal of Macroeconomics: Vol. 9: Iss. 1 (Topics), Article 2., Available at: http://www.bepress.com/bejm/vol9/iss1/art2.

［15］Galí, J., J. D. López-Salido and J. Vallés, 2007, "Understanding the Effects of Government Spending on Consumption", *Journal of the European Economic*

Association, 5: 227 – 270.

[16] Horvath M., 2009, "The Effects of Government Spending Shocks on Consumption under Optimal Stabilization", *European Economic Review*, doi: 10. 1016/ j. euroecorev. 2009. 01. 004.

[17] Jonsson, G., and P Klein, 1996, "Stochastic Fiscal Policy and the Swedish Business Cycle", *Journal of Monetary Economics*, 38: 245 – 268.

[18] Kyland, F. E. and E. C. Prescott, 1982, "Time to Build and Aggregate Fluctuations", *Econometrica* 50: 1345 – 1370.

[19] Lansing, K. J., 1998, "Optimal Fiscal Policy in a Business Cycle Model with Public Capital", *The Canadian Journal of Economics*, 31 (2): 337 – 364.

[20] Linnemann, L., 2006, "The Effect of Government Spending on Private Consumption: a Puzzle?" *Journal of Money, Credit and Banking*, 38: 1715 – 1736.

[21] Linnemann, L. and A. Schabert, 2003, "Fiscal Policy in the New Neoclassical Synthesis", *Journal of Money, Credit and Banking*, 35 (6): 911 – 929.

[22] Linnemann, L. and A. Schabert, 2006, "Productive Government Expenditure in Monetary Business Cycle Models", *Scottish Journal of Political Economy*, 53: 28 – 46.

[23] Ludvigson, S., 1996, "The Macroeconomic Effects of Government Debt in a Stochastic Growth Model", *Journal of Monetary Economics*, 38: 25 – 45.

[24] McGrattan, E. R., 1994, "The Macroeconomic Effects of Distortionary Taxation", *Journal of Monetary Economics*, 33: 573 – 601.

[25] McGrattan ER, R Rogerson and R Wright, 1997, "An Equilibrium Model of the Business Cycle with Household Production and Fiscal Policy", *International Economic Review*, 38 (2): 267 – 290.

[26] McGrattan E. R. and L. E. Ohanian, 1999, "The Macroeconomic Effects of Big Fiscal Shocks: The Case of World War II", Federal Reserve Bank of Minneapolis Research Department, Working Paper 599.

[27] McGrattan, E. R., and L. E. Ohanian, 2006, "Does Neoclassical Theory Account for the Effects of Big Fiscal Shocks?" Evidence from World War II. NBER Working Paper 12130. March.

[28] McGrattan, E. R., and L. E. Ohanian, 2008, "Technical Appendix: Does Neoclassical Theory Account for the Effects of Big Fiscal Shocks? Evidence from

World War II," Staff Report 315, Federal Reserve Bank of Minneapolis.

[29] Perotti, R., 2007, "In Search of the Transmission Mechanism of Fiscal Policy," forthcoming NBER Macroeconomics Annual.

[30] Ramey, V. and M. Shapiro, 1998, "Costly Capital Reallocation and the Effects of Government Spending", Carnegie Rochester Conference on Public Policy.

[31] Roche M. J., 1996, "Government Spending and the International Business Cycle", *The Canadian Journal of Economics*, 29 (4): 865 – 884.

[32] Siu, H. E., 2004, "Optimal Fiscal and Monetary Policy with Sticky Prices", *Journal of Monetary Economics*, 51: 576 – 607.

[33] Schmitt-Grohe, S. and M. Uribe, 2004a, "Optimal Fiscal and Monetary Policy under Imperfect competition", *Journal of Macroeconomics*, 26: 183 – 209.

[34] Schmitt-Grohe, S. and M. Uribe, 2004b, "Optimal Fiscal and Monetary Policy under Sticky Prices", *Journal of Economic Theory*, 114: 198 – 230.

第二章

国外政府支出效应及传导
机制研究述评

从国外宏观调控的研究和实践来看，虽然，财政政策由第二次世界大战后关注的焦点变为 20 世纪 80 年代后质疑的对象，但在次贷危机爆发后，它的有效性问题又一次引起社会和学界高度的关注。然而，要把握财政政策的有效性，关键的是要对政府支出效应的传导机制有深入的理解。基于此，本章旨在对国外该研究领域的前沿进行系统梳理和总结，先对政府支出宏观效应的研究现状进行述评，然后主要从新古典主义、动态新凯恩斯主义、内生增长模型这三个视角出发，对国外政府支出效应的传导机制进行分类和归纳，并总结出相关研究的特点，指出研究不足和拓展的方向，以及我国财政政策传导机制研究可尝试的分析框架和注意事项。

一、引言

随着 2008 年美国次贷危机的爆发，世界主要经济体纷纷采取积极财政政策以应对危机的冲击，取得一定成效，其中我国在这方面成绩表现突出，然而，现阶段我国经济发展，面临着一些挑战，存在着经济增长方式转变以及一系列突出的结构问题（三次产业结构发展不平衡、分配结构问题、体制结构不合理等）（中国经济增长和稳定课题组，2010），① 财政政策又一次引起社会和学界极大的关注并被寄予殷切的期望。在这样的背景下对国外财政政策传导机制研究进行系统地梳理和总结具有一定的价值。

国外对财政政策有效性及其相关问题的讨论可追溯到 20 世纪 30 年代经济大萧条，这场大危机直接催生凯恩斯主义的诞生。纵观第二次世界大战后宏观经济学的发展及宏观调控的实践，我们可以把国外对财政政策有效性的讨论大致分为三个阶段。第一阶段，从 20 世纪 30 年代经济大萧条发生后到 20 世纪 80 年代初。在这个阶段凯恩斯主义在宏观经济理论中占主导地位，大多数研究认为财政政策具有一定的有效性；第二阶段是从 20 世纪 80 年代初到次贷危机爆发之前。由于欧美国家在应对 1974 ~ 1975 年、1980 ~ 1981 年两次世界经济 "滞胀"，有效需求管理的宏观经济政策束手无策，于是人们开始对凯恩斯主义产生质疑，新古典主义在宏观经济理论中渐渐地占据上风。随后，在这一阶段一些实证研究支持了财政政策具有非凯恩斯主义效应的观点（Giavazzi and Pagano，1990，Perotti，1999，Alesina and Ardagna，1998）。第三个阶段是次贷危机爆发后，国外研究对财政政策问题的关注度又一次空前高涨（Christiano et al.，2011，Wordfood，2010，Eggertsson，2009，Leeper et al.，2009）。同时，面对次贷危机带来的严重负面冲击，世界主要经济体重新选择凯恩斯主义的宏观经济政策，采取积极的财政政策和货币政策加以应对，事实说明，在此次危机中，实行的积极财政政策对世界经济下滑和复苏起到一定的积极作用。

然而，要把握财政政策的有效性，关键所在还是对政府支出的宏观效应及其传导机制有深入理解，于是本章旨对国外相关研究领域进行系统地梳理和总结。一方面，国外相关研究在分析工具、研究框架及观点上存在不一致性或分歧，而且目前还未有相关文献对此研究

---

① 中国经济增长和稳定课题组：《后危机时代我国的宏观经济调控》，载于《经济研究》2010 年第 11 期。

前沿进行系统地归纳和总结。具体而言，相对货币政策效应及传导机制研究，政府支出的宏观效应及传导机制研究不仅在实证上还存在分析工具上不一致性和观点上的分歧（Galí et al.，2007，Perotti，2007，Ramey，2009），而且在理论上对政府支出的效应进行分析还存在不一致性：新古典主义分析认为政府支出具有挤出效应，而新凯恩斯主义分析认为政府支出具有挤入效应。同时，国外对该研究领域的前沿需进一步综述。虽然 Hemming 等人（2002）专门对财政政策的乘数研究进行系统地综述，但它们重点没有落在财政政策的传导机制上。尽管 Gali 等人（2007）、Perotti（2007）对政府支出效应及传导机制研究进行梳理，但是 Gali 等人（2007）重心落在政府支出效应的实证上，而 Perotti（2007）重心落在政府支出的传导机制上，而且他们的研究综述还不够全面和系统。因此，系统地总结这方面的研究将有助于研究人员深入理解财政政策的理论内涵。

　　另一方面，目前国内宏观经济调控客观上需要对我国财政政策的传导机制进行深入研究，这要求我们首先针对国外相关的研究进行梳理和总结为相关研究提供理论参考。应对 1997 年亚洲金融危机和 2008 年次贷危机时，我国的财政政策起到积极和重要的作用。而现阶段我国经济发展又存在突出的结构问题，这样对宏观经济调控提出新挑战，解决结构问题、促使"十二五"期间国民经济迈上一个新台阶，其中就需要运用我们积极运用财政政策这一政策工具（中国经济增长和稳定课题组，2010；贾康，2010）。[1]然而，国内有关财政政策的研究主要集中在财政政策的宏观经济效应的讨论，且以实证分析为主，专门系统地对财政政策传导机制理论的探讨几乎还没有开展。因此，本书对国外的政府支出效应及传导机制研究进行总结和评述，可为我国财政政策传导机制的研究提供理论背景和参考。

---

　　① 中国经济增长和稳定课题组：《宏观调控目标的"十一五"分析与"十二五"展望》，载于《经济研究》2010 年第 2 期；贾康：《中国特色的宏观经济调控必须注重理性的"供给管理"》，载于《当代财经》2010 年第 1 期。

二、政府支出的宏观效应分析及其观点分歧

近十多年来，大多数有关政府支出宏观经济效应的实证分析主要是借助结构向量自回归（Structural Vector Autoregressive models，SVAR）来进行分析的，[①] 然而，它们使用的识别方法却不完全相同，并且得出的结论也存在一定的差异。我们可以按照识别方法把这些研究划分为四类：

（1）在进行 SVAR 分析中，识别方法使用主要依靠税收与转移支付系统的制度信息（institutional information）去识别税收和政府支出冲击，这称为制度信息法。首先提出此方法的是 Blanchard 和 Perotti（2002），他们在 VAR 模型中使用该方法去识别税收和政府支出冲击，考察在第二次世界大战后美国的政府支出和税收冲击的动态效应。他们选择政府税收、政府支出、总产量作为内生变量，样本选择是美国的季度数据，然后使用制度信息以及调整税收、政府支出循环项进行回归得到 3 个识别条件。得出的结论是政府支出的一个正向冲击会导致该变量增加；扩张的财政政策对产量产生一个正效应，且乘数接近于 1；财政扩张导致消费较大地和显著地增加；私人投资对政府支出冲击的反应被发现显著为负。而 Perotti（2005）利用制度信息法，研究对象扩展到对澳大利亚、加拿大、英国、美国以及西德这 5 个 OECD 国家，分析了这些国家财政政策冲击对 GDP、通货膨胀和利息等的宏观经济效应，研究得出的结论：在这 5 个国家中，政府支出正向冲击对私人消费和产出为正效

---

① 此外，还有研究进行面板数据进行分析，如 Giavazzi 和 Pagano（1990）、Perotti（1999）对经济合作与发展组织（Organization for Economic Co-operation and Revelopment，OECD）国家或地区，Alesina 和 Ardagna（1998）对美国，分析在较大的财政巩固时期（large fiscal consolidations）财政政策的效应，发现，尽管政府支出大幅度降少，但政府支出的缩减会提高总产出和私人消费，即财政支出具有非凯恩斯主义效应（non-Keynesian effects），这与新古典主义模型内涵存在一致性。

应；财政政策对 GDP 作用的趋势在减小，美国的政府支出乘数仅在 20 世纪 80 年代以前大于 1；没有证据说明减税比政府支出增加更有效或见效快；政府支出减少和减税的效应已经变得越来越弱，在 1980 年以后这一作用为大多数为负，特别对私人投资；仅在 1980 年以后政府支出增加对长期利率为正效应；政府支出对通货膨胀的效应较小；财政冲击的变化及其在财政政策传导机制中的变化对 1980 年以后的 GDP 波动的变小产生一定的影响。此外，还存在一些研究运用制度信息法，选择欧洲国家作为研究对象，如 Marcellino（2006）分析了欧盟国家的财政政策的宏观经济效应，Giordano 等（2007）分析了意大利的财政政策的经济效应，de Castro 和 Herbanadez de cos（2008）分析了西班牙的财政政策的经济效应，他们得出大致与 Blanchard 和 Perotti（2002）一样的结论。[1]

（2）对 SVAR 模型的所选取的内生变量，按照经济含义和下三角识别矩阵的要求进行排序，对财政政策冲击进行识别，此法称为乔利斯基分解（cholesky decomposition）。如，Fatas 和 Mihov（2001）采用美国季度数据，利用 VAR 模型分析政府支出对消费和就业的效应，主要选取政府支出、GDP、GDP 平减指数、真实债券，假设总产出和价格水平不受当期的财政政策冲击影响，识别方法使用的是乔利斯基分解。得出结论：政府支出的一个正向冲击会导致该变量增加；扩张的财政政策对产量产生一个正效应，乘数大于 1；财政扩张导致消费较大地和显著地增加；私人投资对政府支出冲击的反应不显著。Galí 等（2007）也在 VAR 模型中使用乔利斯基分解识别方法，做了一个互补的实证分析，他们使用美国季度数据，假定政府支出在当期不受其他变量影响，SVAR 模型内生变量包括政府支出、GDP、工作

---

①　国内也有研究使用此方法分析我国的财政政策效应，但不多，如李晓芳等（2005）利用 Blanchard 和 Perotti（2002）的制度信息法研究中国财政政策的宏观效应，得出的结论也大体上与 Blanchard 和 Perotti（2002）的观点具有一致性。（李晓芳、高铁梅、梁云芳：《税收和政府支出政策对产出动态冲击效应的计量分析》，载于《财贸经济》2005 年第 2 期）。

时间、非耐用品和服务的消费、私人非居民投资、真实工资、预算赤字和个人可支配收入，讨论这些宏观经济变量对政府支出冲击的反应。得出结论主要有：面对正向政府支出冲击时，总政府支出表现为显著地和持续地增加，私人消费的反应也是增加，且在很长时间内其值大于零，私人投资在短期内尽管反应不显著，但略为下降，政府支出乘数在短期内小于1，而在长期内大于1。

（3）在SVAR模型分析中，使用事件断点处理法去分析财政政策冲击，此法称为叙事法（narrative approach）或哑变量法（dummy variable approach）。此方法是由 Ramey 和 Shapiro（1998）提出的，他们认为，由于1950年发生朝鲜战争，1965年发生越南战争，1980年开始的里根总统星球大战计划，这三个时期人均国防大幅度增加，于是，他们把这三个时点作为结构断点来处理，即把1950年第3季度，1965年和1980年第1季度作为断点，去识别由军费开支增加的冲击。分析发现：面对正向军事支出冲击，非耐用品消费出现小幅下降，但不显著，而耐用消费开始较大增加，但随后持续下降；尽管真实工资保持不变，产品工资降低。此后，一些研究使用叙事法去分析政府支出冲击的宏观经济效应，如 Edelberg 等（1999）使用此方法对美国的数据进行分析发现，当政府军费开支增加时，真实工资表现为下降，而非居民投资反应为负，尽管耐用品消费反应为正，但非耐用品和服务消费表现为负；Burnside 等（2003）也运用叙事法对美国情况进行了实证分析，得出主要结论是：总产量对政府国防开支正向冲击反应为正，而投资和消费对国防开支冲击反应为负。这个分析方法的优势在于不需要对结构方程进行识别。①

（4）在SVAR分析时，根据财政政策对经济产生的效应正负性，去识别财政政策冲击，此法被称为符号约束法（sign restrictions ap-

---

① 此外，Eichenbaum 和 Fisher（2005）使用此方法分析美国"9·11"之后政府支出的性质，发现"9·11"美国政府盈余（government surplus）下降和税率的大幅下降不能被用来解释"9·11"之后美国政府军费开支增加的结果。

proach）。Mountford 和 Uhlig（2009）利用 Uhlig（2005）分析货币政策效应的符号约束方法去分析财政政策的效应。[1] 符号约束方法不像递归分析方法，它不对递归形式（reduced-form）与结构扰动之间的当期关系进行现行约束，而是直接对冲击反应进行约束，例如，财政赤字冲击被识别为由政府支出冲击引起的，而政府收入在四个季度内保持不变。这一方法也有不足之处，它们是不能知道财政政策冲击发生的时间，且认为财政政策只具有凯恩斯主义效应，他们分析发现，政府支出冲击既挤出居民投资，又挤出非居民投资，而且对居民消费影响较小（即消费反应较小且不显著）。另外，Pappa（2005）使用符号约束法，对美国实证分析政府消费对劳动就业和工资的效应，发现不管选取美国的总体数据还是选取州数据，研究得出一致结论，政府消费对劳动就业和工资产生正效应。

综上所述，我们对以上相关研究进行概括得出以下主要结论，如表 2 - 1 所示。

表 2 - 1　　政府支出效应的实证分析方法及结论

分析方法	代表性研究作者	分析对象	样本区间	主要结论
制度信息法（institution information）	Blanchard 和 Perotti（2002）	美国	1960 年第 1 季度至 1997 年第 3 季度	Y，C 增加；I，EX，IM 下降；税收会使产出减少
	Perotti（2005）	澳大利亚，加拿大，西德，英国，美国	1961 年第 1 季度至 2001 年第 4 季度，1960 年第 1 季度至 1989 年第 4 季度，1963 年第 1 季度至 2001 年第 2 季度，1960 年第 1 季度至 2001 年第 4 季度	Y，LR 增加，而 C，I 下降，对 π 的效应较小

---

[1]　另外，Canova 和 Pappa（2007）利用符号约束法，分别利用美国地方政府和欧盟国家的数据，分析了这两个统一货币体中财政政策冲击对价格水平的差异性。

续表

分析方法	代表性研究作者	分析对象	样本区间	主要结论
乔利斯基分解法（choleski decomposition）	Fatas 和 Mihov（2001）	美国	1960 年第 1 季度至 1999 年第 4 季度	Y，C，L 增加
	Galí 等（2007）	美国	1954 年第 1 季度至 2003 年第 4 季度	Y，C 增加
叙事法（narrative approach）	Ramey 和 Shapiro（1998）	美国	1947 年第 1 季度至 1996 年第 4 季度	NDC 出现小幅下降，而 DC 增加
	Edelberg 等（1999）	美国	1948 年第 1 季度至 1996 年第 1 季率	L、NRI 增加，而 C，RI，RW 是下降
	Burnside 等（2004）	美国	1947 年第 1 季度至 1995 年第 4 季度	I，WH，t_k、t_w 增加，RW 下降，C 反应不大
	Ramey（2009）	美国	1939 年第 1 季度至 2008 年第 4 季度	C 和 RW 下降
符号约束法（sign restriction）	Uhlig（2009）	美国	1955 年第 1 季度至 2000 年第 4 季度	RI 和 NRI 具有挤出效应，而对 C 的影响不大

注：Y、C、I、EX、IM、LR 分别表示产出、消费、投资、出口、进口以及长期利率；L 表示劳动就业量；NDC，DC 分别表示非耐用品消费和耐用品消费；NRI、RI、RW 分别表示非居民投资、居民投资、真实工资；WH，t_k、t_w 分别表示工作时间、资本税率、工资税率；RI、NRI 分别表示居民投资和非居民投资。

（1）在政府支出对产出的效应分析上。大部分研究都一致认同，政府支出增加，对总产出有正效应（Fatas and Mihov，2001，Blanchard and Perotti，2002，Galí et al.，2007）。

（2）在政府支出对投资的效应分析上，有的研究认为，居民投资对政府支出冲击反应为正（Edelberg et al.，1999，Fatás and Mihov, 2001, Burnside et al., 2003), 而有的研究认为, 居居民投资对政府支出冲击反应为负 (Blanchard and Perotti, 2002, Mountford and Uhlig, 2009, Perotti, 2005, Galí et al., 2007)。

(3) 在政府支出对私人消费的效应研究上, 有的研究认为, 居民消费对政府支出冲击反应为正 (Blanchard and Perotti, 2002, Perotti, 2004, Galí et al., 2007), 有的研究认为, 居民投资对政府支出冲击反应为负 (Alesina and Ardagna, 1998, Edelberg et al., 1999), 也有的研究认为, 居民投资对政府支出冲击反应很小 (Ramey and Shapiro, 1998, Ramey, 2009)。

为什么现有相关研究在分析政府支出对居民投资、居民消费分析上的结论进行出现分歧呢? 一些研究对这样分歧已加以讨论, 如 Kamps 和 Caldara (2006) 认为, 主要是由选择向量自回归的形式及其识别条件不同造成的, 而 Ramey (2009) 认为与识别条件的设定时间有关系, 他认为如果利用制度信息法、乔利斯基分解法进行分析, 把滞后变量多滞后一期, 令人惊讶地发现, 得出结论与叙事法得出结论具有一致性, 此外, 他从理论模型对这样的结论加以证明。然而, 从代表性研究可知 (Galí et al., 2007, Perotti, 2007), 现有国外相关的研究大致认同产生分析观点分期的原因是政府支出程度的大小, 战争时期或国防开支较大的情况下, 政府支出规模大, 政府支出产生挤出效应, 这与新古典的理论具有一致性; 而一般情况下政府支出规模较小, 政府支出具有挤入效应, 这趋于支持凯恩斯主义的理论观点。因此, 接下来, 我们分别对政府支出的挤出和挤入效应的传导机制的研究进行综述。

三、新古典主义视角的解释

(一) 完全竞争经济

由于在完全竞争模型中, 政府支出会产生财富负效应, 从而对居民消费产生挤入效应，于是一些研究利用具有完全竞争性质的真实周期模型（Real Business Cycle model，RBC）或标准动态随机一般均衡模型（Dynamic stochastic General Equilibrium model，DSGE）进行讨论。其中 Baxter 和 King（1993）是这方面的较早代表性研究，他们在 DSGE 分析框架下，考察了政府永久性支出和暂时性支出的效应以及政府乘数的大小问题。他们假设政府消费支出有利于家庭的消费，而政府公共投资对消费者的行为和生产者行为都产生正作用，于是他们把政府支出引入效用函数和生产函数，建立一个DSGE 模型，然后取符合美国经济的参数值，模拟发现：厂商雇佣的劳动和资本对财政政策冲击反应较强；政府购买永久性的改变会导致短期和长期的乘数大于1；政府购买的永久性效应大于政府购买的短期效应；在等量变化的情况下，政府减税对总产量的效应比增加政府购买的效应要大；公共投资对产出和投资具有一定的正效应；政府购买对消费具有挤出效应；不管增加的是扭曲性税收还是一次性税收，税收对消费的影响都表现为挤出效应。政府支出产生挤出效应的原因：由于来自税收的政府支出增加会减少产生财富的负效应，从而使消费减少。此外，Braun 和 McGrattan（1993）在第二次世界大战期间的美国和英国做了一个实证分析，发现伴随政府支出增加，总产量增加，而对投资和消费具有挤出效应，劳动投入下降，劳动生产率增加。通过在 DSGE 框架中考虑完全竞争的因素，发现所构建的模型能较好地解释实证分析得出的结论。

Burnside 等（2004）在以完全竞争为背景的 DSGE 框架中分析了财政政策冲击对主要宏观经济变量产生的效应。他们先运用Ramey 和 Shapiro（1998）实证分析方法，利用美国第二次世界大战后数据进行实证分析，通过外生的军事购买变化来识别财政政策冲击，得出结论：外生的军事购买增加会使政府购买、资本收入和劳动收入的税率持续增加，并导致工作时间持续增加而真实工资下降；这些冲击会使总投资上升，而私人消费变动较小。然后，他们建立 DSGE 模型来解释这些经验特征（结论），通过分析发现，基准模型能说明政府支出冲击对工作时间、真实工资、消费和投资的效应经验特征。进一步，他们发现这个简单的基准模型存在重要的缺点，特别它很难解释劳动对政府支出冲击的反应时间长短，Burnside 等认为出现这种情况原因是扭曲性税收变化的作用促使反事实的就业变动，使之与政府支出冲击的时间更接近。基准模型过度估计了政府支出冲击对投资的正效应和对消费的负效应。在基准模型引入消费习惯形成和投资调整成本后，尽管该模型暗含劳动供给弹性相对实际情况较高以及估计消费对政府支出冲击反应程度还是比实际的大，但模型模拟结果说明该模型的解释力度提高了。

McGrattan 和 Ohanian（2006，2008）在他们前期研究的基础 McGrattan 和 Ohanian（1999）上，考察了以完全竞争为背景的 DSGE 模型是否能解释第二次世界大战期间财政政策的宏观经济效应的经验特征。为此，他们在构建的动态随机一般均衡模型时，假设生产函数是标准的形式，效用函数也是标准形式，且市场是完全竞争的。同时考察了一些重要战争冲击：政府购买的大幅增加，战争发生时间的不确定性，它们促使劳动力的迁移导致劳动力较大幅度的下降，对要素征税的税率的较大幅度改变、配给，以及战争造成萧条的可能性。为了理解每个冲击的宏观经济效应，他们依次引入冲击进入模型并计算均衡结果，分析每个冲击如何影响产品的价格和数量，随后他们把所有冲击同时都加上考虑，得出模型在经济均衡处的结果，并把分析的结论与实际经济的产品数量和价格进行比较，发现标准 DSGE 模型能较好地解释第二次世界大战期间经济运行和政府行为的特征；在政府支出冲击发生后，工作时间较大幅度地增加，消费和私人投资显著减少，税后工资和利息也显著减低。战争结束时间的不确定性和战后萧条的可能性是影响模型对高劳动投入和低税后工资及低利息解释的重要因素。

尽管以上在完全竞争的 DSGE 模型框架可以解释较大的政府支出所表现得挤出效应，但 Edelberg 等（1999）认为完全竞争的 DSGE 模型可以解释他们实证分析得出的结论——政府支出在非居民投资上表现为挤入效应，而对消费上表现为挤出效应。他们是在以完全竞争为背景的 DSGE 模型中，把消费品分为耐用品和非耐用品，分析了美国外生政府购买增加对宏观经济变量的效应及其传导机制。同时他们使用 Ramey 和 Shapiro（1998）实证方法的一种扩展形式，得出实证结论：当政府支出正向冲击发生后，劳动、产量和非居民投资的反应是上升，而实际工资和居民投资的反应是下降的，耐用品，服务和非耐用品的消费反应相对其他变量滞后一点，但也是下降的，在此分析得出了政府支出具有挤出效应。他们认为，工资反应的负效应是政府购买冲击的传导机制起到的关键作用，因为工资收入下降促使居民投资和消费的下降，这和宏观新古典主义 RBC 模型是一致性，于是他们利用该模型框架进行问题分析，为了能解释实际经济中非居民投资的反应对政府购买冲击是上升的，而非耐用品的消费是下降的，Edelberg 等考虑两种投资，一种是非居民投资，它用于生产，另一种是居民投资，它用于购买耐用品，为消费者提供服务，为了讨论方便他们把购买房屋的投资归为耐用品的消费。然后他们建立一个 DSGE 模型，利用美国数据进行参数校准，经济模拟的结果显示能较好地解释他们实证得出关于美国政府购买冲击效应的经验特征。

（二）不可分的消费者偏好

以上研究是从新古典主义视角出发，研究了政府支出挤出效应的机制，能较好地解释政府支出的挤出效应，于是一些研究认为，以完全竞争市场为经济背景的新古典主义模型不能很好解释政府支出的挤入效应（Fatas and Mihov，2001，Gali et al.，2007，Perottio，2007）。然而，Linnemann（2006）认为从完全竞争市场的新古典主义视角仍可解释政府支出的挤入效应，但他们对消费的偏好选取的是不可分离效用形式（non-separable utility），[①]该效用函数的具体形

---

① 有趣的是，国外在利用劳动搜寻模型研究经济波动时，不可分偏好概念被经常采用（Shimer，2009）。

式为：$u(c_t, n_t) = \dfrac{1}{1-\sigma} c_t^{1-\sigma} n_t^{1+\varphi}$（$c_t$、$n_t$ 分别表示消费在 t 期消费和劳动，σ 表示消费者的相对风险规避系数，φ 是表示消费者的劳动供给弹性的大小）。Linnemann 把这效用函数引入具有完全竞争市场背景的 DSGE 模型中，利用美国数据对模型的参数进行校准，经济模拟后发现，不可分效用形式的完全竞争模型能较好地解释实际经济中的经验特征：消费、产出、劳动就业等对政府支出正冲击反应为正，而私人储蓄和投资的反应为负。Linnemann 认为政府支出效应对消费和产出表现为正效应原因是：当政府支出较大时，会产生很大的财富负效应，导致消费者减少自己的休闲，增加劳动供给。由于消费者的效用函数具有消费和休闲之间具有不可分性，这样消费和劳动两者之间具有一定的替代性，于是政府支出财富负效应促使消费者的工作时间增加，这会提高消费者的消费的边际效用。如果消费者的消费和劳动的替代性足够强，那么在面临政府支出的正冲击后，尽管私人储蓄、私人投资下降，但私人消费、总产量、劳动就业增加，这样的结论与一些相关实证分析相符（Blanchard and Perotti, 2002, Gali et al., 2007）。Linnemann 利用不可分离的效用函数建立完全竞争为背景的 DSGE 模型从而解释政府支出对私人消费的挤出效应经验特征，从而反驳一般 RBC 模型不能解决这问题的观点。

Bilbiie（2009）认为，尽管 Linnemann（2006）发现在无摩擦市场经济波动模型中引入消费与休闲不可分离的效用函数形式可以解释政府支出的挤出效应，但 Linnemann 所构建的模型暗含着消费与劳动供给关系在坐标系中是一条斜率为负且为常数的曲线，这与实际不相吻合。于是 Bilbiie 去考察一个问题：如果模型经济具有无摩擦市场经济背景和消费者具有在消费和休闲之间的不可分离偏好，那么在不需要消费对供给弹性为负的弹性情况下，什么样条件才能保证政府支出对私人消费具有挤入效应。于是，他把不可分离偏好的概念引入一完全竞争背景的 DSGE 模型，在优化求解，参数校准，经济模拟，分析结果显示：在效用具有不可分离的形式的条件下，当且仅当满足消费商品是低档品时，私人消费对政府支出正向冲击反应为正，而且当且仅当满足消费商品或休闲是低档品时，消费与劳动表现为正相关关系。这一结果经济学直觉是，当来自于一次性税收（lump-sum taxation）的政府支出增加时，税收会使消费者收入降低，从而产生财富负效应，如果消费品是低档商品，那么消费者收入降低从而使消费增加，反之，当休闲是低档商品、消费品不是低档商品时，如果政府支出增加，那么私人消费和休闲都会下降。

（三）具有成本的部门要素流动[①]

以上研究主要是从单部门的新古典模型视角加以解释政府支出的挤出效应，而 Ramey 和 Shapiro（1998）从两部门新古典主义模型的视角，考察具有部门资本流动具有成本的一个模型经济，来解释美国国防开支的挤出效应。他们认为，政府支出的变化会使部门之间的需求曲线发生较大的移动，于是他们假设在两个部门的动态一般均衡模型中假设资本的重新分配是具有一定成本。在构建模型中，他们分别利用柯布－道格拉斯（cobb-douglas）函数和里昂锡夫（leonetif）函数形式进行分析，得出结论一致的结论：政府购买具有一定的挤出效应。随后，他们使用事件断点法或叙事法分析美国军事开支的影响得出实证结论，把模型和实证分析结论进行比较发现，宏观经济变量行为与多部门的新古典模型的预测相一致，于是相对单部门，他们这两部门模型提供对政府支出冲击的宏观效应探讨的有一个新古典视角。

综上所述，新古典分析框架主要用于研究战争时期和国防开支较大的情况下政府支出传导机制，从而去解释政府支出的挤入效应，这种传导机制可理解为：政府开支增加促使居民消费和投资等

---

① 尽管 Ramey 和 Shapiro（1998）考虑了部门间的要素流动成本，属于非完全竞争因素，但 Perroti（2007）把他们的模型讨论归为新古典主义分析框架。

减少主要通过财富效应（wealth effects）和跨期替代效应（intertemporal substitution effects）两个渠道来实现，这是因为，来自较高政府购买的财富负效应使居民减少消费和投资，同时，较高政府开支会促使即期利率增加，于是产生跨期替代效应，使家庭更努力工作，减少当期消费增加储蓄，一般在政府支出数额较大的情况下，政府支出的财富负效应较大。

四、新凯恩斯主义视角的解释

由于以上研究主要从新古典主义完全竞争经济视角解释政府支出的挤出效应，于是针对解释政府支出的挤入效应，另一些研究把非完全竞争因素引入 DSGE 分析框架中来探讨。关于从非完全竞争角度的 DSGE 研究思路主要被用于经济波动和货币政策效应问题的讨论，这个分析框架被称为动态新凯恩斯主义分析框架（Dynamic New Keynesian model, DNK）（Goodfriend and King, 1997, Christiano et al., 2005, Smets and Wouters, 2005, 2007），DNK 模型具有以下主要特征：垄断竞争（monopolistic competition），名义刚性（nominal rigidities），货币政策短期非中性（short run non-neutrality of monetary policy）（Gali, 2008）。[1]然而，DNK 分析框架已经渐渐地成为

---

① 此外，目前国内有一些研究已经运用 DNK 分析框架讨论中国经济波动和宏观经济政策等方面问题（李春吉、孟晓宏，2006，陈昆亭、龚六堂，2006，Zhang，2009，刘尧成、刘晓萍，2010，王君斌，2010，王君斌、王文甫，2010）。（李春吉、孟晓宏：《中国经济波动——基于新凯恩斯主意垄断竞争模型分析》，载于《经济研究》2006 年第 10 期。陈昆亭、龚六堂：《黏滞价格模型以及对中国经济的数值模拟》，载于《数量经济技术经济研究》2006 年第 8 期。刘尧成、刘晓萍：《消费替代弹性、经济开放与中国经济外部失衡》，载于《统计研究》2010 年第 4 期。王君斌：《通货膨胀惯性、产出波动与货币政策冲击——基于刚性价格模型的通货膨胀和产出的动态分析》，载于《世界经济》2010 年第 3 期。王君斌、王文甫：《完全竞争市场、技术冲击和中国劳动就业——动态新凯恩斯主义视角》，载于《管理世界》2010 年第 1 期。Zhang, W., 2009, "China's monetary policy: Quantity versus Price Rules", Journal of Macroeconomics, Vol. 31, pp. 473 – 484.）。

研究财政政策问题的重要分析工具之一（Linnemann and Schabert，2003），引入非完全竞争因素如价格刚性、工资刚性、政府支出的外部性、消费的流动性约束（非李嘉图等价），来解释财政政策的挤入效应是其重要研究内容之一。

（一）政府支出的外部性

在公共经济学中，引入政府支出的正外部性到模型中是研究公共财政问题的一个重要思路（Barro，1990，Turnovsky，1990，Turnovsky and Fisher，1995）。因此，有一些学者从政府支出的正外部性角度去探索政府支出效应的传导机制。关于这方面的研究，我们可把它们分为以下三个分析思路：

（1）只考察了政府支出的生产性，如 Linnemann 和 Schabert（2004，2006）假设政府支出对生产者具有生产性或外部性，他们在新凯恩斯主义框架下引入政府支出有利于社会总生产的概念，去研究政府支出冲击效应的传导机制。引进政府对生产产生正效应，会对经济产生两个效应：一是需求效应，因为政府支持增加意味着会有较高的劳动需求和资本需求，这会引起产品的边际成本增加；二是供给效应，政府支出冲击由于它具有生产性，它会提高劳动生产率，从而有减低产品边际成本的作用。如果政府支出冲击的供给效应大于需求效应，那么产品的边际成本下降，这样通过利率规则促使利率就下降，由最优化后的欧拉方程可知，利率降低消费者不愿储蓄或投资，那么私人消费水平增加。然而这样的结果依靠政府支出在 GDP 中所占的比例和政府支出的生产性的大小，前者反映需求效应的权重，后者反映供给效应的权重。通过参数校准和数值模拟后，他们的分析结论显示：即使政府支出对生产影响不大，政府支出的生产性有助于解释政府支出的挤出效应的特征；如果政府支出在 GDP 中的所占比例不是很大，且政府融资不仅仅靠扭曲性税收（distortionary taxation）来实现，那么政府支出冲击会促使私人消费，真实工资，劳动就业的增加；当政府融资部分依靠发行公债来实现，那么政府扩张性的财政政策会使单位劳动成本和物价水平下降。

（2）只考虑对居民消费产生正外部性。如 Linnemann（2006）在实证分析发现，美国政府支出冲击对私人消费具有挤入效应。为了解释这一经验特征，他们在价格黏性模型中引入政府支出对消费的正外部性，在模型构建中即把政府支出引入效用函数，模型经济模拟分析发现，他们所构建模型能较好地解释政府支出的挤入效应。此外，Bouakez 和 Rebei（2007）也从政府支出对消费产生正外部性的角度，来解释政府支出对私人消费具有的挤入效应的经验特征，他们做如下两个假设，一是假设有效消费是私人消费和公共消费的不变替代弹性函数形式，即为：$\tilde{C}_t = (\varphi C_t^{v/(v-1)} + (1-\varphi) G_t^{v/(v-1)})^{(v-1)/v}$（$\tilde{C}_t$ 表示居民的有效消费，C_t 表示私人消费量，G_t 表示政府支出，ϕ 表示在有效消费中私人消费的权重，v 表示在私人消费和政府支出的不变替代弹性的大小）。二是假设家庭偏好具有习惯形成性（habit formation）或消费习惯，然后将它们引入 DSGE 框架进行分析，通过优化求解，利用美国数据使用最小距离和最大似然估计方法（minimum distance and the maximum-likelihood methods）估计模型参数，同时，实证分析认为有私人消费和公共消费具有互补性，他把这互补性称为艾奇沃斯互补性（edgeworth complementarity），分析结论发现模型能较好地解释政府支出对私人消费具有的挤入效应的经验特征。

（3）既考察政府支出对生产的正外部性因素，又考虑它对消费产生正外部性因素，如 Ambler 等（2008）从政府支出对消费和生产都有外部性的角度来讨论的，他们假设政府支出分为两类：公共消费性支出和公共投资支出，分别引入效用函数和生产函数对问题进行讨论。一是通过 VAR 分析发现公共支出的冲击会增加私人消费。二是他们在 DSGE 模型框架中把政府支出引入效用函数和生产函数，同时假设公共支出具有内生性，即政府选择政府支出使消费者福利达到最大，去构建模型并对数展开，然而利用美国数据进行参数校准，经济模拟发现，在不管私人与公共购买之间是互补的还是替代的情况下，该模型能产生与政府支出具有挤入效应的特征事实一致性的结果。另外，Ganelli 和 Tervala（2009）在新古典增长模型框架下假设公共消费和私人消费具有一定的互补性去建立模型，分析发现模型预测与私人消费对政府支出冲击反应为正的典型事实相一致。

以上研究是通过考虑政府支出的正外部性这一概念去解释政府支出的挤入效应，它们的研究结论支持了政府支出具有挤入效应的观点，为什么会产生这样的结论呢？对这样的政府支出效应传导机制的运行，我们理解如下：政府支出对经济产生两个效应，一是政府支出增加引起税收增加，产生财富负效应，对消费、投资产生负面影响，二是政府支出具有正外部性，政府支出增加促使消费、投资增加。如果政府支出的正外部性足够大，从而使第二个正效应大于第一个效应，即政府支出的正外部性占主导作用，从而政府支出的综合效应最终表现为挤入效应。

（二）消费者的流动性约束（非李嘉图等价）

尽管政府支出的正外部性意味着政府支出表现为挤入效应，但是有研究者从非李嘉图等价或流动约束角度来加以探讨。其中具有代表性的研究是 Galí 等（2005，2007），他们认为，新古典主义理论很难解释一般情况下政府支出的挤入效应，因为政府支出会产生财富的负效应，在完全竞争经济背景中，消费者行为满足李嘉图等价（ricardian equivalence）原理，这预示着政府支出增加使私人消费减低 Hemming 等（2002）也支持这样观点，于是 Galí 等考察了消费者的非李嘉图等价行为（non-ricardian equivalence）是否能解释政府支出的挤入效应？他们假设，非李嘉图等价的消费者不能进行跨期决策，于是他们消费受流动性约束或信贷约束（credit constrained），这样的消费者被 Galí 等在研究中称为拇指规则的消费者

（rule-of-thumb）。他们在 DSGE 框架中，引入垄断竞争和价格黏性后，引入非李嘉图等价因素，构建一个新凯斯主义模型，利用美国数据进行参数校准，经济模拟得出的结论能较好地解释美国的政府支出对私人消费的挤入效应。这种政府挤入效应的传导机制可理解为：税收增加政府支出，这会使非李嘉图等价的消费者收入降低，从而使他们的劳动增加，政府支出增加又会促使工资水平增加，这样又使他收入水平增加，于是最终可能他们的收入增加，这样非李嘉图等价的消费者对政府支出反应为正。而另一类可跨期最优化的消费者（李嘉图等价的消费者），政府支出对他们产生挤出效应。这样当政府支出正向冲击发生后，非李嘉图等价消费者由于财富负效应促使她们工作时间增加，政府支出增加会促使劳动需求增加，于是在价格黏性的情况下，工资水平增加，非李嘉图等价消费者收入增加，从而她们的消费增加。如果在经济中非李嘉图等价消费者的比例大于李嘉图等价消费者，那么政府支出正向冲击促使经济中的总消费增加。

另外，Colciago（2006）在 Galì 等（2005）的基础上，在模型中考察了工资黏性、非李嘉图等价（又称为信贷约束）因素解释政府支出的挤入效应，分析发现，所考虑的因素不是政府支出的挤出效应成立的必要条件，当劳动供给的边际负效用的弹性较小时，所考虑的因素意味着政府支出具有挤入效应。然而，Furlanetto 和 Seneca（2009）认为 Gali 等（2007）得出结论主要是靠较高的价格黏性和较大比例的流动性约束消费者，于是他们在 Gali 等的模型框架下引入消费习惯（consumption habit）、固定资本专有性（fixed capital specificity）以及科姆鲍尔需求曲线（kimball demand curves）等实际黏性因素，结果显示：不需要较高的价格黏性和较大比例的流动性约束消费者的因素模型也能得到政府支出对消费具有挤入效应。

此外，在类似与 Gali 等（2007）的研究思路，一些经济学者也尝试对政府支出挤入效应进行探讨，但是得出的结论并不完全支持

Gali 等（2007）的观点。如 Coenen 和 Straub（2005）通过实证分析欧盟的非李嘉图消费者所在所有消费者占比例较低，从而建立DSGE 模型，最后模拟的结果政府支出正向冲击对消费的正效应很小；而 Horvath（2009）同样考虑到具有李嘉图等价和非李嘉图等价的两类消费者，但是他假设效用函数是不可分离的形式，税收假设是扭曲性税收形式，对欧盟一些国家政府支出的效应进行探讨，但是最终分析得出的结论反而不支持政府支出对消费具有挤入效应。Forni 等（2009）在 DSGE 框架下引入非李嘉图等价的消费者，去考察欧洲地区财政政策的效应。在构建模型时，他们考虑了对劳动和资本的收入以及消费的扭曲性税收，同时把政府支出分为对商品的购买，对政府雇员的支付工资以及对居民的转移支付三部分。他们使用的数据是季度数据。他们分析结果显示：公共花费具有中等程度的凯恩斯主义效应；尽管财政政策变量在发生冲击时具有一定程度上的持续性，但面对政府购买和支出政府雇员的工资支出冲击，私人消费的反应较小且具有短期的扩展效应；政府转移支付冲击对私人消费产生较大且较持续的效应。

总结以上所述，对非李嘉图等价（流动性约束）的传导机制可归纳为：政府支出增加对李嘉图等价（非流动性约束）和非李嘉图等价（流动性约束）两类消费有不同效应，对非流动性约束的消费者，由于财富负效应产生挤出效应，而对流动性约束的消费者产生挤入效应。如果后者大于前者，于是从而总合效应表现为政府支出的挤入效应。

（三）反周期变化的加成（countercyclical markup）

还有一些学者从反周期变化的加成机制去考察政府支出的挤入效应，如 Retemberg 和 Wordford（1992）从寡头竞争市场的厂商合谋和加成定价的角度来解释，发现第二次世界大战后美国军事开支冲击增加会促进产出、工作时间、真实工资水平、居民投资的增加，如何解释军事开支冲击效应的这些经验特征，Retemberg 和

Wordford 考虑一个寡头竞争市场价格决定模型。他们主要假设市场是寡头竞争市场，代表性厂商之间具有合谋行为，它们之间存在一个合谋价格，如果有厂商出售产品的价格偏离了合谋价格，那么它有收到惩罚的威胁。然后建立一个具有寡头竞争动态一般均衡模型。他们是用类似于 Kydland 和 Prescott 分析方法去校准一寡头竞争模型，同时也校准了一个完全竞争模型，并把寡头竞争模型与完全竞争模型进行比较分析，发现，与完全竞争模型相比，寡头竞争模型的分析结果和第二次世界大战后美国军事开支冲击效应特征具有一定的匹配性。这样政府效应的形成机制可理解为：在具有垄断竞争的产品市场上，劳动需求曲线可由利润最大化的一阶条件得到：$F_L(K_t, L_t) = \mu_t w_t$。当政府购买增加后，总需求增加，由于 $F_{LL} < 0$，即 F_L 是减函数，于是在工资不变 w_t 的情况下，加成 μ_t 就减少，从而使厂商雇佣劳动增加，即社会劳动需求增加，于是劳动均衡量增加，在工资是黏性或刚性的情况下，居民的劳动收入提高，从而促使居民的储蓄上升，私人投资增加。

Ravn 等（2006）建立一个标准习惯形成模型，他们依据 Abel（1990）私人消费攀比琼斯家（datching up with the Joneses）的思路，但他们使用的消费攀比（catch-up）的思路与 Abel 不一样，假定上一期所有人的消费所有的商品量对当期代表性消费者的消费产生一定的外部性，而不是代表性消费者当期效用水平受它的上期消费和社会总平均消费的组合影响。他们把这样的消费习惯称为深度习惯或根深蒂固的消费习惯（deep habit）。$x_t^j = \left[\int_0^1 (c_{it}^j - \theta c_{it-1})^{\eta/(\eta-1)} di \right]^{(\eta-1)/\eta}$（$x_t^j$ 居民 j 在 t 期的总消费量，这个变量是 t 期他自己的各种消费品量和 $t-1$ 期的所有人消费各类消费品量的函数，c_{it}^j 表示居民 j 在 t 期对 i 产品的消费量的大小，c_{it-1} 表示所有的人在 $t-1$ 期对 i 产品消费的总量，即 $c_{it-1} = \int_0^1 c_{it-1}^j dj$，$\theta$ 表示消费习惯系数，当 $\theta = 0$ 时，就说明居民的消费不受上期消费的影响，η 表示经习惯调整的各种产品消费变量之间的期内替代弹性的大小（intratemporal elasticity of substitution of habit-adjusted consumption across different varieties)。在深度习惯假设下，单个生产者面临的需求函数受过去的销售量影响，这样的特征是顾客市场和新转换成本模型的一种特例，他们主要研究结论：深度习惯会引起加成（markups）反周期变化，这与一些实证的结论具有一致性（Gali, Gertler and Lopez-Salido, 2007, Monacelli and Perotti, 2008）。这样的结论是很重要的，因为在顾客市场和转换成本模型中，分析结论意味着反事实的顺周期加成运动。他们把深度习惯形成的假设引入不完全竞争产品市场经济中，这样的考虑产生一个具有内生的、随时间变化价格对边际成本加成的模型。通过参数校准模拟分析得出一个重要的结论：深度习惯模型意味着加成是反周期地变化，特别地，由偏好冲击、政府支出冲击、生产率冲击引起产出的增加或扩展，伴随着加成的下降。深度习惯能导致加成（markup）反周期变化的直觉是：在深度习惯模型中，厂商 i 在 t 期面临的需求函数为 $q_{it} = p_{it}^{-\eta}(q_t - \theta q_{t-1}) + \theta q_{it-1}$，这里 q_{it} 表示对产品 i 的需求，p_{it} 表示 i 产品的相对价格，q_t 表示总需求水平，q_t 对厂商 i 外生给定的，参数 $\theta \in [0,1]$ 表示对产品 i 习惯程度的大小。因为在需求函数中的 θq_{it-1} 是表示对 i 产品的消费习惯，于是它对当期价格变化不反应，于是我们可得到消费者对产品 i 的需求价格弹性为：$\eta/[1 + \theta q_{it-1}(p_{it}^{-\eta}(q_t - \theta q_{t-1})^{-1}]$，这样当期总需求增加 $q_t - \theta q_{t-1}$ 会使产品 i 的价格弹性增加，从而使价格弹性变大，这样导致价格加成变小，因此在消费深度习惯的假设下，总需求和加成反向变动，即价格加成反周期变化。

此外，Ravn 等（2007）基于 Ravn 等（2006）深度习惯概念的基础上，考察开放经济中的政府购买冲击效应。首先，他们使用面板 SVAR 方法（panel structural VAR）和来自四个工业国家的季度数据进行实证分析得出经验特征：当政府购买冲击增加后，总产出和私人消费增加、贸易平衡恶化、实际汇率贬值。随后，他们从深度习惯机制上对实证的结论进行解释。他们使用一个有限信息方法（limited information approach）对深度习惯模型的关键参数进行估计。分析结果发现，深度习惯模型能很好地匹配总产出、消费、国际贸易盈余和汇率对未预料到政府支出冲击的反映经验特征。同时，深度习惯模型预测，在一个预料到的政府支出冲击发生后，私人消费和工资不会增加，这与来自事件断点分析法得到经验结论具有一致性。为什么这深度习惯模型对实际经济产生较好匹配性呢？这原因可表述如下：在两国经济中，在深度消费习惯的基础上，总需求增加会激励厂商降低价格加成，因此，国内经济体的政府支出增加会导致国内的价格加成相对国外的价格加成变小，这样国内产品相对国外来说变得昂贵，即真实汇率贬值，同时，国内价格加成下降会促使劳动需求曲线向外移动，从而引起国内工资上涨，这样工资上涨，会使居民劳动供给增加，即减少休闲，增加消费，这就是替代效应，但这种替代效应足够大时，可以抵消政府支出增加的财富负效应，从而引起居民消费增加。

另外，Zubairy（2009）在 Ravn 等（2006）的基础上，引入深度习惯的概念，考虑较多的宏观经济变量对政府支出的经验特征，并且考察对象选择美国。首先，他利用美国数据实证分析发现，总产出、私人消费、劳动工资对未被预期到的政府支出冲击反应为正，而投资、通货膨胀、名义利率反应为负。他建立具有深度习惯的一个中等规模 DSGE 模型，同时利用拉普拉斯类型估计法（laplace type estimator），这类似于贝叶斯估计法（bayesian estimator）来估计模型的参数，这个参数估计法不同于校准法，经济模拟结果显示，公共消费和私人消费的深度习惯和工资黏性在解释政府支出冲击效应对消费和工资的持续性（persistent）和驼峰型（hump-shaped）中担任重要角色。此外，分析又发现，为了使工资和消费对政府支出冲击的反应为正，深度习惯模型比表面消费习惯解释力度更大（superficial habits）。然而，Zubairy（2009）分析的政府支出效应传导机制与 Ravn 等（2006）具有内在一致性。

反周期变化的加成传导机制可以概括为：政府支出增加，会使总需求增加，从而具有垄断竞争性或寡头竞争厂商降低加成，减低商品价格，增加市场份额，又由于工资是刚性或黏性，从而居民的劳动收入增加，最终促使私人的投资和居民的消费增加。

（四） 消费和劳动之间的互补性

以上在解释政府支出的挤入效应时，大多数假设在消费者的偏好中，消费和休闲或劳动是分离的。然而，Monacelli 和 Perotti（2008）认为消费和劳动之间具有一定互补性。他们在动态新凯恩斯主义分析框架下，从消费和劳动之间的互补性解释政府支出的挤入效应。首先，他们分别利用结构向量自回归的方法和叙事法（Structural VAR and Narrative Approach），也是利用美国数据实证发现一些经验事实：若政府支出增加，则消费、真实产品工资和消费工资（real product wage and real consumption wage）增加，而投资、产品价格加成下降。然而，他们认为，新古典模型不能解释经验事实，原因是非生产性的政府支出产生负财富效应，从而使政府支出产生挤出效应。为揭示政府支出的传导机制，他们在标准的经济波动模型中，引入价格黏性，以及消费者的消费和劳动之间互补性，构建以动态新凯恩斯主义模型，利用美国的数据进行参数校准，经济模拟得出结论是所构建模型较好解释政府支出效应的经验事实。政府支出的传导机制主要是：由于政府支出主要来源于税收，而税收增加，会使人们的收入减少，于是政府支出产生财富负效应，对消费者的劳动供给产生正效应，又由于消费和劳动之间被假设具有互补性，于是消费也增加。

五、内生增长模型视角和其他视角的解释

（一） 规模报酬递增

以上分析政府支出的传导机制主要从动态一般均衡框架下去解释政府支出效应的经验特征，但有研究从内生增长模型视角去讨论。

如，Devereux 等（1996）在具有规模报酬和垄断竞争的模型中去分析政府支出的效应，他们发现在这模型经济中政府支出产生效应是明显不同于具有规模报酬不变的新古典模型。在他们模型中，垄断竞争厂商被假设能够自由进出所在的行业，它们生产中间产品，所有的中间产品被最终产品的厂商用来生产最终产品．他们假定最终产品的生产函数是 CES 形式，且规模报酬递增。他们分别分析了政府支出永久性和暂时性的变化对总产量、工人工资、居民就业和消费等的影响，他们的主要结论有：政府支出增加或正向冲击对产出和消费等宏观经济变量产生正的效应。关于产生这样的结论的原因是：主要是由于政府支出增加会导致全要素生产率（TFP）增加，如果生产率增加的足够大时，一个正向的政府支出增加会使产量，就业，工资和消费同时增加。在他们的模型经济中，政府支出增加会导致全要素生产率内生提高，如果生产率水平提高到足够高，那么政府支出正向的冲击可能促使产出、就业、工资水平以及消费增加。

Guo（2004）在 Devereux 等人（1996）（DHL）的分析基础上来分析政府支出的宏观经济效应。DHL 研究显示，具有充分大的规模报酬递增的单部门 RBC 模型匹配实际经济中政府支出冲击的经济波动，然而 Guo 发现 DHL 的研究结论在完全竞争或自由放任（laissez-faire）的 RBC 模型框架下探讨模型解的不确定性和太阳黑子（indeterminacy and sunspots）分析内容有一定的相关性。具体讲，产生政府支出挤入效应所需条件与完全竞争或自由放任（laissez-faire）的 RBC 模型框架下探讨模型解的不确定性所需条件具有一致性，而在太阳黑子单部门 RBC 模型中，可变的资本利用率可使总规模报酬递增程度不需要较高的情况下，保证稳态太阳黑子解的存在。由此，Guo 假设规模报酬递增、资本利用率可变、鞍点路径稳定的单部门，建立 RBC 模型，研究结果发现，被政府购买冲击引起的经济波动与实际经济具有一定的匹配性。由于政府购买增加会使劳动生产率增加，政府购买冲击促使产出、消费、投资、就业和实际工资增加。他们分析显示得到结论与最近自由放任的真实周期的太阳黑子的研究文献的结论具有类似性。特别发现，产生政府支出冲击顺周期的递增规模报酬的条件与自由放任的单部门真实周期模型产生同样的结论具有一致性。

总结以上研究，递增规模的传导机制可概括为：当政府支出增加后，提高了劳动生产率，劳动边际报酬上升，厂商的利润增加，于是居民增加劳动供给，私人投资都增加、产量增加，私人消费增加。尽管政府支出会税收增加，从而产生的财富负效应，但政府支出增加提高生产率的效应大于其财富负效应，从而最终政府支出表现为挤入效应的特征。

（二）匹配机制

以上国外有关解释政府支出的宏观效应研究，几乎都暗含着模型经济背景在劳动力市场存在均衡，即为整个宏观经济处在充分就业状态，而实际经济运行中，经常出现非充分就业，而对非充分就业讨论非常少，如 Yuan 和 Li（2000）在 DSGE 分析框架中，引入空位（vacancies）和失业工人之间的匹配机制，分析了就业和工人平均工作时间对政府支出冲击的动态响应，模型使用广义矩法（Generalized Methods of Moments，GMM）去估计模型参数，然而，他们分析发现，政府支出增加会提高工人工作的平均时间，挤出私人消费。这个政府支出效应的传导机制与新古典主义视角讨论具有一致性，即政府支出的财富效应导致消费减少以及劳动时间增加。

六、结语

综上所述，我们对现有的相关研究归纳和总结如下：

在政府支出的宏观经济效应分析上，尽管大多数支持政府支出对总产量产生正效应（Ramey and Shapiro，1998，Blanchard and Perotti，2002，Gali et al.，2007，Mountford and Uhlig，2009），但在政府支出对消费、投资的效应上还存在研究结论分歧（Gali et al.，

2007，Ramey，2009，Kamps and Caldara，2006），有的认为有挤出效应，有的认为有挤入效应，为什么出现这样的情况？尽管有的研究认为，它的原因是由于选择向量自回归的形式及其识别条件不同造成的，但是代表性研究认为，造成这样分歧的原因主要是由考察的对象不同造成的：战争时期或军费开支较大时期，政府支出产生挤出效应，而在平常时期，政府支出表现为挤入效应（Perotti，2007，Gali et al.，2007）。

　　针对政府支出的挤出和挤入效应的两种研究观点，国外有大量研究对政府支出效应传导机制进行深入讨论。我们可概括为五个传导机制，如表2-2所示，分别如下。

表2-2　　　　政府支出效应的主要传导机制理论模型

模型或视角	代表性研究	关键假设	传导机制	表现的效应
新古典主义模型或真实周期模型（RBC model）	Burnside 等（2004）；McGrattan 和 Ohanian（2006，2008）	完全竞争，可分效用	财富负效应	挤出效应
新凯恩斯主义模型（New Keynesian model）	Linnemann 和 Schabert（2005，2006）；Linnemann 和 Schabert（2004）；Bouakez 和 Rebei（2007）；Ganelli 和 Tervala（2009）	正外部性，不全竞争，价格黏性	正外部效应	挤入效应
	Galí 等（2007）；Coenen 和 Straub（2005）；Furlanetto 和 Seneca（2009）；Horvath（2009）	流动性约束，不完全竞争，价格黏性，或工资黏性	流动性约束效应	挤入效应
	Retemberg 和 Wordford（1992）；Ravn 等（2006，2007）	价格黏性，不完全竞争	反周期变化的加成	挤入效应
内生增长模型（Endogenous Growth model）	Devereux 等（1996）；Heijdra（1998）；Guo（2004）	内生增长，递增规模，垄断竞争	生产率效应	挤入效应

（1）完全竞争的传导机制：暂时性政府开支增加促使消费或投资增加，主要是通过财富效应和跨期替代效应两个渠道来实现的。来自政府支出的财富负效应会使居民减少消费和投资，同时政府支出增加会促使即期利率上升，从而产生跨期替代效应，减少投资和消费。

（2）外部性的传导机制：政府支出对经济的作用是通过两个效应渠道来实现的，一是政府支出增加引起税收增加，产生财富负效应，对消费、投资产生负面影响，二是当政府支出具有正外部性时，政府支出增加促使消费、投资增加。如果政府支出的正外部性足够大，以致大于它的财富负效应，那么最终政府支出的总综合效应就表现为挤入效应。

（3）流动性约束传导机制：政府支出增加对非流动性约束和流动性约束两类消费有不同效应。一方面，对非流动性约束（李嘉图等价）的消费者而言，政府支出的财富负效应产生挤出效应。另一方面，对流动性约束（非李嘉图等价）的消费者而言，政府支出对他们产生挤入效应。如果后者的效应大于前者的效应，那么最终政府支出的总合效应就表现为挤入效应。

（4）反周期变化的加成传导机制：政府支出增加，使总需求增加，从而具有垄断竞争性或寡头竞争厂商减低加成，从而减低商品价格，增加市场份额，劳动需求上升，由于工资是刚性或黏性，从而使劳动投入增加，居民的劳动收入增加，最终促使投资和消费增加。

（5）规模报酬递增传导机制：政府支出有提高生产率水平的效应，政府支出用于研发和教育支出以及基础设施的投入会导致社会的全要素生产率提高，如果生产率水平提高到足够水平，以大于政府支出的财富负效应，那么政府支出正向的冲击可能促使总产出、就业、工资水平以及消费增加。

纵观以上研究，讨论政府支出效应传导机制的研究呈现以下两个特点：一是，模型假设背景由完全竞争市场转向非完全竞争市场。由于实现经济离完全竞争的理想状态差距太远，现有的相关研究开始从非完全竞争市场角度去探讨政府支出效应的传导机制。二是，现有的研究主要是在动态随机一般均衡的框架下来加以研究的。自从 20 世纪 80 年代初，动态随机一般均衡研究框架发展成为现代宏观经济研究的主要分析工具之一，这也影响到对财政政策问题的研究，现有政府支出效应的传导机制研究主要还是在框架下来展开的。简而言之，现在在国外对财政政策效应传导机制的研究，主要是集中在动态新凯恩斯主义模型框架下 （Dynamic New Keynesian model） 来进行探讨的。

同时，综合以上相关研究，我们还会发现，政府支出的乘数大小与以下一些因素相关：如果流动性约束的消费者比例越大，政府支出的外部性越大，以及它的提高生产率水平能力越强，那么政府支出就表现为挤入效应，而且较大，即政府支出乘数就较大；然而，如果经济中存在李嘉图等价的消费者越多，政府替代私人消费程度越大，以及它使市场利率上升较大，那么政府支出具有挤出效应，这时政府支出的乘数效应较小，甚至可能为负。

尽管以上相关研究从不同角度探讨了政府支出效应及传导机制，在解释政府支出的挤入效应或挤出效应上具有一定合理性，然而，我们发现这些相关研究还存在以下不足之处。一是政府支出效应的传导机制主要考察政府支出对产出、消费、投资的效应，而对其他宏观经济变量（如就业、物价、进出口）的效应考察相对很少。同时，在这些研究中只考察政府支出的总量效应，而对政府支出结构效应及其传导机制的研究几乎没有。二是在财政政策的传导机制研究中，尽管讨论政府支出效应的传导机制相对较多，但对其他财政政策，如税收、政府公债讨论很少。同时，财政政策往往和货币政策搭配实施，但对货币政策效应如何影响政府支出的传导机制方面研究几乎也没有加以讨论。三是现有相关研究对象主要是美国，还有一些欧洲国家，但对发展中国家的这方面的研究也几乎没有涉及。四是模型假设政府收入主要来自一次性税收，而现实中政府税收收入主要是扭曲性税收（distortionary tax），相关研究对此探讨不多。五是一般地，政府支出的效应在不同时段表现为不同效应，那么它的传导机制也应不同。虽然 Bibiile 等（2008）研究美国 1959~1979 年和 1983~2004 年不同时期的政府支出效应的差异性，并建立一个 DSGE 模型对其加以解释，但是以上相关研究对此方面问题的探讨也很少。六是现有的相关研究主要是在封闭经济背景下加以讨论的，尽管 Ravn 等（2007）、Müller（2008）在开放经济中分析了政府支出效应的传导机制，但是现有的相关研究对开放经济中的政府支出效应传导机制缺乏深入讨论。同时，这些相关研究还忽视了一个重要研究内容。具体讲，政府支出宏观效应的大小与 GDP 缺口有关，在总产出未达到潜在 GDP、存在资源闲置或过剩生产力（excess capacity）的情况下，政府支出效应为正且较大。而在总产出超过潜在 GDP 的情况下，政府支出的效应很小或为负。关于这方面尽管有些实证分析（Perotti, 1999；Tagkalakis, 2008），但是对此方面的理论研究几乎还没有展开（Perotti, 2007）。以上这些方面，可能是我们对财政政策传导机制进一步讨论的研究空间。

　　因此，对于国内的相关研究，我们可利用国外相关分析框架来加以讨论。在我国经济转型和发展中，特别在面对经济危机时，财政政策的表现突出，如面对 2008 年次贷危机的负面冲击，我国政府运用积极财政政策加以应对，促使经济企稳回升，效果显著。然而在"十二五"开局之际，我国面临着经济增长方式转变问题，以及三次产业结构比例不合理、投资和消费比例失调、城乡发展不平衡等突出的结构问题，要有效地缓解和解决这些问题，其中积极财政政策是重要政策工具之一，这客观上要求我们对财政政策的传导机制进行深入和系统第探讨。由此，一方面，我们可借鉴国外相关的分析思路或研究框架讨论我国财政政策的传导机制，另一方面，我们要考虑到我国经济有自身的特点，不能盲目照搬国外研究框架和模型，应具体问题具体分析。最近几年我国结构问题变得日益突出，对外经济交往不断加强，这些因素的演变必然引起财政政策效应及传导机制的改变，于是在对财政政策的传导机制研究时，我们要运用我国的宏观数据，抓住我国的经济运行基本特征，建立更加符合我国居民、企业、政府部门特点的研究模型，客观地和深入地理解我国财政政策的传导机制。这样的尝试和探索可为我们对我国财政政策问题讨论提供研究空间，具有一定的实践和理论价值。

参考文献

［1］Abel, A. B., 1990, "Asset price under habit formation and catching up with the Joneses", *American Economic Review*, 80: 38 – 42.

［2］Alesina, A. and S. Ardagna, 1998, "Tales of Fiscal Adjustment", *Economic Policy*, 27: 489 – 545.

［3］Ambler, S., H. Bouakez, and E. Cardia, 2008, "The Effect of Public Spending on Consumption: Reconciling Theory and Evidence", September, https://papyrus, .bib. umontreal. ca: 8443/ jspui/ handle/1866/2579.

［4］Barro, R. J., 1990, "Government Spending in a Simple Model of Endogenous Growth", *Journal of Political Economy*, 98: S103 – S105.

［5］Baxter, M. and R. G., King, 1993, "Fiscal Policy in General Equilibrium", *American Economic Review*, 83: 315 ~ 334.

［6］Bilbiie, F. O., 2009, "Non-separable Preferences, Fiscal Policy 'Puzzles' and Inferior Goods", *Journal of Money, Credit and Banking*, 41: 443 – 450.

［7］Bilbiie F. O., A. Meierz and G. J. Müller, 2008, "What Accounts for the Changes in U. S. Fiscal Policy Transmission?" *Journal of Money, Credit and Banking*, 40: 1439 – 1470.

［8］Blanchard, O. and R. Perotti, 2002, "An Empirical Characterization of the Dynamic Effects of Changes in Government Spending and Taxes on Output". *Quarterly Journal of Economics*, 117: 1329 – 1368.

［9］Bouakez, H. and N. Rebei, 2007, "Why does Private Consumption Rise after Government Spending Shock?", *Canadian Journal of Economics*, 40: 954 – 979.

［10］Braun, R. A. and E. R. McGrattan, 1993, "The Macroeconomics of War and Peace", *NBER Macroeconomics Annual*, 8: 197 – 247.

[11] Burnside, C., M. Eichenbaum and J. D. M., Fisher, 2004, "Fiscal Shocks and Their Consequences", Journal of Economic Theory, 115: 89 – 117.

[12] Caldara, D. and C. Kamps, 2006, "What do We Know about Fiscal Policy Shocks Effects? A Comparative Analysis", Paper provided by Society for Computational Economics in its series Computing in Economics and Finance 2006, with number 257.

[13] Canova, F. and E. Pappa, 2007, "Price Differentials in Monetary Unions: The Role of Fiscal Shocks", Economic Journal, 117: 713 – 737.

[14] Christiano, L., M. Eichenbaum and C. Evans, 2005, "Nominal Rigidities and the Dynamic Effects of a Shock to Monetary Policy", *Journal of Political Economics*, 113: 1 – 45.

[15] Christiano L., M. Eichenbaum and S. Rebelo, 2011, "When is the Government Spending Multiplier Large?", *The Journal of Political Economy*, 119 (1): 78 – 121.

[16] Colciago, A., 2006, "Sticky Wages and Rule of Thumb Consumers", University of Milano-Bicocca, November 2. http: //dipeco. economia. unimib. it/RePEc/pdf/mibwpaper98. pdf.

[17] Coenen, G., and R. Straub, 2005, "Does Government Spending Crowd in Private Consumption? Theory and Empirical Evidence for the Euro Area", *International Finance*, 8: 435 – 470.

[18] de Castro, F. and P. H. de Cos, 2008, "The Economic Effects of Fiscal Policy: The Case of Spain", *Journal of Macroeconomics*, 30: 1005 – 1028.

[19] Devereux, M. B., A. C Head and M. Lapham, 1996, "Monopolistic Competition, Increasing Returns and the Effects of Government Spending", *Journal of Money, Credit and Banking*, 28: 233 – 254.

[20] Edelberg, W., M. Eichenbaum and J. D. M. Fisher, 1999, "Understanding the Effects of a Shock to Government Purchases", *Review of Economic Dynamics*, 2: 166 – 206.

[21] Eggertsson, G., 2009, "What Fiscal Policy is Effective at Zero Interest Rates?", Federal Reserve Bank of New York Staff Report, No. 402.

[22] Eichenbaum, M. and J. D. M. Fisher, 2005, "Fiscal policy in the aftermath of 9/11", *Journal of Money, Credit, and Banking*, 37: 1 – 22.

[23] Fatas, A. andI. Mihov, 2001, "The Effects of Fiscal Policy on Consumption and Employment: Theory and Evidence". CEPR Discussion Paper No. 2760.

[24] Furlanetto F. and M. Seneca, 2009, "Fiscal shocks and real rigidities", *The B. E. Journal of Macroeconomics*, Vol. 9: Iss. 1 (Topics), Article2., Available at: http://www. bepress. com/bejm/vol9/iss1/art2.

[25] Forni, L., L. Monteforte and L. Sessa, 2009, "The General Equilibrium Effects of Fiscal Policy: Estimates for the Euro Area", *Journal of Public Economics*, 93: 559 - 585.

[26] Gali J., 2008, "Monetary Policy, Inflation and the Business Cycle: An Introduction to the New Keynesian Framework". Princeton University Press.

[27] Gali, J., M. Gertler and D. Lopez-Salido, 2007, "Markup, Gaps and the Welfare Costs of Business Fluctuations", *the Review of Economics and Statistics*, 89: 44 - 59.

[28] Galí, J., D. López-Salido and J. Valles, 2005, "Understanding the Effects of Government Spending on Consumption", Forthcoming on the Journal of the European Economic Association.

[29] Galí, J., D. López-Salido and J. Valles, 2007, "Understanding the Effects of Government Spending on Consumption", *Journal of the European Economic Association*, 5: 227 - 270.

[30] Ganelli, G. and J. Tervala, 2009, "Can Government Spending Increase Private Consumption? The Role of Complementarity", *Economics Letters*, 103: 5 - 7.

[31] Giavazzi, F. and M. Pagano, 1990, "Can Severe Fiscal Contractions be Expansionary? Tales of Two Small European Countries", *NBER Macroeconomics Annual*, l5: 75 - 110.

[32] Giordano, R., S. Momigliano, S. Neri and R. Perotti, 2007, "The Effects of Fiscal Policy in Italy: Evidence from a VAR Model", *European Journal of Political Economy*, 23: 707 - 733.

[33] Goodfriend, M. and R. G., King, 1997, "The New Neoclassical Synthesis and the Role of Monetary Policy", *NBER Macroeconomics Annual*, 12: 231 - 283.

[34] Guo, J. - T., 2004, "Increasing Returns, Capital Utilization, and the

Effects of Government Spending", *Journal of Economic Dynamics & Control*, 28: 1059 – 1078.

[35] Hemming, R., M. Kell and S. Mahfouz, 2002, "The Effectiveness of Fiscal Policy in Stimulating Economic Activity-A Review of the Literature". IMF Working Paper, 02/208.

[36] Horvath, M., 2009, "The Effects of Government Spending Shocks on Consumption under Optimal Stabilization", *European Economic Revie*, 53: 815 – 829.

[37] Leeper, E. M., T. B. Walker and Yang S. -C., 2009, "Government Investment and Fiscal Stimulus in the Short and Long Runs". NBER Working Paper, No. 15153.

[38] Linnemann, L., 2006, "The Effects of Government Spending on Private Consumption: A Puzzle?", *Journal of Money, Credit and Banking*, 38: 1715 – 1736.

[39] Linnemann, L. and A. Schabert, 2003, "Fiscal Policy in the New Neoclassical Synthesis". *Journal of Money, Credit and Banking*, 35: 911 – 929.

[40] Linnemann L. and A. Schabert, 2004, "Can Fiscal Spending Stimulate Private Consumption?", *Economics Letters*, 82: 173 – 179.

[41] Linnemann, L. and A. Schabert, 2006, "Productive Government Expenditure in Monetary Business Cycle Models", *Scottish Journal of Political Economy*, 53: 28 – 46.

[42] Marcellino, M., 2006, "Some Stylized Facts on Non-systematic Fiscal Policy in the Euro Area", *Journal of Macroeconomics*, 28: 461 – 479.

[43] McGrattan, E. R. and L. E. Ohanian, 1999, "The Macroeconomic Effects of Big Fiscal Shocks: The Case of World War II". Federal Reserve Bank of Minneapolis, Research Department, Working Paper, No. 599.

[44] McGrattan, E. R. and L. E. Ohanian, 2006, "Does Neoclassical Theory Account for the Effects of Big Fiscal Shocks? Evidence from World War II". NBER Working Paper, NO. 12130.

[45] McGrattan, E. R. and L. E. Ohanian, 2008, "Technical Appendix: Does Neoclassical Theory Account for the Effects of Big Fiscal Shocks? Evidence from World War II", Staff Report 315, Federal Reserve Bank of Minneapolis.

[46] Monacelli, T. and R. Perotti, 2008. "Fiscal Policy, Wealth Effects, and Markups", NBER Working Paper, No. 14584.

[47] Mountford, A. and H. Uhlig, 2009, "What are the Effects of Fiscal Policy Shocks?" *Journal of Applied Econometrics*, 24: 960 – 992.

[48] Müller, G. J., 2008, "Understanding the Dynamic Effects of Government Spending on Foreign Trade", *Journal of International Money and Finance*, 27: 345 – 371.

[49] Pappa, E., 2005, "New-Keynesian or RBC transmission? The effects of fiscal shocks in labour markets", CEPPR Discussion Paper No. 5313.

[50] Perotti, R., 1999, "Fiscal Policy in Good Times and Bad", *Quarterly Journal of Economics*, 114: 1399 – 1436.

[51] Perotti, R., 2004, "Estimating the Effects of Fiscal Policy in OECD Countries". CEPR Discussion Paper 4842, January.

[52] Perotti, R., 2007, "In Search of the Transmission Mechanism of Fiscal Policy", forthcoming NBER Macroeconomics Annual.

[53] Ramey, V. A. and M. Shapiro, 1998, "Costly Capital Reallocation and the Effects of Government Spending". Carnegie-Rochester Conference Series on Public Policy, 48: 145 – 194.

[54] Ramey, V. A., 2009, "Identifying Government Spending Shocks: It's All in the Timing". NBER Working Paper, No. 15464.

[55] Ravn, M., S. Schmitt-Grohe, and M. Uribe, 2006, "Deep habits", *Review of Economic Studies*, 72: 195 – 218.

[56] Ravn, M., S. Schmitt-Grohe and M. Uribe, 2007, "Explaining the Effects of Government Spending Shocks on Consumption and the Real Exchange Rate", NBER Working Paper, No. 13328.

[57] Roternberg, J. J. and M. Woodford, 1992, "Oligolistic Pricing and the Effects of Aggregate demand on Economic Activity", *Journal of Political economy*, 100, 1153 – 1297.

[58] Roternberg, J. J. and M. Woodford, 1995, "Dynamic General Equilibrium Models with Imperfectly Competitive Product Markets", In Frontiers of Business Cycle Research, edited by T. F. Cooley. Princeton. N. J.: Princeton University Press.

[59] Shimer R, 2009, "Labor markets and Business Cycles", forthcoming Princeton University Press.

[60] Smets. F. and R. Wouters, 2005, "Comparing Shocks and Frictions in US and Euro Area Business Cycles: a Bayesian DSGE Approach". *Journal of Applied Econometrics*, 20: 161 – 183.

[61] Smets. F. and R. Wouters, 2007, "Shocks and Frictions in US Business Cycles: a Bayesian DSGE Approach", *American Economic Review*, Vol. 97, 586 – 606.

[62] Tagkalakis, A., 2008, "The Effects of Fiscal Policy on Consumption in Recessions and Expansions", *Journal of Public Economic*, 92: 486 – 1508.

[63] Turnovsky, S. J., 1990, "The Effect of Taxes and Dividend Policy on Capital Accumulation and Macroeconomic Behavior". *Journal of Economic Dynamics and Control*, 14: 491 – 521.

[64] Turnovsky, S. J., and W. H. Fisher, 1995, "The Compositions of Government Expenditure and it's Consequences for Macroeconomic Performance", *Journal of Dynamics and Control*, 19: 747 – 786.

[65] Uhlig, H., 2005, "What are the Effects of Monetary Policy? Results from an Agnostic Identification Procedure", *Journal of Monetary Economics*, 52: 381 – 419.

[66] Wordfood, M., 2010, "Simple Analytics of the Government Expenditure Multiplier", NBER Working paper, No. 15714.

[67] Yuan M. and L. Wenli, 2000, "Dynamic Employment and Hours Effects of Government Spending Shocks", *Journal of Economic Dynamics & Control*, 24: 1233 – 1263.

[68] Zubairy, S., 2009, "Explaining the Effects of Government Spending Shocks", Manuscript, Duke University, econ. duke. edu.

第二篇
封闭经济下政府支出效应及其传导机制

第三章

政府支出外部性和中国政府
支出的宏观效应

　　本章先基于 1978～2007 年的中国宏观数据和 VAR 模型的研究发现政府支出冲击对总产量、社会投资、居民消费等具有一定正效应的经验特征，从而在动态一般均衡模型的框架下研究导致政府支出对各宏观经济变量产生正效应的因素。根据中国的社会公共产品的供给与需求状况，这一章认为政府支出的正外部性是导致政府支出的正效应的重要因素，并尝试将消费性和生产性的政府支出分别引入效用函数和生产函数，构建动态随机一般均衡模型解释政府支出冲击对总产量、居民消费、社会投资的动态效应，发现构建的模型能较好地拟合中国经济的宏观经济特征。

一、引言

　　政府支出对宏观经济效应及其传导机制的相关问题是宏观经济研究的中心问题之一，也是理解宏观经济政策的重要课题之一（Galí，2007）。而自 Kydland 和 Prescott（1982）做了开创性工作以来，动态随机一般均衡模型（Dynamic Stochastic General Equilibrium model，DSGE）分析方法不断完善和发展，它不仅已经成为当前研究财政政策和货币政策的重要分析框架之一（Chari et al.，1995），而且也成为研究宏观经济冲击或波动中传导机制问题的主要工具之一（陈昆亭、龚六堂，2004）。[①]同时，把政府支出引入效用函数和生产函数，也成为研究政府宏观经济行为的常用思路之一，[②]而自20世纪90年代初开始，已有部分学者把这思路引入DSGE模型分析框架下来分析政府行为，[③]如Christiano和Eichenbaum（1992）把政府消费引进效用函数，利用RBC模型进行研究分析，解释了美国的劳动时间与劳动回报之间的弱相关性；Baxter和Robert（1993）在一般均衡模型中，把政府支出引入效用函数和生产函数中，结果发现政府购买永久性改变的短期和长期的乘数效应大于1，且政府购买永久性变化的效应大于它的短期变化；Ambler和Paquet（1996）则把政府支出分为两项，一项对消费者产生直接影响，另一项对生产者产生直接影响，从而建立了一个随机一般均衡的斯坦伯格博弈（Stackelberg Game）模型，而且他们模拟经济的结论能很好地匹配美国宏观数据的特性；Ohanian（1997）在DSGE模型中把公共投资看做具有生产性，并假设它也形成资本存量一部分，来考察美国在第二次世界大战和朝鲜战争中两种不同政府融资的方式对经济福利和总产量的数量效应；Maurice（1996）把政府支出引入效用函数之中，建立一个DSGE模型，解释了世界一些国家的总私人消费之间低相关性。然而，上述研究几乎都没有考虑政府支出冲击的动态效应，而且对其与动态一般均衡模型的匹配性也缺乏分析。同时，基于DSGE模型的国内学者的研究中，很少有学者把政府支出引入效用函数和生产函数进行讨论，仅有黄赜琳（2006）

---

① 在国外，DSGE模型被经济学者较多用于分析货币传导机制方面问题，特别近几年来他们用这一工具更多地关注货币冲击的持续性（Bouakez et al.，2005）。

② 在新古典增长模型框架下，Arrow和Kurz（1970）做了这方面的早期研究，而Barro（1990），Turnovsky（1990），Turnovsky和Fisher（1995）等相继采用这一思路研究政府行为对宏观经济的影响。

③ 当然，在DSGE模型中，目前国外存在政府支出不引入效用函数和生产函数之中来分析财政政策的相关问题研究，例如，Chari等（1995），Romer（2000）和Benigno和Woodford（2006）在RBC模型中分析了最优税收政策；Ludvigson（1996）在DSGE模型中讨论税收和公债不同政府融资方式的经济动态效应。

在运用 RBC 模型讨论中国的经济波动时做了相关尝试，但该研究只将政府支出引入效用函数加以讨论，对政府支出行为的动态效应未能展开深入分析。

从我国现有政府支出的宏观经济效应研究文献来看，① 大致有以下几个方向：一是探讨公共支出对总产量或经济增长影响，如张海星（2004）、郭庆旺和贾俊雪（2005）、董直庆和滕建洲（2007）等分析；二是探讨政府支出对社会投资的效应，如赵志耘和吕冰洋（2005）、吴洪鹏和刘璐（2007）、陈浪南和杨子晖（2007）、杨子晖（2008）的研究；②三是研究政府支出与消费的关系，如李广众（2005）、李永友和从树海（2006）、潘彬等（2006）、张治觉和吴定玉（2007）等在该问题上的讨论。虽然他们采用的方法及研究视角有所不同，但是现有的大部分研究结论支持"政府支出对总产量产生正效应，政府支出与投资、消费具有互补效应"的结论。③而本书利用 VAR 对中国 1978～2007 年相关宏观数据进行分析，也得出与这一结论相吻合的结果。因此，可以认为中国政府支出对总产量、社会投资、居民消费的影响具有显著为正的分析结论是中国经济的特征事实之一。

由于讨论政府支出的标准 RBC 模型认为李嘉图等价定理成立，难于解释政府支出对总宏观经济变量的正冲击的特征事实，从而也出现以下问题：在中国经济的政府支出的动态效应传导机制中什么因素起着重要作用，使得政府支出对总产量产生正效应，对投资和消费产生互补效应呢？一种可能的解释是政府支出的正外部性在起

----

① 国内相关研究主要是实证分析为主，即使较少的理论模型分析，仅是在新古典模型中来讨论。

② 中国社会科学院经济研究所经济增长前沿课题组（2004）认为发展中国家，由于公共资本和私人资本都处于短缺状态，企业争夺拥挤性公共资本而扩张私人资本的投资行为虽然使经济超常增长。

③ 而国外的相关研究，尽管得出"政府支出对产量产生正效应"一致结论，但在政府支出对投资、消费的效应研究上的结论还不具有一致性（Galí et al.，2007）。

重要作用。对于中国经济而言，政府支出是一种较为直接的、见效较快的经济增长促进手段，并对消费和生产产生正外部性。政府在公共道路建设、城乡基础设施建设等方面的支出不仅可能提高居民的福利水平，也有利于促进企业生产能力的提高，特别是政府对教育科研、技改项目等的支出对企业生产水平的提高起着直接作用。若社会公共产品的供给能力还不能满足中国经济发展需要，政府支出的正外部性就可能较显著。

基于上述推测分析，本章尝试将政府的消费性支出和生产性支出分别引入效用函数和生产函数，通过 DSGE 模型研究政府支出的动态效应，具体考察政府支出的外部性在财政政策动态效应传导机制中所起的作用，并讨论区分消费性政府支出与生产性政府支出的DSGE 模型是否能解释中国政府支出的动态效应的问题。不同于Galí 等（2007）通过区分进行跨期最优选择与受流动性约束的两类不同消费者的方法说明政府支出对消费的正效应的研究，本书希望通过区分政府支出的不同功能说明政府支出对主要宏观经济变量的正效应。本章的余下结构安排如下，一是通过 VAR 模型实证分析财政支出冲击效应，得出其特征事实，二是讨论生产性政府支出的DSGE 模型及其实证分析，第四部分总结本章的研究并探讨有待进一步扩展的研究方向。

二、政府支出冲击效应的经验特征

现在，我们准备运用向量自回归模型（Vector Autoregression，VAR）实证分析中国的政府支出对总产量、居民消费、社会投资、劳动就业的动态效应。① 我们选取政府支出 GE_t、国内生产总值

---

① 由于在中国的年度数据中，政府生产性支出和消费性支出较难明确划分，加之样本容量不大，VAR 模型的实证分析未区分生产性政府支出和消费性政府支出。此处用政府支出主要的部分政府消费或政府购买来代替政府支出或财政支出，而 GDP 代表总产量。

GDP_t、居民消费 CN_t、社会固定资产投资 IN_t、从业人员总数 EM_t
作为 VAR 模型的分析对象，研究期间选为 1978～2007 年的年度数
据。① 首先，对经过价格指数调整的变量 GE_t，GDP_t，CN_t，IN_t，
EM_t 取对数，以减弱数据的异方差性；其次，对经过价格调整的各
变量的对数值及其差分进行平稳性检验，发现五个变量的对数值时
间序列都具有不平稳性，但它们的一阶差分序列是平稳序列。因
此，VAR 方程可以表示为以下形式：

$$Y_t = A_1 Y_{t-1} + A_2 Y_{t-2} + \cdots + A_p Y_{t-p} + \varepsilon_t, t = 1, 2, \cdots, T \quad (3.1)$$

VAR 模型的内生变量为 $Y_t = [\Delta GE_t, \Delta GDP_t, \Delta CN_t, \Delta IN_t, \Delta EM_t]'$，
五个分量分别表示前五个变量的一阶差分序列。A_1，A_2，$\cdots$，A_p 是
待估计的 5×5 系数矩阵，p 是滞后阶数，T 是样本容量，ε_t 是独立同
服从于正态分布的 5 维扰动向量。根据 AIC 或 SC 的最小化标准选
择 VAR 模型的阶数，得到 2 阶的 VAR 模型，②再分别得到其他变量
对政府支出冲击响应如图 3-1 所示。

通过图 3-1 的 ΔGDP_t，ΔCN_t，ΔIN_t，ΔEM_t 对政府支出的响
应，可发现政府支出的动态效应特征如下。

（1）政府支出增加对产量具有一定的正效应。政府支出 1% 的
冲击导致总产量当期约增加 0.012%，第二期上升到最大值约为

---

① 本书的实证分析的数据除特殊说明外，都取自《新中国五十年统计资料汇编》、
《中国统计年鉴 2007》和《中国统计年鉴 2008》。GE_t，GDP_t，CN_t 分别用 CPI 平减，而
IN_t 用固定资产价格指数平减。设 1978 年的 CPI 和固定资产价格指数等于 100，通过必
要的价格换算得到各年度的 CPI 和固定资产价格指数。由于统计口径的变化，劳动就业
人员数在 1990 年出现跳跃。为保证数据处理方法的一致性，将 1990～2007 年数据序列
向下平移，平移值 = 1990 年数据与 1989 年数据的差值 + 1986 年、1987 年、1988 年增加
值的平均值。在估算劳动就业的标准差时，也可使用将数据分成两段再 HP 滤波的方法。
两种方法得出的结果几乎没有差别。由于这里用到各变量的差分序列，故进行平移法
处理。

② 按照 DSGE 模型得到的动态方程也可确定模型滞后阶数为 1，但发现这和滞后
阶数为 2 的模型无多大差别。

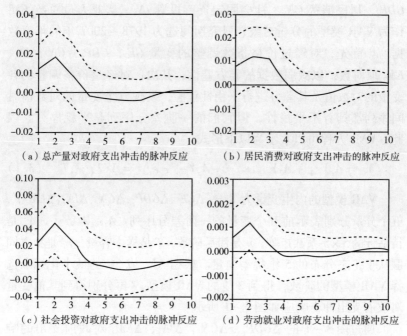

（a）总产量对政府支出冲击的脉冲反应　（b）居民消费对政府支出冲击的脉冲反应

（c）社会投资对政府支出冲击的脉冲反应　（d）劳动就业对政府支出冲击的脉冲反应

图 3－1　总产量、社会投资、居民消费、劳动就业对政府支出的脉冲反应

0.019％后经历下降过程，约在第 4 期对产量的影响减弱为 0，随后大概在连续 4 期内产量的反应是稍低于 0 的负效应，直至政府支出冲击发生的第 8 期后，产量对政府支出冲击的反应又回到零。产量对政府支出冲击的累计总反应达到约为 0.03％。①

（2）政府支出对社会消费具有一定的促进作用。对于政府支出 1％的冲击，居民消费当期增加大概 0.09％，第二期上升到最大值 0.012％左右，随后居民消费的反应经历下降过程，大约在第 4 期投资的反应减弱为 0，然后大概在持续 4 期内的反应稍低于 0 的负效应，直到政府支出冲击发生的第 8 期后，消费对该冲击反应又回

---

① 该值可通过累计响应图表得到，此处省略具体计算过程说明。

到零。居民消费对政府冲击的最终累计反应达到 0.020% 左右。

（3）政府支出与社会投资具有一定的互补效应。政府支出 1%的冲击导致社会投资当期增加大概 0.021%，第 2 期上升到最大值0.040% 左右，出现下降后的第 4 期的投资反应减弱为 0，再大约在连续 4 期内表现为稍低于 0 的负效应，直到政府支出冲击发生的第8 期后，投资对政府支出冲击反应又回到零位置。投资对政府支出冲击最终的累计反应达到 0.08% 左右。

（4）政府支出对劳动就业的冲击效应较小。对政府支出 1% 的冲击，当期劳动就业量当期增加大概 0.0005%，在第 2 期上升到最大值 0.001% 左右，随后劳动就业的反应也经历一个持续下降的过程，大约在第 4 期投资的反应减弱为 0，然后在大概持续 4 期内稍低于 0 的负效应，直到政府支出冲击发生的第 8 期后，劳动就业对其的冲击反应又回到零。政府冲击的对劳动就业反应累计反应达到0.002% 左右。

（5）政府支出的动态效应具有一定的差异性。政府冲击对总产量、居民消费、社会投资、劳动就业的影响期限大体相同，约在 4年后响应消失，而它们的反应程度大小不同，从大到小依次为：社会投资、总产量、居民消费、劳动就业，并且投资最大的响应是产量的两倍，产量最大的响应是消费的两倍，就业的响应很小。

纵观国内主要的相关研究，本书通过 VAR 模型获得的特征事实基本与国内现有主要实证研究的结论一致。对于这些特征事实的解释，本书推测其主要原因在于政府购买对消费和生产的较大正外部性。具体而言，尽管中国经历了 30 多年的高速经济增长，综合国力和人民生活水平显著提高，但仍处于经济发展的初级阶段，社会公共产品的供给能力还不能满足社会发展需要，农业基础薄弱、城镇基础设施建设不足、公共教育投入不足、自主创新能力不高以及社会保障体系不完善等诸多问题使得政府提供的公共产品的正外部性更为显著，出现政府支出的挤入效应大于挤出效应，从而导致政府支出对总产量等主要经济变量产生正效应。因此，本书的第三

部分将政府支出对消费与生产的外部性的两种因素分别引入 DSGE
模型，以解释 VAR 模型确认的特征事实。

三、政府支出生产性和动态一般均衡模型

现在，根据 Hansen（1985）不可分劳动的 DSGE 模型研究政府
支出的动态效应，从而考察中国政府支出的正外部性在财政政策动
态效应传导机制中的作用，探讨区分不同性质政府支出的 DSGE 模
型是否能解释政府支出的动态效应的问题。[①] 此处模型主要在标准
真实周期模型（RBC）（Hansen, 1985）进行拓展，其中把政府支
出的对消费者和生产者的正外部性引入，并考虑了消费性支出和生
产性支出，这相对国外的动态随机一般均衡下财政政策的研究具有
一定的新颖性。[②] 此外，国内利用动态随机一般均衡框架研究文献
财政政策很少，尽管黄赜琳（2005）加以讨论，她没有考虑到政府
支出对生产者的正外部性，这与中国实际不相一致，而且她把政府
支出当做一个总量来考虑，于是我们的研究在国内也是一个新的
尝试。

（一）模型的假设

假设代表性消费者最大化跨期期望效用函数为：

[①] 不可分劳动是指经济中的劳动者或消费者，只有两种状态，要么就业，要么失
业，它是与消费者可以在休闲和劳动之间任意选择的可分劳动概念相对应，这两者是现
在利用 DSGE 研究经济问题的两个思路。本书在此选择不可分劳动模型的原因是：我们
在可分劳动模型框架中进行校准、模拟的结果对中国政府支出行为的宏观动态效应解释
较弱。若读者对其经济模拟结果感兴趣，作者可以提供。另外，在国内的 DSGE 研究在
效用函数的选取上大多数用可分劳动形式，而使用不可分劳动形式的极少，如胡永刚和
刘方（2007）在讨论经济被动时选取了不可分劳动形式的效用函数。
[②] 国外研究相关研究综述具体参见第一章内容。

$$E\left\{ \sum_{t=0}^{\infty} \beta^t \left[\frac{E_t^{1-\eta} - 1}{1 - \eta} - \phi N_t \right] \right\} \tag{3.2}$$

此处的效用函数具有不可分劳动性质；$0 < \beta < 1$ 是主观贴现率；效用函数是相对风险规避系数 η 为常数的相对风险规避型（CRRA）函数，$1/\eta$ 是跨期替代弹性。$\eta = 1$ 时，效用函数为对数形式；E_t 和 N_t 分别表示居民总消费支出和社会劳动参与率。

对于政府总支出 G_t，具体区分消费性支出和生产性支出，并分别用 θ 和 $1 - \theta$ 表示其占政府总支出的比率。政府消费性支出为 $G_{1t} = \theta G_t$，政府生产性支出为 $G_{2t} = (1 - \theta) G_t$。假设两类不同性质的政府支出分别对消费和生产直接产生正外部性，并将它们分别引入效用函数和生产函数。

由于假设居民总消费 E_t 是居民消费 C_t 和政府消费性支出 G_{1t} 的组成的复合消费，设 γ 表示居民消费与政府消费性支出的权重，就可得到 E_t 的函数形式如下：

$$E_t = C_t^\gamma G_{1t}^{1-\gamma} \tag{3.3}$$

总生产函数形式遵循 Barro（1990）、Glomm 和 Ravikumar（1994）的方法，将政府生产性支出 G_{2t} 引入规模收益不变的柯布-道格拉斯型生产函数，得到：

$$Y_t = A_t G_{2t}^\phi K_t^\alpha N_t^{1-\alpha} \tag{3.4}$$

其中，A_t 表示 t 期技术水平，K_t 表示 t 期资本存量，α 为对国民生产总值的资本贡献率。技术水平 A_t 的对数形式服从以下的一阶自回归过程。

$$\ln A_t = (1 - \rho_A) \ln A_s + \rho_A \ln A_{t-1} + \varepsilon_{A,t} \tag{3.5}$$

其中，$-1 < \rho_A < 1$，A_s 表示稳态的技术水平，$\varepsilon_{A,t}$ 是白噪声，即 $\varepsilon_{A,t} \sim i.i.d\ N(0,\ \sigma_A^2)$。令 $a_t = \ln A_t - \ln A_s$，则 $a_t = \rho_A a_{t-1} + \varepsilon_{A,t}$，且 $a_t = \ln A_t - \ln A_s$。假设政府总支出 G_t 的对数形式也服从以下的一阶自回归

过程。

$$\ln G_t = (1 - \rho_G)\ln G_s + \rho_G \ln G_{t-1} + \varepsilon_{G,t} \qquad (3.6)$$

其中，$-1 < \rho_G < 1$，G_s 表示稳态处的总政府支出，$\varepsilon_{G,t}$ 是白噪声，即 $\varepsilon_{G,t} \sim i.i.d\ N(0, \sigma_G^2)$。令 $g_t = \ln G_t - \ln G_s$，得到 $g_t = \rho_G g_{t-1} + \varepsilon_{G,t}$。设 δ 为资本折旧率，社会总资源的约束为：

$$Y_t = C_t + K_t - (1 - \delta)K_{t-1} + G_t \qquad (3.7)$$

（二）模型求解分析

根据模型假设，代表性消费者最优化问题可归纳为：

$$\max_{C_t, K_t, N_t} E\left\{ \sum_{t=0}^{\infty} \beta^t \left[\frac{E_t^{1-\eta} - 1}{1 - \eta} - \phi N_t \right] \right\} \qquad (3.8)$$

$$\text{s. t. } E_t = C_t^{\gamma} G_{1t}^{1-\gamma}$$

$$A_t G_{2t}^{\phi} K_t^{\alpha} N_t^{1-\alpha} = C_t + K_t - (1 - \delta)K_{t-1} + G_t$$

$$G_t = G_{1t} + G_{2t}$$

$$\ln A_t = (1 - \rho_A)\ln A_s + \rho_A \ln A_{t-1} + \varepsilon_{A,t}$$

$$\ln G_t = (1 - \rho_G)\ln G_s + \rho_G \ln G_{t-1} + \varepsilon_{G,t}$$

A_0，K_0，G_0 给定。

由于该模型无法得到解析解，所以采用近似方法求解该模型。具体而言，利用 King 等（1988）的一阶泰勒级数展开法，通过确定性等价原理，按照对数线性化稳态附近的一阶条件与约束条件，得到所需的系数矩阵形式，再用 Matlab 程序解该模型。在此模型中，政府支出冲击、技术冲击为外生变量，而资本存量、居民消费、总产量、就业量、利率、私人投资为内生变量。[①]以下校准设定模型参数，并为经济模拟分析做准备。

---

① 本书模型的求解步骤也可参照 Uhlig（1999）的著作，具体求解过程从略，可参见本书附件 1，第三章模型推导。经济模拟程序参见第三章模拟运行程序。

（三）模型参数校准

本书的模型经济存在技术冲击和政府支出冲击等两种类型的冲击。技术冲击的自回归系数和方差可以根据 1978～2007 年的"索洛剩余"序列进行估算。为了测算资本产出弹性及"索洛剩余"，需先把生产函数估计出来。具体估算的生产函数形式为：$Y_t = e^{\ln A_0 + vT} G_t^\phi K_t^\alpha N_t^{1-\alpha}$，$T$ 为时间趋势（$T = 1, 2, \cdots, 30$），v 是为时间趋势的参数。

估算生产函数需要政府支出、劳动投入、资本存量的统计数据。政府支出数据可以直接从统计年鉴得到，劳动就业量用从业人员数代替。由于统计年鉴没有提供资本存量的数据，只能对它加以估算。本书利用 Chow 和 Li（2002）估算的 1978～1998 年资本存量数据，再运用统计年鉴的社会投资数据和他们的方法延长估算出 1998～2007 年资本存量数据。根据上述方法获得 1978～2007 年相应统计数据，得到生产函数的估算结果如下：

$$\ln \frac{Y_t}{N_t} = -6.391 + 0.698\ln G_t + 0.436\ln \frac{K_t}{N_t} + 0.0022T \quad (3.9)$$

$$\phantom{\ln \frac{Y_t}{N_t} = -6.391}{}_{(7.68)} \quad {}_{(5.38)} \quad\quad {}_{(3.91)} \quad\quad {}_{(1.65)}$$

$$R^2 = 0.995, \quad DW = 0.628, \quad F = 1808.147$$

由此，可得到参数值 $\phi = 0.698$，国民生产总值中，资本的分配份额为 $\alpha = 0.436$，劳动的分配份额 $1 - \alpha = 0.564$。

根据式（3.9）可估算"索洛剩余"，于是得到它的自回归系数和方差分别为：$\rho_A = 0.68$，$\delta_A = 2.28\%$。

对政府购买的对数值进行 H-P 滤波，并对其波动项进行一阶自回归，得到政府购买自回归系数 $\rho_G = 0.72$ 和方差 $\delta_G = 4.97\%$。

由于 1978～2007 年可计算的年平均物价上涨率为 5.41%，故取 $\beta = 0.946$，根据 $\bar{R} = 1/\beta$ 得到经济稳态的资本收益率 $\bar{R} = 1.06$。通常，季度折旧率取为 0.025，年度折旧率为 0.10，本书也直接假设中国的固定资产的平均使用年限为 10 年，折旧率为 0.10。

至于风险回避系数，参照 Hall（1988）跨期替代弹性方法进行估算。根据消费者跨期最优条件 $C_t^{-\eta} = \beta E[\,C_{t+1}^{-\eta} R_{t+1}\,]$ 得到方程 $\Delta \ln C_t = (1/\eta) \ln R_{t+1} + \varepsilon_t$，再利用时间序列 $\Delta \ln C_t$ 和 $\ln R_{t+1}$ 估计跨期替代弹性 $1/\eta$。从 $R_t = \alpha Y_t / K_{t-1} + (1-\delta)$ 可估算中国经济的1978 ~ 2007 年的 R_{t+1}，最终得到估计值 $\eta = 0.87$。为估算就业稳态 N_s，按照 4.2% 左右的城镇登记失业率而设 $N_s = 0.95$。[1]至于居民消费与政府消费性支出的权重 γ 估计，直接借鉴黄赜琳（2005）的估算值 0.65。标准模型的校准参数，如表 3 - 2 所示。

表 3 - 2　　　　　　　　模型参数校准值

α	γ	η	β	δ	$\bar{R}$	ρ_A	σ_A	ρ_G	σ_G	N_s	A_s	G_s
0.44	0.65	0.87	0.946	0.10	1.06	0.68	2.28%	0.51	4.97%	0.95	1	1

（四）模拟结果分析

1. 实际经济数据处理和经济模拟

本书主要考察实际经济、标准 RBC 模型经济和区分政府支出类型的模型经济等三种情况。没有将政府支出引入生产函数和效用函数的标准 RBC 模型简记为 SRBC。在 RBC 模型中区分政府支出类型，将政府消费性支出和生产性支出分别引入效用函数和生产函数的模型经济简记为 ERBC，区分政府支出种类的 RBC 模型是本书讨论的重点。

对于数据处理和经济模拟，主要有三个步骤进行。

（1）对 1978 ~ 2007 年的中国实际经济数据进行价格调整，并取对数和 H - P 滤波，根据波动项数据求得各经济变量的二阶矩，具体结果参见表 3 - 3 和表 3 - 4。

---

[1]　尽管存在中国登记失业率不能反应实际值的观点，但经济模拟的结果表明：稳态就业率处于 0.80 ~ 0.95 的区间时，经济模拟结果没有多大差别。

表 3 – 3 　　　　**实际经济变量与模拟经济变量的标准差及与**
产出的同期相关系数①

变量名＼经济情形	实际经济		SRBC		ERBC	
	标准差（%）	与产出的同期相关系数	标准差（%）	与产出的同期相关系数	标准差（%）	与产出的同期相关系数
资本	2.78	0.37	1.91	0.54	2.77	0.52
居民消费	3.52	0.75	3.31	0.60	4.57	0.80
产出	4.40	1.00	3.49	1.00	6.47	1.00
就业	0.57	0.22	2.91	0.61	4.29	0.82
投资 2	11.66	0.91	7.57	0.73	12.21	0.97
政府支出	5.61	0.55	5.42	0.58	5.43	0.89
投资 1	9.06	0.93	—	—	—	—

注：投资 1 是固定资产形成总额，投资 2 是指固定资产投资额。

表 3 – 4 　　　**实际经济变量与产出的交叉相关系数** $corr(v(t+j), y(t))$

j	-5	-4	-3	-2	-1	0	1	2	3	4	5
资本	-0.33	-0.48	-0.50	-0.34	0.053	0.37	0.53	0.52	0.36	0.074	-0.21
消费	-0.54	-0.71	-0.49	-0.17	0.29	0.75	0.66	0.30	-0.042	-0.32	-0.42
产出	-0.68	-0.69	-0.35	0.13	0.67	1.00	0.67	0.13	-0.35	-0.70	-0.67
就业	-0.44	-0.40	-0.046	0.17	0.30	0.22	-0.22	-0.27	-0.12	-0.10	0.14
投资	-0.66	-0.80	-0.54	-0.032	0.54	0.91	0.75	0.27	-0.19	-0.59	-0.66
政府支出	-0.35	-0.24	0.038	0.37	0.57	0.55	0.074	-0.51	-0.72	-0.56	0.40

注：各变量经相应价格指数调整后取对数，再通过 H – P 滤波获得波动序列，计算相应结果。

---

① 由于劳动就业人员数在 1990 年发生的跳跃，为保证数据处理方法的一致性，进行两阶段 H – P 滤波处理。将 1978 ~2007 年的数据 1978 ~1989 年和 1990 ~2007 年两段，利用 H – P 滤波获得波动项，再合并和其他数据一起处理。此外，对中国 1995 年第 1 季度到 2008 年第 3 季度的季度数据进行分析，结果显示宏观经济变量波动由大到小次序是：城镇固定投资、政府支出、产出、居民消费、就业，与年度数据的结论一致。国外的动态随机一般均衡分析一般采用季度数据，因为本书涉及的就业、固定资产投资不易找到相对应的中国季度数据，或即使找到的相应季度数据也与年度数据之间存在较大差异，如何进行调整成为问题，所以本书未采用季度进行分析。

（2）考虑政府支出对消费者的效用水平和厂商的生产不产生直接效应，即政府消费性支出和生产性支出不引进效用函数和生产函数，即在前面所构建的模型令参数 $\gamma = 1$ 和 $\phi = 0$，其他参数按照校准参数表的数值。对此类情形的模型运用 Matlab 程序模拟得到相应各宏观经济变量的标准方差，以及它们与总产出的相关系数，结果分别见表 3-3 和表 3-5。此类经济就是标准 RBC 模型的经济。

表 3-5　SRBC 经济的各变量与产出的交叉相关系数 $corr(v(t+j),y(t))$

j	-5	-4	-3	-2	-1	0	1	2	3	4	5
资本	-0.06	0.02	0.07	0.16	0.28	0.54	0.57	0.51	0.40	0.29	0.18
消费	0.10	0.14	0.15	0.20	0.30	0.60	0.40	0.30	0.16	0.09	0.05
产出	-0.20	-0.09	0.05	0.25	0.52	1.00	0.52	0.25	0.05	-0.09	-0.20
就业	-0.33	-0.25	-0.09	0.10	0.32	0.61	0.22	-0.10	-0.19	-0.28	
投资	0.12	0.16	0.16	0.23	0.36	0.73	0.21	-0.00	-0.17	-0.21	-0.21
政府支出	-0.42	-0.31	-0.12	0.09	0.32	0.58	0.41	0.25	0.15	0.02	-0.12

（3）考虑消费性政府支出对消费者的效用水平直接影响，生产性政府支出对生产者的生产直接影响，即把政府支出引入效用函数和生产函数之中，按照校准参数表的数值进行模拟，结果分别见表 3-3 和表 3-6，此类经济就是区分政府支出种类的 ERBC 模型的经济。

表 3-6　ERBC 经济的各变量与产出的交叉相关系数 $corr(v(t+j),y(t))$

j	-5	-4	-3	-2	-1	0	1	2	3	4	5
资本	-0.33	-0.43	-0.39	-0.19	0.10	0.52	0.70	0.71	0.57	0.33	0.10
消费	-0.35	-0.39	-0.26	0.02	0.35	0.80	0.74	0.58	0.32	0.04	-0.14
产出	-0.36	-0.31	0.07	0.26	0.60	1.00	0.60	0.26	-0.07	-0.31	-0.36
就业	-0.24	-0.12	0.12	0.39	0.62	0.82	0.25	-0.14	-0.41	-0.53	-0.43
投资	0.29	-0.23	0.01	0.33	0.62	0.97	0.53	-0.18	-0.40	0.44	
政府支出	-0.38	-0.30	-0.09	0.22	0.55	0.89	0.47	0.15	-0.10	-0.28	-0.27

2. 二阶矩和脉冲响应的比较分析

现在，通过以下两个方面比较 SRBC 经济、ERBC 经济与实际经济的二阶矩。

（1）分别对 SRBC 经济、ERBC 经济涉及的主要经济变量的标准差及其与产出同期相关系数与实际经济进行比较。从表 3－3 可以知道，根据宏观经济变量标准差或波动幅度对经济变量的排序结果如下。ERBC 经济的大小顺序是投资（12.21，11.66）、产出（6.47，4.40）、政府支出（5.43，5.61）、居民消费（4.67，3.52）、就业（4.29，0.57）、资本（2.77，2.78），括号内第一个数字表示 ERBC 经济的标准差，第二数字表示实际经济的标准差。ERBC 经济的这个波动排序大体与实际经济相一致，相应值与实际值相差不大。SRBC 经济、ERBC 经济与实际经济在资本标准差和投资标准差的值分别为（1.91，2.77，2.78）和投资（7.57，12.21，11.66）。因此，ERBC 经济在这两个值上更接近实际值。

至于各变量与产量的同期相关系数，在 SRBC 经济中，资本的是 0.54（0.37）、居民消费的是 0.60（0.75）、就业的是 0.61（0.22）、投资的是 0.73（0.91）、政府支出的是 0.58（0.55）；而在 ERBC 经济中，资本的是 0.52（0.37）、居民消费的是 0.80（0.75）、就业的是 0.82（0.22）、投资的是 0.97（0.91）、政府支出的是 0.89（0.42）。尽管 SRBC 经济与 ERBC 经济在资本与产量同期相关系数上解释度相近，但 SRBC 经济、ERBC 经济、实际经济分别在居民消费、社会投资与产量的相关系数上为（0.60，0.80，0.75）、（0.73，0.97，0.91），ERBC 经济在这两个数值上已经和实际值很接近，比 SRBC 经济的拟合度好。因此，根据二阶矩的标准进行判断，ERBC 经济比 SRBC 经济更接近于实际经济。SRBC 经济和 ERBC 经济在就业上的标准差及其与产出的同期相关系数上都离实际值有一定的距离，对就业变化的解释能力相对非常有限。

（2）分别比较分析 SRBC 经济和 ERBC 经济中的主要变量与产

出交叉相关系数与实际经济中的对应值。对比表3-5、表3-6与表3-4发现，尽管两个模拟经济的在资本、投资、政府购买与产出的交叉相关系数上对实际经济解释力度差不多，但ERBC经济在资本、产出与产出交叉相关系数上，比SRBC经济更接近于实际经济的值。对于消费与产出的交叉相关系数，SRBC经济中的消费与产出的近期交叉相关系数和远期交叉相关系数都为正数，而实际经济中的消费与产出的近期交叉相关系数为正、远期交叉相关系数都为负，所以SRBC经济在消费与产出的交叉相关系数上不能解释实际经济，但ERBC经济的模拟结果更接近实际经济的数值。此外，SRBC经济和ERBC经济都不能很好地解释实际经济中的就业与产出交叉相关系数。

（3）对于脉冲响应的比较，主要对比分析SRBC经济、ERBC经济的脉冲反应和实际经济的VAR脉冲响应。依据模拟经济，得到SRBC经济、ERBC经济中政府支出冲击对总产量、居民消费、社会投资、劳动就业的动态效应的脉冲反应图3-2。图3-2（a）表示SRBC经济的政府支出冲击的动态效应，政府支出冲击对劳动就业、总产出有正效应，但作用不大，而社会投资、居民消费对它的冲击反应为负。图3-2（b）显示ERBC经济的政府支出冲击的动态效应，总产出、社会投资、居民消费、劳动就业对它的冲击反应为正，变量对政府支出冲击响应大小顺序依次为投资、产出、就业、消费，且这些变量对政府支出冲击的响应大概第5、6期后消失。

在SRBC经济和ERBC经济中，主要宏观经济变量对政府支出冲击为什么反应不同呢？通常，政府支出对宏观经济变量的效应取决于政府支出的财富负效应和正外部性效应。政府支出的财富负效应也称挤出效应，具体含义如下。政府支出的来源于税收，税收将减少居民可支配收入，以致居民的消费下降和储蓄减少，使得社会投资减少，政府支出开始对居民消费和社会投资具有财富负效应（Aiyagari et al.，1990）。政府支出的正外部性又称挤入效应，表示政府支出对消费者和生产者行为产生正的外部性，提高消费者的效用水平和企业的生产能力。在 SRBC 经济中，没有政府支出的正外部性，仅有财富负效应，从而出现消费、投资、就业对政府支出产生负的效应，而在 ERBC 经济中，政府支出的正外部性大于其财富负效应，使得主要宏观经济变量对政府冲击的响应为正。

通过以上脉冲分析，比较 SRBC 经济和 ERBC 经济的两个脉冲反应图与实际经济的脉冲反应图发现，在 ERBC 经济中，除就业对政府支出冲击的反应与实际经济不相一致外，产量、投资、消费对政府支出冲击的反应正负性及其程度大小顺序，与中国实际经济政府支出冲击的动态效应相吻合。

综上所述，可以得到以下几点结论。

（1）SRBC 经济或标准 RBC 模型不能很好解释中国经济波动，特别不能解释中国政府冲击的动态效应。这个结论与 Galí 等（2007）的"现存的最优化经济波动模型不能很好地解释政府支出对消费的正效应性"的见解相类似。

（2）将政府的消费性支出和生产性支出分别引入消费函数和生产函数后，模拟结果的大部分与实际经济的数据特征相符，就业波动以及就业对政府支出的冲击响应与实际数据特征之间存在较明显差异。这与李春吉和孟晓宏（2006）模拟结果具有一致性，而与胡永刚和刘方（2007）模拟的结论不太吻合，原因可能与当前就业及失业统计数据不准确①或未考虑劳动力调整成本有关。

（3）将政府的消费性支出和生产性支出分别引入消费函数和生产函数后，ERBC 经济能够较好地解释中国政府支出对总产量、居民消费、社会投资的动态效应，实证分析和理论分析的结论具有一致性。本书得到的分析结论对实际经济的解释能力似乎优于黄赜琳（2006）的研究。这个结论意味着，中国政府的财政支出不仅具有一定的生产性，还对消费者的效用水平具有正作用，即政府支出有

---

① 蔡昉：《我国劳动力转移出现重大拐点》，载于新华网 2007 年 7 月 31 日。

较强的正外部性。

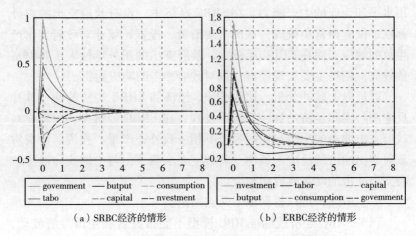

（a）SRBC经济的情形　　　　　　（b）ERBC经济的情形

图3－2　宏观经济变量对政府支出冲击的响应

（4）模拟结果显示，政府对消费和投资有关表示正外部性的参数取值逐渐变小时，政府支出对主要宏观经济变量的正效应相应逐渐减弱。表示政府支出的正外部性的参数值足够小时，政府支出冲击对主要宏观经济变量会产生负效应，从而可以判断，中国的政府支出冲击的动态正效应意味着政府支出对消费和投资的外部性较显著，这导致政府支出的挤入效应大于挤出效应，具体表现为中国政府支出对主要宏观经济变量产生正的效应。

四、结　语

本章着眼于从动态随机一般均衡分析视角解释"政府支出对产量的正效应、政府支出与投资、消费的互补效应"的事实，将政府支出引入效用函数和生产函数后，讨论中国政府支出的动态效应，发现模拟经济与中国政府支出的实际动态效应具有一致性，从而说明中国政府支出分别对消费和生产具有一定正外部性和生产性。中国政府支出所表现出的这种宏观动态效应，主要是由于政府支出的较强外部性促使它对消费和投资的挤入效应大于挤出效应所致。由此可以推断，在中国政府支出的宏观经济动态效应传导机制中，政府支出对消费者行为的正外部性和对厂商行为的生产性担任着重要的解释因素或角色。同时，在区分消费性和生产性的政府支出的ERBC经济中，如果政府支出的生产性增大，而对消费者的正外部性变小，那么政府支出对投资影响就增大，而对消费影响会减少。这也意味着，中国实行积极的财政支出政策增加生产性投入和减少消费性支出将促使中国的消费和投资比例失调的程度加大，最终可能导致出现产能过剩的局面。因此，政府在现阶段应该更多地增加社会养老金、医疗保险、失业保障等方面的消费性支出，以刺激居民消费，扩大内需，促使中国总需求结构的转变，减低中国经济下滑的风险，促使国民经济保持平稳较快发展。

尽管ERBC经济可以解释中国政府支出的动态效应，但该模拟经济解释政府支出对劳动就业的动态效应及其波动的程度的能力较弱，解决这个问题可能需要在动态随机一般均衡模型框架内考虑劳动调整成本或中国的二元劳动力市场结构等因素。当然，在动态随机一般均衡模型的框架下，还可以引入垄断竞争、价格、工资黏性或刚性等因素，更深入地讨论中国的财政政策和货币政策的动态效应。

参考文献

［1］陈昆亭、龚六堂：《中国经济增长的周期与波动的研究——引入人力资本后的RBC模型》，载于《经济学（季刊）》2004年第4期。

［2］陈浪南、杨子晖：《中国政府支出和融资对私人投资挤出效应的经验研究》，载于《世界经济》2007年第1期。

［3］董直庆、滕建洲：《我国财政与经济增长关系：基于Bootstrap仿真方法的实证检验》，载于《数量经济技术经济研究》2007年第1期。

［4］郭庆旺、贾俊雪：《财政投资的经济增长效应：实证分析》，载于《财贸经济》2005年第5期。

［5］国家统计局：《新中国五十年统计资料汇编》，中国统计出版社 1999 年版。

［6］国家统计局：《中国统计年鉴 2007》，中国统计出版社 2007 年版。

［7］国家统计局：《中国统计年鉴 2008》，中国统计出版社 2008 年版。

［8］黄赜琳：《中国经济周期特征与财政政策效应——一个基于三部门 RBC 模型的实证分析》，载于《经济研究》2005 年第 6 期。

［9］胡永刚、刘方：《劳动调整成本、流动性约束与中国经济波动》，载于《经济研究》2007 年第 10 期。

［10］李春吉、孟晓宏：《中国经济波动——基于新凯恩斯主义垄断竞争模型分析》，载于《经济研究》2006 年第 10 期。

［11］李永友、丛树海：《居民消费与中国财政政策的有效性——基于居民最优消费决策行为的经验分析》，载于《世界经济》2006 年第 5 期。

［12］李广众：《政府支出与居民消费：替代还是互补》，载于《世界经济》2005 年第 5 期。

［13］潘彬、罗新星、徐选华：《政府购买与居民消费的实证研究》，载于《中国社会科学》2006 年第 5 期。

［14］吴洪鹏、刘璐：《挤出还是挤入——公共投资对民间投资的影响》，载于《世界经济》2007 年第 2 期。

［15］杨子晖：《财政政策与货币政策对私人投资的影响研究》，载于《经济研究》2008 年第 5 期

［16］张海星：《公共投资与经济增长的相关分析——中国数据的计量分析》，载于《财贸经济》2004 年第 5 期。

［17］张治觉、吴定玉：《我国政府支出对居民消费产生引致还是挤出效应》，载于《数量经济技术经济研究》2007 年第 5 期。

［18］赵志耘、吕冰洋：《财政赤字的排挤效应：实证分析》，载于《财贸经济》2005 年第 7 期。

［19］中国社会科学院经济研究所经济增长前沿课题组：《财政政策的供给效应与经济发展》，载于《经济研究》2004 年第 9 期。

［20］Aiyagari, R., L. Christiano, and M. Eichenbaum, 1990, "Output, Employment and Interest Rate Effects of Government Consumption", *Journal of Monetary Economics*, 30: 73 – 86.

［21］Ambler Steve and Alain Paquet, 1996, "Fiscal Spending Shocks, Endogenous Government Spending, and Real Business Cycles", *Journal of Economic Dynamics and Control*, 20: 237 - 256.

[22] Arrow, K. and kurz M., 1970, Public Investment, the Rate of Return, and Optimal Policy, Johns Hopkins University Press.

[23] Barro, R. J, 1990, "Government Spending in a Simple Model of Endogenous Growth", *Journal of Political Economy* 98: S103 - S105.

[24] Baxter Marianne and Robert G. King, 1993, "Fiscal Policy in General Equilibrium", *American Economic Review*, 83: 315 - 334.

[25] Benigno Pierpaolo and Michael Woodford, 2006, "Optimal Taxation in an RBC Model: A linear - quadratic Approach", *Journal of Economic Dynamics and Control*, 30: 1445 - 1489.

[26] Bouakez, H., E Cardia, FJ Ruge-Murcia, 2005, "Habit formation and the persistence of monetary shocks", *Journal of Monetary Economics*, 52: 1073 - 1088.

[27] Chari VV, LJ Christiano, and PJ Kehoe, 1995, "Policy Analysis in Business Cycle Models", in Thomas F., Cooley, eds., Frontiers of Business Cycle Research, 357 - 391.

[28] Chow, Gregory C. and Kui - Wai Li, 2002, "China Economic Growth: 1952 - 2010", *Economic Development and Cultural Change*, 15: 247 - 256.

[29] Christtiano, Lawrence J. and Ecichenbaum, 1992, "Current Real-Business-Cycle and Aggregate Labor-Market Fluctuations", *American Economic Review*, 82 (3): 430 - 450.

[30] Galí, J., J. D. López-Salido and J. Vallés, 2007, "Understanding the Effects of Government Spending on Consumption", *Journal of the European Economic Association*, 5: 227 - 270.

[31] Glomm, G. and B. Ravikumar, 1994, "Public investment in infrastructure in a simple growth model", *Journal of Economic Dynamics and Control* 18, 1173 - 1188.

[32] Hall, Robert E., 1988, "Intertemporal Substitution in Consumption", *Journal of Political Economy*. 9: 339 - 357.

[33] Hansen, G., 1985, "Indivisible Labor and the Business Cycle", *Journal of Monetary Economics*, 16: 309 - 327.

［34］King, Robert G., Charles Plosser and Sergio Rebelo, 1988, "Production, Growth and Business Cycles I.: the Basic Neoclassical Model", *Journal of Monetary Economics*, 21: 195 – 232.

［35］Kyland, Finn E. and Edward C. Prescott, 1982, "Time to Build and Aggregate Fluctuations", Econometrica, 50: 1345 – 1370.

［36］Ludvigson Syndey, 1996, "The Macroeconomic effects of Government Debt in a Stochastic Growth Model", *Journal of Monetary Economics*, 38: 25 – 45.

［37］Maurice, J. Roche, 1996, "Government Spending and the International Business cycle", Canadian Journal of Economics, 4: 865 – 450.

［38］Ohanian, Lee E., 1997, "The Macroeconomic Effects of War Finance in theUnited States: World War 11 and the Korean War", *The American Economic Review*, 87: 23 – 40.

［39］Romer, David, 2000, Advanced Macroeconomics, 2nd edition, McGraw-Hill.

［40］Turnovsky, S. J., 1990, "The Effect of Taxes and Dividend Policy on Capital Accumulation and Macroeconomic Behavior", *Journal of Economic Dynamics and Control* 14: 491 – 521

［41］Turnovsky, S. J., and Fisher W. H., 1995, "The Compositions of Government Expenditure and it's Consequences for Macroeconomic Performance", *Journal of Dynamics and Control* 19: 747 – 786.

［42］Uhlig, Harald, 1999, "A Toolkit for Analyzing Nonlinear Dynamic Stochastic Models Easily", in Ramon Marimon and Andrew Scott eds, Computational Methods for the Study of Dynamic Economics.

附件 1　模型推导过程

1. 最优化条件

根据模型假设, 代表性消费者最优化问题可归纳为:

$$\max_{C_t, K_t, N_t} E\left\{ \sum_{t=0}^{\infty} \beta^t \left[\frac{E_t^{1-\eta} - 1}{1 - \eta} - \phi N_t \right] \right\} \tag{1}$$

$$s.\,t.\; E_t = C_t^{\gamma} G_{1t}^{1-\gamma}$$

$$A_t G_{2t}^{\phi} K_t^{\alpha} N_t^{1-\alpha} = C_t + K_t - (1 - \delta) K_{t-1} + G_t$$

$$G_t = G_{1t} + G_{2t}$$

$$\ln A_t = (1 - \rho_A)\ln A_s + \rho_A \ln A_{t-1} + \varepsilon_{A,t}$$

$$\ln G_t = (1 - \rho_G)\ln G_s + \rho_G \ln G_{t-1} + \varepsilon_{G,t}$$

A_0，K_0，G_0 给定。

拉格朗日函数为：

$$L = E\left\{ \sum_{t=0}^{\infty} \beta^t \left[\frac{E_t^{1-\eta} - 1}{1 - \eta} + \theta \ln(1 - N_t) \right] \right.$$

$$\left. + \lambda_t [Z_t G_t^\alpha K_{t-1}^\alpha N_t^{1-\alpha} - C_t - K_t + (1 - \delta)K_{t-1} - G_t] \right\} \qquad (2)$$

一阶条件为：

$$\frac{\partial L}{\partial \lambda_t} = Z_t G_t^\alpha K_t^\alpha N_t^{1-\alpha} - C_t - K_t + (1 - \delta)K_{t-1} - G_t = 0 \qquad (3)$$

$$\frac{\partial L}{\partial C_t} = \gamma C_t^{\gamma(1-\eta)-1} G_t^{(1-\gamma)(1-\eta)} - \lambda_t = 0 \qquad (4)$$

$$\frac{\partial L}{\partial K_t} = -\lambda_t + \beta E\{\lambda_{t+1}[\alpha Z_{t+1} G_{t+1}^\alpha K_t^{\alpha-1} N_{t+1}^{1-\alpha} + (1 - \delta)]\} = 0 \qquad (5)$$

$$\frac{\partial L}{\partial N_t} = -\frac{\theta}{1 - N_t} + \lambda_t [(1 - \alpha)Z_t G_t^\alpha K_{t-1}^\alpha N_t^{-\alpha}] = 0 \qquad (6)$$

横截条件：

$$\lim_{l \to \infty} E_t \beta^{t+l} \lambda_{t+l} K_{t+l} = 0 \qquad (7)$$

由式（A3.4）、（A3.5）以及 $R_{t+1} = \alpha Z_{t+1} G_{t+1}^\alpha K_t^{\alpha-1} N_{t+1}^{1-\alpha} + (1 - \delta)$ 得：

$$C_t^{\gamma(1-\eta)-1} G_t^{(1-\gamma)(1-\eta)} = \beta E[C_{t+1}^{\gamma(1-\eta)-1} G_{t+1}^{(1-\gamma)(1-\eta)} R_{t+1}] \qquad (8)$$

由式（6）得：

$$\frac{\theta}{1 - N_t} = \gamma C_t^{\gamma(1-\eta)-1} G_t^{(1-\gamma)(1-\eta)} [(1 - \alpha)Z_t G_t^\alpha K_{t-1}^\alpha N_t^{-\alpha}] \qquad (9)$$

2. 稳态处的经济

在此，我们设稳态处的经济对应变量：$Y_t = Y_{t+1} = \cdots = \overline{Y}$，$C_t = C_{t+1} = \cdots = C_t$，

$K_t = K_{t+1} = \cdots = \overline{K}$，$I_t = I_{t+1} = \cdots = \overline{I}$，$N_t = N_{t+1} = \cdots = \overline{N}$，$R_t = R_{t+1} = \cdots = \overline{R}$

均衡的政府购买 $\overline{G}$，技术冲击 $\overline{Z}$。

由 $I_t = K_t - (1-\delta)K_{t-1}$，得：$\bar{I} = \delta\bar{K}$

把 $R_{t+1} = \alpha Z_{t+1} G_{t+1}^\alpha K_t^{\alpha-1} N_{t+1}^{1-\alpha} + (1-\delta)$ 代入式（5）中，在经济稳态处得：

$$\beta\bar{R} = 1, \text{或} \beta = \frac{1}{\bar{R}} \tag{10}$$

由 $R_t = \alpha\dfrac{Y_t}{K_{t-1}} + (1-\delta)$ 得：

$$\frac{\bar{Y}}{\bar{K}} = \frac{\bar{R} + \delta - 1}{\alpha} \tag{11}$$

代入 $Y_t = Z_t G_t^\alpha K_{t-1}^\alpha N_t^{1-\alpha}$ 得：

$$\bar{K} = \bar{N} \left(\frac{\bar{R} + \delta - 1}{\alpha\bar{Z}\bar{G}^\alpha} \right)^{\frac{1}{\alpha-1}} \tag{12}$$

由式（12）和 $Y_t = Z_t G_t^\alpha K_{t-1}^\alpha N_t^{1-\alpha}$ 得：

$$\bar{Y} = \bar{N}(\bar{Z}\bar{G}^\alpha)^{\frac{1}{1-\alpha}} \left(\frac{\bar{R} + \delta - 1}{\alpha} \right)^{\frac{\alpha}{\alpha-1}} \tag{13}$$

由式（12）、式（13）和 $Y_t = C_t + K_t - (1-\delta)K_{t-1} + G_t$ 得：

$$\bar{C} = -\delta\bar{K} + \bar{Y} - \bar{G} = \bar{N}\left(\frac{\bar{R} + \delta - 1}{\alpha\bar{Z}\bar{G}^\alpha} \right)^{\frac{1}{\alpha-1}} \left[\frac{\bar{R} + \delta(1-\alpha) - 1}{\alpha} \right] - \bar{G} \tag{14}$$

由式（9）得：$\dfrac{\theta}{1-N_t} = \gamma C_t^{\gamma(1-\eta)-1} G_t^{(1-\gamma)(1-\eta)} \left[(1-\alpha)Z_t G_t^\alpha K_{t-1}^\alpha N_t^{-\alpha} \right]$

$$\frac{\theta}{1-\bar{N}} = \gamma\bar{C}^{\gamma(1-\eta)-1}\bar{G}^{(1-\gamma)(1-\eta)}(1-\alpha)\frac{\bar{Y}}{\bar{N}} \tag{15}$$

或 $\theta = \gamma\bar{C}^{\gamma(1-\eta)-1}\bar{G}^{(1-\gamma)(1-\eta)}(1-\alpha)\dfrac{\bar{Y}}{N}(1-\bar{N})$

3. 对数线性化

由 $Y_t = C_t + I_t + G_t$ 和 $\overline{Y} = \overline{C} + \overline{I} + \overline{G}$ 得：

$$\overline{Y}(1 + y_t) = \overline{C}(1 + c_t) + \overline{I}(1 + i_t) + \overline{G}(1 + g_t)$$

即：$\overline{Y}y_t = \overline{C}c_t + \overline{I}i_t + \overline{G}g_t$ \hfill (16)

由 $I_t = K_t - (1 - \delta)K_{t-1}$ 和 $\overline{I} = \delta\overline{K}$ 得：

$$\overline{I}(1 + i_t) = \overline{K}(1 + k_t) - (1 - \delta)\overline{K}(1 + k_{t-1})$$

$$- \overline{K}k_t + \overline{I}i_t + (1 - \delta)\overline{K}k_{t-1} = 0$$

\hfill (17)

由生产函数 $Y_t = Z_t G_t^\alpha K_{t-1}^\alpha N_t^{1-\alpha}$ 得：

$$- y_t + \alpha k_{t-1} + (1 - \alpha)n_t + z_t + \alpha g_t = 0 \tag{18}$$

由 $R_t = \alpha\dfrac{Y_t}{K_{t-1}} + (1 - \delta)$ 得：

$$\alpha\frac{\overline{Y}}{\overline{K}}y_t - \alpha\frac{\overline{Y}}{\overline{K}}k_{t-1} - \overline{R}r_t = 0 \tag{19}$$

由式（8）、式（10）得：

$$\overline{C}^{\gamma(1-\eta)-1}\overline{G}^{(1-\gamma)(1-\eta)}\{[\gamma(1-\eta) - 1]c_t + (1-\gamma)(1-\eta)g_t\}$$

$$= \beta E\{\overline{C}^{\gamma(1-\eta)-1}\overline{G}^{(1-\gamma)(1-\eta)}\overline{R}[(\gamma(1-\eta) - 1)c_{t+1}$$

$$+ (1-\gamma)(1-\eta)g_{t+1} + r_{t+1}\}$$

即：$E\{[(\gamma(1-\eta) - 1)(c_{t+1} - c_t) + (1-\gamma)(1-\eta)$

$(g_{t+1} - g_t) + r_{t+1}\} = 0$ \hfill (20)

由式（15）得：

$$\frac{\theta}{1 - \alpha} = \gamma\overline{C}^{\gamma(1-\eta)-1}G_t^{(1-\gamma)(1-\eta)}(1 - N_t)\frac{Y_t}{N_t}$$

即：$\dfrac{\theta}{\gamma(1-\alpha)} = C_t^{\gamma(1-\eta)-1}G_t^{(1-\gamma)(1-\eta)}\dfrac{Y_t}{N_t} - C_t^{\gamma(1-\eta)-1}G_t^{(1-\gamma)(1-\eta)}Y_t$

于是有：

$$\overline{C}^{\gamma(1-\eta)-1}\overline{G}^{(1-\gamma)(1-\eta)}\frac{\overline{Y}}{\overline{N}}\{[\gamma(1-\eta)-1]c_t+(1-\gamma)$$

$$(1-\eta)g_t+y_t-n_t\}-\overline{C}^{\gamma(1-\eta)-1}\overline{G}^{(1-\gamma)(1-\eta)}\overline{Y}$$

$$\{[\gamma(1-\eta)-1]c_t+(1-\gamma)(1-\eta_t)g_t+y_t\}=0$$

或 $(1-\overline{N})[\gamma(1-\eta)-1]c_t+(1-\overline{N})(1-\gamma)(1-\eta)g_t$

$$+(1-\overline{N})y_t-n_t=0 \tag{21}$$

由 $\ln Z_t=(1-\psi_A)\ln Z_{t-1}+\varepsilon_{At}$ 得：

$$z_t=\psi_A z_{t-1}+\varepsilon_{At} \tag{22}$$

$$g_t=\psi_G g_{t-1}+\varepsilon_{Gt} \tag{23}$$

于是把式（16）、式（17）、式（18）、式（21）、式（19）转化为矩阵形式为：

$$\begin{bmatrix}0\\-\overline{K}\\0\\0\\0\end{bmatrix}\cdot k_t+\begin{bmatrix}0\\(1-\delta)\overline{K}\\\alpha\\0\\-\dfrac{\alpha\overline{Y}}{\overline{K}}\end{bmatrix}\cdot k_{t-1}$$

$$+\begin{bmatrix}-\overline{C}&\overline{Y}&0&0&-\overline{I}\\0&0&0&0&\overline{I}\\0&-1&1-\alpha&0&0\\(1-\overline{N})[\gamma(1-\eta)-1]&1-\overline{N}&-1&0&0\\0&\dfrac{\alpha\overline{Y}}{\overline{K}}&0&-\overline{R}&0\end{bmatrix}\cdot\begin{bmatrix}c_t\\y_t\\n_t\\r_t\\i_t\end{bmatrix}$$

$$+ \begin{bmatrix} 0 & -\bar{G} \\ 0 & 0 \\ 1 & \alpha \\ 0 & (1-\bar{N})(1-\gamma)(1-\eta) \\ 0 & 0 \end{bmatrix} \cdot \begin{bmatrix} z_t \\ g_t \end{bmatrix} = 0$$

$$E[(\gamma(1-\eta)-1)(c_{t+1}-c_t)+(1-\gamma)(1-\eta)(g_{t+1}-g_t)$$
$$+ r_{t+1}] = 0 \tag{24}$$

$$z_t = \psi_A z_{t-1} + \varepsilon_{At} \tag{25}$$

$$g_t = \psi_G g_{t-1} + \varepsilon_{Gt} \tag{26}$$

最后按照 Uhlig（1999）的方法在 Matlab 求解即可。

附件2 模拟运行程序

% VERSION 2.0, MARCH 1997, COPYRIGHT H. UHLIG.
% EXAMPL1. M calculates through Hansens benchmark real business
% cycle model in H. Uhlig, " A toolkit for solving nonlinear dynamic stochastic
models easily".
% First, parameters are set and the steady state is calculated. Next, the matrices are
% declared. In the last line, the model is solved and analyzed by calling DO_IT. M

% Copyright: H. Uhlig. Feel free to copy, modify and use at your own risk.
% However, you are not allowed to sell this software or otherwise impinge
% on its free distribution.
% The model is introduced govwenmwnt into, so it includes technology and
% government impacts

disp（'EXAMPLE 1: Hansen benchmark real business cycle model,'）;
disp（'   see Hansen, G., " Indivisible Labor and the Business Cycle,"'）;
disp（'   Journal of Monetary Economics, 16 (1985), 281 – 308. '）;
disp（'Hit any key when ready…'）;

```
pause;

% Setting parameters:
N_bar      = 0.542;      % Steady state employment is a third of total time endow-
ment
Z_bar      = 1;          % Normalization (technology)
G_bar      = 1;          % Normalization (govenment)
rho        = 0.503;      % Capital share
delta      = 0.10;       % Depreciation rate for capital
R_bar      = 1.07;       % One percent real interest per quarter
eta        =  0.7;       % constant of relative risk aversion = 1/(coeff. of intertem-
poral substitution)
psi1       = 0.72;       % autocorrelation of technology shock
sigma_eps1 = 2.46;       % Standard deviation of technology shock.
Units: Percent.
psi2       = 0.32;       % autocorrelation of govenment shock
sigma_eps2 = 3.95;       % Standard deviation of government shock. Units: Percent.
alf        = 0.36;       % Relative value between govenment and
private consumption

% Calculating the steady state:
betta      = 1.0/R_bar;  % Discount factor beta
YK_bar     = (R_bar + delta - 1)/rho;      % = Y_bar / K_bar
K_bar      = (YK_bar / Z_bar) ^ (1.0/ (rho - 1)) * N_bar;
I_bar      = delta * K_bar;
Y_bar      = YK_bar * K_bar;
C_bar      = Y_bar - delta * K_bar - G_bar;
A          = C_bar^ ( - eta) * G_bar^ (alf * (1 - eta)) * (1 - rho) * Y_bar *
(1 - N_bar) /N_bar; % Parameter in utility function

% Declaring the matrices.
VARNAMES = ['capital',
```

'consumption',

'output　　',

'labor　　　',

'interest　　',

'investment',

'technology',

'government'] ;

% Translating into coefficient matrices.

% The equations are, conveniently ordered:

% 1) $0 = -I\,i(t) - C\,c(t) - Gg(t) + Y\,y(t)$

% 2) $0 = I\,i(t) - K\,k(t) + (1 - delta)\,K\,k(t-1)$

% 3) $0 = rho\,k(t-1) - y(t) + (1 - rho)\,n(t) + z(t)$

% 4) $0 = (1 - N)\,eta\,c(t) + (1 - N)(1 - eta)\,alfg(t) + (N - 1)\,y(t) - n(t)$

% 5) $0 = -rho\,Y/K\,k(t-1) + rho\,Y/K\,y(t) - R\,r(t)$

% 6) $0 = E\_t\,[\,-eta\,c\,(t+1)\ + r\,(t+1)\ + eta\,c\,(t)\ + alf\,(eta - 1)\,g\,(t)$
$- alf\,(eta - 1)\,g\,(t+1)\,]$

% 7) $z(t+1) = psi1\,z(t) + epsilon1(t+1)$

% 8) $g(t+1) = psi2z(t) + epsilon2(t+1)$

% CHECK: 8 equations, 8 variables.

% Endogenous state variables "x(t)": $k(t)$

% Endogenous other variables "y(t)": $c(t), y(t), n(t), r(t), i(t)$

% Exogenous state variables　"z(t)": $z(t). g(t)$

% Switch to that notation.　Find matrices for format

% $0 = AA\,x(t) + BB\,x(t-1) + CC\,y(t) + DD\,z(t)$

% $0 = E\_t\,[\,FF\,x\,(t+1)\ + GG\,x\,(t)\ + HH\,x\,(t-1)\ + JJ\,y\,(t+1)\ + KK\,y\,(t)\ + LL\,z\,(t+1)\ + MM\,z\,(t)\,]$

% $z(t+1) = NN\,z(t) + epsilon(t+1)$ with $E\_t\,[\,epsilon\,(t+1)\,]\ = 0,$

% for $k(t)$:

AA = [0

　　 - K_bar

```
        0
        0
        0];
% for k(t – 1):
BB = [0
      (1 – delta) * K_bar
      rho
      0
      – rho * YK_bar];
```

% Order: consumption   output   labor   interest   investment

```
CC = [        – C_bar,        Y_bar,        0,       0,     – I_bar    % Equ. 1)

              0,              0,            0,       0,      I_bar     % Equ. 2)

              0,             – 1,       1 – rho,     0,       0        % Equ. 3)

        – (1 – N_bar) * eta, 1 – N_bar,   – 1,       0,       0        % Equ. 4)

              0,          rho * YK_bar,    0,    – R_bar,     0];      % Equ. 5)
```

```
     DD = [0,                – G_bar
           0,                 0
           1,                 0
           0,    (1 – N_bar) * (1 – eta) * alf
           0,                 0 ];
FF = [ 0 ];
GG = [ 0 ];
HH = [ 0 ];
JJ = [ – eta,   0,    0,    1,    0];
KK = [ eta,     0,    0,    0,    0];
LL = [ 0,   – alf * ( – 1 + eta)];
MM = [ 0,   alf * ( – 1 + eta)];
NN = [ psi1, 0
       0, psi2 ];
```

Sigma = [sigma_eps1^2, 0

　　　　　　0,　　　sigma_eps2^2] ;

% Setting the options:

[l_equ, m_states] = size (AA) ;

[l_equ, n_endog] = size (CC) ;

[l_equ, k_exog] = size (DD) ;

PERIOD 　　 = 4 ; 　% number of periods per year, i. e. 12 for monthly, 4
for quarterly

GNP_INDEX 　 = 3 ; % Index of output among the variables selected for HP filter

IMP_SELECT = [1 : 5, 7, 8] : (m_states + n_endog + k_exog) ;

　% a vector containing the indices of the variables to be plotted

HP_SELECT 　 = 1 : (m_states + n_endog + k_exog) ; % Selecting the variables for
the HP Filter calcs.

DO_SIMUL 　 = 1 ; % Calculates Simulations

DO_MOMENTS = 1 ; % Calculates Moments

% Starting the calculations:

do_it;

第四章

价格黏性、流动性约束与中国
财政政策的宏观效应

    2008 年的次贷危机爆发以后，世界一些大国纷纷采取积极财政政策以应对危机，财政政策的宏观经济效应再次引发关注。基于此，本章选取中国宏观经济运行季度数据，利用 SVAR 方法得出中国财政政策宏观效应的经验事实：政府支出增加对总产量、消费产生正效应；税收增加对总产量和消费产生负效应。然而，完全竞争背景下的真实周期模型却不能完全解释这些经验事实。于是，本书在动态随机一般均衡框架下，以垄断竞争为经济背景，引入价格黏性、流动性约束、政府支出的正外部性以及投资调整成本等非完全竞争的因素，构建一动态新凯恩斯主义模型，数值模拟发现：流动性约束、政府支出的正外部性在解释中国财政政策效应的经验事实中充当重要角色，而仅有价格黏性并不意味着政府支出具有挤入效应特征。这预示着，中国政府在实施财政政策时可能要考虑到经济运行中的一些不完全竞争因素对政策效果的影响。

一、引言

    2008 年 9 月美国的次贷危机给世界经济带来自 20 世纪 30 年代大萧条以来最严重的一次经济衰退，世界主要几个大国家纷纷采取了有效需求管理的宏观经济政策，以应对危机的冲击。一年多来的实践表明，这些国家所采取的积极财政政策在抑制经济深度衰退中起到一定积极的作用。特别在2009年，中国政府所实施的积极财政政策及适度宽松的货币政策效果明显，经济总体保持了稳定增长，对促进世界经济复苏也发挥了重要作用。财政政策的宏观经济效应再次引发学界关注。鉴于此，本书主要探讨两个问题：一是中国财政政策宏观效应具有哪些经验事实？二是在解释中国政府财政政策宏观效应的经验事实中，什么因素充当重要角色？

国内关注财政政策宏观经济效应的研究较多：在政府支出方面，张海星（2004）、郭庆旺和贾俊雪（2006）、董直庆和滕建洲（2007）等探讨了政府支出对总产量的影响，而李广众（2005）、李永友和从树海（2006）、潘彬等（2006）研究了政府支出与消费的关系；在税收方面，蒙荫莉（2001）、李永友（2004）、郭健（2006）等分析了宏观负税对总产量的效应，李晓芳等（2005）讨论了政府支出和税收对产量的影响。尽管这些研究选择的数据样本和方法不同，但它们得出结论具有一致性，即大多数都支持"政府支出对总产量和消费产生正效应，而税收对产量和消费产生负效应"的观点。然而，以上研究主要以实证分析为主，而且还存在以下局限，一是，样本数据的选择偏重于年度时间序列。而相比年度数据，使用季度数据分析能更好地体现宏观经济短期分析。二是，实证分析方法主要是以回归分析为主，方法略显单一，很少使用结构向量自回归（Structural Vector Autoregresssion，SVAR）方法，尽管李晓芳等（2005）用到此方法，但对分析结论没有进行强健性检验；三是，这些研究缺乏对财政政策宏观经济效应传导机制的探讨。尽管刘宛晨和袁闯（2006）分析了中国财政支出的消费传导效应，申琳和马丹（2007）研究了在政府支出对居民消费的效应传导机制中的消费倾斜渠道与资源撤出渠道，刘玉红等（2006）根据凯恩斯主义理论和IS-LM模型讨论了中国财政政策的传导机制及政策效应，不过，他们都没有深入讨论政府支出效应传导机制的微观基础。

与现有相关研究相比，本书具有以下特点，一是选用中国宏观季度，即中国 1990 年第 1 季度至 2009 年第 3 季度的相关季度数据进行 SVAR 分析，并对研究结论进行强健性检验，并使用缩小样本容量和增加变量的两个方法进行强健性（Robustness）检验，以考察实证结论的说服力。二是利用动态随机一般均衡（Dynamic Stochastic General Equilibrium，DSGE）框架，探讨中国财政政策效应的微观基础，并在此基础上分析中国政府财政政策宏观效应的传导机制。三是考虑到完全竞争经济中存在着李嘉图等价问题，从而政府支出对消费产生的财富负效应，这与实证的结论不一致，于是本书首次从非完全竞争角度，尝试引入价格黏性、政府支出的正外部性、流动性约束等因素来解释中国财政政策宏观效应的特征事实。

本章分析思路如下，一是通过 SVAR 分析得到中国财政政策宏观效应的经验事实。接着，在 DSGE 分析框架中，引入垄断竞争市场，考虑价格黏性、流动性约束、政府支出的外部性、投资调整成本等非完全竞争市场因素，经济模拟一个动态新凯恩斯主义模型，以解释中国财政政策宏观效应的特征事实。尽管本书的分析思路与 Gali 等（2007）的分析思路有类似之处，但本书的分析与他们不同之处在于本书考虑了扭曲性的税收、政府支出对居民消费行为的正外部性，同时，进一步讨论了总产量、居民消费对税收冲击的动态响应。

本章余下的结构安排如下：一是主要指对国外相关研究进行文献回顾；二是通过 SVAR 模型实证分析得出中国财政政策宏观效应的特征事实或经验特征；三是考虑一些不完全因素建立动态凯恩斯主义模型，进行参数校准和经济模拟，把模拟结果和实证分析结论进行比较分析，来解释我国财政政策宏观效应的特征事实；四是对本章分析加以总结和说明。

二、文献回顾：动态随机一般均衡框架下财政政策的宏观效应研究①

自 20 世纪 80 年代以来，DSGE 分析框架得到不断发展和完善，它已成为现代宏观经济学研究的基本框架之一。在过去的 20 多年时间里，经济研究者先一般使用具有完全竞争经济背景的 DSGE 或 RBC 模型来研究经济波动，近年来，他们一般使用具有非完全竞争的 DSGE 模型主要来研究货币政策，而在 DSGE 框架下讨论财政政策的效应是一个比较新的研究方向。在国外，近年来研究者开始在 DSGE 框架下对财政政策宏观效应加以关注，但主要集中在政府支出效应分析上，而且他们主要讨论的是政府支出的挤出或挤入效应，这是由于在政府支出的宏观经济效应实证分析结论上还存在一定的分歧。一种观点认为，政府支出具有挤出效应（Ramey and Shapiro，1997，Edelberg et al.，1999），而另一种观点认为，政府支出具有挤入效应（Fatás and Mihov，2001，Blanchard and Perotti，2002，Galí et al.，2007）。为什么出现这样分歧的结论？一些学者（Perotti，2007，Galí et al.，2007）认为主要是由政府支出冲击的程度大小决定的，在战争时期或国防开支较大情况下，政府支出对私人的消费和投资产生挤出效应，而较小的政府支出对私人的消费和投资产生挤入效应。下面将对这两种效应的传导机制 DSGE 研究进行简要回顾，以帮助我们考察构建什么模型可以去解释中国财政政策的宏观效应的经验事实。

（一）政府支出挤出效应的解释

Burnside 等人（2004）在以完全竞争为经济背景的 DSGE 框架

---

① 这部分内容在第一篇第一章中已有提及，但是为了保证本章结构完整性，故在此继续保留文献回顾部分。同时，本章研究的问题是在动态随机一般均衡框架下去探讨的，于是在此给出这部分的文献回顾。

中分析了财政政策冲击对主要宏观经济变量产生的效应。首先实证分析发现：外生的军事购买增加会使政府购买、资本收入税率以及劳动收入税率持续增加，而对私人消费影响较小。然后，他们建立一个具有技术冲击和政府支出冲击的标准 RBC 模型，通过经济模拟发现，模型能较好地解释政府支出冲击对工作时间、真实工资、消费等效应的经验特征。McGrattan 和 Ohanian（2008）也考察了以完全竞争为背景的标准 DSGE 模型，看是否能解释美国第二次世界大战期间财政政策的宏观经济效应。为了理解财政政策冲击的宏观经济效应，他们将政府购买、要素税率等冲击引入模型中，去分析每个冲击如何影响产品的价格和数量，分析结果发现：标准 DSGE 模型能较好地解释第二次世界大战期间政府行为对经济产生效应的特征：在政府支出冲击发生后，消费者工作时间会较大幅度地增加，而私人消费和投资则显著减少，同时税后工资和利息也显著减低；战争结束时间的不确定性和战后萧条的可能性是解释第二次世界大战中高劳动投入和低税后工资及低利息的重要因素。Edelberg 等（1999）也在以完全竞争为背景的 DSGE 模型中，考察了美国国防开支对宏观经济变量的效应及其传导机制。他们在实证结论基础上，考虑两种投资，一种是非居民投资，它用于产品生产，另一种是居民投资，它用于购买耐用品。接着，他们在建立一个 DSGE 模型后，利用美国数据进行参数校准，经济模拟表明：他们建立的模型能较好地解释他们实证得出的结论：政府支出对劳动就业、总产量、非居民投资具有正效应，而对工资、居民非耐用品消费和耐用品消费具有负效应。

为什么以上模型分析几乎都可以解释政府支出的挤出效应呢？我们认为，可能主要因为在战争或国防开支较大的情况下，政府支出财富负效应很大，从而使政府支出表现为挤出效应，而具有政府购买的 RBC 模型模拟能显示政府支出挤出效应，因此，以上这些研究可以在完全竞争背景下的 RBC 模型中来解释较大政府支出所表现出的挤出效应。

（二）政府支出挤入效应的解释

对于正常情况下政府支出具有挤入效应的解释，一些经济学者认为不能从完全竞争角度去解释（Fatás and Mihov, 2001, Galí et al., 2007），因为在完全竞争的 DSGE 分析框架下，政府支出对私人消费具有财富负效应（Baxter and King, 1993）。这问题激发了一些学者在 DSGE 框架从非完全竞争角度去探讨。①

有一些学者从政府支出的正外部性角度来讨论。如 Linnemann 和 Schabert（2006）假设政府支出对生产者具有外部性来讨论政府支出冲击的传导机制。他们认为，引进政府支出正外部性会产生两个效应，一是需求效应，因为政府支出增加意味着会有较高的劳动需求和资本需求，这会引起产品的边际成本增加，二是供给效应，政府支出冲击由于它具有正外部性，它会提高劳动生产率，从而有减低产品边际成本的作用。如果政府支出冲击的供给效应大于需求效应，总收入增加，那么私人会增加消费水平。因此，他们引入政府支出的正外部性构建模型，数值模拟显示：政府支出的正外部性有助于构建的模型解释政府支出冲击具有正效应的经验特征。此外，Bouakez 和 Rebei（2007）从政府支出对消费产生正外部性的角度，来解释政府支出对私人消费具有挤入效应的经验特征，他假设私人消费和公共消费具有互补性和消费有习惯的形成（habit formation），经济模拟 DSGE 模型发现，建立的模型能较好地解释政府支出对私人消费具有的挤入效应的经验特征。

还有一些学者从流动性约束或非李嘉图等价角度来解释。Galí 等人（2007）认为，关于政府支出产生挤入效应的原因可能是：经济中存在两类居民，一是具有流动性约束的居民，当政府通过税收

---

① 从对非完全竞争角度是探讨政府挤入效应的研究视角，但 Linnemann（2006）认为从完全竞争市场的视角也可解释政府支出的挤入效应，他主要引入不可分离的效用（non - separable utility）加以分析的。

增加支出，尽管会使此类居民收入降低，但使她们的劳动增加，而政府支出增加又会促使工资水平提高，这样又使她们收入增加，于是此类消费者对政府支出反应为正；二是具有非流动性约束的居民，她们的行为不受借贷约束，可以进行跨期决策，政府支出增加对她们的消费产生财富负效应。这样当政府支出正冲击发生以后，如果在经济中流动性约束居民的比例大于非流动性约束居民，那么政府支出正冲击促使经济中的总消费增加。因此，Galí 等人在把垄断竞争和价格黏性引入 DSGE 框架中的同时，考虑了消费者的非李嘉图等价行为构建模型，经济模拟的结果能较好地解释美国的政府支出对私人消费的挤入效应。此外，类似于在 Galí 等（2007）的研究框架下，进行政府支出挤入效应的探讨，如，Coenen 和 Straub（2005）通过实证分析欧盟的非李嘉图消费者在所有消费者中占比例较低，从而建立 DSGE 模型，最后模拟显示政府支出正向冲击对消费的正效应很小。

然而，国内的 DSGE 研究，主要经济致力于分析经济波动（龚刚、Willi Semmler，2003，陈昆亭等，2004，黄赜琳，2005，李春吉、孟晓宏，2006，陈师、赵磊，2009），而对财政政策问题研究不多。仅有黄赜琳（2005）讨论了中国财政政策与经济波动的关系，蔡明超等（2009）探讨了中国政府宏观调控政策对社会福利的影响，不过他们对中国财政政策效应的传导机制未能展开深入分析，同时，他们研究主要是在完全竞争背景下讨论的，且最终模拟均显示：居民消费对正向政府支出冲击的反应为负，这与国内主流研究观点不相一致。于是，本书认为具有完全竞争经济背景的标准 RBC 模型及其相关变体不能解释中国财政政策宏观效应的经验特征，鉴于此，本书尝试在 DSGE 分析框架中引入不完全竞争等因素对本书问题进行分析。而关于从非完全竞争角度的 DSGE 研究思路又被称为动态新凯恩斯主义分析框架（Dynamic New Keynesian model，DNK）或新新古典综合（New Neoclassic Synthesis，NNS）（Goodfriend and King，1997，Smets and Wouters，2005）。[1] 因此，基于此上研究文献回顾，本书尝试在经济背景是垄断竞争和价格黏性的情形中，引入政府支出的外部性、流动等非完全竞争因素构建以动态新凯恩斯主义模型来探讨中国财政政策的效应，这在国内的相关研究中可以说是首次的尝试。

三、中国政府支出和税收宏观经济效应的经验特征

（一）SVAR 模型设定和识别方法

结构向量自回归（SVAR）模型目前已经成为实证宏观经济学分析的重要工具之一。自从 Blanchard 和 Quah（1989）在 SVAR 模型中引进长期约束条件、Gali（1992）引入长期约束和短期约束来识别经济冲击中的永久性冲击和暂时冲击后，SVAR 模型被广泛运用于宏观经济波动、货币政策、财政政策的动态效应等相关宏观问题的实证分析。

下面就如何从简约式 VAR（Reduced VAR）模型去识别（identification）出 SVAR 模型给出一个简述。首先来看 SVAR 模型，把它的表达式写成滞后算子形式：

$$A(L)X_t = E \times u_t, E(u_t u_t') = I_n \tag{4.1}$$

其中，$A(L)$ 是一个关于滞后算子 L 的多项式，X_t 表示 n 个内生变量组成的向量，E 为 $n \times n$ 阶矩阵，本书中，矩阵 E 为单位阵，u_t 称为结构式扰动项或冲击（structural shocks）。在本书 X_t 含有 4 个变量，它们分别为总产出、居民消费、政府支出、平均税率的差分。

---

[1]　此类分析框架在对中国问题的研究上也有应用，如：李春吉和孟晓宏（2006）、陈昆亭和龚六堂（2006）在 DNK 模型中讨论该模型对中国经济波动的解释力度；Zhang（2009）在 DNK 模型中探讨了中国货币政策的货币供给量规则和价格规则，但是，利用 DNK 分析框架来探讨中国的财政政策问题还没有。

若 $A(L)$ 可逆，则 X_t 可以表示为无穷阶 VMA（∞）的形式：

$$X_t = C(L) \times u_t \qquad (4.2)$$

其中，$C(L) = A(L)^{-1} \times E$，另一方面对稳定的向量（vector process）过程，可以写成滞后算子形式：

$$B(L)X_t = \varepsilon_t \text{ 或 } X_t = D(L) \times \varepsilon_t \qquad (4.3)$$

在此，$D(L) = B(L)^{-1}$，$B_0 = I_n$，$D_0 = I_n$，误差项 ε_t 是不可观测的，称为简化式扰动项（reduced-form disturbances），$E(\varepsilon_t \varepsilon'_t) = \sum_\varepsilon$（正定对称矩阵）。结合式 $(X_t = C(L)u_t)$ 和 $(X_t = D(L)\varepsilon_t)$ 可得：

$$C_0 u_t = \varepsilon_t \text{ 和 } C_t = D_t C_0, t = 1,2,3,\cdots \qquad (4.4)$$

对式（$C_0 u_t = \varepsilon_t$）平方取期望，得：

$$C_0 C'_0 = \sum_\varepsilon \qquad (4.5)$$

$\sum_\varepsilon$ 定义为 ε_t 的协方差矩阵，因此只要识别出 C_0 来，从而可识别 SVAR 模型。

对 C_0 的识别要进行约束，如果分析的向量是 n 维，需要 $n(n-1)/2$ 个约束条件，才能识别出 C_0 中的参数。

综上所述，利用 SVAR 模型的分析过程可以概括为，首先估计出简约式 VAR 模型，即式 $B(L)X_t = \varepsilon_t$，然后通过一定的转化得到式 $X_t = D(L)\varepsilon_t$，这样，D_t，$t = 1$，2，3，$\cdots$，已知，然后加上相应约束条件可识别出 C_0，随后可以算出 $C_t = D_t C_0$，$t = 1$，2，3，$\cdots$，$u_t = C_0^{-1}\varepsilon_t$。于是由 $X_t = C(L)u_t$ 知，向量 X_t 中的每个变量是随机结构冲击 u_t 中各项的一个线性组合，从而可以进行脉冲反应分析。

（二）变量定义、数据选取及其处理

（1）定义变量和选取数据。① 关于 SVAR 内生变量的选择和定义，②本书按照 Blanchard 和 Perotti（2002）的做法，分别选用总产量、居民消费、政府购买、收入税率这 4 个变量。在这里，用 GDP 表示总产量，而政府支出包括政府消费性支出和政府投资性支出，不包括政府的转移支付，而收入税率由于不能从国家公布的统计数据直接得到，我们由政府总税收除以 GDP 的平均税率来表示。关于数据的选取，采用中国的 1990 年第 1 季度至 2009 年第 3 季度的相关季度数据，样本容量为 79。由于对变量要扣除物价指数得到实际值进行分析，于是对月度的居民消费价格指数（Consumer price index，CPI）转换为 1995 年第 1 季度为基期。而关于 GDP 平减指数只能得到年度，而关于季度的没有，于是我们利用年度的 GDP 平减指数按照复利计算出季度 GDP 平减指数，最后，实际季度 GDP 由名义季度 GDP 扣除季度 GDP 平减指数得到。实际居民消费、实际政府支出以及实际税收分别由名义居民消费、名义政府支出和名义税收扣除 CPI 得到。为了方便，在此，分别把实际 GDP、实际居民消费、实际政府支出和平均税率分别记为 $RGDP$、RPC、RGE、IRT。

其次，进行数据处理。先对 RGDP、RPC、RGE、IRT 这四组数据取自然对数，这可减弱它们的异方差性，并且将它们的对数形式分别记为 $\ln RGDP$、$\ln RPC$、$\ln RGE$、$\ln ITR$。随后，在处理数据

---

① 本书中所有的季度数据来源于中经专网统计数据库（http：//ibe. cei. gov. cn），在它的数据库中，我们可得到关于政府支出、税收以及居民消费从 1990 年第 1 季度至 2009 年第 3 季度的季度数据，以及关于 GDP 从 1992 年第 1 季度至 2009 年第 3 季度季度数据，但 1990 年第 1 季度至 1991 年第 4 季度期间的 GDP 季度数据缺失。于是，本书参照 1992 年、1993 年季度数据平均变化率，利用 1989 年、1990 年、1991 年年度 GDP 进行近似推算出 1990 年第 1 季度至 1991 年第 4 季度的季度 GDP 值的大小。此外，在本书中相关的年度数据主要来自于 2000 年和 2009 年的《中国统计年鉴》。

② SVAR 方法是财政政策的效应分析主要方法之一（Blanchard and Perotti, 2002, Perotti, 2005, Ramey, 2009）。

时，我们发现它们对应的数据具有一定季节性特征，于是在这里使用了 TRAMO/SEATS 方法来对这 4 个变量的数据进行季节调整，得到除去季节波动部分外的包括趋势部分和不规则部分的季节调整项。然后，本书应用 ADF（augment dickey-fuller）和 PP（phillips - perron）方法对调整后的 $\ln RGDP$、$\ln RPC$、$\ln RGE$、$\ln ITR$ 各序列及其一阶差分序列 $\Delta\ln RGDP_t$、$\Delta\ln RPC_t$、$\Delta\ln RGE_t$、$\Delta\ln ITR$ 进行平稳性检验，结果表明这些调整后的各时间序列存在不平稳性，而它们的一阶差分是平稳的，即调整后各序列均为一阶单整序列。

（三）SVAR 模型的识别条件、检验及其估计结果

现在，来讨论识别条件。根据经济学含义，我们得到以下识别条件：当期居民消费的改变即期内会对总产量产生影响，这是因为消费立即产生需求；政府支出和税收的变动由于有时滞而对产量当期不产生影响。因为总产量是国民收入，所以总产量变动会对消费当期产生影响；由于政府支出有一定滞后性，于是它的变动在即期内对消费不会产生影响；因为税收增加会直接减少居民收入，从而它在即期内会对消费产生一定的影响；因为一般政府支出变动是逆风向而行且具有时滞，于是政府支出反应滞后于产量和消费的变动，因此它们对当期政府支出不产生影响；税收的变动对当期政府支出有影响。因为政府税收来自总产量的比例税，这样总产量变动会对即期的税收产生影响；居民消费的变动对即期的税收没有影响，而政府支出增加会对即期税收变大。于是这里有 $n(n-1)/2$ 个约束条件。我们可把式（4.4）中的矩阵 C_0 定义 $C_0 = (c_{ij})_{4\times 4}$，$i, j = 1, 2, 3, 4$，此处的约束条件是 $c_{13} = c_{14} = c_{23} = c_{31} = c_{32} = c_{42} = 0$。

在此，使用 Eviews 5.0 对 VAR 方程进行检验，结果表明按照 AIC 准则、SC 准则，选择其滞后 2 期的形式。[①]进一步，Eviews 5.0 运算结果表明，VAR（2）特征多项式的逆根都在单位圆内，所以

①　李晓芳等（2005）也使用滞后 2 期的形式。

VAR（2）是稳定的。把 $\Delta\ln RGDP_t$、$\Delta\ln RPC_t$、$\Delta\ln RGE_t$、$\Delta\ln ITR$ 对应的四组数据在 Eviews 5.0 中去运行得到相应的矩阵，[①] 然后根据 SVAR 模型的识别思路，从而得到结构方程，发现依照上面的约束条件运行不存在过渡识别。进一步可以得到本书分析所需要的脉冲反应函数（Impulse Response Function，IRF），政府支出冲击和收入税率冲击反应的结果，如图 4－1 和图 4－2 所示。

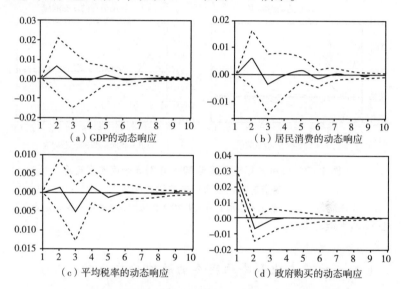

（a）GDP的动态响应　（b）居民消费的动态响应　（c）平均税率的动态响应　（d）政府购买的动态响应

**图 4－1　1990 年第 1 季度至 2009 年第 3 季度宏观经济变量
对政府支出冲击的动态响应**

注：两虚线……之间表示置信水平为 0.95 的置信区间，实线——表示宏观经济变量对冲击的动态反应路径。

---

① 在此，对于 SVAR 模型的短期识别类型，我们使用 AB－型（高铁梅：《计量经济分析方法与建模》，清华大学出版社 2005 年版，第 254～259 页），即矩阵 A、B 是 4×4 的可逆矩阵，它们满足 $A\varepsilon_t = Bu_t$，ε_t、u_t 分别表示 VAR 的简单形式和结构形式的随机扰动向组成的向量。根据以上讨论的短期识别条件，我们对矩阵 A 取下三角矩阵，B 取对角矩阵。

中国政府支出宏观效应及其传导机制研究

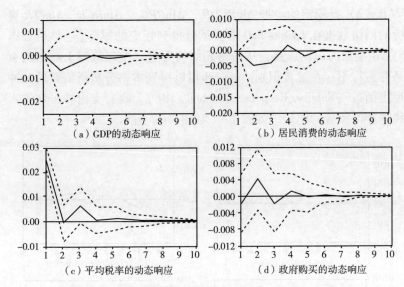

（a）GDP的动态响应　　　　（b）居民消费的动态响应

（c）平均税率的动态响应　　　　（d）政府购买的动态响应

图 4 - 2　1990 年第 1 季度至 2009 年第 3 季度宏观经济
变量对收入税率冲击的动态响应

注：两条虚线……之间表示置信水平为 0.95 的置信区间，实线——表示宏观经济变量对冲击的动态反应路径。

（四）政府支出和平均税率的脉冲响应分析

从图 4 - 1 可以观察到产出、居民消费、收入税率、政府支出对政府支出冲击的动态反应情况。一是产出对政府支出冲击的动态响应过程。面对政府支出正向 1% 的冲击，产出的反应当期开始上升，大约在第 2 季度上升到最大值，然后开始下降，大概在第 3 季度回到最初值，而其后在零位置小幅徘徊，最终在第 6 季度又回到零状态并一直保持不变。这样产出对政府支出冲击反应为正。二是消费对政府支出的动态响应。面对政府支出正向 1% 的冲击，居民消费当期开始上升，大概在第 2 季度上升到最大，随后开始下降，大约在第 3 季度降低到最小值，略为负，然后在 5 季度内经历一个上升，下降，再上升，再回到零状态过程，大约在第 8 季度后，回到零位置，并一直维持这种状态。这样居民消费的反应对政府支出冲击反应总的来看是为正。三是收入税率对政府支出的响应。面对政府支出的 1% 冲击，收入税率当期小幅增加，然后逐渐下降，在第 3 季度末下降到最小，其值为负，随后从第 3 季度到第 6 季度，经历了一个上升、再下降、再上升的过程，最终在第 6 季度后保持一致不变零状态。总的来看，收入税率对政府支出的响应为略为正。四是政府支出对自身冲击的动态响应过程。面临自身正向 1% 的冲击，政府支出的反应立即上升到最大，然后在第 2 季度末下降到略低于零的状态，而从第 2 季度末到第 4 季度其反应值有逐渐恢复到零状态，并维持一直维持不变，这样政府支出对自身冲击的反应为正。

从图 4-2 可观察到，总产出、居民消费、收入税率、政府支出对收入税率冲击的动态反应情况。一是分析产出对收入税率冲击的动态响应过程。面对收入税率正向 1% 的冲击，产出的反应当期开始下降，大约在第 2 季度下降到最大，然后产出开始逐渐恢复，大概在第 4 季度回到最初值，并保持不变，这样产出对收入税率冲击反应为负，并在第 4 季度后反应消失。二是消费对收入税率冲击的动态响应过程。面对收入税率正向 1% 的冲击，居民消费当期开始下降，也大概在第 2 季度下降到最大，随后，逐渐恢复，大约在第 4 季度后，居民消费的反应恢复到零，并一直维持这种状态。产出对收入冲击反应为负，并在第 4 季度后反应消失。这样居民消费对收入税率冲击反应为负，并在第 4 季度后反应消失。三是收入税率对自身冲击的响应。面对自身正向的 1% 冲击，收入税率当期立即增加，然后在前 2 个季度逐渐下降，回到零状态，随后从第 2 季度到第 3 季度，经历了一个上升再下降的过程，最终在第 4 季度后保持一致零状态不变，总的来说，收入税率对自身冲击的响应为正。四是分析政府支出对收入税率冲击的动态响应过程。面临收入税率正向 1% 的冲击，政府支出的反应在第 1 个季度内上升到最大值，然后在第 2 季度下降到零状态左右，而在第 3 季度到第 5 季度其反应值在零状态值左右徘徊，在第 5 季度以后，又回到零状态并一直保持不变，这样政府支出对税收反应为正。

总结以上脉冲的分析，可得到以下结论：（1）总产出对政府支出冲击的动态反应为正，而对收入税收冲击的动态反应为负；（2）居民消费对政府支出冲击的动态效应为正，即政府支出对居民消费具有挤入效应而对收入税收冲击为负；（3）政府支出对收入税率的冲击为正，收入税率对政府支出冲击也为正。

以上这些结论支持了国内实证分析得出主流的观点：中国政府支出对消费产生挤入效应（李广众，2005，李永友、从树海，2006，潘彬等，2006，张治觉、吴定玉，2007），中国政府支出增加对产量产生正效应（张海星，2004，郭庆旺、贾俊雪，2006，董直庆、滕建洲，2007），中国政府税收增加对产量和消费产生负效应（李永友，2004，郭健，2006，李晓芳等，2005）。因此，我们可把这些经验结论称为中国财政政策宏观效应的经验事实。

（五）强健性检验

关于对以上实证研究的结论，我们可通过以下两个方法进行强健性（robustness）检验，以考察实证结论的说服力。一是缩小样本容量，即在足够大的样本容量条件下，从样本中再抽出部分样本进行实证 SVAR 检验，然后比较检验的结果与所关注的实证结论是否一致，二是增加变量，即通过增加 SVAR 中更多的变量来检验所关注的实证结论是否改变。[①]

（1）使用缩小样本滴定法进行强健性检验。在这里，使样本容量变约为原来的 2/3，使样本选取的区间从 1996 年第 1 季度到 2009 年第 3 季度；按照以上 SVAR 分析步骤和约束条件，可得到 GDP、

---

① 此未给出强健性检验（robustness test）的脉冲响应图，具体可参见本章附件的附图 4－1 至附图 4－6。

居民消费、政府支出、收入税率分别对政府支出冲击和收入税率冲击的动态响应过程，由脉冲响应图，发现它们结果与前面利用 1990 年第 1 季度到 2009 年第 3 季度的相关季度分析的结果具有大体一致性。此外，本书又利用 1990 年第 1 季度至 2004 年第 4 季度的数据，分别得出政府支出和收入税率的脉冲响应结果（冲击反应图在此省略），也支持前面利用 1990 年第 1 季度至 2009 年第 3 季度的相关季度分析的结论。

　　（2）利用增加变量法来进行强健性检验。在此，在前面所述的 4 个变量总产量 GDP、居民消费、政府支出、收入税率基础上，加入社会固定资产投资。[①]随后，进行 SVAR 的分析，得出总产量 GDP、居民消费、收入税率分别对政府支出冲击、收入税率冲击响应图。于是我们可发现，其结果与前面利用 1990 年第 1 季度至 2009 年第 3 季度的相关季度分析的结论具有一定的一致性。由于本书选取的样本容量不大，于是在此就没有加入更多其他宏观经济变量进行强健性检验。

　　此外，本书利用 1978 年至 2008 年的年度数据，样本容量为 31，同样选取总产量 GDP、居民消费、政府支出和收入税率 4 个变量，进行 SVAR 实证分析，得出政府支出冲击和收入税率冲击的脉冲响应图。我们也发现利用年度冲击反应图得到结果也支持前面利用 1990 年第 1 季度至 2009 年第 3 季度的相关季度分析的结论。[②]

　　综上所述，以上分析主要通过强健性检验支持了前面实证分析中国财政政策宏观经济效应得出的经验特征。接下来，本书从非完全竞争市场的因素角度，建立 DNK 模型，解释这些经验特征，并探讨中国政府支出效应的传导机制。

---

　　① Fatás 和 Mihov（2001）在进行财政政策的效应分析中做强健性检验时，也只引入私人投资一项进行强健性检验。

　　② 另外，笔者又对 1990 年第 1 季度至 2009 年第 3 季度的 ln$RGDP$、lnRPC、lnRGE、lnITR 季度数据进行 HP 滤波得到波动项后，并进行 SVAR 分析也得到这样结论。

四、动态新凯恩斯主义模型分析[①]

(一) 中国市场中的非完全竞争因素

这部分将在动态新凯恩斯主义（DNK）分析框架下，主要引入黏性价格、居民流动性约束、政府支出正外部性、投资调整成本等因素来解释中国财政政策宏观效应的特征事实。不完全竞争因素的引入主要是基于以下考虑，一是国内市场上存在产品价格的黏性或刚性，如石油、交通、电力、通讯等部门垄断竞争的存在，使得油价、通讯资费、电价等具有一定的刚性，而且不同性质企业的产品价格调整是非同步的，这会产生商品价格黏性现象。二是居民消费行为存在流动性约束。在现实生活中，部分居民进行当期的消费主要由她当期或近期收入来决定，于是她们的消费行为具有流动性约束和短视行为的性质（万广华等，2001，申朴、刘康兵，2003）。再次，政府支出具有正外部性。对于中国经济而言，政府支出是一种较为直接的、见效较快的经济增长促进手段。政府在公共道路建设、城乡基础设施建设等方面的支出可能提高居民的福利水平，有利于居民消费水平的提高，于是对居民的消费行为产生正外部性。另外，实际经济中产品之间又存在一定的差异性。因此，从定性角度来看，引入垄断竞争、名义价格刚性、政府支出正外部性等非完全竞争因素来构建模型是适合中国经济的实际情况，具有一定合理性。

(二) 经济主体的行为

在建立一个 DNK 模型，本书主要根据 Calvo（1983）设定黏性价格的思路，在 DSGE 分析框架中引入 Dixit 和 Stiglitz（1977）的垄

---

① 这部分模型推导的具体过程可参见本章附件 1 模型推导部分。

断竞争、名义价格黏性、居民流动约束、政府支出的外部性来构建模型。此外，本书的模型经济包括 4 类经济主体：居民、厂商、财政部门以及货币当局。具体讲，假定经济中有两类居民，一类是她们的消费行为不受流动性约束，能够进行跨期最优，从而使她们的一生效用达到最大，于是政府的融资方式不对她们造成影响，即为李嘉图等价效应（ricardian equivalence），这样又可简称她们为非流动性约束居民；而另一类居民，由于流动性约束或短视行为，消费行为不能对跨期最优，即为非李嘉图的效应（non-ricardian equivalence），我们可称这类居民为流动性约束居民。而厂商有两类：一类是最终产品厂商，他们所处的经济环境是完全竞争市场，他们使用中间产品作为生产要素进行生产；另一类是中间产品厂商，他们所处的经济环境是垄断竞争市场，使用资本和劳动要素来进行生产，生产出的产品具有一定差异性，他们设定的价格具有一定的黏性。财政部门通过税收和发行债券获得财政收入，然后通过政府支出对经济产生影响。货币当局按照利率规则执行货币政策。此处研究是借助 Galí 等人（2007）的理论，与他们不同的是，我们引入政府支出的正外部性、考虑了税收对消费的效应。

1. 居民行为

（1）非流动性约束居民的最优化行为。

假设在经济中存在着可活无限期的居民组成的连续集合（continuum）。其中，在所有居民中有 $1-\lambda$ 比例存在非流动性约束或李嘉图等价的性质，而 λ 比例的居民具有流动性约束或非李嘉图等价的性质。对代表性的非流动性约束居民，在此，用 C_t^R，N_t^R 分别表示她的消费和劳动，他对偏好的主观折现率为 $\beta \in (0,1)$，即期效用函数为 $U(C_t^R, N_t^R)$。于是一代表性非流动性约束居民目标是最大化她一生的期望效用。

$$E_0 \sum_{t=0}^{\infty} \beta^t U(C_t^R, N_t^R) \qquad (4.6)$$

该居民预算约束条件为：

$$P_t(C_t^R + I_t^R) + R_t^{-1}B_{t+1}^R = (1 - \tau_t)(W_tP_tN_t^R + R_t^kP_tK_t^R) + B_t^R + D_t^R \tag{4.7}$$

资本动态积累方程为：

$$K_{t+1}^R = (1 - \delta)K_t^R + \phi\left(\frac{I_t^R}{K_t^R}\right)K_t^R \tag{4.8}$$

在一期内，居民开始获得劳动收入 $W_tP_tN_t^R$ 和资本收入 $R_t^kP_tK_t^R$（N_t^R，表示此居民的劳动时间，W_t 为工资水平；她把资本租用给厂商使用；K_t^R 表示此居民资本拥有量，她们把资本租给厂商使用，获得真实资本租金（资本利率 R_t^k）；P_t 表示物价水平），然后向政府依一定收入税率 τ_t 上缴税收。B_t^R 表示非李嘉图等价居民在 $t-1$ 期末拥有期数为一期的政府债券的名义量大小，R_t 表示居民在 t 期内购买政府债券的毛名义回报率。C_t^R，I_t^R 分别表示李嘉图等价居民的实际消费和实际投资。D_t^R 是消费者来自厂商的利润分红，由于我们假设厂商所在市场是垄断竞争市场，于是此处 $D_t^R = 0$。在此假设居民进行投资有调整成本，调整成本函数为 $\phi\left(\frac{I_t^R}{K_t^R}\right)K_t^R$，$\delta$ 表示资本折旧率，在此假定，$\phi' > 0$，$\phi'' > 0$。

在这里，假定非流动性约束居民的即期效用函数形式为：

$$U(C^R, N^R) = \frac{(C_t^*)^{1-\sigma} - 1}{1 - \sigma} - \frac{(N^R)^{1+\varphi}}{1 + \varphi}$$

在此，政府购买行为在经济运行中会对居民消费行为产生正外部性，于是本书遵循 Arrow 和 Kurz（1970）、Barro（1990）、Linne-

mann 和 *Schabert*（2006）的思路，把政府支出引入效用函数。①在此，我们可假设居民总消费是它自己消费和政府购买的组合 C_t^*，即 $C_t^* = C_t^R G_t^\vartheta$，$\vartheta$ 是政府支出相对居民消费权重大小，这与黄赜琳（2005）的假设具有一致性，但 Galí et al.（2007）对政府支出的外部性加以考虑。

由非流动性约束居民最优化问题的一阶条件，可得式（4.9）：

$$1 = R_t E_t \left\{ \Lambda_{t,t+1} \frac{P_t}{P_{t+1}} \right\} \tag{4.9}$$

$$Q_t = E_t \left\{ \Lambda_{t,t+1} \left((1 - \tau_{t+1}^K) R_{t+1}^k + Q_{t+1} \left[(1 - \delta) \right. \right. \right.$$
$$\left. \left. \left. + \phi_{t+1} - \left(\frac{I_{t+1}^R}{K_{t+1}^R} \right) \phi'_{t+1} \right] \right) \right\} \tag{4.10}$$

$$Q_{t+1} = 1 / \phi' \left(\frac{I_t^R}{K_t^R} \right) \tag{4.11}$$

$$(C_t^R)^{-\sigma} G_t^{\theta(1-\sigma)} (1 - \tau_t^N) W_t = (N_t^R)^\phi \tag{4.12}$$

在这里，$\Lambda_{t,t+1}$是随机贴现因子：

$$\Lambda_{t,t+1} = \beta \frac{U_C(t+1)}{U_C(t)} = \beta \frac{(C_{t+1}^R)^{-\sigma} G_{t+1}^{\vartheta(1-\sigma)}}{C_t^{-\sigma} G_t^{\vartheta(1-\sigma)}} \tag{4.13}$$

（2）流动性约束居民的最优化行为。

流动性约束居民由于流动性约束或短视行为，不能进行跨期由优化消费。她的即期效用函数为：

$$U(C_t^{NR}, N_t^{NR}) = \frac{(C_t^{**})^{1-\sigma} - 1}{1 - \sigma} - \frac{(N_t^{NR})^{1+\varphi}}{1 + \varphi} \tag{4.14}$$

其中，为了分析方便，对此类居民的偏好假设与非流动性约束

---

① 由居民的效用函数，可得 $\dfrac{\partial(\partial U / \partial C)}{\partial G} > 0$，这可判断政府购买对家庭消费具有一定互补性。

的居民是一致的。同样，政府购买对流动约束居民的消费行为产生正外部性，因此有 $C_t^{**} = C_t^{NR} G_t^{\vartheta}$。

流动性约束居民的预算约束：

$$P_t C_t^{NR} = (1 - \tau_t) W_t P_t N_t^{NR} \text{ 或 } C_t^{NR} = (1 - \tau_t) W_t N_t^{NR} \quad (4.15)$$

这里，假设政府对此类居民征收工资收入税。

由流动性约束居民在预算约束求最优化，可得：

$$(C_t^{NR})^{-\sigma} G_t^{\vartheta(1-\sigma)} (1 - \tau_t^N) W_t = (N_t^{NR})^{\varphi} \quad (4.16)$$

（3）居民经济行为的总量加总。

总居民消费和总就业分别为：

$$C_t \equiv \lambda C_t^{NR} + (1 - \lambda) C_t^R \quad (4.17)$$

$$N_t \equiv \lambda N_t^{NR} + (1 - \lambda) N_t^R \quad (4.18)$$

其中，λ 表示流动性约束居民在社会中所占的比例。

总投资和总的资本存量分别为：

$$I_t \equiv (1 - \lambda) I_t^R \text{ 和 } K_t \equiv (1 - \lambda) K_t^R \quad (4.19)$$

2. 厂商行为

（1）最终产品厂商。

在此，假设垄断竞争厂商的连续集合体生产出大量的有差别的中间产品，这些中间产品被用作投入要素，用于有完全竞争性质的最终产品的生产。

对于代表性的最终产品厂商，假设他的生产函数是替代弹性不变或 CES 形式：

$$Y_t \equiv \left(\int_0^1 X_t(j)^{\frac{\varepsilon_p - 1}{\varepsilon_p}} dj \right)^{\frac{\varepsilon_p}{\varepsilon_p - 1}} \quad (4.20)$$

$X_t(j)$ 表示被最终产品生产商用于投入的中间品数量，替代弹性系数 $\varepsilon_p > 0$，$j \in (0, 1)$。

可从利润最大化条件出发，得到最终产品厂商投入要素的需求

函数为:

$$X_t(j) = \left(\frac{P_t(j)}{P_t}\right)^{-\varepsilon_p} Y_t \qquad (4.21)$$

由于最终产品厂商是在完全竞争的市场中进行经济活动,于是它的利润为零,有这个条件可得:

$$P_t = \left(\int_0^1 P_t(j)^{1-\varepsilon_p} dj\right)^{1/(1-\varepsilon_p)} \qquad (4.22)$$

(2) 中间产品的厂商。

中间产品的厂商生产函数为柯布-道格拉斯形式:

$$Y_t(j) = K_t(j)^\alpha N_t(j)^{1-\alpha} \qquad (4.23)$$

其中, $K_t(j)$, $N_t(j)$ 分别表示厂商 j 雇用的资本和劳动。

给定劳动工资和资本利息,由成本最小化可得:

$$\frac{K_t(j)}{N_t(j)} = \frac{\alpha}{1-\alpha} \frac{W_t}{R_t^K} \qquad (4.24)$$

另外,可得到真实边际成本,它对所有的中间产品厂商来讲是一个定值: $MC_t = \Psi (R_t^K)^\alpha (W_t)^{1-\alpha}$,在这里, $\Psi = \alpha^{-\alpha}(1-\alpha)^{-(1-\alpha)}$。

接下来,来看中间产品厂商黏性价格的设定。

在此假设中间产品厂商的名义价格是具有黏性。本书根据 Calvo (1983) 的方法,假设每期有 θ 比例的中间品厂商保持价格不变, $1-\theta$ 比例的中间品厂商可以灵活地调整价格,于是一个中间品厂商按照下列最优化问题设定他的产品价格:

$$\max_{P_t^*} E_t \sum_{k=0}^{\infty} \theta^k \left\{ \Lambda_{t,t+k} Y_{t+k}(j) \left(\frac{P_t^*}{P_{t+k}} - MC_t\right) \right\} \qquad (4.25)$$

他面临约束是最终厂商对中间厂商产品的需求函数:

$$Y_{t+k}(j) = X_{t+k}(j) = \left(\frac{P_t^*}{P_{t+k}}\right)^{-\varepsilon_p} Y_{t+k} \qquad (4.26)$$

在这里，P_t^* 表示中间厂商在 t 期重新设定的价格水平的大小。由以上最优问题一阶条件，可得：

$$P_t^* = u_p \frac{E_t \sum_{k=0}^{\infty} \theta^k (\Lambda_{t,t+k} \frac{P_{t+k}}{(P_{t+k})^{1-\varepsilon_p}} Y_{t+k} MC_{t+k})}{E_t \sum_{k=0}^{\infty} \theta^k (\Lambda_{t,t+k} \frac{1}{(P_{t+k})^{1-\varepsilon_p}} Y_{t+k})} \qquad (4.27)$$

描述总价格水平动态变化的方程如下：

$$P_t = (\theta P_{t-1}^{1-\varepsilon_p} + (1-\theta)(P_t^*)^{1-\varepsilon_p})^{1/(1-\varepsilon_p)} \qquad (4.28)$$

3. 货币当局和财政当局的行为

先看货币政策。名义利率为 $r_t \equiv R_t - 1$。假设中央银行实行利率规则的货币政策，利率规则方程参照 Talyor（1993）研究中使用的方程形式，即：

$$r_t = r + \phi_\pi (\pi_t - \pi) + \phi_y (y_t - y) \qquad (4.29)$$

这里，r 表示名义利率，π_t、y_t 分别表示通货膨胀和总产出的水平。π、y 分别表示通货膨胀的目标和潜在总产出水平。

再看财政政策，政府预算约束等式：

$$\tau_t (P_t W_t N_t + P_t R_t^K K_t) + R_t^{-1} B_{t+1} = B_t + P_t G_t \qquad (4.30)$$

在这里，假设政府购买冲击和税率冲击被假定分别外生的，且服从一阶自回归过程：

$$g_{t+1} = \rho_G g_t + \varepsilon_t^G \qquad (4.31)$$

$$\tau_{t+1} = \rho_N \tau_t + \varepsilon_t^T \qquad (4.32)$$

此处，ε_t^G，ε_t^T 是白噪声过程（white noise process），且 $\varepsilon_t^G \sim N(0, \sigma_G^2)$，$\varepsilon_t^T \sim N(0, \sigma_T^2)$。

4. 市场出清

劳动力市场上劳动供给等于市场总需求：$N_t = \int_0^1 N_t(j) \, \mathrm{d}j$；要素

市场上需求等于供给：$Y_t(j) = X_t(j)$；资本市场上供给等于总需求：$K_t = \int_0^1 K_t(j) \, \mathrm{d}j$，对所有的 j。

在最终产品市场上，总供给等于总需求：

$$Y_t = C_t + I_t + G_t \tag{4.33}$$

（三）均衡条件的主要对数线性化方程

在此部分，除非特别说明，一般具有时间下标的小写字母 x_t 都表示经济变量与其稳态之比地对数值，即：$x_t \equiv \log(X_t/X)$。

关于非流动性约束居民的最优化对数线性化。对式（4.10）和（4.11）对数线性化，我们可分别得到托宾 Q 及其与投资的动态方程：

$$q_t = \beta E_t\{q_{t+1}\} + [1 - \beta(1-\delta)] E_t\{r_{t+1}^K \tag{4.34}$$
$$- \bar{\tau} t_{t+1}^K\} - (r_t - E_t\{\pi_{t+1}\})$$
$$i_t - k_t = \eta q_t \tag{4.35}$$

在这里，$\tau/(1-\tau) = \bar{\tau}$，$\eta = 1/(-\phi''\delta)$。

对非流动性约束居民的欧拉方程进行对数线性化，可得：

$$E_t\{(-\sigma)(c_{t+1}^R - c_t^R) + \vartheta(1-\sigma)(g_{t+1} - g_t) + (r_t - \pi_{t+1})\} = 0 \tag{4.36}$$

对总消费和总劳动就业的表达式对数线性化，得：

$$c_t = \lambda c_t^{NR} + (1-\lambda) c_t^R \tag{4.37}$$
$$n_t = \lambda n_t^{NR} + (1-\lambda) n_t^R \tag{4.38}$$

于是可得到总的欧拉方程为：

$$c_t = E_t\{c_{t+1}\} + \Phi_n(n_t - E_t\{n_{t+1}\}) + \Phi_g(E_t\{g_{t+1}\} - g_t)$$
$$- \bar{\sigma}(r_t - E_t\{\pi_{t+1}\}) \tag{4.39}$$

或者 $c_t = E_t\{c_{t+1}\} - \Phi_n E_t\{\Delta n_{t+1}\} + \Phi_g E_t\{\Delta g_{t+1}\} - \bar{\sigma}(r_t - $

$E_t\{\pi_{t+1}\})$

其中，$\Phi_n = \dfrac{\varphi\lambda\Gamma(1+\varphi)}{\varphi+\sigma}$，$\Phi_g = \vartheta\Gamma(1-\sigma)\left[\dfrac{(1-\lambda)}{\sigma}-\right.$

$\left.\dfrac{\varphi\lambda}{\varphi+\sigma}\right]$，$\bar\sigma = \dfrac{\Gamma(1-\lambda)}{\sigma}$，$\Gamma = \left[1-\dfrac{\sigma\lambda(1+\varphi)}{\varphi+\sigma}\right]^{-1}$。

在稳态的通货膨胀为零处，对式（4.27）对数线性展开，产生通货膨胀与平均加成的关系动态方程：

$$\pi_t = \beta E_t\{\pi_{t+1}\} - \lambda_p\mu_t^p \tag{4.40}$$

其中，$\lambda_p \equiv (1-\beta\theta)(1-\theta)\theta^{-1}$。

通过一定换算后，可得到 8 个变量 n_t，c_t，π_t，k_t，y_t，b_t，g_t，τ_t 对应的 8 个方程，这些方程组在此省略。[①]

（四）参数校准

1. 居民偏好参数

关于居民主观贴现率。根据 1995 年第 1 季度至 2009 年第 3 季度，平均每季度物价水平上升 2.0%，家庭主观效用的贴现率为 $\beta=0.98$。

关于居民消费的替代弹性。经验研究方面。本书根据消费者跨期最优条件 $C_t^{-\sigma} = \beta E_t[C_{t+1}^{-\sigma}R_{t+1}]$ 得到式 $\Delta\ln C_t = (1/\sigma)\ln R_{t+1}+\varepsilon_t$，再利用时间序列 $\Delta\ln C_t$ 和 $\ln R_{t+1}$ 估计跨期替代弹性 $1/\sigma$，而从 $R_t = \alpha Y_t/K_{t-1}+(1-\delta)$ 可估算中国经济的 1978~2007 年的 R_{t+1}，最终得到估计值 $\sigma=0.87$。按照 Gali 等（2007）关于工资关于工作时间或劳动就业量的弹性取 $\phi=0.2$，后面在对进行模型参数敏感性分析时发现模拟结果对此参数在一定区间内取值比较稳定。

2. 厂商生产参数

关于产出对资本的弹性 α，国内学者对资本份额的估计也在 0.5 左右，如张军（2002）估计此值为 0.499，王小鲁和樊纲（2000）估计它为 0.5。于是在此取资本份额 α 为 0.5。关于资本的

---

① 关于具体经济模拟程序，可参见本章附件的模拟运行程序部分。

折旧率，按照陈昆亭和龚六堂（2005）做法，本书选取的年折旧率为 0.10，这意味着固定资产的平均使用年限为 10 年，取其季度平均值，表示季度折旧率 $\delta = 0.025$。关于最终品厂商对中间品价格需求弹性 ε_p，陈昆亭等（2004）取其为 10，李春吉和孟晓宏（2006）由模型模拟得到其值为 $\varepsilon_p = 3.7064$，而 Zhang（2009）基于 GMM 实证证据得到 $\varepsilon_p = 4.61$，本书取 $\varepsilon_p = 4.6$。关于中间每期保持价格不变的厂商在社会的比重：陈昆亭和龚六堂（2006）取 $\theta = 0.6$，Zhang（2009）基于 GMM 实证证据得到 $\theta = 0.84$，本书取 $\theta = 0.75$。投资关于托宾 Q 的弹性，参照 Gali 等（2007）的理论取 $\eta = 1$。关于稳态处名义毛利率，本书取 $R \equiv r + 1 = 1.025$。

3. 政策偏好参数

关于政府支出与消费的居民的效用影响的权重，根据黄赜琳（2005）的估计，在此取它为 $\vartheta = 0.36$。我们按照本书所采用的季度数据，可得平均税率的均值，把它作为稳态时的收入税率 $\tau = 0.15$。关于货币利率简单的泰勒规则系数。在居民消费行为具有流动性约束性质时，在利率规则方程中，通货膨胀缺口系数 $\phi_\pi > 1$ 是模型有唯一均衡解的充分必要条件（Gali et al.，2007），然而，国内大多数有关泰勒规则的研究表明 ϕ_π 都在 1 值左右或小于 1，本书笔者取值模拟发现，若 ϕ_π 都在 1 值左右或小于 1，则模型的解存在非收敛性或爆炸性（explosiveness）或不确定性（indeterminacy）。然而，在国内的相关研究中，石柱鲜等（2009）分析表明，在泰勒利率规则方程中，通货膨胀缺口系数 $\phi_\pi = 1.766$，产出通货膨胀缺口系数 $\phi_y = 0.2533$。本书模拟就采取他们对此类参数估计的值。对政府支出和收入税率序列进行处理，对波动部分进行无截距的一阶自回归可得：政府支出冲击自相关系数 $\rho_G = 0.57$，标准差为 $\sigma_G = 3.76\%$；收入税率冲击自相关系数 $\rho_T = 0.227$，标准差为 $\sigma_T = 3.07\%$。

4. 其他相关参数

非流动性约束居民在社会中比重：$\lambda = 0.8$。由李春吉和孟晓宏（2006）的年度稳态通货膨胀率为 1.08，于是我们这里设定季度稳

态通货膨胀率 $\pi = 1.02$。通过 1990 年第 1 季度至 2009 年的第 3 季度相关数据，我们可分别得到政府支出、居民消费、社会投资在 GDP 的比例分别为 $\gamma_G = 0.18$，$\gamma_C = 0.43$，$\gamma_I = 0.39$；由于季度的政府债务数据缺乏，在这里，就利用 1978 ~ 2008 年的政府债务在 GDP 的比例 $\omega_B = 0.12$ 来表示季度数据的比例，把以上参数校准值归纳在表 4 - 1 中。

表 4 - 1　　　　　　　　　　参数校准值

σ	φ	β	ϑ	λ	α	ε_p	θ	δ	R	π
0.87	0.2	0.98	0.36	0.8	0.5	4.61	0.75	0.025	1.025	1.02
η	ϕ_π	ϕ_y	γ_C	γ_G	γ_I	ω_B	ρ_G	σ_G	ρ_T	σ_T
1	1.766	0.2533	0.43	0.18	0.39	0.12	0.57	3.76%	0.227	3.07%

（五）政府支出和税收的脉冲反应分析

现在，分别讨论在完全竞争经济和非完全竞争经济背景下，政府支出和税收冲击对产量、居民消费的动态效应。

首先来看完全竞争的情形。在本书所建立的模型中，如果令参数 $\theta = 0$，$\lambda = 0$，同时假设政府支出没有外部性即 $\vartheta = 0$，那么模型经济就变成完全竞争的情况。在其他参数不变的条件下，我们通过经济模拟得出消费和产量对政府支出和税率冲击的动态响应如图 4 - 3、图 4 - 4 所示。

现在，我们来分析消费和总产量对政府支出和税率冲击的动态响应。首先来看，消费和总产量对政府支出的动态反应。从图 4 - 3 可以观察到，当面临 1% 政府支出冲击，居民消费在当期立即下降大概 0.54%，然后，在逐渐上升，大约在第 7 季度左右，回到初始状态。消费对政府正向冲击反应为负。当面临 1% 政府支出冲击，总产量在当期立即上升大概 0.20% 左右，随后，逐渐下降，大概在第 8 季度后，又回到零状态。总产量对政府支出正向冲击反应为

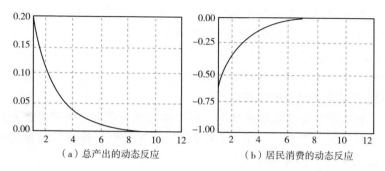

图4-3 总居民消费和总产量对1%政府支出
冲击的动态效应（完全竞争情形）

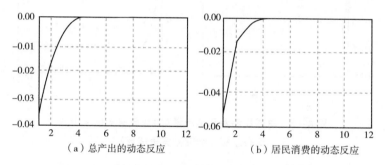

图4-4 总居民消费和总产量对1%收入税率冲击的
动态效应（完全竞争情形）

正。其次，消费和总产量对税率冲击的动态反应。从图4-4可以观察到，当面临1%平均税率冲击时，居民消费在当期立即接近0.05%，然后，逐渐上升，大约在第4季度左右，回到初始状态。居民总消费对平均税率冲击的动态反应为负。当面临1%平均税率冲击时，总产量在当期立即下降0.04%左右，随后逐渐上升，也大约第5季度左右，回到零状态。这说明，总产量对正向税收冲击反应为负值。

从以上冲击反应图来看，构建一个以完全竞争为经济背景的真实周期模型尽管能解释中国的总产量对政府支出冲击的反应为正，以及中国的总产量和居民消费对政府支出和平均税率冲击反应为负的经验特征，但不能解释中国居民消费对政府支出冲击的反应为正的特征，于是本书认为完全竞争的模型不能很好地解释中国财政政策的宏观经济效应经验特征。

再来看非完全竞争的情形。对本书考虑非完全竞争模型，利用中国校准的参数值，如表 4 - 1 所示，而进行经济模拟得到冲击反应如图 4 - 5、图 4 - 6。

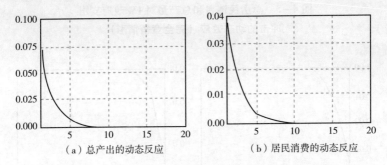

图 4 - 5　总居民消费和总产量对 1% 政府支出冲击的
动态效应（非完全竞争情形）

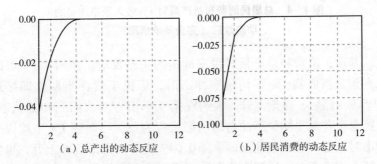

图 4 - 6　总居民消费和总产量对 1% 收入税率冲击的
动态效应（非完全竞争情形）

从图 4 - 5 可以看出，社会总居民消费、总产量对政府支出冲击的动态响应。一是总居民消费对正向政府冲击的动态反应。当 1% 政府支出冲击发生时，总居民消费立即上升到最大值，随后逐渐下降，大约在第 10 季度回到初始状态。二是总产量对政府支出冲击的动态反应。面临 1% 政府支出冲击时，总产量也立即上升到最大值，然后逐渐下降，大约也在第 10 季度又回到初始状态。由此，我们可知，正向的政府支出冲击对总居民消费和产量产生正效应，但对产量的效应大于对消费的效应。

从图 4 - 6 可以看出，社会总居民消费、总产量对平均税率冲击的动态响应。一是总居民消费对正向平均税率冲击的动态反应。当 1% 平均税率冲击发生时，总居民消费立即下降到一个最小值，随后逐渐下降，大约在第 4 季度回到初始状态。二是总产量对平均税率冲击的动态反应。面临 1% 正向平均税率冲击时，总产量也立即下降到最小值，然后逐渐下降，大约也在第 4 季度又回到初始状态。总之，正向的平均税率冲击对总居民消费和产量产生负效应，而对消费的效应大于对产量的效应。

总结以上分析，可得到以下结论：（1）正向的政府支出冲击对总居民消费和产量产生正效应，但对产量的效应大于对消费的效应。（2）正向的平均税率冲击对总居民消费和产量产生负效应，而对消费的效应大于对产量的效应。这些结论意味着我们构建动态凯恩斯主义模型能较好地解释中国政府的财政政策的动态特征。

（六）政府支出、税收的冲击效应传导机制分析

（1）考察完全竞争的市场情形（$\vartheta = 0$，$\lambda = 0$）。我们可把政府支出对居民消费的传导机制分解为两个效应。一是财富的负效应，政府支出增加会促使税收、发行的债券增加，这样造成居民的收入减少，从而对居民消费产生负效应。二是政府支出增加，即政府消费和公共投资增加，会促进私人消费增加，在此处，称为政府支出的正分效应。根据劳动市场上的情况，政府支出增加使劳动需求上

升，同时政府购买增加的财富负效应对居民的劳动具有收入效应，促使其提供的劳动供给增加，于是劳动力市场的均衡就业量又增加。但工资水平不一定上升，因为在完全竞争的市场中，政府支出冲击对工资产生的效应是下降的（由模拟结果可以得到，在此省略了模拟冲击图）。然而，最终工资收入是上升，原因是，政府支出增加会使产量增加（在具有政府支出的真实周期模型，这一结论一般是成立的），而由生产函数可得：$w = (1 - \alpha)AK^{\alpha}L^{-\alpha}, wL = (1 - \alpha)Y$，于是居民工资收入水平上升。在政府支出对厂商的投资具有挤出效应（在具有政府支出的真实周期模型，这一结论一般是成立的），于是私人投资下降，促使居民资本收入下降。最终居民的收入还是小幅上升，因为居民的收入等于总产量（这是由于在规模报酬不变的情况下，工资收入和资本收入等于产量），这样总产量的小幅上升对消费产生较小的正分效应。最后政府支出的财富负效应大于它的正分效应，从表现为政府购买对消费产生负效应或挤出效应。

（2）考察具有流动性约束的非完全竞争情形。本书的模型假设在垄断竞争的市场中存在价格黏性和居民流动约束。政府支出对居民消费行为同样具有以上所说的财富负效应和正分效应这两个效应，而在非完全竞争市场中这两种效应的大小不一样。在此，分别讨论非流动性约束居民和流动性约束居民消费者对政府支出冲击的反应。对于非流动性约束居民，他们的消费对政府支出冲击反应的传导机制与完全竞争的家庭一样，最终他们的反应为负。如果我们令 $\lambda = 0, \vartheta = 0$，即在非完全竞争市场中只有非流动性约束居民，产品价格具有黏性，市场是垄断竞争，但不存在流动性约束、政府支出外部性，这时，对此种情况进行模拟可得到一结论：政府支出对居民消费产生挤出效应。这说明垄断竞争、价格黏性不是这个结论成立的充分条件，这就支持了 Linnemann 和 Schabert（2003）的观点是一致的。再看流动性约束居民对政府支出冲击的反应。同样它的消费对政府支出正冲击的效应传导机制可分为两个效应。先来分析财富负效应，先政府支出对它产生财富负效应，即消费减少，休闲减少或劳动供给增加，再来分析政府支出的正分效应，居民在面对政府支出正向冲击后，在劳动力市场中，政府支出增加会使政府购买劳务增加，使劳动需求曲线右移，加上居民的劳动供给增加使劳动供给曲线也右移，于是最终的均衡劳动量就增加。由于价格黏性，当名义工资上升时，非完全竞争的工资幅度比完全竞争更大，于是流动性约束居民面对正向政府支出冲击，工资收入可能增加较大。另外，政府支出对私人投资产生挤出效应，这种效应对非流动性约束居民有影响，因为他们有投资行为，但是，政府支出对私人投资的挤出效应对流动性约束居民没有影响，因为他们没有固定资产、不参与投资，于是因私人投资的减少使资本收入下降，这对流动性约束居民没有产生影响，最终，此类居民收入较大增加，消费增加就较大。因此，政府购买增加对流动性约束居民的财富负效应小于政府支出的正分效应，这样流动性约束居民的消费对政府购买最后表现为正效应。我们还可得到这样的结论，在具有流动性约束居民和非流动性约束居民的垄断经济中，当面临政府支出正向冲击后，非流动性约束居民的消费表现为负效应，而流动性约束居民的消费表现为正效应，如果后者大于前者则社会的总消费表现为增加，反之则反是。鉴于此，我们可认为，由于流动性约束居民可能在总居民数中所占比例较大，中国政府支出对总消费产生挤入效应。同时我们模拟发现，在没有政府支出正外部性 $\vartheta = 0$ 和其他条件不变的情况下，随着流动性约束的居民比例 λ 增加，居民消费对政府支出正向冲击的反应时先为负效应，并逐渐变小，然后在 $\lambda = 0.8$ 处变为正值，并且这种正效应越来越大。这说明，居民的流动性在政府支出对居民消费产生正效应的传导机制中起到重要的作用。

（3）考察在政府支出传导机制中政府支出的外部性如何起作用。因为政府支出来自于税收，于是对居民的消费产生财富负效应，而由于政府支出对居民消费产生正外部性，这样会有利于居民福利的提高，于是政府支出对居民消费行为产生促进作用。如果政府支出的这种促进作用不大于它的财富负效应，那么政府支出对居民消费产生正效应，反之则不是。同时，本书模拟发现：在没有流动性约束（$\lambda = 0$）以及其他参数情况不变时，如果政府支出正外部性参数 ϑ 增加，那么居民消费对政府支出正向冲击的总合反应由负效应逐渐变成正。这说明政府支出正外部性可以抵消一部分政府支出的财富负效应。

综上所述，有关中国财政政策的传导机制，可简单地概括如下，一是税收冲击的传导机制。当发生正向税收冲击以后，会使所有居民的收入减少，这样是居民用于消费支出的降低。同时，税收使居民消费支出水平降低，对投资有乘数效应，也使社会投资支出水平下降，从而使社会总产量降低，使消费水平下降。二是政府支出的传导机制。由于政府支出主要来源于税收和公债，于是政府支出增加会产生财富负效应，对居民消费和投资产生负效应，但是，政府支出对居民消费产生正效应，这可以从两个方面看。一方面，在政府支出具有外部性时，政府支出增加会提高居民的效用水平，于是这样的外部性对会促使居民的消费水平的提高，对总消费产生正效应。另一方面，以上分析认为，在经济体中，如果存在着非流动性约束和流动性的两类居民情况下，那么，政府支出对具有非流动性的居民的消费产生负效应，而对流动性约束居民消费产生正效应。若流动性约束居民在总居民数所占比例大于非流动性约束居民的比例，则政府支出对总消费产生正效应，我们可称这一效应为流动性约束效应。因此，正是由于政府支出的正外部性效应和流动性约束效应这两种正效应大于政府支出的财富负效应，从而使中国政府支出对居民总消费产生挤入效应，对消费产生正效应，从而对社会投资产生乘数效应，这样使总产出增加幅度较大。因此，我们可得出一重要的结论：在中国政府支出对居民总消费的挤入效应传导机制中，不仅流动性约束可能起到重要的作用，而且政府支出的正外部性在其中也可能担任重要的角色。

（七） 模拟结果关于参数敏感性分析

为了使模型经济结论更加可靠，本书对相关变量的脉冲反应做了敏感性检验。通过试验表明模型结论对一些参数在一定范围内变化不敏感，如：α 在 [0.4, 0.55] 区间内不影响模型的收敛性和稳定性。垄断竞争厂商的需求价格弹性 ε_p 在 [4, 12] 之间取值，保持价格不变概率 θ 在 [0.2, 0.8] 之间取值，劳动时间的弹性 φ 在 [0.2, 6] 取各种不同值，投资价格弹性 η 在 [0.8, 1.5] 之间取各种不同值，这些所有的实验结果都表明，脉冲反应结果是稳健的，即各关键变量对冲击的动态轨迹的运动方向没有改变。以上这一结果表明本书构建模型的模拟结论在相当宽泛的参数范围内是稳定的。

五、结语

本章选取中国宏观经济运行季度数据，利用 SVAR 方法得出中国财政政策宏观效应的经验事实：税收增加对总产量和消费产生负效应；政府支出增加对总产量、消费产生正效应。然而，完全竞争背景下的真实周期模型却不能完全解释这些经验事实。于是，本章在动态随机一般均衡框架下，以不完全竞争为经济背景，引入价格黏性、流动性约束、政府支出的正外部性以及投资调整成本等非完全竞争的因素，构建动态新凯恩斯主义模型，数值模拟得出结论：税收增加对总产量和消费产生负效应，政府支出增加对总产量、消费产生正效应。前一结论与蔡明超等（2009）对中国税收效应模拟结论具有一致性，而后一个结论与黄赜琳（2005）和蔡明超等（2009）有关中国政府支出效应分析结论不具有一致性。因此，本章的所构建模型能较好地解释中国财政政策的宏观经济效应特征事实。分析结果可以归纳为以下几点：

（1）完全竞争模型不能很好地解释中国财政政策宏观效应的经

验事实。尽管具有完全竞争的真实周期模型能解释居民总消费和总产量对税收冲击的动态效应经验事实，但不能解释居民总消费对政府支出冲击的反应为正的经验事实。这是由于在完全竞争的模型中，李嘉图等价命题成立，政府支出增加具有财富负效应，从而政府支出表现为对居民消费产生挤出效应。

（2）只有价格黏性的非完全竞争模型也不能很好解释中国财政政策宏观效应的经验事实。在垄断竞争和黏性价格假设下的模型中，政府冲击是 IS 冲击的一种，这种需求冲击具有凯恩斯主义的经济学含义，对消费产生正效应。不过，从新古典经济学角度，政府支出冲击使消费者的财富减少，从而对消费产生负效应。最终，政府冲击的需求效应小于财富负效应，从而这种模型模拟显示出政府支出对消费产生负效应。

（3）中国居民流动性约束和政府支出的正外部性这两种因素在政府支出冲击对消费效应的传导机制中充当重要角色。主要的原因是，在具有流动性约束和政府支出正外部性的情况下，政府支出正向冲击对居民消费产生正效应，这种正效应足够大，以至于大于政府支出的财富负效应，从而使居民总消费对正向政府支出冲击表现为正效应。

这些结论进一步说明居民消费流动性约束、政府支出正外部性等因素在中国财政政策宏观效应的传导机制中起到重要作用。这意味着，不仅在我们讨论中国财政政策宏观效应需要考虑到非完全竞争因素在其中所起的作用，而且中国政府在制定和实施财政政策时，也需要考虑到非完全竞争市场环境的变化对财政政策实施绩效的影响，预留适度政策调整空间，保持财政政策的灵活性。当前金融危机背景下中国政府实施的积极财政政策，在保持经济持续稳定增长方面发挥了显著作用。不过，在经济企稳回升过程中，具有流动性约束、政府支出的正外部性等性质的非完全竞争市场逐步回归常态，如果财政政策不进行及时、有效地调整，其实施效果必将受到一定影响。所以，今后一段时间内，根据市场非完全竞争环境的变化，在保持财政政策连续性及稳健性的情况下，灵活地调整财政政策，将成为提升宏观经济调控水平的一个重要思路。

此外，尽管本章讨论的非完全竞争模型经济可解释中国财政政策宏观效应的经验事实，但只考虑了政府的总支出这一项，而对政府支出结构的效应特征事实及其解释没有加以讨论；由于数据收集一时困难，本书对税收讨论只考虑平均税率，没有对资本收入税、劳动收入税、消费税等一些税收效应进行探讨；同时，本书研究只是单部门新古典模型框架中进行分析，我们可以从其他角度，如两部门模型、内生增长模型探索解释中国财政政策宏观效应的特征。而这些将是本书进一步研究的方向。

参考文献

［1］蔡明超、费方域、朱保华：《中国政府宏观调控政策提升了社会总体福利吗?》，载于《经济研究》2009 年第 3 期。

［2］陈昆亭、龚六堂：《黏滞价格模型以及对中国经济的数值模拟》，载于《数量经济技术经济研究》2006 年第 8 期。

［3］陈昆亭、龚六堂、邹恒甫：《什么造成了经济增长的波动，供给还是需求——中国经济的 RBC 分析》，载于《世界经济》2004 年第 4 期。

［4］陈师、赵磊：《中国实际经济波动与投资专有技术变迁》，载于《管理世界》2009 年第 4 期。

［5］龚刚、Willi Semmler：《非均衡劳动力市场的真实周期模型》，载于《经济学（季刊）》2003 年第 2 卷第 2 期。

［6］郭健：《税收、政府支出与中国经济增长的协整分析》，载于《财经问题研究》2006 年第 11 期。

［7］郭庆旺、贾俊雪：《财政投资的经济增长效应：实证分析》，载于《财贸经济》2005 年第 5 期。

［8］董直庆、滕建洲：《我国财政与经济增长关系：基于 Bootstrap 仿真方法的实证检验》，载于《数量经济技术经济研究》2007 年第 1 期。

［9］黄赜琳：《中国经济周期特征与财政政策效应——一个基于三部门 RBC 模型的实证分析》，载于《经济研究》2005 年第 6 期。

［10］李春吉、孟晓宏：《中国经济波动——基于新凯恩斯主义垄断竞争

模型分析》，载于《经济研究》2006 年第 10 期。

　　[11] 李广众：《政府支出与居民消费：替代还是互补》，载于《世界经济》2005 年第 5 期。

　　[12] 李晓芳、高铁梅、梁云芳：《税收和政府支出政策对产出动态冲击效应的计量分析》，载于《财贸经济》2005 年第 2 期。

　　[13] 李永友、从树海：《居民消费与中国财政政策的有效性——基于居民最优消费决策行为的经验分析》，载于《世界经济》2006 年第 5 期。

　　[14] 李永友：《我国税收负担对经济增长影响的经验分析》，载于《财经研究》2004 年第 12 期。

　　[15] 刘宛晨、袁闯：《我国财政支出的消费传导效应分析》，载于《消费经济》2006 年第 4 期。

　　[16] 刘玉红、高铁梅、陶艺：《中国转轨时期宏观经济政策传导机制及政策效应的模拟分析》，载于《数量经济技术经济研究》2006 年第 3 期

　　[17] 蒙荫莉：《宏观税负与经济增长的实证研究》，载于《数量经济技术经济研究》2001 年第 2 期。

　　[18] 潘彬、罗新星、徐选华：《政府购买与居民消费的实证研究》，载于《中国社会科学》2006 年第 5 期。

　　[19] 申朴、刘康兵：《中国城镇居民消费行为过度敏感性的经验分析：兼论不确定性、流动性约束与利率》，载于《世界经济》2003 年第 1 期。

　　[20] 申琳、马丹：《政府支出与居民消费：消费倾斜渠道与资源撤出渠道》，载于《世界经济》2007 年第 11 期。

　　[21] 石柱鲜，孙皓，邓创：《Taylor 规则在我国货币政策中的实证检验》，载于《当代财经》2009 年第 12 期。

　　[22] 万广华、张茵、牛建高：《流动性约束、不确定性与中国居民消费》，载于《经济研究》2001 年第 11 期。

　　[23] 王小鲁、樊纲：《我国工业增长的可持续性》，经济科学出版社2000 年版。

　　[24] 张海星：《公共投资与经济增长的相关分析——中国数据的计量分析》，载于《财贸经济》2004 年第 5 期。

　　[25] 张军：《资本形成、工业化与经济增长：中国的转轨特征》，载于《经济研究》2002 年第 6 期。

　　[26] Arrow, K. and M. Kurz, 1970, Public Investment, the Rate of Return,

and Optimal Policy. *Johns Hopkins University. Press.*

[27] Barro, R. J., 1990, "Government Spending in a Simple Model of Endogenous Growth", *Journal of Political Economy*, 98: 103 – 125.

[28] Baxter, M. and R. G. King, 1993, "Fiscal Policy in General Equilibrium", *American Economic Review*, 83: 315 – 334.

[29] Blanchard, O., and D. Quah, 1989, "The Dynamic Effects of Aggregate Demand and Supply Disturbances", *American Economic Review*, 79 (4): 654 – 673.

[30] Blanchard, O. and R. Perotti, 2002, "An Empirical Characterization of the Dynamic Effects of Changes in Government Spending and Taxes on Output", Quarterly *Journal of Economics*, 11: 1329 – 1368.

[31] Bouakez, H. and N. Rebei, 2007, "Why Does Private Consumption Rise after a Government Spending Shock?" *Canadian Journal of Economics*, 40 (3): 954 – 979.

[32] Burnside, C., M. Eichenbaum and J. Fisher, 2004, "Fiscal Shocks and Their Consequences", *Journal of Economic Theory*, 115 (1): 89 – 117.

[33] Calvo, G., 1983, "Staggered Prices in a Utility Maximizing Framework", *Journal of Monetary Economics*, 12: 383 – 398.

[34] Coenen, G. and R. Straub, 2005, "Does Government Spending Crowd in Private Consumption? Theory and Empirical Evidence for the Euro Area", *International Finance*, 8 (3): 435 – 470.

[35] Dixit, A. and J Stiglitz., 1977, "Monopolistic Competition and Optimum Product Diversity", *American Economic Review*, 67 (3): 297 – 308.

[36] Edelberg, W., M. Eichenbaum, and J. Fisher, 1999, "Understanding the Effects of Shocks to Government Purchases", *Review of Economic Dynamics*, 2: 166 – 206.

[37] Fatas, A. andI. Mihov, 2001, "The Effects of Fiscal Policy on Consumption and Employment: Theory and Evidence", CEPR Discussion Paper No. 2760, April.

[38] Gali, J., 1992, "How well does the IS – LM model fit postwar U. S data?", *Quarterly Journal of economics*, 107: 709 – 738.

[39] Galí, J., J. D. López – Salido, and J. Vallés, 2007, "Understanding

the Effects of Government Spending on Consumption", *Journal of the European Economic Association*, 5: 227 – 270.

[40] Goodfriend, M., and R. G. King, 1997, "The New Neoclassical Synthesis and the Role of Monetary Policy", NBER Macroeconomics Annual, 231 – 283.

[41] Linnemann, L. and A. Schabert, 2006, "Productive government expenditure in monetary business cycle models", *Scottish Journal of Political Economy*, 53: 28 – 46.

[42] McGrattan, E. R. and L. E. Ohanian, 2006, "Does Neoclassical Theory Account for the Effects of Big Fiscal Shocks? Evidence from World War II", NBER Working PaperNo 12130.

[43] Perotti, R., 2005, "Estimating the Effects of Fiscal Policy in OECD Countries", CEPR Discussion Paper No. 4842.

[44] Perotti, R., 2007, "In Search of the Transmission Mechanism of Fiscal Policy," NBER Working Paper No. 13143.

[45] Ramey, V. A. and M. Shapiro, 1998, "Costly Capital Reallocation and the Effects of Government Spending", *Carnegie Rochester Conference on Public Policy*. 48: 145 – 194.

[46] Ramey, V. A., 2009, "Identifyinggovernment spending shocks: It's all in the timing?" NBER Working Paper No. 15464.

[47] Smets, F. and R. Wouters, 2005, "Bayesian New Neoclassical Synthesis (NNS) Models: Modern Tools for Central Banks", *Journal of the European Economic Association*, 3, (2 – 3): 422 – 433.

[48] Taylor, J. B., 1993, "Discretion versus Policy Rules in Practice", *Carnegie – Rochester Conference Series on Public Policy*, 39: 195 – 214.

[49] Zhang, W., 2009, "China's monetary policy: Quantity versus Price Rules," *Journal of Macroeconomics*, 31 (3): 473 – 484.

附件 1 本章附图

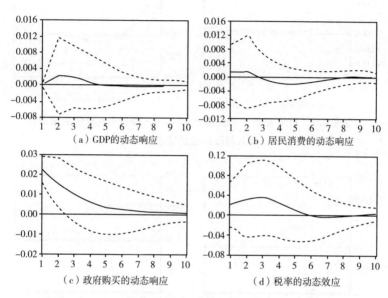

（a）GDP的动态响应

（b）居民消费的动态响应

（c）政府购买的动态响应

（d）税率的动态效应

附图 4.1 1996 年第 1 季度至 2009 年第 3 季度宏观经济变量对
政府支出冲击的动态响应

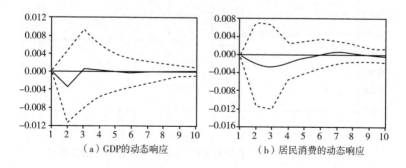

（a）GDP的动态响应

（b）居民消费的动态响应

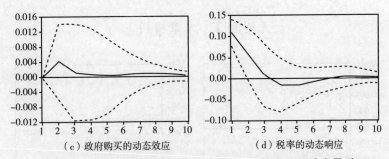

（c）政府购买的动态效应　　　　（d）税率的动态响应

附图 4.2　1996 年第 1 季度至 2009 年第 3 季度宏观经济变量对收入税率冲击的动态响应

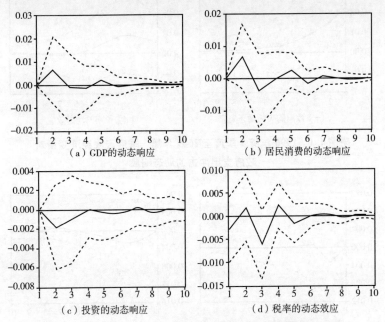

（a）GDP的动态响应　　　　（b）居民消费的动态响应

（c）投资的动态响应　　　　（d）税率的动态效应

附图 4.3　1990 年第 1 季度至 2009 年第 3 季度宏观经济变量对政府支出冲击的动态响应

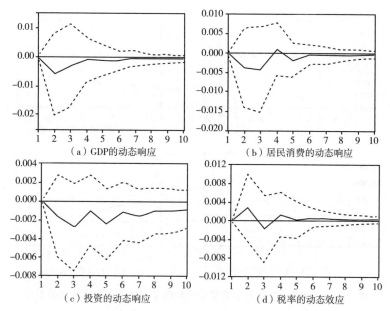

附图 4.4 1990 年第 1 季度至 2009 年第 3 季度宏观经济变量对
收入税率冲击的动态响应

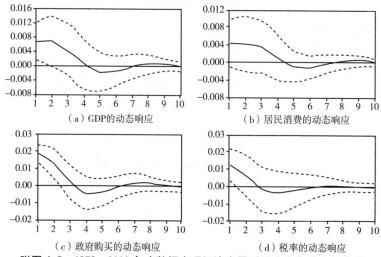

附图 4.5 1978~2008 年度数据宏观经济变量对政府支出冲击的响应

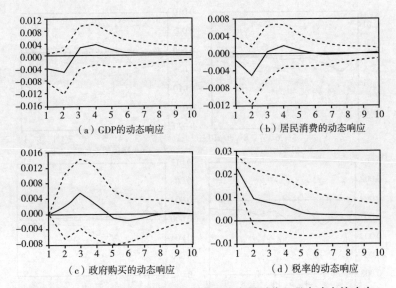

（a）GDP的动态响应　　　　　　（b）居民消费的动态响应

（c）政府购买的动态响应　　　　　（d）税率的动态响应

附图 4. 6　1978～2008 年度数据宏观经济变量对收入税率冲击的响应

附件 2　模型推导

1. 居民最优化行为

（1）李嘉图家庭一生效用总和。

$$E_0 \sum_{t=0}^{\infty} \beta^t U(C_t^R, N_t^R) \tag{1}$$

李嘉图家庭预算约束条件：

$$\begin{aligned} P_t(C_t^R + I_t^R) + R_t^{-1} B_{t+1}^R &= (1 - \tau_t^N) W_t P_t N_t^R \\ &+ (1 - \tau_t^K) R_t^k P_t K_t^R + B_t^R + D_t^R \end{aligned} \tag{2}$$

资本积累方程为：

$$K_{t+1}^R = (1 - \delta) K_t^R + \phi\left(\frac{I_t^R}{K_t^R}\right) K_t^R \tag{3}$$

李嘉图家庭即期效用函数为：

$$U(C^R, N^R) = \frac{(C_t^*)^{1-\sigma}}{1-\sigma} - \frac{(N^R)^{1+\phi}}{1+\varphi}, \ C_t^* = C_t^R G_t^\vartheta$$

于是拉格朗日函数为：

$$L = E_0 \sum_{t=0}^{\infty} \beta^t \left\{ \begin{array}{l} U(C_t^R, N_t^R) + \lambda_t [(1-\tau_t^N) W_t P_t N_t^R + (1-\tau_t^K) R_t^K P_t K_t^R \\ + B_t^R + D_t^R - P_t(C_t^R + I_t^R) - R_t^{-1} B_{t+1}^R] \\ + Q_t^n [(1-\delta) K_t^R + \phi\left(\frac{I_t^R}{K_t^R}\right) K_t^R - K_{t+1}^R] \end{array} \right\}$$

关于 C_t^R，N_t^R，B_{t+1}^R，K_{t+1}^R，I_t^R 一阶条件分别为：

$$(C_t^R)^{-\sigma} G_t^{\vartheta(1-\sigma)} - \lambda_t P_t = 0 \tag{4}$$

$$(N_t^R)^\varphi - \lambda_t (1 - \tau_t^N) W_t P_t = 0 \tag{5}$$

$$- \lambda_t R_t^{-1} + \beta E_t \{ \lambda_{t+1} \} = 0 \tag{6}$$

$$- Q_t^n + \beta E_t \{ \lambda_{t+1}(1 - \tau_{t+1}^K) R_{t+1}^K P_{t+1} + Q_{t+1}^n [(1-\delta)$$
$$+ \phi_{t+1} - \phi'_{t+1} \frac{I_t^R}{K_t^R}] \} = 0 \tag{7}$$

$$- \lambda_t P_t + Q_t^n \phi'\left(\frac{I_t^R}{K_t^R}\right) = 0 \tag{8}$$

这里，λ_t 为拉格朗日乘子，Q_t^n 为名义托宾 q，同时定义实际的托宾 Q 为：

$Q_t \equiv \dfrac{Q_t^n}{\lambda_t P_t}$。式（7）中，$\phi_{t+1} = \phi\left(\dfrac{I_{t+1}^R}{K_{t+1}^R}\right)$，$\phi_{t+1}' = \phi'\left(\dfrac{I_{t+1}^R}{K_{t+1}^R}\right)$。

首先，做运算，$(C_t^R)^{-\sigma} G_t^{\theta(1-\sigma)} - \lambda_t P_t = 0 \Rightarrow (C_t^R)^{-\sigma} G_t^{\theta(1-\sigma)} = \lambda_t P_t$

于是有：

$$\left. \begin{array}{l} (C_{t+1}^R)^{-\sigma} G_{t+1}^{\vartheta(1-\sigma)} = \lambda_{t+1} P_{t+1} \\ (C_t^R)^{-\sigma} G_t^{\vartheta(1-\sigma)} = \lambda_t P_t \end{array} \right\} \Rightarrow \frac{(C_t^R)^{-\sigma} G_t^{\vartheta(1-\sigma)}}{(C_{t+1}^R)^{-\sigma} G_{t+1}^{\vartheta(1-\sigma)}} = \frac{\lambda_t P_t}{\lambda_{t+1} P_{t+1}}$$

$$\Rightarrow \frac{(C_{t+1}^R)^{-\sigma} G_{t+1}^{\theta(1-\sigma)}}{(C_t^R)^{-\sigma} G_t^{\theta(1-\sigma)}} \frac{P_t}{P_{t+1}} = \frac{\lambda_{t+1}}{\lambda_t}$$

又有：

$$- \lambda_t R_t^{-1} + \beta E_t \{ \lambda_{t+1} \} = 0 \Rightarrow E_t \{ \lambda_{t+1}/\lambda_t \} = 1/(\beta R_t)$$

于是可得：$E_t \{ \beta \dfrac{(C_{t+1}^R)^{-\sigma} G_{t+1}^{\vartheta(1-\sigma)}}{(C_t^R)^{-\sigma} G_t^{\vartheta(1-\sigma)}} \dfrac{P_t}{P_{t+1}} \} = E_t(\beta \dfrac{\lambda_{t+1}}{\lambda_t}) \Rightarrow 1 = R_t E_t \left\{ \Lambda_{t,t+1} \dfrac{P_t}{P_{t+1}} \right\}$

在这里，$\Lambda_{t,t+1} = \beta \dfrac{U_C(t+1)}{U_C(t)} = \beta \dfrac{(C_{t+1}^R)^{-\sigma} G_{t+1}^{\theta(1-\sigma)}}{C_t^{-\sigma} G_t^{\theta(1-\sigma)}}$

再次，做以下运算：

$$- Q_t^n + \beta E_t \left\{ \lambda_{t+1}(1 - \tau_{t+1}^K) R_{t+1}^K P_{t+1} + Q_{t+1}^n \left((1-\delta) + \phi_{t+1} \right. \right.$$

$$\left. \left. - \phi'_{t+1} \frac{I_{t+1}^R}{K_{t+1}^R} \right) \right\} = 0 \Rightarrow \beta E_t \{ \lambda_{t+1}(1-\tau_{t+1}^K) R_{t+1}^K P_{t+1} + Q_{t+1}^n ((1-\delta)$$

$$+ \phi_{t+1} - \phi'_{t+1} \frac{I_{t+1}^R}{K_{t+1}^R}) \} = Q_t^n$$

如果上式两边同时除以 $\lambda_t P_t$，就有：

$$\beta E_t \left\{ \frac{\lambda_{t+1} P_{t+1}}{\lambda_t P_t}(1 - \tau_{t+1}^K) R_{t+1}^K + \frac{\lambda_{t+1} P_{t+1}}{\lambda_t P_t} \frac{Q_{t+1}^n}{\lambda_{t+1} P_{t+1}} \left[(1-\delta) \right. \right.$$

$$\left. \left. + \phi_{t+1} - \phi'_{t+1} \frac{I_{t+1}^R}{K_{t+1}^R} \right] \right\} = \frac{Q_t^n}{\lambda_t P_t} \Rightarrow \beta E_t \left\{ \frac{\lambda_{t+1} P_{t+1}}{\lambda_t P_t} \left((1-\tau_{t+1}^K) R_{t+1}^K \right. \right.$$

$$\left. \left. + Q_{t+1} [(1-\delta) + \phi_{t+1} - \phi'_{t+1} \frac{I_{t+1}^R}{K_{t+1}^R}] \right) \right\} = Q_t$$

$$\left. \begin{array}{l} E_t \left\{ \beta \dfrac{\lambda_{t+1} P_{t+1}}{\lambda_t P_t} \left((1 - \tau_t^K) R_t^K + Q_{t+1} \left[(1-\delta) + \phi_{t+1} \right. \right. \right. \\[2mm] \left. \left. \left. - \phi'_{t+1} \dfrac{I_{t+1}^R}{K_{t+1}^R} \right] \right) \right\} = Q_t \\[4mm] \dfrac{(C_t^R)^{-\sigma} G_t^{\theta(1-\sigma)}}{(C_{t+1}^R)^{-\sigma} G_{t+1}^{\theta(1-\sigma)}} = \dfrac{\lambda_t P_t}{\lambda_{t+1} P_{t+1}} \\[4mm] \Lambda_{t,t+1} = \beta \dfrac{U_C(t+1)}{U_C(t)} = \beta \dfrac{(C_{t+1}^R)^{-\sigma} G_{t+1}^{\theta(1-\sigma)}}{C_t^{-\sigma} G_t^{\theta(1-\sigma)}} \end{array} \right\} \Rightarrow \Lambda_{t,t+1}^{-1} = \beta^{-1} \dfrac{\lambda_t P_t}{\lambda_{t+1} P_{t+1}}$$

$$\Rightarrow E_t \left\{ \Lambda_{t,t+1} \left((1-\tau_t^K) R_t^K + Q_{t+1} \left[(1-\delta) + \phi_{t+1} - \phi'_{t+1} \frac{I_{t+1}^R}{K_{t+1}^R} \right] \right) \right\} = Q_t$$

这样有：

$$\left. \begin{array}{l} (C_t^R)^{-\sigma} G_t^{\theta(1-\sigma)} - \lambda_t P_t = 0 \\[2mm] \Rightarrow (C_t^R)^{-\sigma} G_t^{\theta(1-\sigma)} = \lambda_t P_t \\[2mm] (N_t^R)\varphi - \lambda_t(1 - \tau_t^N) W_t P_t = 0 \Rightarrow (N_t^R)\varphi \\[2mm] = (1 - \tau_t^N) W_t \lambda_t P_t \end{array} \right\} \Rightarrow (N_t^R)^\varphi = (1 - \tau_t^N) W_t (C_t^R)^{-\sigma} G_t^{\theta(1-\sigma)}$$

$$- \lambda_t P_t + Q_t^n \phi' \left(\frac{I_t^R}{K_t^R} \right) = 0 \Rightarrow Q_t^n \phi' \left(\frac{I_t^R}{K_t^R} \right) = \lambda_t P_t$$

$$\Rightarrow \frac{Q_t^n}{\lambda_t P_t} \phi' \left(\frac{I_t^R}{K_t^R} \right) = 1 \Rightarrow Q_t \phi' \left(\frac{I_t^R}{K_t^R} \right) = 1$$

对以上推导的结果归纳如下：

$$1 = R_t E_t \left\{ \Lambda_{t,t+1} \frac{P_t}{P_{t+1}} \right\} \tag{9}$$

$$Q_t = E_t \left\{ \Lambda_{t,t+1} \left((1 - \tau_{t+1}^K) R_{t+1}^k + Q_{t+1} \left[(1 - \delta) \right. \right. \right.$$
$$\left. \left. \left. + \phi_{t+1} - \left(\frac{I_{t+1}^R}{K_{t+1}^R} \right) \phi'_{t+1} \right] \right) \right\} \tag{10}$$

$$Q_{t+1} = \frac{1}{\phi' \left(\frac{I_t^R}{K_t^R} \right)} \tag{11}$$

在这里，$\Lambda_{t,t+1}$ 是随机贴现因子。

$$\Lambda_{t,t+1} = \beta \frac{U_C(t+1)}{U_C(t)} = \beta \frac{(C_{t+1}^R)^{-\sigma} G_{t+1}^{\vartheta(1-\sigma)}}{C_t^{-\sigma} G_t^{\vartheta(1-\sigma)}} \tag{12}$$

$$(C_t^R)^{-\sigma} G_t^{\theta(1-\sigma)} (1 - \tau_t^N) W_t = (N_t^R)^{\varphi} \tag{13}$$

（2）非李嘉图家庭即期效用。

$$U(C_t^{NR}, N_t^{NR}) = \frac{(C_t^{**})^{1-\sigma}}{1 - \sigma} - \frac{(N_t^{NR})^{1+\varphi}}{1 + \varphi} \tag{14}$$

其中，$C_t^{**} = C_t^{NR} G_t^{\vartheta}$。

非李嘉图家庭预算约束条件为：

$$P_t C_t^{NR} = (1 - \tau_t^N) W_t P_t N_t^{NR} \tag{15}$$

$$C_t^{NR} = (1 - \tau_t^N) W_t N_t^{NR} \tag{16}$$

于是由最优化条件，得：

$$(C_t^{NR})^{-\sigma} G_t^{\vartheta(1-\sigma)} (1 - \tau_t^N) W_t = (N_t^{NR})^{\phi} \tag{17}$$

总消费和总劳动投入分别为：

$$C_t \equiv \lambda C_t^R + (1 - \lambda) C_t^{NR} \tag{18}$$

$$N_t \equiv \lambda N_t^{NR} + (1 - \lambda) N_t^R \tag{19}$$

类似地，总投资和总资本存量分别为：

$$I_t \equiv (1 - \lambda) I_t^R, K_t \equiv (1 - \lambda) K_t^R \tag{20}$$

2. 厂商行为

我们假定有大量厂商处在垄断竞争市场环境中，生产有差别产品，且生产的产品是中间产品。这些最终产品被完全竞争市场的最终产品厂商作为投入要素。

（1）最终产品厂商。

最终产品厂商的生产函数如下：

$$Y_t \equiv \left(\int_0^1 X_t(j)^{\frac{\varepsilon_p - 1}{\varepsilon_p}} \mathrm{d}j \right)^{\frac{\varepsilon_p}{\varepsilon_p - 1}} \tag{21}$$

我们可以从利润最大化条件出发，得到最终产品厂商投入要素的需求函数为：

$$X_t(j) = \left(\frac{P_t(j)}{P_t} \right)^{-\varepsilon_p} Y_t \tag{22}$$

由于最终产品厂商是在完全竞争的市场中，于是它的利润为零，有这个条件可得：

$$P_t = \left(\int_0^1 P_t(j)^{1 - \varepsilon_p} \mathrm{d}j \right)^{1/(1 - \varepsilon_p)}$$

证明：利用利润最大化问题来求解。

最终产品的厂商利润函数为：

$$\pi = P_t Y_t - \int_0^1 P_t(j) X_t(j) \mathrm{d}j \tag{23}$$

对利润函数进行变换：

$$\left. \begin{array}{l} \pi = P_t Y_t - \int_0^1 P_t(j) X_t(j) \mathrm{d}j \\[2mm] Y_t \equiv \left(\int_0^1 X_t(j)^{\frac{\varepsilon_p - 1}{\varepsilon_p}} \mathrm{d}j \right)^{\frac{\varepsilon_p}{\varepsilon_p - 1}} \end{array} \right\} \Rightarrow \pi = P_t \left(\int_0^1 X_t(j)^{\frac{\varepsilon_p - 1}{\varepsilon_p}} \mathrm{d}j \right)^{\frac{\varepsilon_p}{\varepsilon_p - 1}} - \int_0^1 P_t(j) X_t(j) \mathrm{d}j$$

于是利润函数一阶条件为：

$$P_t \left(\int_0^1 X_t(j)^{\frac{\varepsilon_p-1}{\varepsilon_p}} \mathrm{d}j \right)^{\frac{-1}{\varepsilon_p-1}} X_t(j)^{\frac{-1}{\varepsilon_p}} - P_t(j) = 0 \Rightarrow$$

$$\left(\int_0^1 X_t(j)^{\frac{\varepsilon_p-1}{\varepsilon_p}} \mathrm{d}j \right)^{\frac{1}{\varepsilon_p-1}} X_t(j)^{\frac{-1}{\varepsilon_p}} = \frac{P_t(j)}{P_t} \Rightarrow \left(\left(\int_0^1 X_t(j)^{\frac{\varepsilon_p-1}{\varepsilon_p}} \mathrm{d}j \right)^{\frac{\varepsilon_p}{\varepsilon_p-1}} \right)^{-1}$$

$$X_t(j) = \left(\frac{P_t(j)}{P_t} \right)^{-\varepsilon_p}$$

再把 $Y_t = (\int_0^1 X_t(j)^{\frac{\varepsilon_p-1}{\varepsilon_p}} \mathrm{d}j)^{\frac{\varepsilon_p}{\varepsilon_p-1}}$ 代入上式，可得：

$$Y_t^{-1} X_t(j) = \left(\frac{P_t(j)}{P_t} \right)^{-\varepsilon_p} \Rightarrow X_t(j) = \left(\frac{P_t(j)}{P_t} \right)^{-\varepsilon_p} Y_t$$

这里反映的是最终产品厂商对中间品厂商的需求函数。

另外，由于最终产品厂商是完全竞争，所以他们只能获得正常利润为零，于是有：

$$\pi = P_t Y_t - \int_0^1 P_t(j) X_t(j) \mathrm{d}j, \pi = 0 \Rightarrow P_t Y_t = \int_0^1 P_t(j) X_t(j) \mathrm{d}j$$

这样有：

$$\left. \begin{aligned} P_t Y_t &= \int_0^1 P_t(j) X_t(j) \mathrm{d}j \Rightarrow P_t Y_t = \int_0^1 P_t(j) \left(\frac{P_t(j)}{P_t} \right)^{-\varepsilon_p} Y_t \mathrm{d}j \\ X_t(j) &= \left(\frac{P_t(j)}{P_t} \right)^{-\varepsilon_p} Y_t \end{aligned} \right\} \Rightarrow P_t = \int_0^1 P_t(j) \left(\frac{P_t(j)}{P_t} \right)^{-\varepsilon_p} \mathrm{d}j$$

$$\Rightarrow (P_t)^{1-\varepsilon_p} = (\int_0^1 (P_t(j))^{1-\varepsilon_p} \mathrm{d}j \Rightarrow P_t = (\int_0^1 (P_t(j))^{1-\varepsilon_p} \mathrm{d}j)^{\frac{1}{1-\varepsilon_p}} \tag{24}$$

（2）中间品厂商行为。

中间品厂商生产函数

$$Y_t(j) = K_t(j)^{\alpha} N_t(j)^{1-\alpha} \tag{25}$$

由成本最小化问题，可得：

$$\frac{K_t(j)}{N_t(j)} = \frac{\alpha}{1-\alpha} \frac{W_t}{R_t^K} \tag{26}$$

对所有中间品厂商真实的边际成本是不变的，$MC_t = \Psi (R_t^K)^{\alpha} (W_t)^{1-\alpha}$。在这里，$\Psi = \alpha^{-\alpha} (1-\alpha)^{-(1-\alpha)}$。

证明：中间品厂商的成本最小化问题为：

$$\min_{K_t(j),N_t(j)} C = R_t^k K_t(j) + W_t N_t(j) \ s.t. \ Y_t(j) = K_t(j)^\alpha N_t(j)^{1-\alpha}$$

对应的拉格朗日函数为：

$$L = R_t^k K_t(j) + W_t N_t(j) + \mu[K_t(j)^\alpha N_t(j)^{1-\alpha} - Y(j)] \tag{27}$$

这里参数 μ 为拉格朗日乘数。

于是一阶条件为：

$$\frac{\partial L}{\partial K_t(j)} = R_t^K - \mu\alpha K_t(j)^{\alpha-1} N_t(j)^{1-\alpha} = 0 \tag{28}$$

$$\frac{\partial L}{\partial N_t(j)} = W_t - \mu(1-\alpha) K_t(j)^\alpha N_t(j)^{-\alpha} = 0 \tag{29}$$

由包络定理可得：

$$\frac{\partial C}{\partial Y_t(j)} = \frac{\partial L}{\partial Y_t(j)} = \mu \text{，即} MC = \mu \tag{30}$$

另外，可求出成本函数，然后得到边际成本。

$$\left. \begin{array}{l} R_t^K - \mu\alpha K_t(j)^{\alpha-1} N_t(j)^{1-\alpha} = 0 \Rightarrow R_t^K K_t(j) \\ = \mu\alpha K_t(j)^\alpha N_t(j)^{1-\alpha} \\ W_t - \mu(1-\alpha) K_t(j)^\alpha N_t(j)^{-\alpha} = 0 \Rightarrow W_t N_t(j) \\ = \mu(1-\alpha) K_t(j)^\alpha N_t(j)^{1-\alpha} \end{array} \right\}$$

$$\Rightarrow R_t^K K_t(j) + W_t N_t(j) = \mu\alpha K_t(j)^\alpha N_t(j)^{1-\alpha}$$

$$+ \mu(1-\alpha) K_t(j)^\alpha N_t(j)^{1-\alpha} \Rightarrow C = \mu Y_t(j)$$

结合式（28）和式（29），可得：

$$\frac{K_t(j)}{N_t(j)} = \frac{\alpha}{1-\alpha} \frac{W_t}{R_t^K} \tag{31}$$

由式（28）和式（29），可分别得到：

$$\frac{K_t(j)}{N_t(j)} = \left(\frac{\mu\alpha}{R_t^K}\right)^{\frac{1}{1-\alpha}} \tag{32}$$

$$\left(\frac{K_t(j)}{N_t(j)}\right)^{-1} = \left(\frac{\mu(1-\alpha)}{W_t}\right)^{\frac{1}{\alpha}} \tag{33}$$

把式（33）乘以式（34），可得：

$$\left(\frac{\mu\alpha}{R_t^K}\right)^{\frac{1}{1-\alpha}}\left(\frac{\mu(1-\alpha)}{W_t}\right)^{\frac{1}{\alpha}} = 1 \tag{34}$$

即为：

$$\left(\frac{\mu\alpha}{R_t^K}\right)^{\alpha}\left(\frac{\mu(1-\alpha)}{W_t}\right)^{1-\alpha} = 1 \tag{35}$$

化简可得：

$$\mu = \alpha^{-\alpha}(1-\alpha)^{-(1-\alpha)}(R_t^K)^{\alpha}(W_t)^{1-\alpha} \tag{36}$$

即为：

$$MC_t = \Psi(R_t^K)^{\alpha}(W_t)^{1-\alpha} \tag{37}$$

这里，$\Psi = \alpha^{-\alpha}(1-\alpha)^{-(1-\alpha)}$。

价格设定

由 Calvo（1983）设定价格思路。一厂商追求下列问题最优化：

$$\max_{P_t^*}E_t\sum_{k=0}^{\infty}\theta^k\{\Lambda_{t,t+k}Y_{t+k}(j)(\frac{P_t^*}{P_{t+k}} - MC_t)\} \tag{38}$$

该厂商受约束条件为：

$$Y_{t+k}(j) = X_{t+k}(j) = \left(\frac{P_{t+k}(j)}{P_{t+k}}\right)^{-\varepsilon_p}Y_{t+k}$$

即：$Y_{t+k}(j) = X_{t+k}(j) = \left(\frac{P_t^*}{P_{t+k}}\right)^{-\varepsilon_p}Y_{t+k}$ $\tag{39}$

求以上最优化问题，化简可得：

$$E_t\sum_{k=0}^{\infty}\theta^k\{\Lambda_{t,t+k}Y_{t+k}(j)(\frac{P_t^*}{P_{t+k}} - u_pMC_{t+k})\} = 0 \tag{40}$$

证明：把式（40）代入式（39）中，可得：

$$\max_{P_t^*}E_t\sum_{k=0}^{\infty}\theta^k\left\{\Lambda_{t,t+k}\left(\frac{P_t^*}{P_{t+k}}\right)^{-\varepsilon_p}Y_{t+k}\left(\frac{P_t^*}{P_{t+k}} - MC_{t+k}\right)\right\}$$

即：$\max_{P_t^*}E_t\sum_{k=0}^{\infty}\theta^k\{\Lambda_{t,t+k}\left(\frac{P_t^*}{P_{t+k}}\right)^{1-\varepsilon_p}Y_{t+k} - \Lambda_{t,t+1}\left(\frac{P_t^*}{P_{t+k}}\right)^{-\varepsilon_p}Y_{t+k}MC_{t+k}\}$ $\tag{41}$

求关于 P_t^* 的一阶条件，得：

$$E_t \sum_{k=0}^{\infty} \theta^k \{ (1 - \varepsilon_p) \Lambda_{t,t+k} \frac{(P_t^*)^{-\varepsilon_p}}{(P_{t+K})^{1-\varepsilon_p}} Y_{t+k}$$

$$+ \varepsilon_p \Lambda_{t,t+1} \frac{(P_t^*)^{-\varepsilon_p - 1}}{(P_{t+k})^{-\varepsilon_p}} Y_{t+k} MC_{t+k} \} = 0 \tag{42}$$

式（42）两边同时乘以 P_t^*，得：

$$E_t \sum_{k=0}^{\infty} \theta^k \{ - (\varepsilon_p - 1) \Lambda_{t,t+k} \frac{(P_t^*)^{1-\varepsilon_p}}{(P_{t+k})^{1-\varepsilon_p}} Y_{t+k}$$

$$+ \varepsilon_p \Lambda_{t,t+1} \frac{(P_t^*)^{-\varepsilon_p}}{(P_{t+k})^{-\varepsilon_p}} Y_{t+k} MC_{t+k} \} = 0$$

即：

$$E_t \sum_{k=0}^{\infty} \theta^k \left\{ \Lambda_{t,t+k} \frac{(P_t^*)^{1-\varepsilon_p}}{(P_{t+k})^{1-\varepsilon_p}} Y_{t+k} - \frac{\varepsilon_p}{\varepsilon_p - 1} \Lambda_{t,t+1} \frac{(P_t^*)^{-\varepsilon_p}}{(P_{t+k})^{-\varepsilon_p}} Y_{t+k} MC_{t+k} \right\} = 0 \tag{43}$$

$$E_t \sum_{k=0}^{\infty} \theta^k \left\{ \Lambda_{t,t+k} \frac{(P_t^*)^{-\varepsilon_p}}{(P_{t+k})^{-\varepsilon_p}} Y_{t+k} \left(\frac{P_t^*}{P_{t+k}} - \frac{\varepsilon_p}{\varepsilon_p - 1} MC_{t+k} \right) \right\} = 0$$

在此，定义 $u_p \equiv \dfrac{\varepsilon_p}{\varepsilon_p - 1}$，于是上式变为：

$$E_t \sum_{k=0}^{\infty} \theta^k \left\{ \Lambda_{t,t+k} Y_{t+k}(j) \left(\frac{P_t^*}{P_{t+k}} - u_p MC_{t+k} \right) \right\} = 0 \tag{44}$$

由式（44）得：

$$E_t \sum_{k=0}^{\infty} \theta^k \Lambda_{t,t+k} \frac{P_t^*}{(P_{t+k})^{1-\varepsilon_p}} Y_{t+k} - E_t \sum_{k=0}^{\infty} \theta^k \Lambda_{t,t+k} u_p \frac{1}{(P_{t+k})^{-\varepsilon_p}} Y_{t+k} MC_{t+k} = 0 \tag{45}$$

$$P_t^* E_t \sum_{k=0}^{\infty} \theta^k \Lambda_{t,t+k} \frac{1}{(P_{t+k})^{1-\varepsilon_p}} Y_{t+k} = u_p E_t \sum_{k=0}^{\infty} \theta^k \Lambda_{t,t+k} \frac{1}{(P_{t+k})^{-\varepsilon_p}} Y_{t+k} MC_{t+k}$$

于是有：

$$P_t^* = u_p \frac{E_t \sum_{k=0}^{\infty} \theta^k \left(\Lambda_{t,t+k} \frac{P_{t+k}}{(P_{t+k})^{1-\varepsilon_p}} Y_{t+k} MC_{t+k} \right)}{E_t \sum_{k=0}^{\infty} \theta^k \left(\Lambda_{t,t+k} \frac{1}{(P_{t+k})^{1-\varepsilon_p}} Y_{t+k} \right)} \tag{46}$$

在这里定义：
$$\omega_{t,t+k} = \frac{\theta^k \left(\Lambda_{t,t+k} Y_{t+k} \dfrac{1}{(P_{t+k})^{1-\varepsilon_p}} \right)}{\sum\limits_{k=0}^{\infty} E_t \theta^k \left(\Lambda_{t,t+k} \dfrac{1}{(P_{t+k})^{1-\varepsilon_p}} Y_{t+k} \right)} \tag{47}$$

可把式（47）简写成：

$$P_t^* = u_p E_t \sum_{k=o}^{\infty} \omega_{t,t+k} P_{t+k} MC_{t+k} \tag{48}$$

总价格水平的动态方程如下：

$$P_t = (\theta P_{t-1}^{1-\varepsilon_p} + (1-\theta)(P_t^*)^{1-\varepsilon_p})^{\frac{1}{1-\varepsilon_p}} \tag{49}$$

（3）货币政策。

定义名义利率 $r_t \equiv R_t - 1$，简单的利率规则：

$$r_t = r + \phi_\pi(\pi_t - \pi) + \phi_y(y_t - y) \tag{50}$$

（4）财政政策。

政府预算约束方程。

$$\tau_t^N P_t W_t N_t + \tau_t^K P_t R_t^K K_t + R_t^{-1} B_{t+1} = B_t + P_t G_t \tag{51}$$

即为：
$$\tau_t^N W_t N_t + \tau_t^K R_t^K K_t + R_t^{-1} \pi_{t+1} b_{t+1} = b_t + G_t$$

在这里，$\pi_{t+1} = \dfrac{P_{t+1}}{P_t}$，$b_t = \dfrac{B_t}{P_t}$。

对数线性化政府预算方程，可得：

$$\begin{aligned}
\tau^N WN(t_t^N + w_t + n_t) + \tau^K R^K K(t_t^K + r_t^K + k_t) \\
+ R^{-1} \pi b(-r_t + \hat{\pi}_{t+1} + \hat{b}_{t+1}) = b\hat{b}_t + Gg_t
\end{aligned} \tag{52}$$

最后，假设政府支出、劳动收入税和资本收入税都服从一阶自回归过程。

$$g_{t+1} = \rho_G g_t + \varepsilon_t^G \tag{53}$$

$$t_{t+1}^N = \rho_N t_t^N + \varepsilon_t^N \tag{54}$$

$$t_{t+1}^K = \rho_K t_t^K + \varepsilon_t^K \tag{55}$$

（5）市场出清。

劳动市场均衡：$N_t = \int_0^1 N_t(j)\,\mathrm{d}j$，中间产品市场均衡：$Y_t(j) = X_t(j)$，对所有

的 j 资本市场供求相等 $K_t = \int_0^1 K_t(j)\,\mathrm{d}j$。

最终产品市场供求相等：$Y_t = C_t + I_t + G_t$ \hfill (56)

（6）线性均衡条件。

如果不特别说明，小写字母相对稳态处的对数形式（$x_t \equiv \log(X_t/X)$）。

反映托宾 Q 的动态方程为：

$$q_t = \beta E_t\{q_{t+1}\} + [1 - \beta(1-\delta)]E_t\{r_{t+1}^K - \overline{\tau}^K\tau_{t+1}^K\} - (r_t - E_t\{\pi_{t+1}\})$$
\hfill (57)

$$i_t - k_t = \eta q_t \hfill (58)$$

这里，$\dfrac{\tau^K}{1-\tau^K} = \overline{\tau}^K$，$\eta = 1/(-\phi''\delta)$。

在这里来证明等式（58）和式（59）成立。

证明：先由式（9）可得：

$$1 = R_t E_t\left\{\beta\frac{(C_{t+1}^R)^{-\sigma}G_{t+1}^{\theta(1-\sigma)}}{(C_t^R)^{-\sigma}G_t^{\theta(1-\sigma)}}\frac{P_t}{P_{t+1}}\right\} \Longrightarrow 1 = \beta E_t\left\{\frac{(C_{t+1}^R)^{-\sigma}G_{t+1}^{\theta(1-\sigma)}}{(C_t^R)^{-\sigma}G_t^{\theta(1-\sigma)}}\frac{R_t}{\pi_{t+1}}\right\}$$

对上式进行对数线性展开，可得：

$$\beta\frac{R}{\pi}E_t\{(-\sigma)(c_{t+1}^R - c_t^R) + \theta(1-\sigma)(g_{t+1} - g_t) + (r_t - \pi_{t+1})\} = 0$$

于是对李嘉图等价家庭的欧拉方程，（式9）对数线性形式为：

$$E_t\{(-\sigma)(c_{t+1}^R - c_t^R) + \theta(1-\sigma)(g_{t+1} - g_t) + (r_t - \pi_{t+1})\} = 0 \hfill (59)$$

另一方面，由式（10）可得：

$$Q_t = E_t\left\{\Lambda_{t,t+1}(1-\tau_{t+1}^K)R_{t+1}^k + \Lambda_{t,t+1}Q_{t+1}(1-\delta) + \Lambda_{t,t+1}Q_{t+1}\phi_{t+1}\right.$$
$$\left. - \Lambda_{t,t+1}\left(\frac{I_{t+1}^R}{K_{t+1}^R}\right)Q_{t+1}\phi'_{t+1}\right\}$$

由 $Q_t = \dfrac{1}{\phi'\left(\dfrac{I_t^R}{K_t^R}\right)}$ 得 $Q_t\phi'\left(\dfrac{I_t^R}{K_t^R}\right) = 1$，并将它代入上等式，可得：

$$Q_t = E_t\left\{\Lambda_{t,t+1}(1-\tau_{t+1}^K)R_{t+1}^k + \Lambda_{t,t+1}Q_{t+1}(1-\delta) + \Lambda_{t,t+1}Q_{t+1}\phi_{t+1}\right.$$

$$- \Lambda_{t,t+1} \left(\frac{I_{t+1}^R}{K_{t+1}^R} \right) \right\} \tag{60}$$

在经济稳态处，可得 $I = \delta K$，于是有 $\phi'(\delta) = 1$，$Q_t = 1/\phi'\left(\frac{I_t^R}{K_t^R} \right)$，$Q = 1$（$Q$ 表示稳态的托宾 Q 值）。

由式（60）可得：

$$E_t \{ (-\sigma)(c_{t+1}^R - c_t^R) + \vartheta(1-\sigma)(g_{t+1} - g_t) \} = E_t \{ \pi_{t+1} - r_t \}$$

为了计算简便，令 $\dfrac{(C_{t+1}^R)^{-\sigma} G_{t+1}^{\vartheta(1-\sigma)}}{(C_t^R)^{-\sigma} G_t^{\vartheta(1-\sigma)}} = \Lambda'_{t,t+1}$，$\Lambda_{t,t+1} = \beta \dfrac{(C_{t+1}^R)^{-\sigma} G_{t+1}^{\vartheta(1-\sigma)}}{(C_t^R)^{-\sigma} G_t^{\vartheta(1-\sigma)}} = \beta \Lambda'_{t,t+1}$。

然后再对它对数线性化，得：

$$\hat{\Lambda}'_{t,t+1} = (-\sigma)(c_{t+1}^R - c_t^R) + \vartheta(1-\sigma)(g_{t+1} - g_t)$$

于是有：

$$\left. \begin{array}{l} \hat{\Lambda}'_{t,t+1} = (-\sigma)(c_{t+1}^R - c_t^R) + \vartheta(1-\sigma)(g_{t+1} - g_t) \\ E_t \{ (-\sigma)(c_{t+1}^R - c_t^R) + \vartheta(1-\sigma)(g_{t+1} - g_t) \} \\ = E_t \{ \pi_{t+1} - r_t \} \end{array} \right\} \Rightarrow \begin{array}{l} E_t \{ \hat{\Lambda}'_{t,t+1} \} \\ = E_t \{ \pi_{t+1} - r_t \} \end{array}$$

于是由式（60）可转化为：

$$Q_t = E_t \Big\{ \beta \Lambda'_{t,t+1} (1 - \tau_{t+1}^K) R_{t+1}^k + \beta \Lambda'_{t,t+1} Q_{t+1} (1 - \delta)$$

$$+ \beta \Lambda'_{t,t+1} Q_{t+1} \phi_{t+1} - \beta \Lambda_{t,t+1} \left(\frac{I_{t+1}^R}{K_{t+1}^R} \right) \Big\}$$

对上式进行对数线性化，得：

$$Qq_t = E_t \{ \beta(1 - \tau^K) R^K (\hat{\Lambda}'_{t,t+1} + r_{t+1}^k - \frac{\tau^K}{1 - \tau^K} t_{t+1}^K)$$

$$+ \beta Q(1-\delta)(\hat{\Lambda}'_{t,t+1} + q_{t+1}) + \beta Q \phi(\delta)(\hat{\Lambda}'_{t,t+1} + q_{t+1}$$

$$+ \phi'(\delta)\delta(i_{t+1}^R - k_{t+1}^R)) - \beta\delta(\hat{\Lambda}'_{t,t+1} + \delta(i_{t,t+1}^R - k_{t+1}^R)) \} \tag{61}$$

在这里定义 $\tau^K / (1 - \tau^K) = \bar{\tau}^K$。

把 $E_t\{\hat{\Lambda}'_{t,t+1}\} = E_t\{\pi_{t+1} - r_t\}$ 代入式（61），可有：

$$
\begin{aligned}
Qq_t = E_t\{ &\beta R^K(1-\tau^K)[(\pi_{t+1}-r_t) + r^K_{t+1} - \bar{\tau}^N\tau^K_{t+1}] \\
&+ \beta Q(1-\delta)[(\pi_{t+1}-r_t) + q_{t+1}] + \beta Q\phi(\delta)[(\pi_{t+1}-r_t) \\
&+ q_{t+1} + \phi'(\delta)\delta(i^R_{t+1} - k^R_{t+1})] - \beta\delta[(\pi_{t+1}-r_t) + \delta(i^R_{t+1} - k^R_{t+1})]\}
\end{aligned} \quad (62)
$$

再把 $Q=1$，$\phi'(\delta)=1$，$\phi(\delta)=\delta$ 代入上等式。可有：

$$
\begin{aligned}
q_t = E_t\{ &\beta R^K(1-\tau^K)[(\pi_{t+1}-r_t) + r^K_{t+1} - \bar{\tau}^N t^K_{t+1}] \\
&+ \beta(1-\delta)[(\pi_{t+1}-r_t) + q_{t+1}] + \beta\delta[(\pi_{t+1}-r_t) + q_{t+1} \\
&+ \delta(i^R_{t+1} - k^R_{t+1})] - \beta\delta[(\pi_{t+1}-r_t) + \delta(i^R_{t+1} - k^R_{t+1})]\}
\end{aligned}
$$

化简可得：

$$
\begin{aligned}
q_t = E_t\{ &\beta R^K(1-\tau^K)(\tau_{t+1}-r_t) + \beta R^K(1-\tau^K)(r^K_{t+1} - \bar{\tau}^K\tau^K_{t+1}) \\
&+ \beta(1-\delta)(\tau_{t+1}-r_t) + \beta(1-\delta)q_{t+1} + \beta\delta q_{t+1}\}
\end{aligned}
$$

即为：

$$
\begin{aligned}
q_t = E_t\{ &\beta[R^K(1-\tau^K) + (1-\delta)](\pi_{t+1}-r_t) \\
&+ \beta R^K(1-\tau^K)(r^K_{t+1} - \bar{\tau}^K\tau^K_t) + \beta q_{t+1}\}
\end{aligned} \quad (63)
$$

在稳态处，由式（10），可得：

$$
R^K(1-\tau^K) + (1-\delta) = \frac{1}{\beta}, \text{ 或者 } \beta R^K(1-\tau^K) = 1 - \beta(1-\delta)
$$

把上式代入式（63），可得：

$$
q_t = \beta E_t\{q_{t+1}\} + [1 - \beta(1-\delta)]E_t\{r^K_{t+1} - \bar{\tau}^K\tau^K_t\} - (r_t - E_t\{\pi_{t+1}\})
$$

由式（11），可得：

$$
Q_t\phi'\left(\frac{I^R_t}{K^R_t}\right) = 1 \quad (64)
$$

对上式对数线性展开，可得：

$$
Q\phi'(\delta)(q_t + \phi''(\delta)\delta(i^R_t - k^R_t)) = 0
$$

由于 $Q=1$，$\phi'(\delta)=1$，于是有：

$$q_t - (-\phi''(\delta)\delta)(i_t^R - k_t^R) = 0 \tag{65}$$

令 $\eta = 1/(-\phi''\delta)$，可得：

$$i_t^R - k_t^R = \eta q_t \tag{66}$$

对式 $C_t^{NR} = (1-\tau_t^N)W_t N_t^{NR}$，进行线性对数展开可得：

$$c_t^{NR} = w_t + n_t^{NR} - \overline{\tau}_t^N \tag{67}$$

这里，$\dfrac{\tau_t^N}{1-\tau_t^N} = \overline{\tau}_t^N$。

总消费和总劳动就业的对数形式为：

$$c_t = \lambda c_t^{NR} + (1-\lambda)c_t^R \tag{68}$$

$$n_t = \lambda n_t^{NR} + (1-\lambda)n_t^R \tag{69}$$

在完全劳动力市场上，我们对式（13）和式（17）进行对数线性展开同时结合式（68）和式（69），可得：

$$-\sigma c_t + \theta(1-\sigma)g_t - \overline{\tau}_t^N + w_t = \varphi n_t \tag{70}$$

下面来推导总的欧拉方程。

对式（17）进行线性展开，可得：

$$-\sigma c_t^{NR} + \vartheta(1-\sigma)g_t - \overline{\tau}^N t_t^N + w_t = \varphi n_t^{NR}$$

于是，$n_t^{NR} = \dfrac{1}{\varphi}[-\sigma c_t^{NR} + \vartheta(1-\sigma)g_t - \overline{\tau}_t^N + w_t]$

把上等式代入式（67），可得：

$$c_t^{NR} = w_t + \frac{1}{\varphi}[-\sigma c_t^{NR} + \vartheta(1-\sigma)g_t - \overline{\tau}_t^N + w_t] - \overline{\tau}^N t_t^N \tag{71}$$

由式（70）可得：

$$w_t = \sigma c_t - \vartheta(1-\sigma)g_t + \overline{\tau}_t^N + \varphi n_t$$

由式（72）可得：

$$c_t^{NR} = \left(1 + \frac{1}{\varphi}\right)w_t + \frac{1}{\varphi}[-\sigma c_t^{NR} + \vartheta(1-\sigma)g_t] - \left(1 + \frac{1}{\varphi}\right)\overline{\tau}_t^N$$

于是结合以上两式得：

$$c_t^{NR} = \left(1 + \frac{1}{\varphi}\right)\left[\sigma c_t - \vartheta(1-\sigma)g_t + \overline{\tau}_t^N + \varphi n_t\right] + \frac{1}{\varphi}\left[-\sigma c_t^{NR}\right.$$

$$\left. + \vartheta(1-\sigma)g_t\right] - \left(1 + \frac{1}{\varphi}\right)\overline{\tau}_t^N \Rightarrow \left(1 + \frac{\sigma}{\varphi}\right)c_t^{NR}$$

$$= \left(1 + \frac{1}{\varphi}\right)\sigma c_t - \vartheta(1-\sigma)g_t + (1+\varphi)n_t$$

于是有:

$$\frac{\varphi + \sigma}{\varphi}(c_t^{NR} - E_t\{c_{t+1}^{NR}\}) = \frac{\sigma(1+\varphi)}{\varphi}(c_t - E_t\{c_{t+1}\})$$

$$- \vartheta(1-\sigma)(g_t - E_t\{g_{t+1}\}) + (1+\varphi)(n_t - E_t\{n_{t+1}\})$$

或者:

$$c_t^{NR} - E_t\{c_{t+1}^{NR}\} = \frac{\sigma(1+\varphi)}{\varphi + \sigma}(c_t - E_t\{c_{t+1}\}) - \frac{\varphi\vartheta(1-\sigma)}{\varphi + \sigma} \quad (72)$$

$$(g_t - E_t\{g_{t+1}\}) + \frac{\varphi(1+\varphi)}{\varphi + \sigma}(n_t - E_t\{n_{t+1}\})$$

由式(68)可得:

$$c_t - E_t\{c_{t+1}\} = \lambda(c_t^{NR} - E_t\{c_{t+1}^{NR}\}) + (1-\lambda)(c_t^R - E_t\{c_{t+1}^R\}) \quad (73)$$

此外, 由式(59)可得:

$$\sigma(c_t^R - E_t\{c_{t+1}^R\}) = \vartheta(1-\sigma)(E_t\{g_{t+1}\} - g_t) + (E_t\{\pi_{t+1}\} - r_t)$$

即为: $c_t^R - E_t\{c_{t+1}^R\} = \frac{\vartheta(1-\sigma)}{\sigma}(E_t\{g_{t+1}\} - g_t) + \frac{1}{\sigma}(E_t\{\pi_{t+1}\} - r_t)$ (74)

把式(72)、式(74)代入式(73), 可得:

$$c_t - E_t\{c_{t+1}\} = \lambda\left[\frac{\sigma(1+\varphi)}{\varphi + \sigma}(c_t - E_t\{c_{t+1}\}) - \frac{\varphi\vartheta(1-\sigma)}{\varphi + \sigma}\right.$$

$$\left. (g_t - E_t\{g_{t+1}\}) + \frac{\varphi(1+\varphi)}{\varphi + \sigma}(n_t - E_t\{n_{t+1}\})\right](1-\lambda)$$

$$\left[\frac{\vartheta(1-\sigma)}{\sigma}(E_t\{g_{t+1}\} - g_t) + \frac{1}{\sigma}(E_t\{\pi_{t+1}\} - r_t)\right]$$

化简得:

$$\left[1 - \frac{\sigma\lambda(1+\varphi)}{\varphi + \sigma}\right]c_t = \left[1 - \frac{\sigma\lambda(1+\varphi)}{\varphi + \sigma}\right]E_t\{c_{t+1}\} + \frac{\varphi\lambda(1+\varphi)}{\varphi + \sigma}$$

$$(n_t - E_t\{n_{t+1}\}) + \vartheta(1 - \sigma)\left[\frac{(1 - \lambda)}{\sigma} - \frac{\varphi\lambda}{\varphi + \sigma}\right](E_t\{g_{t+1}\} - g_t)$$

$$+ \frac{1 - \lambda}{\sigma}(E_t\{\pi_{t+1}\} - r_t) \tag{75}$$

把式（75）简写为：

$$c_t = E_t\{c_{t+1}\} + \Phi_n(n_t - E_t\{n_{t+1}\}) + \Phi_g(E_t\{g_{t+1}\} - g_t)$$

$$- \bar{\sigma}(r_t - E_t\{\pi_{t+1}\})$$

或者，

$$c_t = E_t\{c_{t+1}\} - \Phi_n E_t\{\Delta n_{t+1}\} + \Phi_g E_t\{\Delta g_{t+1}\} - \bar{\sigma}(r_t - E_t\{\pi_{t+1}\}) \tag{76}$$

在这里，$\Phi_n = \dfrac{\Gamma\varphi\lambda(1 + \varphi)}{\varphi + \sigma}$，$\Phi_g = \Gamma\vartheta(1 - \sigma)\left[\dfrac{(1 - \lambda)}{\sigma} - \dfrac{\varphi\lambda}{\varphi + \sigma}\right]$，$\bar{\sigma} = \dfrac{\Gamma(1 - \lambda)}{\sigma}$，$\Gamma = \left[1 - \dfrac{\sigma\lambda(1 + \varphi)}{\varphi + \sigma}\right]^{-1}$。

对式（41）和式（49）在稳态处通货膨胀进行对数线性展开，可得到描述通货膨胀的动态方程。

$$\pi_t = \beta E_t\{\pi_{t+1}\} - \lambda_p \mu_t^p \tag{77}$$

在这里，$\lambda_p \equiv (1 - \beta\theta)(1 - \theta)\theta^{-1}$，$\mu_t^p = -\hat{MC}_t$。

下面对式（77）进行证明。

证明过程如下：

对 $E_t \sum\limits_{k=0}^{\infty} \theta^k \Lambda_{t,t+k} \dfrac{P_t^*}{(P_{t+k})^{1-\varepsilon_p}} Y_{t+k} - E_t \sum\limits_{k=0}^{\infty} \theta^k \Lambda_{t,t+k} \dfrac{\varepsilon_p}{\varepsilon_p - 1} \dfrac{1}{(P_{t+k})^{-\varepsilon_p}} Y_{t+k} MC_{t+k} = 0$ 进行现行对数展开，得：

$$E_t \sum_{k=0}^{\infty} (\theta\beta)^k \frac{P^*}{(P)^{1-\varepsilon_p}} Y[\hat{\Lambda}'_{t,t+k} + \hat{P}_t^* - (1 - \varepsilon_p)\hat{P}_{t+k} + \hat{Y}_{t+k}]$$

$$- E_t \sum_{k=0}^{\infty} (\theta\beta)^k u_p \frac{1}{(P)^{-\varepsilon_p}} YMC(\hat{\Lambda}'_{t,t+k} + \varepsilon_p \hat{P}_{t+k} + \hat{Y}_{t+k} - \hat{MC}_{t+k}) = 0$$

在稳态处，由 $E_t \sum\limits_{k=0}^{\infty} (\theta\beta)^k \dfrac{P^*}{(P)^{1-\varepsilon_p}} - E_t \sum\limits_{k=0}^{\infty} (\theta\beta)^k u_p \dfrac{1}{(P)^{-\varepsilon_p}} Y \times MC = 0$，即为：

$\dfrac{P^*}{(P)^{1-\varepsilon_p}}Y = u_p \dfrac{1}{(P)^{-\varepsilon_p}}Y \times MC$，将它代入上式，得：

$$E_t \sum_{k=0}^{\infty} (\theta\beta)^k (\hat{\Lambda}'_{t,t+k} + \hat{P}_t^* - (1-\varepsilon_p)\hat{P}_{t+k} + \hat{Y}_{t+k})$$

$$- E_t \sum_{k=0}^{\infty} (\theta\beta)^k (\hat{\Lambda}'_{t,t+k} + \varepsilon_p\hat{P}_{t+k} + \hat{Y}_{t+k} + \hat{MC}_{t t+k}) = 0$$

$$\hat{P}_t^* = (1-\theta\beta)E_t \sum_{k=0}^{\infty} (\theta\beta)^k (\hat{MC}_{t+k} + \hat{P}_{t+k}) \tag{78}$$

另外，对式 $P_t = [\theta P_{t-1}^{1-\varepsilon_p} + (1-\theta)(P_t^*)^{1-\varepsilon_p}]^{1/(1-\varepsilon_p)}$ 进行对数展开，得：

$$\hat{P}_t = \theta\hat{P}_{t-1} + (1-\theta)\hat{P}_t^* \tag{79}$$

把式（78）代入式（79）中，可得：

$$\hat{P}_t = \theta\hat{P}_{t-1} + (1-\theta)(1-\theta\beta)E_t \sum_{k=0}^{\infty} (\theta\beta)^k (\hat{MC}_{t+k} + \hat{P}_{t+k}) \tag{80}$$

于是，$\hat{P}_{t+1} = \theta\hat{P}_t + (1-\theta)(1-\theta\beta)E_{t+1} \sum_{k=0}^{\infty} (\theta\beta)^k (\hat{MC}_{t+k+1} + \hat{P}_{t+k+1})$

$$E_t\hat{P}_{t+1} = \theta\hat{P}_t + (1-\theta)(1-\theta\beta)E_t \sum_{k=0}^{\infty} (\theta\beta)^k (\hat{MC}_{t+k+1} + \hat{P}_{t+k+1}) \tag{81}$$

在这里，利用了 $E_t E_{t+1}(\cdot) = E_t(\cdot)$。

把式（80）减去式（81）$\times\theta\beta$，可得：

$$\hat{P}_t - \theta\beta E_t\hat{P}_{t+1} = \theta\hat{P}_{t-1} + (1-\theta)(1-\theta\beta)(\hat{MC}_t + \hat{P}_t) - \theta^2\beta\hat{P}_t \tag{82}$$

对式（82）进行整理，得：

$$\dfrac{(1-\theta)(1-\beta\theta)}{\theta}(\hat{MC}_t + \beta E_t(\hat{P}_{t+1} - \hat{P}_t) - \hat{P}_t + \hat{P}_{t-1} = 0 \tag{83}$$

即为：$\hat{\pi}_t = \dfrac{(1-\theta)(1-\beta\theta)}{\theta}\hat{MC}_t + \beta E_t\hat{\pi}_{t+1}$

在这里，$\mu_t^p = -\hat{MC}_t$，于是有：

$$\pi_t = \beta E_t\{\pi_{t+1}\} - \lambda_p\mu_t^p$$

由式（28）和式（29），可得：

$$\mu_t^p = (y_t - n_t) - w_t \tag{84}$$

$$\mu_t^p = (y_t - k_t) - r_t^k \tag{85}$$

下面对式（85）和式（86）进行简单证明。

证明：对式（28）和式（29）进行对数展开，可得：

$$r_t^k = -\mu_t^p - (1 - \alpha)k_t + (1 - \alpha)n_t \tag{86}$$

对生产函数进行对数展开 $Y_t = K_t^\alpha N_t^{1-\alpha}$，可得：

$$y_t = \alpha k_t + (1 - \alpha)n_t \tag{87}$$

$$r_t^k = -\mu_t^p - (1 - \alpha)k_t + (1 - \alpha)n_t \Rightarrow \mu_t^p = \alpha k_t + (1 - \alpha)n_t - k_t - r_t^k$$

$$\Rightarrow \mu_t^p = y_t - k_t - r_t^k$$

同理，可得到式（85）。

对最终产品市场出清的等式进行线性对数展开，得：

$$y_t = \gamma_C c_t + \gamma_I i + \gamma_G g_t \tag{88}$$

3. 动态均衡系统的方程组

我们可得一组随机差分方程组成的动态系统方程矩阵形式：

$$AE_t\{x_{t+1}\} = Bx_t + \varepsilon_t \tag{89}$$

在这里，$x_t = [n_t, c_t, \pi_t, k_t, b_t, g_t, \tau_t^N, \tau_t^K]'$，矩阵式 A 和 B 的元素是结构参数形式，可对其中的参数进行校准得到具体数值。

这个矩阵动态方程是由一些对数线性动态方程组成。

现在，来推导这些动态线性对数方程。我们分 5 步分别得到动态系统方程中主要的五个方程。

第一，推导资源约束条件的对数线性方程。

这从生产函数和最终产品市场均衡等式出发。

$$\left.\begin{array}{l} y_t = \alpha k_t + (1 - \alpha)n_t \\ y_t = \gamma_C c_t + \gamma_I i + \gamma_G g_t \end{array}\right\} \Rightarrow \alpha k_t + (1 - \alpha)n_t = \gamma_C c_t + \gamma_I i + \gamma_G g_t$$

$$\Rightarrow \gamma_I i_t = \alpha k_t + (1 - \alpha)n_t - \gamma_C c_t - \gamma_G g_t$$

对上等式两边同时乘以 δ，得：

$$\delta \gamma_I i_t = \delta \alpha k_t + \delta(1 - \alpha)n_t - \delta \gamma_C c_t - \delta \gamma_G g_t \tag{90}$$

在 $k_{t+1} = \delta i_t + (1 - \delta)k_t$ 两边同时乘以 γ_I，可得：$\gamma_I k_{t+1} = \delta \gamma_I i_t +$

$(1 - \delta) \gamma_I k_t$

把式（87）代入上式，得：

$$\gamma_I k_{t+1} = \delta \alpha k_t + \delta(1 - \alpha) n_t - \delta \gamma_C c_t - \delta \gamma_G g_t + (1 - \delta) \gamma_I k_t \tag{91}$$

可解得：

$$k_{t+1} = \left(1 - \delta + \frac{\delta \alpha}{\gamma_I}\right) k_t + \frac{\delta(1 - \alpha)}{\gamma_I} n_t - \frac{\delta \gamma_C}{\gamma_I} c_t - \frac{\delta \gamma_G}{\gamma_I} g_t$$

另外，由于 $Y = C + I + G$，于是 $1 = \dfrac{C}{Y} + \dfrac{I}{Y} + \dfrac{G}{Y}$，$\gamma_C + \gamma_I + \gamma_G = 1$. 因此有

$\gamma_I = 1 - \gamma_C - \gamma_G$，或者 $\gamma_I = 1 - \bar{\gamma}_C$，在这里 $\bar{\gamma}_C = \gamma_C + \gamma_G$. 于是我们可以把式（88）写成：

$$k_{t+1} = \left(1 - \delta + \frac{\delta \alpha}{1 - \bar{\gamma}_C}\right) k_t + \frac{\delta(1 - \alpha)}{1 - \bar{\gamma}_C} n_t - \frac{\delta \gamma_C}{1 - \bar{\gamma}_C} c_t - \frac{\delta}{1 - \bar{\gamma}_C} g_t \tag{92}$$

第二，推导出通货膨胀的动态方程。

由式（70）可得：

$$w_t = \sigma c_t - \vartheta(1 - \sigma) g_t + \bar{\tau}^N t_t^N + \varphi n_t \tag{93}$$

把上式代入式（82），可得：

$$\mu_t^p = (y_t - n_t) - [\sigma c_t - \vartheta(1 - \sigma) g_t + \bar{\tau}^N t_t^N + \varphi n_t]$$

$$\mu_t^p = y_t - (1 + \varphi) n_t - \sigma c_t + \vartheta(1 - \sigma) g_t - \bar{\tau}^N t_t^N \tag{94}$$

再把式（94）代入式（78），可得：

$$\left.\begin{array}{l} \pi_t = \beta E_t\{\pi_{t+1}\} - \lambda_p [y_t - (1 + \varphi) n_t - \sigma c_t \\ \qquad + \vartheta(1 - \sigma) g_t - \bar{\tau}^N t_t^N] \\ y_t = \alpha k_t + (1 - \alpha) n_t \end{array}\right\}$$

$$\Rightarrow \pi_t = \beta E_t\{\pi_{t+1}\} - \lambda_p [\alpha k_t + (1 - \alpha) n_t - (1 + \varphi) n_t$$

$$- \sigma c_t + \vartheta(1 - \sigma) g_t - \bar{\tau}^N t_t^N]$$

于是有：

$$\beta E_t\{\pi_{t+1}\} = \pi_t + \lambda_p (\alpha k_t - (\alpha + \varphi) n_t - \sigma c_t + \vartheta(1 - \sigma) g_t - \bar{\tau}^N t_t^N) \tag{95}$$

第三，再化简总欧拉方程。

把利率规则 $r_t = r + \phi_\pi \pi_t + \phi_y y_t$、$g_{t+1} = \rho g_t + \varepsilon_t$ 代入总欧拉方程或式 (75)，得：

$$c_t = E_t\{c_{t+1}\} + \Phi_n(n_t - E_t\{n_{t+1}\}) + \Phi_g(E_t\{\rho_G g_t + \varepsilon_t\} - g_t)$$
$$- \bar{\sigma}(\phi_\pi \pi_t + \phi_y y_t - E_t\{\pi_{t+1}\})$$
$$c_t - \Phi_n n_t + \bar{\sigma}\phi_\pi \pi_t + \bar{\sigma}\phi_y y_t = E_t\{c_{t+1}\} - \Phi_n E_t\{n_{t+1}\}$$
$$- \Phi_g(\rho - 1)g_t + \bar{\sigma}E_t\{\pi_{t+1}\}$$

即为：

$$c_t - \Phi_n n_t + \bar{\sigma}\phi_\pi \pi_t + \bar{\sigma}\phi_y y_t + \Phi_g(\rho - 1)g_t = E_t\{c_{t+1}\}$$
$$- \Phi_n E_t\{n_{t+1}\} + \bar{\sigma}E_t\{\pi_{t+1}\} \tag{96}$$

第四，化简托宾 Q 的动态总方程。

我们把式（94）和式（85）结合起来，可得：

$$r_t^K = -k_t + (1 + \varphi)n_t + \sigma c_t - \vartheta(1 - \sigma)g_t + \bar{\tau}^N t_t^N$$

于是有：

$$r_{t+1}^K - \bar{\tau}^N t_{t+1}^N = -k_{t+1} + (1 + \varphi)n_{t+1} + \sigma c_{t+1} - \vartheta(1 - \sigma)g_{t+1} \tag{97}$$

把上等式代入托宾 q 和投资的动态方程，即式（58）。

可得：

$$q_t = \beta E_t\{q_{t+1}\} + [1 - \beta(1 - \delta)]E_t\{-k_{t+1} + (1 + \varphi)n_{t+1}$$
$$+ \sigma c_{t+1} - \vartheta(1 - \sigma)g_{t+1}\} - (r_t - E_t\{\pi_{t+1}\})$$

对上等式两边同时乘以 η，得：

$$\eta q_t = \eta\beta E_t\{q_{t+1}\} + \eta[1 - \beta(1 - \delta)]E_t\{-k_{t+1} + (1 + \varphi)n_{t+1}$$
$$+ \sigma c_{t+1} - \vartheta(1 - \sigma)g_{t+1}\} - \eta(r_t - E_t\{\pi_{t+1}\})$$

我们把式（59）代入上式，得：

$$i_t - k_t = \beta E_t\{i_{t+1} - k_{t+1}\} + \eta[1 - \beta(1 - \delta)]E_t\{-k_{t+1}$$
$$+ (1 + \varphi)n_{t+1} + \sigma c_{t+1} - \vartheta(1 - \sigma)g_{t+1}\} - \eta(r_t - E_t\{\pi_{t+1}\})$$

这样可进行以下推导：

中国政府支出宏观效应及其传导机制研究

$$y_t = \gamma_I i_t + \gamma_C c_t + \gamma_G g \Rightarrow_t i_t = \frac{1}{\gamma_I}(y_t - \gamma_C c_t - \gamma_G g_t) \Rightarrow$$

$$i_t = \frac{1}{\gamma_I}[\alpha k_t + (1-\alpha)n_t - \gamma_C c_t - \gamma_G g_t]$$

于是有：

$$i_t = \frac{1}{\gamma_I}[\alpha k_t + (1-\alpha)n_t - \gamma_C c_t - \gamma_G g_t] \Rightarrow i_t - k_t = \frac{1}{\gamma_I}[(\alpha - \gamma_I)k_t$$

$$+ (1-\alpha)n_t - \gamma_C c_t - \gamma_G g_t] \Rightarrow i_t - k_t = \beta E_t\{i_{t+1} - k_{t+1}\}$$

$$+ \eta[1 - \beta(1-\delta)]E_t\{-k_{t+1} + (1+\varphi)n_{t+1} + \sigma c_{t+1}$$

$$+ \vartheta(1-\sigma)g_{t+1}\} - \eta(r_t - E_t\{\pi_{t+1}\})$$

于是就有：

$$(\alpha - \gamma_I)k_t + (1-\alpha)n_t - \gamma_C c_t - \gamma_G g_t + \gamma_I \eta r_t$$

$$= [\beta(\alpha - \gamma_I) - \gamma_I \eta(1-\beta(1-\delta))]E_t\{k_{t+1}\}$$

$$+ [\beta(1-\alpha) + \gamma_I \eta(1-\beta(1-\delta))(1+\varphi)]E\{n_{t+1}\}$$

$$+ (\gamma_I \eta[1 - \beta(1-\delta)]\sigma - \beta\gamma_C)E_t\{c_{t+1}\} - (\vartheta(\sigma - 1)$$

$$\gamma_I \eta[1 - \beta(1-\delta)] + \beta\gamma_G)E_t\{g_{t+1}\} + \gamma_I \eta E_t\{\pi_{t+1}\}$$

再把式(51)$r_t = r + \phi_\pi \pi_t + \phi_y y_t$ 和式(54)$g_{t+1} = \rho_G g_t + \varepsilon_t^G$ 代入上式，得：

$$(\alpha - \gamma_I)k_t + (1-\alpha)n_t - \gamma_C c_t - \gamma_G g_t + \gamma_I \eta\phi_\pi \pi_t + \gamma_I \eta\phi_y y_{tt}$$

$$= \beta E_t\{\Theta_k k_{t+1} + \Theta_n n_{t+1} + \Theta_c c_{t+1} - \Theta_g g_{t+1} + \gamma_I \eta\pi_{t+1}\} \tag{98}$$

这里，$\Theta_k = [\beta(\alpha - \gamma_I) - \gamma_I \eta(1-\beta(1-\delta))]$，$\Theta_n = \beta(1-\alpha) + \gamma_I \eta(1-\beta(1-\delta))(1+\varphi)$，$\Theta_c = \gamma_I \eta[1 - \beta(1-\delta)]\sigma - \beta\gamma_C$，$\Theta_g = \vartheta(\sigma - 1)\gamma_I \eta[1 - \beta(1-\delta)] + \beta\gamma_G$。

第五，对政府预算约束进行对数展开。

把式（93）和式（97）以及利率规则 $r_t = r + \phi_\pi \pi_t + \phi_y y_t$ 代入式（53），得：

$$\tau^N WN(t_t^N + \sigma c_t - \vartheta(1-\sigma)g_t + \overline{\tau}^N t_t^N + (1+\varphi)n_t) +$$

$$\tau^K R^K K(t_t^K + (1+\varphi)n_t + \sigma c_t - \vartheta(1-\sigma)g_t + \overline{\tau}^N t_t^N)$$

$$+ R^{-1}\pi b(-(\phi_\pi \pi_t + \phi_y y_t) + \hat{\pi}_{t+1} + \hat{b}_{t+1})$$

$$= b\hat{b}_t + Gg_t$$

即为：

$$(\tau^N WN + \tau_t^K R_t^K K) \sigma c_t - (\tau^N WN + \tau_t^K R_t^K K) \vartheta(1-\sigma) g_t - G g_t$$

$$+ (\tau^N WN + \tau_t^K R_t^K K) \overline{\tau} t_t^N + \tau^N WN t_t^N + \tau^K R^K K t_t^K + (\tau^N WN + \tau_t^K R_t^K K)$$

$$(1+\varphi) n_t - b \hat{b}_t - R^{-1} \pi b (\phi_\pi \pi_t + \phi_y y_t)$$

$$= - R^{-1} \pi b (\hat{\pi}_{t+1} + \hat{b}_{t+1})$$

对上式两边同时除以总产量 Y，化简得：

$$(\tau^N \omega_N + \tau_t^K \omega_K) \sigma c_t - [(\tau^N \omega_N + \tau_t^K \omega_K) \vartheta(1-\sigma) + \gamma_C] g_t$$

$$+ [(\tau^N \omega_N + \tau_t^K \omega_K) + \tau^N \omega_N] t_t^N + \tau_t^K \omega_K t_t^K + (\tau^N \omega_N + \tau_t^K \omega_K)$$

$$(1+\varphi) n_t - \omega_B \hat{b}_t - R^{-1} \pi \omega_B \phi_\pi \pi_t - R^{-1} \pi \omega_B \phi_y y_t$$

$$= - R^{-1} \pi \omega_B (\hat{\pi}_{t+1} + \hat{b}_{t+1})$$

在这里，$\omega_N = WN/Y, \omega_K = t^K K/Y, \gamma_C = G/Y, \omega_B = b/Y$

可以把式（53）写得紧凑些，即为：

$$- R^{-1} \pi \omega_B (\hat{\pi}_{t+1} + \hat{b}_{t+1}) = \varphi_1 c_t - \varphi_2 g_t + \varphi_3 t_t^N \tag{99}$$

$$+ \tau^K \omega_K t_t^K + \varphi_4 n_t - \omega_B \hat{b}_t - R^{-1} \pi \omega_B \phi_\pi \pi_t - R^{-1} \pi \omega_B \phi_y y_t$$

在这里，$\varphi_1 = (\tau^N \omega_N + \tau_t^K \omega_K) \sigma, \varphi_2 = (\tau^N \omega_N + \tau_t^K \omega_K) \vartheta(1-\sigma) + \gamma_C, \varphi_3 = (\tau^N \omega_N + \tau^K \omega_K) \overline{\tau}_+^N \tau^N \omega_N, \varphi_4 = (\tau^N \omega_N + \tau^K \omega_K)(1+\varphi), \omega_B = \dfrac{b}{Y}$，真实债券 $b = B/P$。

最后：

$$k_{t+1} = \left(1 - \delta + \frac{\delta\alpha}{1-\overline{\gamma}_C}\right) k_t + \frac{\delta(1-\alpha)}{1-\overline{\gamma}_C} n_t - \frac{\delta\gamma_C}{1-\overline{\gamma}_C} c_t - \frac{\delta}{1-\overline{\gamma}_C} g_t \tag{100}$$

$$\beta E_t\{\pi_{t+1}\} = \pi_t + \alpha\lambda_p k_t - \lambda_p(\alpha+\varphi) n_t - \sigma\lambda_p c_t$$

$$+ \vartheta\lambda_p(1-\sigma) g_t - \lambda_p \overline{\tau}^N t_t^N \tag{101}$$

$$c_t - \Phi_n n_t + \overline{\sigma}\phi_\pi \pi_t + \overline{\sigma}\phi_y y_t + \Phi_g(\rho-1) g_t$$

$$= E_t\{c_{t+1}\} - \Phi_n E_t\{n_{t+1}\} + \overline{\sigma} E_t\{\pi_{t+1}\} \tag{102}$$

$$(\alpha-\gamma_I) k_t + (1-\alpha) n_t - \gamma_C c_t - \gamma_G g_t + \gamma_I \eta\phi_\pi \pi_t + \gamma_I \eta\phi_y y_{tt}$$

$$= \beta E_t \{ \Theta_k k_{t+1} + \Theta_n n_{t+1} + \Theta_c c_{t+1} - \Theta_g g_{t+1} + \gamma_t \eta \pi_{t+1} \} \qquad (103)$$

$$- R^{-1} \pi \omega_B (\hat{\pi}_{t+1} + \hat{b}_{t+1}) = \varphi_1 c_t - \varphi_2 g_t + \varphi_3 t_t^N + \tau^K \omega_K t_t^K + \varphi_4 n_t$$

$$- \omega_B \hat{b}_t - R^{-1} \pi \omega_B \phi_\pi \pi_t - R^{-1} \pi \omega_B \phi_y y_t \qquad (104)$$

$$y_t = \alpha k_t + (1 - \alpha) n_t \qquad (105)$$

$$g_{t+1} = \rho_G g_t + \varepsilon_t^G \qquad (106)$$

$$t_{t+1}^N = \rho_N t_t^N + \varepsilon_t^N \qquad (107)$$

$$t_{t+1}^K = \rho_K t_t^K + \varepsilon_t^K \qquad (108)$$

以上方程组是关于 9 个变量 n_t, c_t, π_t, k_t, y_t, b_t, g_t, τ_t^N, τ_t^K 的 9 个方程。因此，我们可在知道参数值情况下通过 Matlab 程序来求解这一方程组，可得到这 9 个宏观经济变量对政府支出、平均税率冲击的响应图来进行经济模拟分析。

当令 $\tau_t^N = \tau_t^K$ 时，就是正文中的情形，税收来自居民收入，考虑这个平均税率的情况。

附件 3　模拟运行程序

//Liquidity restriction and fiscal policy, consumption puzzle, dynare.

```
var k, c, pi, n, b, shock_g, shock_n, shock_k;
varexo s_g, s_k, s_n;


parameters
//preference and production parameters
delta, alpha, beta, phi, phi_pi, theta, theta1, sgma, lamda, aita,
gamma_c, gamma_i, gamma_c_hype, gamma_g, r_s, pi_s,
tao_n, tao_nbar, tao_k, omega_n, omega_k, omega_b, lamda_p,
//defined parameters
men, p_n, sgma_hype, p_g,
h_g, h_k, h_n, h_c,
phi_1, phi_2, phi_3, phi_4,
//shocks parameters
```

rho_g, rho_n, rho_k, sigma_g, sigma_n, sigma_k;

// parameters values
//preference and production parameters values
delta = 0. 025; alpha = 0. 33; beta = 0. 99; phi = 0. 20; phi_pi = 1. 20; theta = 0. 75; theta1 = 0. 68;

sgma = 0. 68; lamda = 0. 70; aita = 1; gamma_c = 0. 43; gamma_i = 0. 39; gamma_c_hype = 0. 82;

gamma_g = 0. 18; r_s = 1. 010; pi_s = 1. 020; tao_n = 0. 15; tao_nbar = 0. 18; tao_k = 0. 15;

omega_n = 0. 66; omega_k = 0. 33; omega_b = 0. 12; lamda_p = （1 − beta * theta） * （1 − theta） /theta;

//defined parameters values
//group1
men = （1 − sgma * lamda * （1 + phi） / （phi + sgma）） ^ （ − 1）;
p_n = phi * lamda * men * （1 + phi） / （phi + sgma）;
sgma_hype = men * （1 − lamda） /sgma;
p_g = theta1 * men * （1 − sgma） * （ （1 − lamda） /sgma − phi * lamda/ （phi + sgma））;
//group2
h_k = beta * （alpha − gamma_i） − gamma_i * aita * （1 − beta * （1 − delta））;
h_n = beta * （1 − alpha） + gamma_i * aita * （1 − beta * （1 − delta）） * （1 + phi）;
h_c = gamma_i * aita * （1 − beta * （1 − delta）） * sgma − beta * gamma_c;
h_g = theta1 * （1 − sgma） * gamma_i * aita * （1 − beta * （1 − delta）） + beta * gamma_g;
//group3
phi_1 = （tao_n * omega_n + tao_k * omega_k） * sgma;
phi_2 = （tao_k * omega_k + tao_n * omega_n） * theta1 * （1 − sgma） + gamma_g;

phi_3 = (tao_n * omega_n + tao_k * omega_k) * tao_nbar + tao_n * omega_n;

phi_4 = (tao_n * omega_n + tao_k * omega_k) * (1 + phi);

// shocks parameters value

rho_g = 0. 90; rho_n = 0. 23; rho_k = 0. 23; sigma_g = 0. 0376 ; sigma_n = 0. 0307; sigma_k = 0. 0307;

model (linear);

// Log – linear equations

// equation (90)

k(+1) =

(1 – delta + (delta * alpha/(1 – gamma_c_hype))) * k + (delta * (1 – alpha)/(1 – gamma_c_hype)) * n – (delta * gamma_c/(1 – gamma_c_hype)) * c – (delta/(1 – gamma_c_hype)) * shock_g;

// equation (92)

beta * pi(+1) =

pi + alpha * lamda_p * k – lamda_p * (alpha + phi) * n – sgma * lamda_p * c – theta1 * lamda_p * (1 – sgma) * shock_g – lamda_p * tao_nbar * shock_g;

//equation (93)

c (+1) – p_n * n (+1) + sgma_hype * pi (+1) = c – p_n * n + sgma_hype * phi_pi * pi + p_g * (rho_g – 1) * shock_g;

//eqution (95)

beta * (h_k * k(+1) + h_n * n(+1) + h_c * c(+1) + gamma_i * aita * pi (+1)) = (alpha – gamma_i) * k + (1 – alpha) * n – gamma_c * c + (beta * rho_g * h_g – gamma_g) * shock_g + gamma_i * aita * phi_pi * pi;

//equation (53)

– (r_s^ (–1)) * pi_s * omega_b * (pi (+1) + b (+1)) = phi_1 * c – phi_2 * shock_g + phi_3 * shock_n + tao_k * omega_k * shock_k + phi_4 * n – omega_b * b + (r_s^ (–1)) * pi_s * omega_b * phi_pi * pi;

// government spending shock

shock_g (+1) = rho_g * shock_g + s_g;

```
//labor income tax shock
shock_n （+1） = rho_n * shock_n + s_n;
//capital income tax shock
shock_k （+1） = rho_k * shock_k + s_k;
end;


initval;
k=0; c=0; pi=0;    n=0;    b=0; shock_g=0; shock_n=0;
shock_k=0;    s_g=0;    s_n=0;    s_k=0;
end;


shocks;
var s_g = sigma_g^2; var s_n = sigma_n^2; var s_k = sigma_k^2;
end;


stoch_simul （periods=2100）;
```

第五章

非完全竞争市场、财政政策与
中国劳动就业

失业或劳动就业是学界和社会经济领域关注的、重要的话题，而充分就业是宏观财政政策目标重要目标之一，那么财政政策和劳动就业关系如何？现有研究对此关注不多。基于此，本章对中国财政政策的就业效应及其传导机制进行探讨。通过 SVAR 模型实证分析中国财政政策对总产量、劳动就业以及平均劳动报酬的效应，得出一些检验特征：政府支出增加会提升劳动就业和平均劳动报酬的水平；而政府的收入税率的增加降低了劳动就业和劳动回报的水平。为了解释这些检验特征，我们尝试模拟一个完全竞争的动态随机一般均衡模型，发现完全竞争模型不能解释中国劳动力市场上财政政策的效应。于是，我们把垄断竞争、资本调整成、习惯形成引入 DSGE 模型框架中建立一个动态新凯恩斯主义模型，发现此模型能较好地解释中国财政政策对总产量、劳动就业以及劳动回报的动态效应。

一、引言

与通货膨胀一样，失业或劳动就业是学界和社会关注重要的、经常的话题。特别是在 2008 年次贷危机中，欧美国家出现了总产量下降、严重失业等问题，至今失业率还未恢复到危机前的水平。

同时，次贷危机通过资本项目和经常性项目的渠道，给中国经济产生了较为深重的影响，净出口较大幅度下降、短期失业人数增加。与发达国家一样，中国在采取积极货币政策同时，也采用积极财政政策应对危机带来的产量下降和失业人数增加问题。另外，劳动力市场是宏观经济三大市场之一，劳动力市场波动是宏观经济波动主要内容（Kydland，1995），于是理解劳动力市场的逻辑是我们分析宏观经济运行的一个重要前提，而充分就业是宏观财政政策四大目标之一。因此，财政政策与劳动就业的关系如何？总需求冲击以及财政政策冲击后，总产量、就业呈现怎样的动态反应？这些相关问题是理论界和政策制定者关注的主题内容之一。基于此，本书即讨论财政政策冲击对劳动就业、劳动回报等宏观变量的动态效应及其传导机制。

然而，国外研究对财政政策的劳动就业效应探讨很少（Perotti，2007），于是这问题值得我们深入探讨。此外，自 Kydland 和 Prescott（1982）后，动态随机一般均衡模型（Dynamic Stochastic General Equilibrium，DSGE）成为宏观主流分析框架，它被用来分析经济波动、货币政策、劳动力市场、开放经济等主要宏观经济学领域。通过把一些非完全竞争因素引入 DSGE，它现已发展为动态新凯恩斯主义模型分析框架（Dynamic New Keynesian model，DNK）（Goodfriend，1997，Gali，2008），在此分析框架下，一方面，有研究经济波动与劳动就业关系（Kydland，1995，Shimer，2009），值得一提的是，技术冲击和劳动就业的关系最近 10 年备受关注（Gali，1999，Christiano et al.，2003，Liu and Phaneuf，2007）。另一方面，在此框架有些研究讨论了财政政策对总产量或消费或投资的效应（Burnside et al.，2004，Bouakez and Rebei，2007，Galí et al.，2007，Ravn et al.，2007）。但是，有关 DNK 框架这些研究讨论财政政策问题时，研究对象主要是欧美发达国家，对发展国家的相关研究几乎没有涉及，同时这些对在劳动力市场上财政政策的效应探讨寥寥无几。

　　而在国内相关研究中，一方面，从财政政策的就业效应问题来看，讨论财政政策对劳动就业效应的研究不多，而且主要进行的是定性研究（顾晓慧，1999；孙胜利，2003，"中国失业问题与财政政策研究"课题组，2005），尽管王文甫（2008）从理论和实证角度讨论了中国政府支出的就业效应，但他只是在新古典增长理论框架下进行了实证分析。另一方面，从动态新凯恩斯主义模型角度来看。随着国外 DNK 模型的发展，近年来，国内有些学者对它产生极大兴趣，尝试使用此框架来分析中国经济问题（陈昆亭，2005，刘斌，2008，王文甫，2010，黄志刚，2011，王君斌等，2011），然而国内这些相关研究主要是讨论中国金融问题，尽管王文甫（2010）讨论了中国财政政策效应及其传导机制，但只是分析了财政政策对总产量和消费效应，却对财政政策的劳动就业效应没有涉及。

　　基于以上所述，本章尝试从以下几个方面做一点创新。一方面，相对国外研究来看，本书研究对象主要选择的是最大的发展中国家中国，同时，本书分别使用 SVAR 模型和 DNK 模型分别讨论了财政政策的就业效应及其传导机制。另一方面，相对国内研究来看，我们利用 1995 年第 1 季度至 2010 年第 4 季度中国相关季度数据，在 Blanchard 和 Perotti（2002）分析方法的基础上进行了一定的拓展，对中国财政政策的劳动就业效应进行实证分析；同时，利用 DNK 分析框架探讨了中国财政政策就业效应的传导机制。这些是对中国财政政策与劳动就业的关系问题分析的一个有益的、尝试性的探索。

　　为此，本章首先在 Blanchard 和 Perotti（2002）分析方法的基础上进行拓展，把 SVAR 模型的内生变量从税收、政府购买和总产量 3 变量拓展到税收、政府购买和总产量、就业和劳动回报 5 个变量，在讨论了识别条件后，进行脉冲响应分析，得出中国劳动力市场的财政政策效应的经验特征：政府支出增加会提升劳动就业和劳动回报的水平；而政府的收入税率的增加降低了劳动就业和劳动回报的水平。

根据以上中国财政政策的效应特征，我们首先模拟一个具有完全竞争的标准真实周期模型（Real Business Cycle model，RBC），发现完全竞争 RBC 模型只能解释中国政府支出和税收分别对劳动就业的正效应以及税收对劳动就业的负效应经验特征，不能解释中国财政政策对劳动投入回报效应经验特征。因此，我们可以判断，具有完全竞争的 RBC 模型不能解释中国劳动力市场上财政政策效应的经验特征。于是，我们推测非完全竞争因素也许能解释中国财政政策对劳动就业、劳动回报的效应经验特征。

而在我国经济运行中，的确存在着一些非完全竞争市场因素。一是关于黏性价格的考虑。国内研究中国产品市场上的价格存在黏性较少，如陆军、舒元（2002）在研究货币政策无效性命题时，他们认为中国还存在市场的不完全性，特别是价格、工资刚性的存在，以致市场不能迅速调整以出清市场。在一些垄断竞争行业，如电力、通讯、石油、交通等部门，它们的油价、通讯资费、电价等商品具有一定的名义价格刚性，不同性质企业的产品价格调整是具有非同步，这也会产生价格黏性。此外，由于实际经济中产品还存在一定的差异性，这意味着存在垄断竞争市场因素。二是关于消费习惯或习惯形成的考察（Habit Formation）。国内关于消费形成的存在性实证（龙志和等，2002，雷钦礼，2007，艾春荣、汪伟，2008，杭斌，2011）。三是关于投资调整成本因素的考虑。此方面国内相关研究很少，据我们所知，目前仅有朱微亮等（2009）进行这方面相关研究。

在具有消费习惯和价格黏性的垄断竞争模型中，财政政策对劳动力市场效应的传导机制可能是，一是从劳动需求来看。一方面，政府支出增加的负财富效应使居民消费量下降。而居民的消费习惯又使其消费在短期内下降缓慢，从而使总需求下降趋势力量较小；另一方面，政府支出增加会使总需求水平有上升趋势的力量。这两股合力促使总需求上升幅度较大，从而引致的劳动需求可能有较大地提高。二是从劳动供给来看，政府支出的负财富效应使居民的劳动供给增加；尽管总需求增加，而由于价格黏性的存在使劳动工资开始下降较小，于是推动劳动供给增加的力量较弱；劳动供给增加为正数。三是由于居民消费习惯和黏性价格的存在，从而政府支出增加所引致的劳动需求可能大于劳动供给，在劳动市场回到均衡状态时工资水平上升，劳动就业量就增加。同时，在短期内劳动就业量上升会使总产量水平提高。同理可得出对税收对总产量、劳动就业及工资水平的效应传导机制。

　　基于以上分析，我们尝试把垄断竞争、资本调整成本、习惯形成以及政府支出的正外部性引入 DSGE 模型框架中建立一个 DNK 模型，去考察这些不完全竞争因素能否解释中国劳动市场上劳动就业的效应经验特征。模拟发现所构建的模型能较好地解释中国财政政策对总产量、劳动就业以及劳动回报的动态效应。

　　本章结构安排如下：一是利用 SVAR 模型分析中国财政政策对总产量、劳动就业、劳动回报的效应。二是主要引入一些不完全竞争因素建立动态新凯恩斯主义模型，解释在中国劳动力市场上财政政策宏观效应的经验事实。三是对本章的分析进行总结，并指出研究不足和有待拓展的方面。

二、中国财政政策就业效应的经验特征

(一) 变量定义、本书识别条件的选择

　　(1) 来看定义变量，关于 SVAR 内生变量的选择和定义。[①] 在 Blanchard 和 Perotti（2002）基础上，我们选用总产量、政府支出、收入税率、劳动就业以及平均劳动报酬这 5 个变量。在这里，用

---

　　① SVAR 方法是财政政策的效应分析主要方法之一（Blanchard and Perotti, 2002, Perotti, 2005, Gali et al., 2007, Ramey, 2009），甚至 Blanchard and Perotti（2002）认为，相对货币政策的研究，SVAR 方法更适合用于财政政策问题的讨论。

GDP 表示总产量，而政府支出包括政府消费性支出和政府投资性支出（search the definition）不包括政府的转移支付，而收入税率由于不能从国家公布的统计数据直接得到，我们由政府总税收收入除以GDP 的平均税率来表示，劳动就业我们用城镇劳动就业人数表示，平均劳动报酬用城镇全部单位从业人员劳动报酬除以城镇全部单位从业人员表示。由于对变量要扣除物价指数得到实际值进行分析，物价指数一般用消费价格指数 CPI 表示，而实际季度 GDP 由名义季度 GDP 扣除季度 GDP 平减指数得到。因此，实际政府支出以及实际平均税率、实际平均劳动收入分别由名义政府支出、名义税收收入以及名义平均劳动收入扣除 CPI 得到。为了方便，在此，分别把实际 GDP、实际政府支出、实际平均税率以及实际平均劳动回报分别记为 RGDP、RGE、RAT 和 RLR，而劳动就业记为 EM，在SVAR 内生变量排序依次为：$X_t = [RAT, RGE, RGDP, EM, RLR]$。

（2）来看本书识别条件的选择。在 SVAR 模型中，是从简约式来识别结构式的。[1] 如果分析的向量是 n 维，就需要 $n \times (n-1)/2$ 个约束条件。因此，本书 SVAR 模型识别需要 $5 \times (5-1)/2 = 10$ 条件。我们假定税收对当期的政府支出、劳动就业量以及平均劳动回报没有反应，这是符合经济学原理，由于有税收制度，税收与当期的总产量有关，在此，按照李晓芳等（2005）的分析结果，我们取税收对 GDP 的弹性为 1.72。同时，假设财政支出在当期对总产量的变化没有反应，这是由于财政政策具有一定的外在时滞性。此外假设劳动就业、工资水平对税收、政府支出、总产量的冲击在当期内反应不为零。在此，我们选用 AB 型，即为 $Au_t = B\varepsilon_t$，u_t 为结构式随机扰动项，ε_t 为简约式随机扰动项。

（二）数据选取及其处理和检验

（1）关于数据的选取。采用中国的 1992 年第 1 季度至 2010 年

---

[1]　高铁梅：《计量经济学分析方法与建模：Eviews 应用与建模》，清华大学出版社 2006 年版，第 250～259 页。

第 4 季度的相关季度数据，样本容量为 72。数据来源中经数据统计网（http：//ibe. cei. gov. cn）。

（2）进行数据处理。先对 *RAT*，*RGE*，*RGDP*，*EM*，*RLR* 这 5 组数据取自然对数，这可减弱它们的异方差性，并且将它们的对数形式分别记为 ln*RAT*，ln*RGE*，ln*RGDP*，ln*EM*，ln*RLR*。随后，在处理数据时，我们发现它们对应的数据具有一定季节性特征，于是在这里使用了 TRAMO/SEATS 方法来对这 4 个变量的数据进行季节调整，得到除去季节波动部分外的包括趋势部分和不规则部分的季节调整项。[①]然后，本书应用 ADF（augment dickey-fuller）和 PP（phillips-perron）方法对调整后的 ln*RAT*，ln*RGE*，ln*RGDP*，ln*EM*，ln*RLR* 各序列进行平稳性检验，结果表明这些调整后的各时间序列存在不平稳性，即调整后各序列均为一阶单整序列，我们在这里进行 SVAR 模型分析时，不取这些变量的差分形式，因为差分会使以前的一些信息损失，于是我们在此用 HP 滤波方法得到这 5 个变量的波动项，对进行 ADF 平稳性检验，发现这些变量的波动项具有平稳性。

在此，使用 Eviews 5.0 对 VAR 方程进行检验，结果表明按照 AIC 准则、SC 准则，选择其滞后 2 期的形式，这与李晓芳等（2005）利用 SVAR 模型研究中国财政政策的效应时选取的滞后期

---

① 书中有些变量数据从统计年鉴或统计网站不能直接得到，于是我们对原始数据做了一些处理。一是关于劳动就业的数据，由于 20 世纪 90 年代后我国出现了大量下岗职工，于是城镇劳动就业人员数在 1998 年第 4 季度出现突然下跌。为了处理这个数据的断点，将 1992 年第 1 季度至 1998 年第 3 季度数据序列向下平移，平移值 = 1998 年第 4 季度劳动就业量值与 1998 年第 3 季度劳动就业量值之差 + 1998 年第 3 季度连续的后 3 季度劳动量季度增加值的平均值。二是关于季度 CPI 的数据。这里我们需要季度 CPI 值，而相关统计资料上没有直接给出季度 CPI 值，于是我们处理的步骤如下：先设定 1995 年 1 月 CPI 为 100，再由 1995 年 CPI 的月环比指数得出 1995 年 1 月至 12 月的 CPI，然后用 CPI 同比 CPI 分别推算出 1995 年前和 1995 年后的每个月 CPI，最后可得到 1992 年第 1 季度至 2010 年第 4 季度之间各个季度的 CPI。三是季度 GDP 平减指数。关于 GDP 平减指数只能得到年度，而在相关统计资料上季度的没有，于是我们利用年度的 GDP 平减指数按照复利计算出季度 GDP 平减指数。

数相同。进一步, Eviews 5.0 运算结果表明, VAR（2）特征多项式
的逆根都在单位圆内, 所以 VAR（2）是稳定的。接着, 我们把对
应的 5 组数据在 Eviews 5.0 中去运行得到相应的矩阵, 然后根据
SVAR 模型的识别思路, 从而得到结构方程, 发现依照上面的约束
条件运行不存在过渡识别。进一步可以得到本书分析所需要的脉冲
反应函数（Impulse Response Function, IRF）。总产量、劳动就业和
劳动平均收入对政府支出冲击和收入税率冲击反应的结果, 如
图 5 -1、图 5 -2 和图 5 -3 所示。

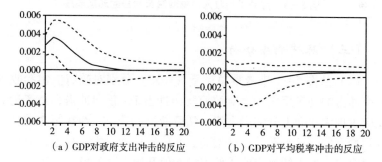

（a）GDP对政府支出冲击的反应　　　（b）GDP对平均税率冲击的反应

图 5 -1　总产量对财政政策冲击的动态响应

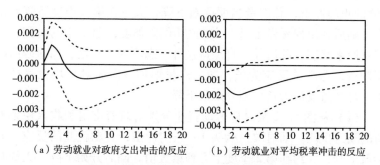

（a）劳动就业对政府支出冲击的反应　　（b）劳动就业对平均税率冲击的反应

图 5 -2　劳动就业对财政政策冲击的动态响应

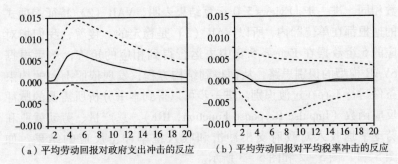

（a）平均劳动回报对政府支出冲击的反应　　（b）平均劳动回报对平均税率冲击的反应

图5－3　劳动平均收入对财政政策冲击的动态响应

（三）脉冲响应分析

（1）从图5－1来考察总产量（GDP）分别对政府支出和收入税率冲击的动态反应。面对政府支出冲击1%正向冲击，总产量的反应表现为立即上升到最大值，随后继续上升，大约在第2季度上升到最大值，这表明总产量偏离稳态位置达到最大。接着，总产量对政府支出冲击的反应值或偏离稳态值开始逐渐下降，大约在第12季度时，又回到初始状态，此后就一直保持不变。而面对收入税率1%的正向冲击，总产量当期逐渐下降，大概在第3季度下降到最小。随后，出现缓慢上升，大约经历12季度，即3年的时间，又回到原来状态，此后并一直保持这种状态不变。总之，面对政府购买冲击，总产量反应为正，即总产量增加。而面对平均税率的冲击，总产量反应为负，即总产量下降。

（2）从图5－2来讨论劳动就业分别对政府支出和收入税率冲击的动态反应。面对政府购买1%正向冲击，劳动就业的反应一开始就上升，大约在第2季度上升到最大值，随后开始下降，大约在第4季度回到零位置，但这下降趋势没有停止，继续下滑，大概第8季度下降到最小值，且为负值。接着开始徐徐上升，经历了大约11季度时间，最终又回到初始状态。而面对收入税率1%的正向冲击，劳动就业立即下降到一个负值，接着小幅下降，在第3季度下降到最小值，随后 17 季度内出现缓慢回升的过程，大约在第 20 季度后，回到初始状态，并一直保持着零状态不变。总的来看，面对正向政府支出冲击，劳动就业反应在短期内（1 年内）增加，而在中期内（1 年到 5 年）表现为减少。而面对收入税率的正向冲击，劳动就业的反应为负，即就业量减少。

　　（3）我们来观察图 5 - 3，分析平均劳动回报分别对政府支出和收入税率冲击的动态反应。面对政府支出 1% 正向冲击，在前 2 个季度内平均劳动回报的反应很小地增加，在第 2 季度后，开始出现较快地增加，大约在第 4 季度上升到最大值，接着呈现缓慢下降的变化，大约在第 20 季度后（5 年后）回到初始状态。而面对收入税率 1% 的正向冲击，平均劳动回报反应立即上升到一个正值，随后逐渐下降，大约在第 3 季度初下降到零值，接着下降为负值，大概在第 7 季度下降到最小值，此后，开始上升，大约在第 13 季度，回到零状态，并一直保持这一状态不变，但整个过程，平均劳动回报反应幅度较小。总之，面对政府购买正向冲击，平均劳动回报反应为正，即增加。而面对收入税率的正向冲击，平均劳动回报反应短期内（1 年内）为正，而中期内（1 年到 5 年内）反应为负，但总的反应幅度不大。

　　对以上实证分析进行归纳，可得到以下结论：（1）面对政府支出正向冲击，总产量反应大体为正，而面对平均税率的冲击，总产量反应为负。（2）面对正向政府支出冲击，劳动就业反应在短期内（1 年内）增加，而在中期内（1 年到 5 年）表现为减少。而面对收入税率的正向冲击，劳动就业的反应为负，即就业量减少。（3）面对政府购买正向冲击，平均劳动回报反应为正，即增加。而面对收入税率的正向冲击，平均劳动回报反应短期内（1 年内）为正，而中期内（1 年到 5 年内）反应为负，但总的反应幅度不大。第 1 结论与李晓芳等（2005）、王文甫（2010）的理论具有一致性。

（四）强健性检验

关于对以上实证研究的结论，我们可以通过以下两个方法进行强健性（robustness）检验，来提高实证结论的说服力。一是在足够大的样本容量条件下，从样本中再抽出部分样本进行实证 SVAR 检验，然后比较检验的结果与所关注的实证结论是否一致。二是通过增加 SVAR 中的向量维数，即增加更多的变量来检验所关注的实证结论是否改变。但是，从本书所选样本中再抽出部分样本做强健性（robustness）检验有一定的困难，因为本书数据样本容量为 72 较小。于是我们只能通过增加 SVAR 内生变量维数来进行强健性（robustness）检验，由于这里样本容量不大，我们每次检验只能加入一个变量，为此，我们通过分别加入居民消费、社会投资到本书 SVAR 模型内生向量，并进行 SVAR 冲击反应分析，发现所得到结果总体上不会改变以上实证分析结论。因此，可以说我们实证结果具有一定强健性（robustness）（为了行为简便，在强健性（robustness）检验的冲击反应图在此处省略）。

三、价格黏性、消费习惯及财政政策的就业效应

（一）中国的非完全竞争因素

在国外对随机冲击的效应的传导机制中分析一个通常研究思路是在 DSGE 模型框架加以讨论。DSGE 模型框架可分为真实周期模型（Real Business Cycle model，RBC）和动态新凯恩斯主义模型（Dynamic New Keynesian model，DNK）。RBC 模型主要是以完全竞争经济为背景来讨论宏观经济问题，而 DNK 模型主要是对 RBC 模型的发展，在 DSGE 模型框架引入垄断竞争、价格黏性、工资黏性等不完全竞争因素来讨论问题（Goodfriend，1997，Christiano et al.，

2005，Smets and Wouters，2007，Gali，2008）。[①] 受国外研究的影响，国内做了一些 RBC 研究（龚刚、Willi Semmler，2003，黄赜琳，2005，2006；胡永刚、刘方，2007，陈晓光、张宇麟，2011），而也做了一些 DNK 研究（李春吉、孟晓宏，2006，陈昆亭、龚六堂，2007，刘斌，2008；王君斌、王文甫，2010，袁伟彦、李文溥，2010，袁申国等，2011，黄志刚，2011），但是以上研究侧重研究经济波动问题或金融问题，而专门来探讨财政问题不多，如黄赜琳（2005）、陈晓光和张宇麟（2011）在 RBC 模型框架下引入政府行为主要来讨论中国经济波动的解释力度，而王文甫（2010）在 DNK 模型框架下讨论居民的流动性约束能否解释中国政府支出的挤入效应，而王彬（2011）在 DNK 模型框架下讨论中国财政政策和货币政策的效应，然而，王君斌和王文甫（2010），龚刚和 Willi Semmler（2003），黄赜琳（2006），这些在 DSGE 或 DNK 框架下的研究仍然没有对中国财政政策的就业效应问题进行深入讨论。

本书主要目的是：引入垄断竞争、黏性价格、消费习惯或习惯形成（Habit formation）、投资调整成本等不完全竞争因素来解释开放经济下中国财政政策宏观效应的特征事实。而这些不完全竞争因素的引入主要是基于以下原因来考虑的：

（1）关于黏性价格的考虑。国内研究中国产品市场上的价格存在黏性较少，如陆军和舒元（2002）在研究货币政策无效性命题时，他们认为中国还存在市场的不完全性，特别是价格、工资刚性的存在，以致市场不能迅速调整以出清市场。此外，陈昆亭和龚六堂（2006）、李吉春和孟晓宏（2006）、王君斌和王文甫（2010）分别在研究中国经济波动和劳动对技术冲击的问题时，引入价格黏性这一因素，并获得较好解释力度，这蕴涵着中国市场存在一定的

[①] Goodfriend（1997）称具有非完全竞争因素的 DSGE 模型为新新古典综合（New Neoclassic Synthesis，NNS），其后国内研究者称为动态新凯恩斯主义模型（DNK）（Gali，2008），具有代表性研究 Christiano 等（2005），Smet 和 Wounter（2007）。

价格黏性。另外，在中国的现实经济环境中，存在一些垄断竞争行业，如电力、通讯、石油、交通等部门，它们的油价、通讯资费、电价等商品具有一定的名义价格刚性，不同性质企业的产品价格调整具有非同步性，这也会产生价格黏性。同时，实际经济中产品还存在一定的差异性。因此，我们可以考虑价格黏性和垄断竞争因素。

（2）关于消费习惯或习惯形成的考察。国内关于消费形成的存在性实证（龙志和等，2002，雷钦礼，2007，齐福全、王志伟，2007，艾春荣、汪伟，2008，杭斌，2010，闫新华、杭斌，2010，杭斌，2011）。值得一提的是，刘斌（2008）在建立一个中国DSGE进行政策分析时引入消费习惯，王君斌等（2011）在讨论了货币政策冲击对产出、消费和通货膨胀的动态效应和传导机制时，在DSGE模型框架下中也引入消费习惯并得到较好的解释。基于这些研究，本书也尝试把习惯形成引入DNK模型进行分析。

（3）关于投资调整成本因素的考虑。此方面国内相关研究很少，据我们所知，目前仅有朱微亮等（2009）进行这方面相关研究。而他们还是在一般均衡经济框架下，研究企业投资过程中的调整成本对股票收益率的影响。推导出其中包含调整成本的产出—资本资产定价模型。利用中国股市上非金融A股上市公司年报及股价月度数据，考察了我国股市的股票收益率变动。实证研究发现：他们所构建的模型能解释中国股市上88％的股票收益变动。这就意味着中国投资存在调整成本。此外，因为资本物品的投资调整成本能促使消费、GDP等变量对冲击反应的变化缓慢，为了能反映技术冲击或财政政策冲击的持续性或持久性，我们在构建的模型中尝试引入这一因素加以考虑。

现在，我们主要根据Calvo（1983）价格设定的思路和Yun（1996）的模型分析框架，在动态一般均衡模型框架中引入垄断竞争，名义价格黏性来构建模型。模型包括三类经济主体：家庭、厂商和货币当局。家庭进行消费、提供劳动、进行储蓄和拥有真实货币余额及实物资本。厂商有三类：最终产品厂商所处的是完全竞争市场，他们使用中间产品来生产。中间产品厂商是垄断竞争者，使用资本和劳动来生产具有差异性的产品；他们在设定价格时面临价格黏性。资本品生产者所处的是完全竞争市场，根据变化的资本品价格来调整成本，使用最终产品来生产新资本。货币当局执行货币政策。我们此处建立的模型主要借助基本动态新凯恩斯框架（Goodfriend，1997，Gali，2008）考虑财政政策的就业效应，国内几乎没有相关方面的研究，于是我们此处研究具有一定的新颖性。

（二）模型的设定[①]

1. 经济个体优化问题

（1）消费者优化行为。

代表性消费者的效用函数如下：

$$U(\tilde{C}_t, N_t) = \frac{\tilde{C}_t^{1-\sigma} - 1}{1 - \sigma} - \frac{N_t^{1+\varphi}}{1 + \varphi} \tag{5.1}$$

在这里，消费者最终消费水平是一个组合消费，它表示为 $\tilde{C}_t = C_t / C_{t-1}^h$，这个等式说明消费者消费具有习惯性（Habit Formation）。σ 表示消费者消费的跨期替代弹性大小，$1/\varphi$ 表示劳动对工资水平的供给弹性大小。

消费者预算约束等式如下：

$$P_t(C_t + I_t) + R_t^{-1} B_{t+1} = (1 - \tau_t)(W_t P_t N_t + R_t^k P_t K_t) + B_t \tag{5.2}$$

在这里 B_t 表示 t 期的债券数量，R_t 表示 t 期的债券毛回报率值，R_t^k 表示资本回报率的大小。

同时，消费者进行投资、积累资本，主要把它提供给厂商，从

---

① 本章具体的模型推导，可参见本章的附件模型推导部分。

而获得回报。其资本累积方程如下：

$$K_{t+1} = (1 - \delta)K_t + \phi\left(\frac{I_t}{K_t}\right)K_t \tag{5.3}$$

在这里，$\phi\left(\dfrac{I_t}{K_t}\right)$ 表示投资调整成本。

于是消费者最优化问题可归纳为：

$$\max_{C_t, N_t, B_{t+1}, K_{t+1}, I_t} E_0 \sum_{t=0}^{\infty} \left\{ \beta^t \left[\frac{\tilde{C}_t^{1-\sigma} - 1}{1 - \sigma} - \frac{N_t^{1+\varphi}}{1 + \varphi} \right] \right\}$$

$$\text{s. t. } P_t(C_t + I_t) + R_t^{-1}B_{t+1} = (1 - \tau_t^N)W_t P_t N_t$$
$$+ (1 - \tau_t^K)R_t^k P_t K_t + B_t$$

$$K_{t+1} = (1 - \delta)K_t + \phi\left(\frac{I_t}{K_t}\right)K_t$$

（2）厂商行为。

最终品厂商：

最终品生产厂商的生产函数为：

$$Y_t = \left(\int_0^1 X_t(j)^{\frac{\varepsilon_p - 1}{\varepsilon_p}} dj \right)^{\frac{\varepsilon_p}{\varepsilon_p - 1}} \tag{5.4}$$

在这里，Y_t 表示最终品厂商投入中间品 $X_t(j)$ 而生产出的总产量。

总价格水平为：

$$P_t = \left(\int_0^1 P_t(j)^{1-\varepsilon_p} dj \right)^{1/(1-\varepsilon_p)} \tag{5.5}$$

在这里，P_t 表示最终品价格，而 $P_t(j)$ 表示第 j 中间品厂商的产品价格水平。

中间品厂商的生产函数为：

在国内，存在大量的垄断竞争中间品厂商，$j \in (0,1)$。关于它

们的生产函数形式。我们取柯布－道格拉斯型生产函数：①

$$Y_t(j) = A_t K_t(j)^\alpha N_t(j)^{1-\alpha} \tag{5.6}$$

我们通过求中间品厂商的成本最小化，可得到代表性中间品厂商的边际成本：

$$MC_t = \Psi (R_t^K)^\alpha (W_t)^{1-\alpha} \tag{5.7}$$

在这里，$\Psi = \alpha^{-\alpha}(1-\alpha)^{-(1-\alpha)}$。

在此，我们假设价格黏性和工资黏性，分别如下：

关于价格黏性。按照 Calvo（1983）的思路，一个中间品厂商以下最优化问题去它的设定黏性价格：

$$\max_{P_t^*} E_t \sum_{k=0}^{\infty} \theta^k \left\{ \Lambda_{t,t+k} Y_{t+k}(j) \left(\frac{P_t^*}{P_{t+k}} - MC_t \right) \right\} \tag{5.8}$$

这里，θ 表示设定黏性价格的厂商在所有厂商中的比例大小，$\Lambda_{t,t+l} = \beta^k \dfrac{U_C(t+l)}{U_C(t)}$ 表示随机折现因子。

该中间品厂商面对着最终品厂商对它产品的需求，

$$Y_{t+l}(j) = X_{t+l}(j) = \left(\frac{P_{t+l}(j)}{P_{t+l}} \right)^{-\varepsilon_p} Y_{t+l} \tag{5.9}$$

接下来，我们在式（5.9）约束条件下求式（5.8）最优化问题，通过一系列化简，我们可得到：

$$P_t^* = u_p \frac{E_t \sum_{k=0}^{\infty} \theta^k \left(\Lambda_{t,t+l} \dfrac{1}{(P_{t+k})^{1-\varepsilon_p}} Y_{t+l} P_{t+l} MC_{t+l} \right)}{E_t \sum_{l=0}^{\infty} \theta^k \left(\Lambda_{t,t+l} \dfrac{1}{(P_{t+l})^{1-\varepsilon_p}} Y_{t+l} \right)} \tag{5.10}$$

---

①　由于本章主题是讨论政府支出和税收政策冲击对劳动就业和平均劳动报酬回报的效应，于是后面对技术冲击对劳动就业效应在模拟分析就被忽略掉，有关中国技术冲击的就业效应可见王君斌和王文甫（2010）的讨论。

在这里，定义 $\omega_{t,t+l} \equiv \dfrac{\theta^k \left(\Lambda_{t.t+l} \dfrac{1}{(P_{t+k})^{1-\varepsilon_p}} Y_{t+l} \right)}{\displaystyle\sum_{l=0}^{\infty} E_t \theta^k \left(\Lambda_{t,t+l} \dfrac{1}{(P_{t+l})^{1-\varepsilon_p}} Y_{t+l} \right)}$，于是可把式

(5.10) 写成。

$$P_t^* = u_p E_t \sum_{k=o}^{\infty} \omega_{t,t+l} P_{t+l} MC_{t+l} \qquad (5.11)$$

总的物价水平为：$P_t = (\theta P_{t-1}^{1-\varepsilon_p} + (1-\theta)(P_t^*)^{1-\varepsilon_p})^{1/(1-\varepsilon_p)}$。

2. 货币当局和财政当局

(1) 利率规则为：

$$r_t = \phi_\pi \pi_t + \phi_y y_t \qquad (5.12)$$

(2) 政府预算约束：

$$B_t + P_t G_t = \tau_t (P_t W_t N_t + P_t R_t^K K_t) + R_t^{-1} B_{t+1} \qquad (5.13)$$

在这里，$\pi_{t+1} = \dfrac{P_{t+1}}{P_t}, b_t = \dfrac{B_t}{P_t}$。

（三）参数校准

(1) 消费者偏好参数取值或估计。关于居民主观贴现率，根据 1995 年第 1 季度至 2009 年第 3 季度，平均每季度物价水平上升 2.0%，家庭主观效用的贴现率为 $\beta = 0.98$。关于居民消费的替代弹性，本书根据消费者跨期最优条件 $C_t^{-\sigma} = \beta E_t [C_{t+1}^{-\sigma} R_{t+1}]$ 得到方程 $\Delta \ln C_t = (1/\sigma) \ln R_{t+1} + \varepsilon_t$，再利用时间序列 $\Delta \ln C_t$ 和 $\ln R_{t+1}$ 估计跨期替代弹性 $1/\sigma$，而从 $R_t = \alpha Y_t / K_{t-1} + (1 - \delta)$ 可估算中国经济的 1978~2007 年的 R_{t+1}，最终得到估计值 $\sigma = 0.87$。工资关于劳动供给的弹性或劳动力供给弹性的倒数 φ，刘斌（2008）估计出其均值为 6.16，而王彬（2010）估计它的均值为 1.8，在此本书取该值 $\varphi = 2.0$，接近于王彬（2010）估计的值，而后面在对进行模型参数

敏感性分析时发现，模拟结果对此参数在一定时间内取值比较稳定。关于消费习惯或习惯形成的参数，我们按照王君斌（2011）取 $h = 0.589$。

（2）厂商生产参数取值。关于产出对资本的弹性 α，国内学者对资本份额的估计也在 0.5 左右，如张军（2002）估计此值为 0.499，王小鲁和樊纲（2000）估计它为 0.5。于是在此取资本份额 α 为 0.5。关于资本的折旧率，按照陈昆亭和龚六堂（2006）做法，本书选取的年折旧率为 0.10，这意味着资产的平均使用年限为 10 年，取其季度平均值，表示季度折旧率 $\delta = 0.025$。关于最终品厂商对中间品价格需求弹性 ε_p，李春吉和孟晓宏（2006）由模型模拟得到其值为 $\varepsilon_p = 3.7064$，而 Zhang（2009）基于 GMM 实证证据得到 $\varepsilon_p = 4.61$，本书取 $\varepsilon_p = 4.6$。关于中间每期保持价格不变的厂商在社会的比重，陈昆亭和龚六堂（2006）取 $\theta = 0.6$，本书也取此值。投资关于托宾 Q 的弹性，参照刘斌（2008）取 $\eta = 2.09$。关于稳态处名义毛利率，关于季度稳态毛利率，李春吉和孟晓宏（2006）校准出稳态年度毛利率为 1.1134，我计算出它的平均值，作为季度稳态毛利率 $R \equiv r + 1 = 1.02835$，在此我们取 $R = 1.028$。

（3）货币政策与财政政策相关参数。关于货币利率简单的泰勒规则系数。我们在经济模拟时，发现在利率规则方程中，通货膨胀缺口系数 $\phi_\pi > 1$ 是模型有唯一均衡解的充分必要条件，然而，国内大多数有关泰勒规则的研究表明 ϕ_π 都在 1 值左右或小于 1，本书作者取值模拟发现，若 ϕ_π 都在 1 值左右或小于 1，则模型的解存在非收敛性或爆炸性（explosiveness）或不确定性（indeterminacy）。然而，在国内的相关研究中，陈昆亭和龚六堂（2006）在泰勒利率规则方程中，通货膨胀缺口系数 $\phi_\pi = 1.75$，产出通货膨胀缺口系数 $\phi_y = 0.50$，刘斌（2008）研究中国货币政策时，在泰勒利率规则方程中，通货膨胀缺口系数 $\phi_\pi = 1.31$，产出通货膨胀缺口系数 $\phi_y = 0.78$，而石柱鲜等（2009）分析表明，在泰勒利率规则方程中，通货膨胀缺口系

数 $\phi_\pi = 1.766$，产出通货膨胀缺口系数 $\phi_y = 0.2533$，我们取为 $\phi_\pi = 1.77$，$\phi_y = 0.25$。本书模拟分别采取他们对此类参数估计的值，发现结果是相同的。另外，我们对政府支出和收入税率序列进行处理，对波动部分进行无截距的一阶自回归可得：政府支出冲击自相关系数 $\rho_G = 0.57$，标准差为 $\sigma_G = 3.76\%$；收入税率冲击自相关系数 $\rho_T = 0.227$，标准差为 $\sigma_T = 3.07\%$。

（4）其他相关参数取值。由李春吉和孟晓宏（2006）的稳态年度稳态通货膨胀率为 1.08，于是我们这里设定季度稳态通货膨胀率 $\pi = 1.02$。通过 1995 年第 1 季度至 2010 年的第 3 季度相关数据，我们可分别得到政府支出、居民消费、社会投资在 GDP 的比例分别为 $\gamma_C = 0.18$，$\gamma_C = 0.43$，$\gamma_I = 0.39$；由于季度的政府债务数据缺乏，在这里，就利用 1978～2008 年的政府债务在 GDP 的比例 $\omega_B = 0.12$ 来表示季度数据的比例，把以上参数校准值归纳在表 5 - 1 中。

表 5 - 1　　　　　　　　中国的模型参数校准值

σ	φ	β	h	α	ε_p	δ	R	π	η
0.87	2.0	0.98	0.589	0.5	4.61	0.025	1.028	1.02	2.09
ϕ_π	ϕ_y	γ_C	γ_G	γ_I	ω_B	ρ_G	σ_G	ρ_T	σ_T
1.77	0.25	0.43	0.18	0.39	0.12	0.57	3.76%	0.227	3.07%

（四）经济模型的模拟及传导机制分析[①]

接下来，我们分别对两种模型经济进行考察，这两种模型是完全竞争经济和具有消费习惯或习惯形成（Habit Formation）垄断经济，通过对它们进行分析，讨论它们对中国财政政策对总产量、劳动就业量、平均劳动报酬效应的经验特征解释力度。

1. 完全竞争模型的模拟结果及传导机制讨论

对于本书以上建立的模型，我们分别取本国保持价格不变厂商

---

① 有关经济模拟程序具体参见本章的附件模拟运行程序部分。

的比例 $\theta = 0.00001$，同时，把消费习惯参数设定为零，即 $h = 0$。在本书中，我们把这样设定的模型近似看做完全竞争模型，对它进行经济模拟，得到的结果用于代替完全竞争模型的模拟结果。

从图 5-4 我们可以观察到，面对财政政策的冲击时总产量的动态反应。一是总产量对政府支出冲击的动态效应。当政府支出正向 1% 冲击发生后，总产量立即上升到一个最大值，然后在第 2 季度初上升到最大值，随后在较长时期内下降，大约在第 37 季度回到初始状态，此后并保持这种状态一直下去。二是总产量对平均税率冲击的动态效应。当平均税率政府支出正向 1% 冲击发生后，总产量立即下降到一个值，然后在第 2 季度初下降到最小，此后在开始缓慢上升，大于在第 35 季度回到初始状态（或零状态），并一直保持这一状态不变。总之，面对政府支出的正向冲击，总产量的反应为正，而面对平均税率的正向冲击，总产量的反应为负。

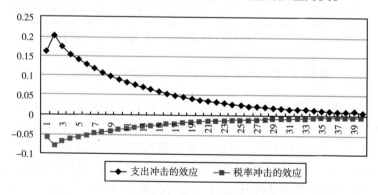

图 5-4 总产量对财政政策冲击的响应（完全竞争）

从图 5-5 我们可以观察出，面对财政政策的冲击时劳动就业的动态反应。一是劳动就业对政府支出的动态反应。当政府支出 1% 正向冲击发生后，劳动就业立即上升到一个值，随后较快地上升，在第 3 季度上升到最大值，接着开始下降，大概在第 37 季度后，回到一稳定位置，接近于零状态，并一直保持这一状态不变下去。二是劳动就业对平均税率冲击的动态反应。当平均税率1%正向冲击发生后，劳动就业一开始就出现较快地下降，大概在第3季度下降到最小值，此后出现缓慢上升，大约在第26季度回到接近于初始状态的稳定状态，并一直保持这一状态下去。总之，面对政府支出的正向冲击，劳动就业量的反应为正，而面对平均税率的正向冲击，劳动就业量的反应为负。

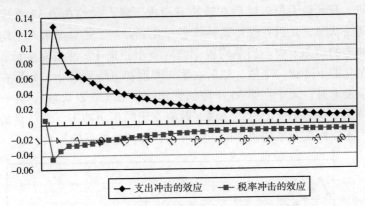

图5-5　劳动就业对财政政策冲击的响应（完全竞争）

从图5-6中我们可以观察出，劳动平均报酬对财政政策冲击的动态反应。一是平均劳动报酬对政府支出的动态反应。当政府支出1%正向冲击发生后，平均劳动报酬当期立即下降到一个值，然后开始上升，大约在第3季度上升到一个极小值，随后小幅下降，在第4季度后表现为缓慢上升，大约在第36季度后，回到一个接近于零的稳定状态，并一直保持这一状态不变下去。二是劳动平均报酬对平均税率正向冲击的动态反应。面对1%平均税率正向冲击，劳动平均报酬立即上升，随后开始经历一个较平缓地下降的过程，大约在第28季度回到初始状态，但在此并没有停止仍继续下降，大约在第17季度，下降到最小，此后并保持这种状态一直下去。总之，面对政府支出1%正向冲击，平均劳动报酬的反应为负；面对正向平均税率的冲击，平均劳动报酬的反应为正。

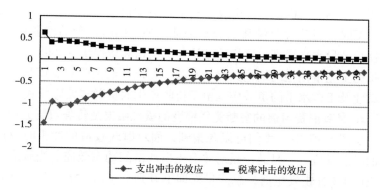

图5-6 劳动报酬或工资对财政政策冲击的响应（完全竞争）

我们把以上分析结论概括如下：面对政府支出的正向冲击，总产量、劳动就业量的反应为正，而面对平均税率的正向冲击，总产量、劳动就业量的反应为负；面对政府支出的正向冲击，平均劳动报酬的反应为负，而面对平均税率的正向冲击，平均劳动报酬的反应为正。我们把此结论与前面实证分析的结论进行比较，发现完全竞争模型能较好解释中国总产量和劳动就业量分别对政府支出和平均税率的正向冲击反应的经验特征，而不能解释中国平均劳动报酬分别对政府支出和平均税率的正向冲击反应的经验特征。

接下来我们分析在完全竞争情形下财政政策对总产量、劳动就业、工资水平效应的传导机制，去理解为什么完全竞争模型不能解释中国平均劳动报酬分别对政府支出和平均税率的正向冲击反应的经验特征？先来看政府支出对这些宏观经济变量效应的传导机制如何？一方面，政府支出增加，会使税收上升，产生负财富效应（negative wealth effects）（baxter and king, 1993），这样由于收入效应，居民消费量会下降，劳动供给增加。另一方面，政府支出增加会使总需求有上升的动力，而由于负财富效应引起的居民消费下降，会使总需求有下降的趋势，于是这里两个力量的综合在一起会使总需求增加幅度较小或甚至为负，于是总需求引致的劳动需求增幅很小或不变。因此，在劳动市场上，劳动供给大于劳动需求，最终均衡时，劳动就业量和工资水平都增加。同时，劳动就业增加，会使总产量水平提高。这样的结论与王文甫和朱保华（2008）其中模拟完全竞争模型的结论具有一定的一致性。而税收对总产量、劳动就业及工资水平的负效应是由于税收产生的负财富效应所致。

2. 具有消费习惯的垄断竞争模型的模拟结果及传导机制分析

从图 5 – 7 中，我们可以观察到，面对财政政策的冲击时总产量的动态反应。一是总产量对政府支出冲击的动态效应。当政府支出正向 1% 冲击发生后，总产量立即上升到一个最大值，然后开始下降，大约在第 12 季度回到初始状态，此后并保持这种状态一直下去。二是总产量对平均税率冲击的动态效应。当平均税率政府支出正向 1% 冲击发生后，总产量立即下降到一个值，随后开始下降，大约在第 3、第 4 季度之间下降到最小值，此后再开始缓慢上升，大约在第 15 季度回到初始状态（或零状态），并一直保持这一状态不变。总之，面对政府支出的正向冲击，总产量的反应为正，而面对平均税率的正向冲击，总产量的反应为负。

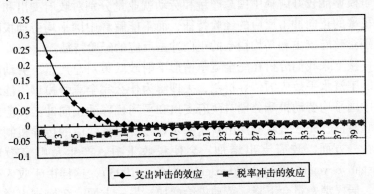

图 5 – 7　总产量对财政政策冲击的响应

从图 5 – 8 可以观察出，面对财政政策的冲击时劳动就业的动态反应。一是劳动就业对政府支出的动态反应。当政府支出 1% 正向冲击发生后，劳动就业立即上升到一个值，随后较快地上升，在第3季度上升到最大值，接着开始下降，大概在第16季度后，回到一位置，接近于零状态，并一直保持这一状态不变下去。二是劳动就业对平均税率冲击的动态反应。当平均税率1%正向冲击发生后，劳动就业下降到一个值，然后较快地下降，大概在第4季度下降到最小值，此后出现缓慢上升，大约在第24季度回到接近于初始状态的稳定状态，并一直保持这一状态下去。总之，面对政府支出的正向冲击，劳动就业量的反应为正，而面对平均税率的正向冲击，劳动就业量的反应为负，并且不管面对政府支出还是平均税率冲击，劳动就业的动态反应都表现为较强驼峰型。

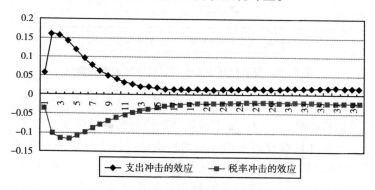

图5-8 劳动就业对财政政策冲击的响应

从图5-9中可以观察出，我们可以观察出劳动平均报酬对财政政策冲击的动态反应。一是平均劳动报酬对政府支出的动态反应。当政府支出1%正向冲击发生后，平均劳动报酬当期立即下降到一个值，然后开始上升，大约在第5季度后回到初始状态，但它并没有停止，仍继续下降，约在第33季度后下降到一个稳定状态，并一直保持不变。二是劳动平均报酬对平均税率正向冲击的动态反应。面对1%平均税率正向冲击，劳动平均报酬立即上升，随后开始下降，大约在第9季度回到零状态，但在此并没有停止仍继续下降，大约在第17季度，下降到最小，此后并保持这种状态一直下去。总之，面对政府支出1%正向冲击，在短期内（5季度内），平均劳动报酬的反应为负，而在中长期内（5季度后）平均劳动报酬的反应为正；面对正向平均税率的冲击，在短中期内（9季度内），平均劳动报酬的反应为正，而中长期内（9季度后），平均劳动报酬的反应为负。

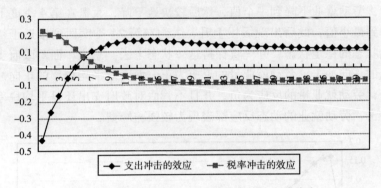

图5－9　劳动报酬或工资对财政政策冲击的响应

在此，我们把本书所构建的模型得出模拟结果与前面的实证分析结论进行比较，发现：本书所构建的模型较好地解释了中国总产量、劳动就业量对政府支出、平均税率两种冲击反应的经验特征，而模型不能解释短期内平均劳动报酬对政府支出、劳动税率冲击的反应经验特征，但是模型能解释中长期内平均劳动报酬对政府支出、劳动税率冲击的反应经验特征。

下面我们来分析，在具有消费习惯和价格黏性的垄断竞争模型中，财政政策对劳动力市场效应的传导机制。一是从劳动需求来看，一方面，政府支出增加会提高税收水平提高，于是产生负财富效应，这样收入效应造成居民消费量下降。此外，由于消费习惯或习惯形成（Habit Formation），居民消费在短期内表现下降缓慢，从而政府支出的负财富效应对总需求影响幅度较小；另一方面，政府支出增加，会使总需求水平有上升的趋势。因此，这两股力量合力促使总需求上升幅度较大，这样总需求引致的劳动需求水平可能有较大幅度提高。二是从劳动供给来看，政府支出的负财富效应会促使居民的劳动供给增加；而由于价格黏性存在，尽管总需求增加，但价格在短期内上升较为缓慢，于是在初期劳动工资下降较小，推动劳动供给增加的力量较弱；结果劳动供给增加为正数。因此，由于居民消费习惯和黏性价格的存在，从而政府支出增加所引致的劳动需求可能大于劳动供给，在劳动市场回到均衡状态时工资水平上升，劳动就业量就增加。同时，劳动就业量上升在短期内促使总产量水平提高。依据以上思路，同理可得出对税收总产量、劳动就业及工资水平的效应传导机制。

四、结 语

本章是基于实证分析的结论上，在动态新凯恩斯主义框架下，对中国财政政策的就业效应及其传导机制进行探讨。通过 SVAR 模型实证讨论了中国财政政策对总产量、劳动就业以及平均劳动报酬的效应，得出一些检验特征：政府支出增加会提升劳动就业和平均劳动报酬的水平；而政府的收入税率的增加降低了劳动就业和劳动回报的水平。为了解释这些检验特征，我们尝试模拟一个完全竞争的动态随机一般均衡模型，发现完全竞争因素不能解释中国劳动力市场上财政政策的宏观效应。于是，我们尝试把垄断竞争、资本调整成本、消费习惯形成引入 DSGE 模型框架中建立一个 DNK 模型，模拟发现所构建的模型能较好地解释中国财政政策对总产量、劳动就业以及劳动回报的动态效应。

同时，本章有关财政政策的劳动就业效应的经验特征和模型经济的模拟结果对当前政府调整宏观经济政策促进劳动就业有一定的参考。如"政府支出会促进总产量、就业量增加"这一实证结论意味着政府可增加支出达到"保增长"和"保就业"的两个目标。然而，在当前通货膨胀压力和流动性过剩的背景下，政府不能仅通过影响总需求来实现此两个目标，政府可利用过多资金去投资或促进一些产业发展，如支持新兴支柱产业的发展，促使城乡一体化和地区经济平衡的发展，此外政府还可通过财政政策如补贴引导资金流向实体经济，这可增加总供给水平，有效地保证经济增长和就业量增加，减低当前通货膨胀的压力。又如"平均税率会使总产量、就业量减少"这一实证结论意味着，税收对宏观经济运行产生负面影响。我国近几年来财政收入的增长率都超过了国内生产总值的，这一定给经济发展带来负效应。但是政府要提供公共产品和保障经济发展，必须要一定的财政收入作为保障，因此，政府通过结构减税促使民营企业或第三产业的发展，增加总产量同时，保证就业总量有较大幅度地提高。此外，模型模拟结论说明价格黏性、居民消费习惯、垄断竞争等因素在中国财政政策对劳动市场效应的传导机制中起到重要作用。这意味着，不仅在我们讨论中国财政政策的就业效应需要考虑到非完全竞争因素在其中所起的作用，而且中国政府为了保增长、保就业而制定和实施财政政策时，也需要考虑到非完全竞争市场环境的变化对财政政策实施绩效的影响，随着改革深入，市场非完全竞争环境必然会发生变化，在保持财政政策连续性及稳健性的情况下，灵活地调整财政政策，将成为提升宏观经济调控水平的一个重要思路。

此外，尽管本章讨论的非完全竞争模型经济可解释中国财政政策对劳动力市场效应的经验特征，但只考虑了政府的总支出这一项，而政府支出结构对劳动就业的效应经验特征及其解释没有加以探讨；由于数据收集一时的困难，本书对税收讨论只考虑平均税率，没有对资本收入税、劳动收入税、消费税等一些税种收入的效应进行分析；同时，中国劳动市场由于户籍制度的存在从而导致市场分割。因此，我们可借鉴动态新凯恩斯主义模型分析框架，去考察政府支出结构或税收结构的劳动就业效应，或者引入致劳动市场分割等具有中国特色的因素来讨论财政政策或劳动力市场的相关问题。这些问题也许是本章相关研究进一步拓展的方向。

参考文献

［1］艾春荣，汪伟：《习惯偏好下的中国居民消费的过度敏感性——基于1995～2005年省际动态面板数据的分析》，载于《数量经济技术经济研究》2008年第11期。

［2］陈昆亭、龚六堂：《黏滞价格模型以及对中国经济的数值模拟——对基本RBC模型的改进》，载于《数量经济技术经济研究》2006年第8期。

［3］陈晓光、张宇麟：《信贷约束、政府消费与中国实际经济周期》，载于《经济研究》2010年第12期。

［4］龚刚、Willi Semmler：《非均衡劳动力市场的真实周期模型》，载于《经济学（季刊）》2003年第2卷第2期。

［5］胡永刚、刘方：《劳动调整成本、流动性约束与中国经济波动》，载于《经济研究》2007年第10期。

［6］黄赜琳：《中国经济周期特征和财政政策效应——一个基于三部门RBC模型的实证分析》，载于《经济研究》2005年第6期。

［7］黄赜琳：《技术进步与劳动就业波动变化的影响分析——基于可分劳动RBC模型实证分析》，载于《统计研究》2006年第6期。

［8］顾晓慧：《财政政策与就业问题研究》，载于《北京商学院学报》1999年第5期。

［9］杭斌：《城镇居民的平均消费倾向为何持续下降——基于消费习惯形成的实证分析》，载于《数量经济技术经济研究》2010年第6期。

［10］杭斌：《理性习惯偏好与居民消费行为》，载于《统计研究》2011年第3期。

［11］黄志刚：《货币政策与贸易不平衡的调整》，载于《经济研究》2011年第5期。

［12］雷钦礼：《家庭消费行为的典型特征与跨期选择的优化分析》，载于《消费经济》2007年第5期。

［13］李吉春、孟晓宏：《中国经济波动——基于新凯恩斯主义垄断竞争模型分析》，载于《经济研究》2006年第10期。

［14］刘斌：《我国DSGE模型的开发及在货币政策分析中的应用》，载于《金融研究》2008年第10期。

［15］龙志和、王晓辉、孙艳：《中国城镇居民消费习惯形成实证分析》，

载于《经济科学》2002 年第 6 期。

　　[16] 陆军、舒元：《研究货币政策无效性命题在中国的实证研究》，载于《经济研究》2002 年第 3 期。

　　[17] 齐福全、王志伟：《北京市农村居民消费习惯实证分析》，载于《中国农村经济》2007 年第 7 期。

　　[18] 石柱鲜、孙皓、邓创：《Taylor 规则在我国货币政策中的实证检验》，载于《当代财经》2009 年第 12 期。

　　[19] 孙胜利：《我国就业问题对财政的影响与压力》，载于《经济学动态》2003 年第 1 期。

　　[20]《中国失业问题与财政政策研究》课题组：《中国失业问题与财政政策研究》，载于《管理世界》2005 年第 6 期。

　　[21] 王君斌、郭新强、蔡建波：《扩张性货币政策下的产出超调、消费抑制和通货膨胀惯性》，载于《管理世界》2011 年第 3 期。

　　[22] 王君斌、王文甫：《非完全竞争市场、技术冲击和中国劳动就业——动态新凯恩斯主义视角》，载于《管理世界》2010 年第 1 期。

　　[23] 闫新华、杭斌：《内、外部习惯形成及居民消费结构——基于中国农村居民的实证研究》，载于《统计研究》2010 年第 5 期。

　　[24] 袁申国、陈平、刘兰凤：《汇率制度、金融加速器和经济波动》，载于《经济研究》2011 年第 1 期。

　　[25] 袁伟彦、李文溥：《中国货币政策的汇率传递效应及形成机制》，载于《管理世界》2010 年第 12 期。

　　[26] 朱微亮、刘海龙、史青青：《基于调整成本的产出——资本资产定价模型研究》，载于《管理工程学报》2009 年第 9 期。

　　[27] 王彬：《财政政策、货币政策调控与宏观经济稳定——基于新凯恩斯主义垄断竞争模型的分析》，载于《数量经济技术经济研究》2010 年第 11 期。

　　[28] 王小鲁、樊纲：《我国工业增长的可持续性》，经济科学出版社 2000 年版。

　　[29] 王文甫：《政府支出、技术进步对劳动就业的效应分析》，载于《经济科学》2008 年第 3 期。

　　[30] 王文甫：《价格黏性、流动性约束与中国财政政策的宏观效应——动态新凯恩斯主义视角》，载于《管理世界》2010 年第 9 期。

[31] 张军:《资本形成、工业化与经济增长：中国的转轨特征》, 载于《经济研究》2002 年第 6 期。

[32] Calvo, G., 1983, Staggered Prices in a Utility Maximizing Framework, Journal of MonetaryEconomics, 12, 383 – 398.

[33] Christiano, L., M, Eichenbaum, and R. Vigfusson, 2003, What Happens After a Technology Shock? NBER Working Paper, No. 9819.

[34] Christiano, L., Eichenbaum M. & Evans, C., 2005, Nominal rigidities and the dynamic effects of a shock to monetary policy, Journal of Political Economics 113: 1 – 45.

[35] Baxter, M. and King, R. G., 1993. Fiscal policy in general equilibrium. American Economic Review 83: 315 ~ 334.

[36] Blanchard, O., 1989, A Traditional Interpretation of Macroeconomic Fluctuations, American Economic Review, 79 (5): 1146 – 1164.

[37] Blanchard, O. and Perotti, R., 2002, An empirical characterization of the dynamic effects of changes in government spending and taxes on output, Quarterly Journal of Economics 117: 1329 – 1368.

[38] Bouakez, H. and Rebei, N., 2007, Why does private consumption rise after government spending shock? Canadian Journal of Economics 40: 954 – 979.

[39] Burnside, C., Eichenbaum M. and Fisher, J. D. M., 2004, Fiscal shocks and their consequences, Journal of Economic Theory. 115: 89 – 117.

[40] Gali, J., 1992, How Well Does the IS – LM Model Fit PostwarU. S. Data? The Quarterly Journal of economics, 107 (2), 709 – 738.

[41] Gali, J., 1999, Technology, Employment and the Business Cycle: Do Technology Shocks Explain Aggregate Fluctuations? American Economic Review, 89 (1): 249 – 271.

[42] Galí, J., 2008, Monetary Policy, inflation, and the Business Cycle: An introduction to the new Keynesian Framework, P edited Galí, Jordi, Princeton. N. J. : Princeton University Press.

[43] Galí, J., J. D. López – Salido, and J. Vallés, 2007, Understanding the Effects of Government Spending on Consumption, Journal of the European Economic Association, Vol. 5: 227 – 270.

[44] Goodfriend, M. and King, R. G., 1997, The New Neoclassical Synthesis

and the role of monetary policy, NBER Macroeconomics Annual12: 231 – 283.

[45] Kydland F., 1995, Business cycles and aggregate labor market fluctuations, In Frontiers of Business Cycle Research, edited by Cooley T., Princeton University Press, Princeton.

[46] Linnemann, L. and Schabert, A, 2003, Fiscal policy in the New Neoclassical Synthesis, Journal of Money, Credit and Banking, 35: 911 – 929.

[47] Liu Zheng and Phaneuf Louis, 2007, Technology shocks and labor market dynamics: Some evidence and theory, Journal of Monetary Economics, 54: 2534 – 2553.

[48] Perotti, R., 2005, Estimating the effects of fiscal policy in OECD countries, CEPR Discussion Paper 4842, January.

[49] Perotti, R., 2007, In search of the transmission, mechanism of fiscal policy, forthcoming NBER Macroeconomics Annual.

[50] Ramey, V. A., 2009, Identifying government spending shocks: It's All in the Timing, NBER Working Paper No. 15464.

[51] Ravn, M., Schmitt – Grohe, S. and Uribe, M., 2007, Explaining the effects of government spending shocks on consumption and the real exchange rate, NBER Working Paper No. 13328.

[52] Shimer R., 2009, Labor markets and business cycles, forthcoming Princeton University Press.

[53] Smets. F. and Wouters, R., 2007, Shocks and frictions in US business cycles: a Bayesian DSGE approach, American Economic Review, Vol. 97, 586 – 606.

[54] Yun, Tack, 1996, Nominal Price Rigidity, Money Supply Endogeneity, and Business Cycles, Journal of Monetary Economics, 37, 345 – 370.

[55] Zhang, W., 2009, China's monetary policy: Quantity versus Price Rules, Journal of Macroeconomics, 31 (3), 473 – 484.

附件 1　模型推导过程

消费者效用函数为：

$$U(\tilde{C}_t, N_t) = \frac{\tilde{C}_t^{1-\sigma} - 1}{1 - \sigma} - \frac{N_t^{1+\varphi}}{1 + \varphi} \tag{1}$$

此处 $\tilde{C}_t = C_t / C_{t-1}^h$ 　　　　　　　　　　　　　　　　(2)

消费者的预算约束条件为：

$$P_t(C_t + I_t) + R_t^{-1} B_{t+1} = (1 - \tau_t^N) W_t P_t N_t + (1 - \tau_t^K) R_t^k P_t K_t + B_t \tag{3}$$

资本积累方程为：

$$K_{t+1} = (1 - \delta) K_t + \phi\left(\frac{I_t}{K_t}\right) K_t \tag{4}$$

于是消费者最优化问题如下：

$$\max_{C_t, N_t, B_{t+1}, K_t, I_t} E_0 \sum_{t=0}^{\infty} \left\{ \beta^t \left(\frac{\tilde{C}_t^{1-\sigma} - 1}{1 - \sigma} - \frac{N_t^{1+\varphi}}{1 + \varphi} \right) \right\} \tag{5}$$

s. t. $P_t(C_t + I_t) + R_t^{-1} B_{t+1} = (1 - \tau_t^N) W_t P_t N_t + (1 - \tau_t^K) R_t^k P_t K_t + B_t$

$$K_{t+1} = (1 - \delta) K_t + \phi\left(\frac{I_t}{K_t}\right) K_t$$

我们按照第二章的附件 2 模型推导去求解第五章的模型的一阶条件，并对数线性化，得到以下等式：

$$E_t\{\sigma(\hat{C}_t - \hat{C}_{t+1}) - h(\hat{C}_{t-1} - \hat{C}_t)\} = E_t\{\pi_{t+1} - r_t\} \tag{6}$$

$$q_t = \beta E_t\{q_{t+1}\} + [1 - \beta(1 - \delta)] E_t\{r_{t+1}^K - \bar{\tau}_t^K\} - (r_t - E_t\{\pi_{t+1}\}) \tag{7}$$

在这里，定义 $\kappa = 1/(-\phi''\delta)$，于是有：

$$i_t - k_t = \kappa q_t \tag{8}$$

$$\hat{C}_t + \varphi\hat{N}_t = (1 - \beta h)(\bar{\tau}_t^N + \hat{W}_t) + (1 - \sigma)$$

$$((\hat{C}_t - \hat{C}_{t+1}) - h(\hat{C}_{t-1} - \hat{C}_t)) \tag{9}$$

中国政府支出宏观效应及其传导机制研究

$$(1 - \tau_t^N)\varpi_N(-\overline{\tau}_t^N + w_t + n_t) + (1 - \overline{\tau}_t^K)\varpi_K(-\overline{\tau}_t^K + r_t^k + k_t) \tag{10}$$
$$+ \varpi_B\hat{b}_t - \varpi_C c_t - \varpi_I i_t - R'\varpi_B\pi(-r_t + \hat{b}_{t+1} + \hat{\pi}_{t+1}) = 0$$

在这里，$\dfrac{\tau^K}{1 - \tau^K} = \overline{\tau}^K$，$\varpi_N \equiv \dfrac{WN}{Y}$，$\varpi_K \equiv \dfrac{R_t^K K_t}{Y}$，$\varpi_G \equiv \dfrac{G}{Y}$，$\varpi_B \equiv \dfrac{b}{Y}$，$\varpi_C \equiv \dfrac{C}{Y}$，

$\varpi_I \equiv \dfrac{I}{Y}$。

$$(1 - \delta)\hat{K}_t + \delta\hat{I}_t - \hat{K}_{t+1} = 0 \tag{11}$$
$$M\hat{C}_t = \alpha r_t^K + (1 - \alpha)w_t \tag{12}$$
$$R_t^K = \alpha A_t G_t^\gamma K_t^{\alpha-1} N_t^{1-\alpha} \tag{13}$$
$$r_t^K = a_t + \gamma g_t + (\alpha - 1)k_t + (1 - \alpha)n_t \tag{14}$$
$$\hat{\pi}_t = \frac{(1 - \theta)(1 - \beta\theta)}{\theta}M\hat{C}_t + \beta E_t\hat{\pi}_{t+1} \tag{15}$$
$$\pi_t = p_t - p_{t-1} \tag{16}$$
$$y_t = a_t + \gamma g_t + \alpha k_t + (1 - \alpha)n_t \tag{17}$$
$$r_t = \phi_\pi\pi_t + \phi_y y_t \tag{18}$$

而对等式 $\tau_t^N W_t N_t + \tau_t^K R_t^K K_t + R_t^{-1}\pi_{t+1}b_{t+1} = b_t + G_t$ 对数线性化如下：

$$\tau^N WN(\hat{\tau}_t^N + w_t + n_t) + \tau_t^K R_t^K K_t(\hat{\tau}_t^K + r_t^K + k_t)$$
$$+ R^{-1}\pi b(-r_t + \hat{\pi}_{t+1} + \hat{b}_{t+1}) = b\hat{b}_t + Gg_t$$
$$\tau^N WN(\hat{\tau}_t^N + w_t + n_t) + \tau_t^K R_t^K K_t(\hat{\tau}_t^K + r_t^K + k_t)$$
$$+ R^{-1}\pi b(-r_t + \hat{\pi}_{t+1} + \hat{b}_{t+1}) = b\hat{b}_t + Gg_t$$
$$\Rightarrow \tau^N \frac{WN}{Y}(\hat{\tau}_t^N + w_t + n_t) + \tau_t^K \frac{R_t^K K_t}{Y}(\hat{\tau}_t^K + r_t^K + k_t)$$
$$+ R^{-1}\pi \frac{b}{Y}(-r_t + \hat{\pi}_{t+1} + \hat{b}_{t+1}) = \frac{b}{Y}\hat{b}_t + \frac{G}{Y}g_t$$

在这里，定义 $\varpi_N \equiv \dfrac{WN}{Y}$，$\varpi_K \equiv \dfrac{R_t^K K_t}{Y}$，$\varpi_G \equiv \dfrac{G}{Y}$，$\varpi_B \equiv \dfrac{b}{Y}$。

$$\tau^N \varpi_N(t_t^N + w_t + n_t) + \tau_t^K \varpi_K(t_t^K + r_t^K + k_t) + R^{-1}\pi \varpi_B \tag{19}$$
$$(-r_t + \hat{\pi}_{t+1} + \hat{b}_{t+1}) = \varpi_B\hat{b}_t + \varpi_G g_t$$

$$a_t = \rho_a a_{t-1} + \varepsilon_t^A \tag{20}$$

$$\tau_t^N = \rho_N \tau_{t-1}^N + \varepsilon_t^N \tag{21}$$

$$\tau_t^K = \rho_N \tau_{t-1}^K + \varepsilon_t^K \tag{22}$$

$$g_t = \rho_G g_{t-1} + \varepsilon_t^G \tag{23}$$

在以上对数线性系统中，共有变量 17 个 c_t，y_t，π_{t+1}，r_t，q_t，i_t，k_t，n_t，$\hat{\tau}_t^N$，w_t，$\hat{b}_t$，$\hat{\tau}_t^K$，r_t^k，$\hat{mc}_t$，p_t，g_t，a_t，其中状态变量为 π_{t+1}，q_t，k_t，p_t，内生变量为 c_t，y_t，r_t，i_t，n_t，$\hat{\tau}_t^N$，w_t，$\hat{b}_t$，r_t^k，$\hat{mc}_t$，外生冲击变量为 a_t，g_t，$\hat{\tau}_t^K$，$\hat{\tau}_t^N$。在偏好、技术、资源约束、状态变量的初始值以及外生冲击给定的情况下，我们可得到以上式（6）至式（23）共 17 个方程式。

附件 2　模拟运行程序

```
//Dynare program for fiscal policy and employment

var  cc, n, c, pi, r, q, r_K, i, y, k, mc, w, b, a, tau_N, tau_K, g;
varexo  e_A, e_N, e_K, e_G ;
parameters
eta, phi, delta, sgma, omega, beta, kappa, tauK_ss, tauN_ss, N_ss, alpha,
gamma, theta, phi_pi, phi_y, pi_ss, r_ss, rho_a, rho_N, rho_K, rho_G, sigma_
A, sigma_N, sigma_K, sigma_G,
   omega_C, omega_G, gamma_C, gamma_I, gamma_G, omeg_N, omeg_K,
omeg_C, omeg_I, omeg_B, omeg_G, zeta, xi, taubar_K, taubar_N, mu;
   // parameters values
eta = 1. 8; phi = 0. 60; delta = 0. 018; sgma = 1; omega = 0. 70; beta = 0. 98;
tauK_ss = 0. 18; kappa = 1; tauN_ss = 0. 26; N_ss = 0. 66; alpha = 0. 33; gamma =
0; theta = 0. 75; phi_pi = 1. 54; phi_y = 0. 85;
   r_ss = 1. 025; pi_ss = 1. 04; rho_a = 0. 90; rho_N = 0. 62; rho_K = 0. 71; rho_
G = 0. 73; sigma _ A = 0. 009; sigma _ N = 0. 056; sigma _ K = 0. 037; sigma _ G
= 0. 046;
   omega_C = 0. 80; omega_G = 0. 20; gamma_C = 0. 38; gamma_I = 0. 47; gam-
ma_G = 0. 20; omeg_N = 0. 67; omeg_K = 0. 33; omeg_C = 0. 38; omeg_I = 0. 47;
```

omeg_B = 0. 30; omeg_G = 0. 20;

zeta = (1 − phi) ∗ (1 − delta);
xi = (1 − sgma) ∗ phi − ((eta − 1)/eta);
taubar_K = tauK_ss/(1 − tauK_ss);
taubar_N = tauN_ss/(1 − tauN_ss);
mu = (1 − theta) ∗ (1 − beta ∗ theta)/theta;

model(linear);
// Euler equation − − − − − − (L1)
xi ∗ (cc(+ 1) − cc) − zeta ∗ (N_ss/(1 − N_ss)) ∗ (n(+ 1) − n) − (1/(eta − 1)) ∗ (c(+ 1) − c) − pi(+ 1) + r = 0;
// composite consumption − − − − − − (L2)
omega ∗ omega_C ∗ c + (1 − omega) ∗ omega_G ∗ g − cc = 0;
//Tobin Q equation − − − − − − (L3)
beta ∗ q(+ 1) + (1 − beta ∗ (1 − delta)) ∗ (r_K(+ 1) − taubar_K ∗ tau_K) − (r − pi(+ 1)) − q = 0;
//optimal investment equation − − − − − − (L4)
i − k − kappa ∗ q = 0;
// optimal labor supply equation − − − − − − (L5)
− taubar_N ∗ tau_N + w − (1/eta) ∗ c − (N_ss/(1 − N_ss)) ∗ n − ((eta − 1)/eta) ∗ cc = 0;
//aggregate supply and demand equation − − − − − − (L6)
(1 − tauN_ss) ∗ omeg_N ∗ (− taubar_N ∗ tau_N + w + n) + (1 − tauK_ss) ∗ omeg_K ∗ (− taubar_K ∗ tau_K + r_K + k)
+ omeg_B ∗ b − omeg_C ∗ c − omeg_I ∗ i − (r_ss^(−1)) ∗ pi_ss ∗ (− r + b (+ 1) + pi(+ 1)) = 0;
//capital accumulation equation − − − − − − (L7)
(1 − delta) ∗ k + delta ∗ i − k(+ 1) = 0;
// marginal cost equation − − − − − − (L8)
alpha ∗ r_K + (1 − alpha) ∗ w − mc = 0;
// capital return equation − − − − − − (L9)
a + gamma ∗ g + (alpha − 1) ∗ k + (1 − alpha) ∗ n − r_K = 0;

```
// New Phillips Curve equation - - - - - - (L10)
mu * mc + beta * pi( +1) - pi = 0;
// aggregate function - - - - - - (L12)
a + gamma * g + alpha * k + ( 1 - alpha) * n - y = 0;
// interest rate rule - - - - - - (L13)
phi_pi * pi + phi_y * y - r = 0;
// government budget restriction - - - - - - (L14)
tauN_ss * omeg_N * ( tau_N + w + n) + tauK_ss * omeg_K * ( tau_K + r_K + k)
+ ( r_ss^( -1) ) * pi_ss * omeg_B * ( -r + pi * ( +1) + b( +1) ) - omeg_B
* b - omeg_G * g = 0;
// technology shock - - - - - - (L15)
a = rho_a * a( -1) + e_A;
// labor income tax rate shock - - - - - - (L16)
tau_N = rho_N * tau_N( -1) + e_N;
// capital income tax rate shock - - - - - - (L17)
tau_K = rho_K * tau_K( -1) + e_K;
//government spending shock - - - - - - (L18)
g = rho_G * g( -1) + e_G;
end;

initval;
cc = 0;   n = 0; c = 0; pi = 0;   q = 0;   r_K = 0;   i = 0;   y = 0;   k = 0;
mc = 0;   w = 0;   r = 0; b = 0; a = 0;
tau_N = 0; tau_K = 0; g = 0; e_A = 0; e_N = 0; e_K = 0;
end;

shocks;
var e_A = sigma_A^2;   var e_N = sigma_N^2; var e_K = sigma_K^2;   var e_G
= sigma_G^2;

end;
stoch_simul( periods = 2100);
```

第六章

生产性和非生产性政府支出与劳动就业：理论与实证分析

这一章是在 Barro（1990）的基础上，把生产性财政支出和消费性财政支出分别引入生产函数和效用函数，利用动态随机一般均衡方法求解最优问题，发现稳态时的劳动供给是生产性财政支出和消费性财政支出和生产技术水平的隐函数。并在此基础上，建立计量分析模型，探讨中国财政支出结构对劳动就业的影响。

一、引言

财政政策对就业影响长期以来都是宏观经济研究的热点问题，从国内外现有代表性的研究文献来看，对此研究主要集中在实证分析方面，如 Wiseman 等（1976）分析了美国在 1971~1975 年财政政策对公共部门就业的影响，Dimsdale 和 Horsewood（1995）建立一个宏观计量模型解释第一次世界大战和第二次世界大战之间的英国就业和财政政策的关系，Anderson 和 Sorensen（1994）分析了货币联盟经济体中积极财政政策对就业的影响，Shi 和 Wen（1999）探讨了各种税收和补贴对就业的影响，在国内卢亮（2005）、张宏亮等（2005）、王文甫（2008）等也分别对中国积极财政政策的就业效应进行了实证研究。不过这些研究大多都侧重于财政支出或者收入总量对于就业的影响，而很少有研究进一步对财政政策结构如财政支出结构对就业影响等问题进行专门探讨，童光荣等（2004）估计了中国 R&D 支出的动态就业乘数，胡丰等（2005）建立了政府采购对就业影响的一个理论分析框架，但一方面研究限于财政支出的一个方面而缺乏系统的结构分析，另一方面在实证分析模型也缺乏微观理论背景基础。基于此，本书将在新古典增长理论框架下，建立模型分析两种不同的政府支出（生产性政府支出和消费性政府支出）对劳动就业的影响，并且利用协整和 VECM 分析政府支出与就业的长短期关系，系统探讨财政支出结构及其变化对就业的影响效应。

另外，从当前宏观经济运行形势来看，在国际金融危机持续恶化的背景下，中国政府推出 4 万亿元经济刺激计划，以遏制或者延缓经济下滑颓势。但对于这项庞大的投资计划，能否有效拉动就业增长，存在诸多争论，如何优化政府支出结构以最大程度带动就业也成为当前社会关注的热点问题，而探讨和分析财政支出结构的就业效应，也为此提供了一个有益的分析视角。

二、财政支出结构的就业效应理论分析

我们按照 Barro（1990）的方法，把政府支出分成两部分，一部分对生产起作用，进入生产函数之中，另一部分对消费者的效用水平起作用，进入效用函数之中，来讨论政府支出对劳动就业的影响。

（一）个体行为的假设

消费者假设经济中代表性消费者的效用函数为 $u(c, 1-l, g_1)$，其中 c 为消费，消费者的最大劳动时间正规化为 1，l 表示消费者提供的劳动，于是 $1-l$ 为它的休闲。有的政府公共性支出对消费者有正的作用，如政府的制度制定以及维护市场秩序、国防建设等方面的支出，会使消费者的消费与休闲更方便，所以政府的支出可以

进入消费者的效用函数中，这部分政府的公共支出记为 g_1。

消费者的效用分别是消费 c、休闲 $1-l$、政府支出 g_1 的递增函数，但边际效用是递减的，即：$u_1 > 0$，$u_{11} < 0$，$u_2 > 0$，$u_{22} < 0$，$u_3 > 0$，$u_{33} < 0$。

长生不老的消费者是最优化一生效用，即：

$$\max_{c,l} \int_{t=0}^{\infty} e^{-\rho t} u(c, 1-l, g_1) \, dt \qquad (6.1)$$

约束条件为：$\dot{a} = ra + wl - c - T$。其中 a 表示消费者拥有的财富，它以资本的形式存在。r，w 分别表示财富的回报率和工资率，T 为政府的一次性税收。

厂商借用资本 k 和雇佣劳动 l 来进行生产，生产函数为 $y = f(k, l)$，并设该函数是一次齐次的形式，且它满足：$f_1 > 0$，$f_{11} < 0$，$f_2 > 0$，$f_{22} < 0$。为了计算简便在这里假设没有资本折旧。另外，政府有一部分支出有利于生产，如公共设施建设支出，参见 Barro (1990)，厂商选择资本 k 和劳动 l 来最大化它的利润，即：

$$\max_{k,l} f(k, l, g_2) - rk - wl \qquad (6.2)$$

可得最优化条件：$r = f_k(k, l, g_1)$，$w = f_l(k, l, g_2)$

由于生产函数是一次齐次，所以有：$f(k, l, g_2) = rk + wl$。

消费者拥有的财富全都被用于生产，则 $a = k$

政府：为了便于讨论，假设政府的税收是一次性税收（lump - sum tax），且它的预算是平衡的，政府税收 T 和支出 g 相等，$T = g$，而 $g = g_1 + g_2$，其中 g_1，g_2 分别表示政府消费性支出和生产性支出，政府消费性支出有利于消费者效用水平提高，而政府生产性支出有利于厂商的生产。

综上所述，代表性的消费者最优化可转化为：

$$\max_{c,l} \int_{t=0}^{\infty} e^{-\rho t} u(c, 1-l, g_1) \, dt \qquad (6.3)$$

$$s.t. \ \dot{k} = f(k, l, g_2) - c - g$$

（二）最优化问题的求解

我们用最优控制的方法求解。于是建立现值汉密尔顿函数（current hamilton function）如下：

$$H^c = u(c, 1-l, g_1) + \lambda[f(k, l, g_2) - c - g] \quad (6.4)$$

式（6.4）中是 λ 汉密尔顿乘子（Hamilton multiplier）。由最优控制原理可得一阶条件和欧拉方程：

$$u_c(c, 1-l, g_1) = \lambda \quad (6.5)$$

$$u_{1-l}(c, 1-l, g_1) = \lambda f_l(k, l, g_2) \quad (6.6)$$

$$\rho\lambda - \dot{\lambda} = \lambda f_k(k, l, g_2) \quad (6.7)$$

横截性条件（transversality condition）为：$\lim\limits_{t \to \infty} e^{-\rho t} k(t)\lambda(t) = 0$。

由于效用函数和生产函数满足新古典的假设，所以经济有稳态存在，即当 $\dot{k} = 0, \dot{\lambda} = 0$ 时，经济为稳态。由消费者的约束条件以及式（6.5）、式（6.6）、式（6.7）四个方程得：

$$f(k^*, l^*, g_2) - c^* - g = 0 \quad (6.8)$$

$$u_c(c^*, 1-l^*, g_1) = \lambda^* \quad (6.9)$$

$$u_{1-l}(c^*, 1-l^*, g_1) = \lambda^* f_l(k^*, l^*, g_2) \quad (6.10)$$

$$\rho = f_k(k^*, l^*, g_2) \quad (6.11)$$

其中 c^*，l^*，λ^*，k^* 表示相应的稳态值，对于这里的四个未知数，由式（6.8）、式（6.9）、式（6.10）、式（6.11）可以决定它们，所以给出特定函数可以求出它们具体的隐函数形式或显示解。

（三）特定函数形式的优化解

按照文献的一般做法，我们对效用函数取固定风险系数不变的形式：下面我们利用如下的效用函数形式加以讨论分析。

$$u(c, 1-l, g) = \frac{(c^{\alpha} g_1^{\beta})^{1-\sigma} - 1}{1 - \sigma} + \frac{(1-l)^{1-\gamma} - 1}{1 - \gamma} \quad (6.12)$$

在这里对该效用函数加以说明。首先看参数，$0 < \alpha < 1$，$0 < \beta < 1$，表示消费、政府支出的权重；$\sigma > 0$，它是消费者的消费商品的相对风险规避系数，$1/\sigma$ 即消费者对这两者的跨期替代弹性。$\gamma > 0$，它是花费闲暇的相对风险规避系数，$1/\gamma$ 是劳动供给的跨期替代弹性。当 $\sigma = 1$，$\gamma = 1$ 时，式（6.12）为对数效用函数。其次，来说明消费、政府支出在效用函数中是不可分的。我们认为政府支出有利于消费者的消费，如政府出台政策法规及其维护，即雇用工商监督人员、警务人员，拥有军队保护国家安全等都需要支出，它们使市场秩序和社会稳定，还有政府的基础设施建设等这些便于消费者消费，消费和政府支出是不可分的，政府支出增加有利于消费者的边际效用，于是 $u_{cg} > 0$。对于生产函数我们取 Cobb – Douglas 形式：

$$f(k, l) = A k^a l^{1-a} g_2^{\lambda} \quad (6.13)$$

其中，A 表示生产率或技术水平，a，$1-a$ 分别表示资本和劳动在总产出中比重，且 $0 < a < 1$。λ 是政府支出有利于厂商的生产部分对产出的弹性。

我们使用以上特定的效用函数和生产函数，把它们代入式（6.8）、式（6.9）、式（6.10）、式（6.11）得：

$$c^* = A (k^*)^a (l^*)^{1-a} g_2^{\lambda} - g \quad (6.14)$$

$$\alpha (c^*)^{-\alpha\sigma+\alpha-1} g_1^{\beta(1-\sigma)} = \lambda^* \quad (6.15)$$

$$(1 - l^*)^{-\gamma} = \lambda^* (1 - a) A (k^*)^a (l^*)^{-a} g_2^{\lambda} \quad (6.16)$$

$$\rho = a A (k^*)^{a-1} (l^*)^{1-a} g_2^{\lambda} \quad (6.17)$$

我们联立式（6.14）、式（6.15）、式（6.16）、式（6.17）可

以得到以下方程：①

$$(1 - \alpha + \alpha\sigma)\ln(BA^{\frac{1}{1-a}}l^* g_2^{\frac{\lambda}{1-a}} - g_1 - g_2) = \ln[\alpha(1-a)B]$$

$$+ \gamma\ln(1 - l^*) + \beta(1 - \sigma)\ln g_1 + \frac{1}{1-a}\ln A + \frac{\lambda}{1-a}\ln g_2$$

(6.18)

由式（6.18）可知稳态时的劳动供给是政府两种支出和生产技术水平的隐函数，即 $l = l(g_1, g_2, A)$。所以政府支出结构或技术水平的改变会影响经济中的劳动供给量或就业量。

三、 财政支出结构与劳动就业的协整分析

由式（6.18）得出计量方程如下：

$$\ln EM_t = C + \varphi_1 \ln TPL_t + \varphi_2 \ln PGE_t + \varphi_3 \ln CGE_t$$

$$+ \varepsilon_t, t = 1, 2, \cdots, n$$

(6.19)

（一）数据的选择和定义变量

我们选取中国 1978～2009 年相关数据进行计量分析。关于劳动供给，理论模型中指的是一定期间内的工作时间，如消费者一天中的工作时数，一周中的工作时数等，这方面的数据是无法收集到，我们在这里用每年的就业人数来代替，用 EM 表示。技术水平或生产率的度量采用去全员劳动生产率，定义为即实际 GDP/就业人数，记为 TPL。

关于财政生产性支出和财政消费性支出范围的划分。财政生产性支出我们采用赵志耘和吕冰洋（2005）的划分，政府支出中扣除生产性支出后，剩余的部分我们定义为消费性支出。他们用以下的

----

① 在此省略了模型的推导过程，有关具体求解过程可参见本章的附件模型推导过程。

口径界定财政生产性支出范围，包括，财政教育支出、财政基本建设支出、财政科学研究开发支出。它们可以分别看做是人力资本投资、物质资本投资和科学研究开发投资三个方面。根据我国目前的统计口径：财政用于教育的支出包括教育事业费、教育基建投资、各部门事业费中用于教育的支出、城市教育费附加支出、支援不发达地区资金用于教育的支出、农村教育费附加支出。财政用于科学研究开发支出的项目包括科技三项费用：科学事业费、科研基建费、其他科研事业费。我们分别财政生产性支出和财政消费性支出记为 PGE，CGE。数据分别来自《中国统计年鉴》（2006～2010年）和历年的《中国财政统计年鉴》，并加以处理计算得到相应的数据。①

由于政府生产性支出 PGE、消费性支出 CGE 和 GDP 取的是名义量，所以要消除物价水平的变动的因素。物价水平取商品零售价格指数，它来自《中国统计年鉴》，记它为 price。定义以下四个变量。

$\ln EM = \log(EM)$，（就业量的自然对数）

$\ln PGE = \log(PGE/price)$，$\ln CGE = \log(CGE/price)$（实际政府购买的自然对数，固定价格 1990 = 1）

$\ln TFL = \log(GDP/(price \times EM))$，（全员劳动生产率的自然对数，固定价格 1990 = 1）

（二）研究方法和思路

我们对 $\ln EM$ 与 $\ln CGE$，$\ln PGE$，$\ln TFL$ 4 个变量先进行格兰杰因果关系检验（granger causality）和平稳性检验，再用 Johansen 检验法对 $\ln EM$ 与 $\ln CGE$，$\ln PGE$，$\ln TFL$ 3 个变量之间的关系进行协整检验（Cointegration test）。然后得到 $\ln EM$ 与 $\ln CGE$，$\ln PGE$，

---

① 此外，我们对这 4 组数据分别除以各自的平均数，进行无量纲化处理，以解决单位不同带来数据之间关系不能很好地反映出来的问题。

lnTFL 4 个变量的长期关系，再得到误差修正模型（Error Correction Model，ECM）。这样分析的优点是既可克服对几个非平稳变量作回归可能造成的伪回归问题，又可同时观察到变量之间的长期和短期的关系。同时我们对计量分析结论进行分析。计量软件在这里使用 Eviews 5.0。

（三）格兰杰因果关系检验和平稳性检验

我们对 lnEM 与 lnCGE、lnPGE、lnTFL 的格兰杰因果关系（granger causality）检验，结果见表 6-1。发现，lnEM 与 lnTFL 只有单项格兰杰因果关系，即 lnTFL 是 lnEM 的原因，反之则不成立，lnEM 与 lnCGE。尽管 lnEM 与 lnCGE 互为格兰杰因果关系，lnEM 与 lnPGE 但互为格兰杰因果关系，但是 lnCGE 是 lnEM 较为显著，lnPGE 是 lnEM 较为显著。因此，我们可以初步判断 lnCGE，lnPGE，lnTFL 是导致 lnEM 的原因，这说明我们选择的变量作为被解释变量和解释变量有一定的合理性。

表 6-1　　格兰杰因果关系（Granger Causality）检验结果

零假设	F 统计量值	概率
LNTPL 不是 LNEM 的 Granger 原因	3.357	0.038
LNEM 不是 LNTPL 的 Granger 原因	1.637	0.217
LNCGE 不是 LNEM 的 Granger 原因	1.410	0.278
LNEM 不是 LNCGE 的 Granger 原因	0.420	0.792
LNPGE 不是 LNEM 的 Granger 原因	1.838	0.174
LNEM 不是 LNPGE 的 Granger 原因	0.878	0.500

在协整分析之前，首先对上述 lnEM, lnTPL, lnCGE, lnPGE 时间序列及其一阶差分序列主要进行 ADF 单位根平稳性检验。结果见表 6-2。由表 6-2 可以看出，这四个变量经过一阶差分后是平稳的，即是一阶单整 I(1)。这样的结论可为下面协整分析提供必要条件。

表 6 – 2　　**ln*EM*, ln*TPL*, ln*CGE*, ln*PGE* 时间序列及**
差分序列 ADF 单位根检验结果①

变量名	截距	时间趋势项	滞后项	ADF 统计量
ln*EM*	有	有	0	– 1. 238
ln*TPL*	有	有	1	– 2. 117
ln*CGE*	有	无	1	– 0. 702
ln*PGE*	有	有	1	– 1. 978
*D*ln*EM*	有	有	0	3. 003 ***
*D*ln*TPL*	有	无	1	– 3. 307 **
*D*ln*CGE*	无	无	0	– 1. 970 **
*D*ln*PGE*	无	无	0	– 2. 228 **

注：** 和 *** 分别表示在 5% 和 1% 的显著水平下拒绝原假设，*D* 表示一阶差分，滞后项数由 SIC 来确定的。

（四）协整检验、误差修正模型及其分析

在验证这 3 个变量是否有协整关系时，我们使用 Johansen 检验。首先来确定协整检验的具体形式。通过对各数据的时间序列图的观察，以及对使用 Eviews 5.0 来 Johansen 检验时出现的 5 种备选形式进行对比，发现：趋势项包含在协整方程中是显著的。又由于我们对 *D*ln*EM* 检验平稳性时，具有截距项和时间趋势项的检验才平稳，于是在协整方程中我们采取包含截距项和趋势项。检验的结果如表 6 – 3 所示。

---

① 我们进行 ADF 检验发现统计值在临界值附近，不能拒绝平稳性的原假设，于是在进行 DF – GLS 发现拒绝原假设，表中得到的检验值就是该检验值，另外我们又做 PP 检验（phillips-perron test）发现也拒绝原假设，因此我们可以判断 *D*ln*EM* 是一阶单整。

表 6 - 3 $\ln EM$，$\ln TPL$，$\ln CGE$，$\ln PGE$ 协整检验结果

（样本区间：1978~2009 年）

原假设	特征值	迹统计量	5%临界值	1%临界值
0 个协整向量	0.872	90.042	63.876 **	71.479 ***
1 个协整向量	0.626	34.551	42.915	49.363
2 个协整向量	0.169	7.966	25.872	31.154
3 个协整向量	0.104	2.969	12.518	16.554
原假设	特征值	最大特征根统计量	5%临界值	1%临界值
0 个协整向量	0.872	57.045	32.118 **	37.487 ***
1 个协整向量	0.626	29.232	25.823 **	30.834
2 个协整向量	0.169	13.270	19.387	23.975
3 个协整向量	0.104	7.955	12.518	16.554

注：** 和 *** 分别表示在 5% 和 1% 的显著水平下拒绝原假设。

由表 6 - 3 可以看出，迹统计量和最大特征值统计量检验都显示：在 5% 和 1% 的显著水平下 $\ln EM$ 与 $\ln CGE$，$\ln PGE$，$\ln TFL$ 4 个变量之间存在唯一一个协整关系。

同时得到 $\ln EM$，$\ln CGE$，$\ln PGE$ 之间的长期协整关系为：

$$\ln EM_t = 0.0598t - 0.318\ln TPL_t - 0.304\ln CGE_t + 0.178\ln PGE_t$$
$$(0.000491) \quad (0.0883) \quad\quad (0.0688) \quad\quad (0.0559)$$

$$(6.20)$$

其中，括号内表示标准差，该方程对数似然值（Log likelihood）$= 223.906$。

由向量误差修正模型（VECM）我们可以得到 $\ln EM$，$\ln TPL$，$\ln CGE$，$\ln PGE$ 之间的短期关系：

$$\Delta \ln EM_t = -0.0112 + 0.424\Delta \ln EM_{t-1} - 0.0133\Delta TPL_{t-1}$$
$$(0.00047) \quad\quad (0.182) \quad\quad\quad (0.0022)$$
$$+ 0.134\ln CGE - 0.124\ln PGE + \varepsilon_t$$
$$(0.0180) \quad\quad\quad (0.0106)$$

$R^2 = 0.804, s.e. = 0.00473, F = 16.432.$ Log likelihood $= 105.702$

$$(6.21)$$

式（6.20）结果表明，生产性政府支出和消费性政府支出与就业之间存在长期协整关系，但两者对于就业的影响明显不同，生产性政府支出对就业的长期弹性为正，生产性政府支出每增加1%，将引起就业增长0.178%，而消费性政府支出对就业的长期弹性为负，消费性政府支出每增加1%，反而引起就业减少0.304%。但从短期来看式（6.20），生产性政府支出对于就业的影响为负，生产性政府支出每增加1%，将导致就业下降0.124%，而消费性政府支出对于就业的影响为正，生产性政府支出每增加1%，将导致就业增加0.134%。中国政府支出结构对就业长期和短期影响为什么出现巨大的反差呢？

我们认为主要由于以下原因：

（1）政府生产性支出项目，一般为人力资本投资、物质资本投资和科学研究开发项目，这些项目以技术和资本密集型为主，自身容纳就业能力有限，如对于学校、科研机构、大型国有企业及基础设施的投资，同时这些投资项目周期较长，具有一定的滞后性，在短期内无法创造大规模就业岗位，相反可能由于对私人投资产生挤出效应，导致在短期内对于就业的贡献为负，但是在长期内基础设施、人力资本、科技等投资对于相关产业的拉动效应将显现，相关产业的发展必然带来就业量的大幅上升，使得在长期内政府生产性支出对就业的拉动效应显著为正。

（2）而对于政府消费性支出项目，如行政管理费、抚恤和社会福利救济费、社会保障补助支出、政策性补贴支出等，这些支出项目一般都可以较快地转化为消费，由此在短期内会对就业产生正的效应。但从长期来看，消费对经济增长的贡献有限，同时抚恤和社会福利救济费、社会保障补助支出等支出也就容易造成劳动力供给的惰性，导致政府消费性支出项目对于就业产生负的影响。另外国防支出记入消费性支出项目，但军人就业并未统计进入城镇就业，军费支出的增加并没有带来相应直接就业的变化，但它在一定程度导致长期的政府消费性支出增加，从而对就业产生负影响。

四、结语

本章在 Barro（1990）的基础上，把生产性财政支出和消费性财政支出分别引入生产函数和效用函数，在新古典经济增长模型中求解最优问题，发现稳态时的劳动供给是生产性财政支出和消费性财政支出和生产技术水平的隐函数。并在此基础上，建立计量分析模型，探讨中国财政支出结构对就业的影响，结果发现中国财政支出结构对就业的影响长期和短期有较大差别：生产性政府支出对就业的长期弹性为正，而消费性政府支出对就业的长期弹性为负。但从短期来看，生产性政府支出对于就业的影响为负，而消费性政府支出对于就业的影响为正。

这一结论的政策含义是：财政支出结构要综合考虑长期和短期效应，平衡生产性财政支出和消费性财政支出的比例关系，生产性财政支出在长期有利于就业创造，不过就业效应有较大时滞性，不利于当期就业形势缓解。所以在当前严峻的就业形势面前，要求政府在安排财政支出的时候，可适当考虑就业优先原则，加大消费性财政支出的投放比例，以缓解社会巨大的就业压力。同时对于生产性财政支出，也要加大对人力资本、科学研究开发的投入，以从根本上解决就业难的问题。

参考文献

［1］胡丰、丁伟、王宏：《评析政府采购支出对就业的影响》，载于《财政研究》2005 年第 8 期。

［2］卢亮：《1998～2002 年我国积极财政政策就业效应的实证分析》，载于《西北人口》2005 年第 1 期。

［3］童光荣、高杰：《政府 R&D 支出的就业乘数效应研究》，载于《中国软科学》2004 年第 8 期。

［4］王文甫：《政府支出、技术进步对劳动就业的效应分析》，载于《经济科学》2006 年第 3 期。

[5] 张宏亮、张广盈、张建涛：《中国的财政政策对就业效应的协整分析》，载于《统计与信息论坛》2005 年。

[6] Anderson T. M. and S. J. Rose, 1994, "Unemployment and Fiscal Policy in an Economic and Monetary Union", *European Journal of Political Economy*, 11: 27 – 43.

[7] Dimsdale N. H. and Horsewood Nicholas, 1995, "Fiscal Policy and Employment in Interwar Bristain: Some Evidence from a New Model". *Oxford Economic Papers*, *New Series*, 47 (3): 369 – 396.

[8] Wiseman Michael; Gordon R. A.; Tobin James, 1976, "Public Employment as Fiscal Policy." *Brookings Papers on Economic Activity*, .1: 67 – 114.

[9] Shi, S.; Wen, Q., 1999, "Labor Market Search and the Dynamic Effects of Tax and Subsidies", *Journal of Monetary Economics*, 43 (2): 457 – 497.

附件 模型推导过程

由本章中式 (6.14)、式 (6.15)、式 (6.16)、式 (6.17) 可解得：

$$\sigma\ln[BA^{1/(1-\alpha)}g_2^{\theta/(1-\alpha)}l^* - (1-\varphi)g_1 - g_2] = \ln B + \gamma\ln(1-l^*)$$
$$+ \frac{1}{1-\alpha}\ln A + \frac{\theta}{1-\alpha}\ln g_2$$

上式具体证明如下：

由第三章中式 (3.17) 得：

$$\frac{k^*}{l^*} = \left(\frac{\alpha}{\rho}\right)^{1/(1-\alpha)}A^{1/(1-\alpha)}g_2^{\theta/(1-\alpha)} \tag{1}$$

把本章式 (6.15)，式 (1) 代入式 (6.16)，再化简得：

$$(c^* + \varphi g_1)^{\sigma} = (1-\alpha)\left(\frac{\alpha}{\rho}\right)^{\alpha/(1-\alpha)}(1-l^*)^{\gamma}A^{1/(1-\alpha)}g_2^{\theta/(1-\alpha)}$$

令 $B = (1-\alpha)\left(\dfrac{\alpha}{\rho}\right)^{\alpha/(1-\alpha)}$，于是：

$$(c^* + \varphi g_1)^{\sigma} = B(1-l^*)^{\gamma}A^{1/(1-\alpha)}g_2^{\theta/(1-\alpha)} \tag{2}$$

由文中式 (6.15) 得：

$$c^* = A(k^*/l^*)^\alpha g_2^\theta l^* - g_1 - g_2 \tag{3}$$

把式（1）代入式（3），化简得：

$$c^* = BA^{1/(1-\alpha)} g_2^{\theta/(1-\alpha)} l^* - g_1 - g_2 \tag{4}$$

把式（4）代入式（2）得：

$$[BA^{1/(1-\alpha)} g_2^{\theta/(1-\alpha)} l^* - (1-\varphi)g_1 - g_2]^\sigma$$
$$= B(1-l^*)^\gamma A^{1/(1-\alpha)} g_2^{\theta/(1-\alpha)} \tag{5}$$

对式（5）两边在对自然对数得：

$$\sigma\ln[BA^{1/(1-\alpha)} g_2^{\theta/(1-\alpha)} l^* - (1-\varphi)g_1 - g_2] = \ln B$$
$$+ \gamma\ln(1-l^*) + \frac{1}{1-\alpha}\ln A + \frac{\theta}{1-\alpha}\ln g_2 \tag{6}$$

对式（6）两边求对数微分，得：

$$\frac{\sigma}{c}\Big[\gamma\Big(\frac{1}{1-\alpha}d\ln A + \frac{\theta}{1-\alpha}d\ln g_2 + d\ln l\Big) - (1-\varphi)g_1 d\ln g_1 - g_2 d\ln g_2\Big]$$
$$= \frac{-\gamma l}{1-l}d\ln l + \frac{1}{1-\alpha}d\ln A + \frac{\theta}{1-\alpha}d\ln g_2 \tag{7}$$

在这里，$BA^{1/(1-\alpha)} g_2^{\theta/(1-\alpha)} l^* - (1-\varphi)g_1 - g_2 = c^* + \varphi g_1$ ［这由式（4）可得］，令 $E^* = c^* + \varphi g_1$。

由式（7）可得：

$$\frac{\partial\ln l}{\partial\ln g_1} = \frac{\sigma(1-\varphi)g_1}{E^*}\Big/\Big(\frac{\sigma\gamma^*}{E^*} + \frac{\gamma l^*}{1-l^*}\Big) \tag{8}$$

$$\frac{\partial\ln l}{\partial\ln g_2} = \Big[\frac{\theta}{1-\alpha}\Big(1 - \frac{\sigma\gamma^*}{E^*}\Big) + \frac{\sigma g_2}{c^*}\Big]\Big/\Big(\frac{\sigma\gamma^*}{c^*} + \frac{\gamma l^*}{1-l^*}\Big) \tag{9}$$

$$\frac{\partial\ln l}{\partial\ln A} = \frac{1}{1-\alpha}\Big(1 - \frac{\sigma\gamma^*}{E^*}\Big)\Big/\Big(\frac{\sigma\gamma^*}{E^*} + \frac{\gamma l^*}{1-l^*}\Big) \tag{10}$$

第七章

总需求、总供给和宏观经济政策的动态效应：AD—AS 模型能很好地匹配中国的数据吗？

这一章在讨论一个凯恩斯主义的 AD—AS 模型基础上，主要采用 Gali（1992）的分析框架，通过 SVAR 模型实证的结论去检验凯恩斯主义的 AD—AS 模型与中国数据的匹配性。研究得出关于中国数据实证分析的结论主要有：总产出和物价水平对总需求冲击反应的同向运动与 AD—AS 模型的总需求变动促使产量和价格同向运动的经济学含义具有一致性；财政政策和货币政策对需求冲击和供给冲击的反应与凯恩斯主义有效需求管理政策的观点相吻合；产量和物价水平对总供给冲击反应的同向运动与 AD—AS 模型的供给变动促使产量和价格反向运动的经济学含义不相符合；货币供给冲击使物价水平上升而使产量几乎没有变化是符合新古典主义货币无效性的观点。这些结论说明：中国数据与凯恩斯主义的 AD—AS 模型的内涵具有一定的不匹配性。

一、引言

欧美发达国家相继推行的凯恩斯主义需求管理政策，使得第二次世界大战后的经济从 20 世纪 30 年代"大萧条"中迅速恢复和发展，凯恩斯主义也因此在第二次世界大战后成为西方发达国家调控宏观经济运行的主要依据，但自 1974～1975 年以及 1980～1981 年世界经济出现两次"滞涨"以后，凯恩斯主义受到很大的质疑，部分研究者甚至认为：由于凯恩斯主义缺乏微观基础，所以凯恩斯主义的理论及其模型不能用于分析宏观经济现象，这样凯恩斯主义在经济学界也受到一定挑战，于是凯恩斯主义学者要么抛弃凯恩斯主义，接纳新古典主义，要么从市场不完全、价格或工资刚性或黏性等角度为凯恩斯主义提供微观基础从而形成新凯恩斯主义，他们与新古典主义长期争论，形成了宏观经济学领域内的凯恩斯主义和新古典主义两大争论的阵营。

　　然而，从国外现有的研究文献来看，对凯恩斯主义的质疑主要来自理论分析，从实证角度的质疑分析却很少，代表性的有：Blanchard（1989）在 SVAR 模型（Structural Vector Autoregresssion model，SVAR model）中讨论了凯恩斯主义 AD—AS 模型与美国数据的匹配性，结果发现：总需求冲击和总供给冲击分别促使价格水平和产量变动的实证结论是符合凯恩斯主义 AD—AS 模型的经济学含义；Gali（1992）利用 Blanchard 和 Quah（1989）方法在 SVAR 模型讨论 IS－LM 模型是否很好地匹配美国的数据，发现：实证模型的结论在很大程度与理论模型预测的结论相匹配；Funke（1997）讨论了 IS－LM－菲利普斯模型的含义是否与德国的数据相匹配，他得出实证的结论也符合凯恩斯主义观点；Gali（1999）在随机动态一般均衡（Stochastic Dynamic General Equilibrium Models，SDGEMs）框架下引进垄断竞争、价格黏性等因素讨论了一个新凯恩斯主义模型是否和美国数据具有一致性，发现这两者之间大体上存在一致性；Ahmer（2005）以印度为例讨论 IS－LM 模型是否与发展经济体的数据具有匹配性？他得出的结论也是肯定的。

　　在我国，近年来也有学者利用 AD—AS 模型或者 IS－LM 模型的进行相关研究，比较有代表性的是，张茵和万广华（2005）在 AD—AS 模型讨论基础上，运用联立 VAR 模型来研究中国的经济周期问题，他们认为需求冲击是导致宏观经济波动的主要因素，而供给冲击在一段时间后则显示出更大的重要性，并认为不同阶段的需求冲击是不同的；龚敏和李文溥（2007）基于 AD—AS 模型，估计了一个包含产出和价格水平的结构式向量自回归模型，以分析 1996～2005 年驱动中国经济波动的总供给和总需求的力量变化，发现近年来"高增长、低通胀"是在有效供给能力改善的强有力推动下实现的；林黎和任若恩（2007）尝试按照最优化的思路，将基本的 IS‐LM 模型拓展为四部门三资产模型，然后利用中国数据采用理性预期的方法对参数进行估计和实证分析，估计出 IS‐LM 模型方程的参数，并加以讨论。但以上这些研究没有讨论 AD—AS 模型或 IS‐LM 模型与中国数据的匹配性或适用性，反而他们分析暗含的一个前提条件是凯恩斯主义的 AD—AS 模型或 IS‐LM 模型的经济学内涵在中国是成立的。

不过，在我国利用凯恩斯主义 AD—AS 模型或 IS‐LM 模型与中国数据匹配性进行的实证分析却很少，虽然高坚和杨念（2007）研究了总供给—总需求模型在中国的适用性，但他们在进行理论分析后，主要运用最小二乘估计得出线性方程来进行实证分析，缺乏一定说服力。另外，徐高（2008）分析得出的结论是：中国的短期总供给和总需求曲线的斜率正负性正好和凯恩斯主义的 AD—AS 曲线的斜率正负性相反，这意味着凯恩斯主义的 AD—AS 模型在中国的适用性值得质疑。但他仅从产出与通货膨胀两个变量来考察的，且实证数据利用的是年度数据，对凯恩斯主义的 AD—AS 曲线在中国的适用性也没有直接加以讨论。

基于以上所述，本章用中国 1995 年第 1 季度至 2006 年第 3 季度的数据，去考察一个关于物价水平、总产量、财政支出、货币供给 4 个内生变量的 SVAR 模型，来验证凯恩斯主义的 AD—AS 模型与中国的数据匹配程度，这具有一定的创新性。对于研究方法，我们主要是结合 Blanchard（1989），Blanchard 和 Quah（1989），Gali（1992）的分析方法。Blanchard（1989），Blanchard 和 Quah（1989），

Gali（1992）的 SVAR 模型实证分析的理论基础是通过讨论凯恩斯主义的 AD—AS 或 IS - LM 模型得到的，而 Gali（1992）在得出 SVAR 模型分析理论基础之后，实证分析首先从经济学含义上给出 SVAR 模型识别的长期和短期约束条件，然后讨论美国宏观经济运行的数据与 IS - LM 模型的经济学含义是否匹配。在本书中，我们首先借鉴 Blanchard（1989），Blanchard 和 Quah（1989），Gali（1992）的方法对凯恩斯主义的 AD—AS 模型进行讨论，得到 SVAR 模型分析的理论基础或经济学理论支撑；其次，利用 Gali（1992）的分析框架，按照经济含义给出 SVAR 模型约束条件，从 VAR 简单方程形式识别出 SVAR 结构方程形式，最后把实证分析得出的结果与凯恩斯主义 AD—AS 模型经济含义进行比较，得出本书分析的最终结论。

本章余下的内容安排如下，一是对 AD—AS 模型进行讨论，得出 SVAR 模型分析的内生向量的经济学背景。二是首先对选取实证分析的 SVAR 模型进行简介，然后从经济学意义上去讨论本书 SVAR 模型识别的约束条件；再利用识别出的 SVAR 模型方程，进行脉冲反应函数分析（impulse response function，IRF）和方差分解（variance decomposition）并得出结论，最后分析它们是否与凯恩斯主义的 AD—AS 模型经济内涵具有一致性。三是给出本章研究的总结及其扩展。

二、凯恩斯主义的 AD—AS 模型讨论

我们在这部分讨论一个凯恩斯主义的总需求和总供给（AD—AS）模型，为实证分析找到经济理论背景。

（1）考察总供给函数。它通常可以表示为：

$$p_t = AS(p_{t-1,t}^e, y_{t-1}) \qquad (7.1)$$

式（7.1）中，p_t 表示 t 期的总物价水平，$p_{t-1,t}^e$ 表示在 $t-1$ 期

人们对 t 期物价水平的预期值，y_{t-1} 是 $t-1$ 期的总产量，且 $AS'_1 > 0$，$AS'_2 > 0$。这说明价格水平不仅由产出决定，还有预期价格水平决定，且总供给分别是它们的增函数。

由于凯恩斯主义的预期是适应性预期，于是对价格的预期可以表示为 $p^e_{t-1,t} = f(p_{t-1})$，那么总供给函数式（7.1）可以表示为：

$$p_t = AS(p_{t-1}, y_{t-1}) \tag{7.2}$$

对函数式（7.2）进行泰勒展开，线性近似后可以表示为：

$$p_t = e_s + a_s p_{t-1} + b_s y_{t-1} + \theta_t \tag{7.3}$$

其中，e_s 是常数，a_s，b_s 是系数，θ_t 是总供给的变化，或者称为价格变动；$\{\theta_t\}^{\infty}_{t=0}$ 是一个随机游走过程，即 $\theta_t = \theta_{t-1} + u^s_t$，$u^s_t$ 是供给冲击，或者称为价格冲击，它是影响价格的成本因素冲击，如石油以及其他的原材料价格上升。$\{u^s_t\}^{\infty}_{t=1}$ 是独立同分布的随机过程，u^s_t 服从正态分布 $N(0, \sigma^2_s)$，σ^2_s 表示供给冲击的方差。

（2）考察总需求函数。它是由 IS – LM 模型来决定的，IS 方程和 LM 方程分别如下：

$$y_t = I(r_t, g_t) \tag{7.4}$$

$$\frac{M_t}{p_t} = L(r_t, y_t) \tag{7.5}$$

其中，r_t，g_t 分别表示 t 期的利率和政府支出，M_t 表示 t 期中央银行的货币供给量。另外，$I'_r < 0$，$I'_g > 0$，$L'_r < 0$，$L'_y > 0$。在这里，IS 方程是决定产出的等式，它是消费需求、投资需求、政府支出需求来决定社会的总需求，当然在此我们可以加上净出口需求。LM 方程是反映货币市场的均衡，即真实货币供给 $\frac{M_t}{p_t}$ 和真实货币需求 L 相等。

可以由式（7.4）、式（7.5）解出总需求曲线为：$y_t = AD(m_t, g_t)$，其中 $m_t = \frac{M_t}{p_t}$，$AD'_m > 0$，$AD'_g > 0$。考虑到由于货币政策

和财政政策对经济作用的滞后性，再加上上期收入对当期的需求有影响，于是我们可以将总需求曲线方程表示为：

$$y_t = AD(y_{t-1}, m_{t-1}, g_{t-1}) \tag{7.6}$$

需要注意的是，上述表达式中我们假定货币供给为外生的，而利率则由货币市场的均衡内生决定。对式（7.6）进行泰勒展开，线性近似后的表达式为：

$$y_t = e_d + a_d m_{t-1} + b_d g_{t-1} + c p_t + u_t^d \tag{7.7}$$

其中，e_d 表示一个常数，$a_d > 0$，$b_d > 0$，$c < 0$，它们对应常数系数。u_t^d 是 t 期的总需求冲击，$\{u_t^d\}_{t=1}^{\infty}$ 是独立同分布的随机过程，u_t^d 服从正态分布 $N(0, \sigma_d^2)$，σ_d^2 表示需求冲击的方差。

政府对宏观经济的调控一般可以用相应的反应函数（或规则）来进行表述，就财政政策而言，其变化规则可以表示为：

$$g_t = \lambda_g + \alpha_g y_t + \beta_g p_t + \gamma_g g_{t-1} + u_t^g \tag{7.8}$$

在此 λ_g 是常数，$\alpha_g < 0$，$\beta_g < 0$，$\gamma_g < 0$，它们对应常数系数。u_t^g 是 t 期的政府支出冲击，$\{u_t^g\}_{t=1}^{\infty}$ 是独立同分布的随机过程，u_t^g 服从正态分布 $N(0, \sigma_g^2)$，σ_g^2 表示政府支出冲击的方差。

当货币供给为外生时，货币政策主要表现为针对当前的经济形势公开市场业务，即改变货币供给量。与式（7.8）相类似，这种货币政策的调节可以由一个货币供给规则来进行表述，具有如下形式：

$$m_t = \lambda_m + \alpha_m y_t + \beta_m p_t + \gamma_m g_t + \eta m_{t-1} + u_t^m \tag{7.9}$$

其中，λ_m 是一个常数，$\alpha_m < 0$，$\beta_m < 0$，$\gamma_m > 0$，$\eta < 0$，它们对应常数系数。u_t^m 是 t 期的中央银行的货币供给冲击，$\{u_t^m\}_{t=1}^{\infty}$ 是独立同分布的随机过程，u_t^m 服从正态分布 $N(0, \sigma_m^2)$，σ_m^2 表示货币供给冲击的方差。

按照 Blanchard（1989）、Blanchard 和 Quah（1989）以及 Gali

（1992）的方法，由式（7.3）、式（7.7）、式（7.8）、式（7.9）可得以下差分形式：

$$\Delta p_t = a_s \Delta p_{t-1} + b_s \Delta y_{t-1} + u_t^s \tag{7.10}$$

$$\Delta y_t = a_d \Delta m_{t-1} + b_d \Delta g_{t-1} + cdy_{t-1} + u_t^d - u_{t-1}^d \tag{7.11}$$

$$\Delta g_t = \alpha_g \Delta y_{t-1} + \beta_g \Delta p_{t-1} + \gamma_g \Delta g_{t-1} + u_t^g - u_{t-1}^g \tag{7.12}$$

$$\Delta m_t = \alpha_m \Delta y_{t-1} + \beta_m \Delta p_{t-1} + \gamma_m \Delta m_{t-1} + u_t^m - u_{t-1}^m \tag{7.13}$$

由式（7.10）、式（7.11）、式（7.12）、式（7.13）可得到以下方程形式：

$$
\begin{bmatrix} \Delta p_t \\ \Delta y_t \\ \Delta g_t \\ \Delta m_t \end{bmatrix} =
\begin{bmatrix}
d_{11}(L) & d_{12}(L) & d_{13}(L) & d_{14}(L) \\
d_{21}(L) & d_{22}(L) & d_{23}(L) & d_{24}(L) \\
d_{31}(L) & d_{32}(L) & d_{33}(L) & d_{34}(L) \\
d_{41}(L) & d_{42}(L) & d_{43}(L) & d_{44}(L)
\end{bmatrix}
\begin{bmatrix} u_t^s \\ u_t^d \\ u_t^g \\ u_t^m \end{bmatrix}
\tag{7.14}
$$

在此 d_{ij}（$i=1$，$j=1$）表示滞后多项式。

显然，从式（7.14）可得以一个结论：Δp_t，Δy_t，Δg_t，Δm_t 分别可表示为4种冲击 u_{t-p}^s，u_{t-p}^d，u_{t-p}^g，u_{t-p}^m，（$p=1$，2，3，…）的线性组合。式（7.14）的经济学含义是本书进行实证的理论支撑，接下来的实证分析就以此4个变量 Δp_t，Δy_t，Δg_t，Δm_t 作 SVAR 模型的内生变量来进行实证分析。

三、AD-AS 模型在中国的适用性检验

（一）本书 SVAR 模型的识别条件、变量定义、数据选取及其处理

这部分是在上述讨论的基础上来进行 SVAR 模型分析。关于内生变量的选取，我们以本书第二部分的 AD—AS 模型分析为理论基

础，来选取本书计量模型的 4 个内生变量，它们分别为物价水平 *CPI*、产出 *GDP*、政府支出 *GE*、货币供给量 *M*1 的差分。

关于本书 SVAR 模型的约束条件，我们根据式 (7.10)、式 (7.11)、式 (7.12)、式 (7.13) 及其经济意义，给出 4 个假设条件: (1) 当期产量、当期政府支出、当期货币供给的变化对当期价格没有影响; (2) 当期价格的变化对当期的需求变化有影响，由于财政政策和货币政策具有时滞，所以政府支出和货币供给的变化在当期对需求没有影响，因此当期产量的决定只是由供给和需求两个因素来决定; (3) 当期财政支出只受当期供给变化、当期需求变化以及自身冲击的影响，不受货币政策影响; (4) 货币政策受当期供给变化、当期需求变化、当期政府支出变化以及当期货币供给冲击影响，货币政策受政府支出变化的影响主要是由于中国在实行财政政策需要货币政策配合。在对 4 个变量 Δp_t，Δy_t，Δg_t，Δm_t 进行 SVAR 模型分析时，由以上 4 个经济学含义上的假设，对式 (7.20) 中的矩阵 C_0 的约束条件进行排序调整，得到一个下三角矩阵形式，于是可以做乔利斯基 (Cholesky) 分解，识别出 C_0 中的各参数，从而最终识别出进行实证分析的 SVAR 模型方程。

选取计量模型中的物价水平 *CPI*、产出 *GDP*、政府支出 *GE*、货币供给量 *M*1 这 4 个变量的数据，我们选取数据的时间区间取 1995 年第 1 季度至 2006 年的第 3 季度，样本容量为 47。数据主要来源是中经专网 (http://ibe.cei.gov.cn)。我们用 *CPI* 对产出 *GDP*、政府支出 *GE*、货币供给量 *M*1 3 组数据进行平减后得到实际值，然后取它们的自然对数形式，以减除数据的异方差性，分别记为 ln*GDP*, ln*CPI*, ln*GE*, ln*M*1。我们由相关图可以观察出 ln*GDP*, ln*CPI*, ln*GE*, ln*M*1 具有一定的季节数据特征 (为了行文重点突出，在此省略这一图形)，所以在实证分析前必须对它们进行季节调整，在此，我们使用 TRAMO/SEATS 方法来对这四个变量的数据进行季节调整，得出季节调整后序列。

接下来，本书应用 ADF (augment dickey-fuller) 和 PP (phillips-perron）方法对调整后的 lnCPI，lnGDP，lnGE，ln$M1$ 各序列及其一阶差分序列进行平稳性检验，检验结果见表 7 - 1，该表显示调整后各序列一阶差分是平稳的，即调整后各序列均为一阶单整序列。

表 7 - 1　季节调整后的 lnCPI，lnGDP，lnGE，ln$M1$ 序列及其一阶序列的平稳性检验结果

变量	ADF 检验	PP 检验	变量	ADF 检验	PP 检验
lnCPI	- 1. 92	- 2. 37	DlnCPI	- 3. 06 ***	- 9. 16 ***
lnGDP	2. 38	2. 35	DlnGDP	- 4. 32 ***	- 6. 60 ***
lnGE	- 1. 69	- 1. 65	DlnGE	- 2. 58 *	- 8. 68 ***
ln$M1$	- 2. 14	- 2. 64	Dln$M1$	- 2. 97 **	- 9. 16 ***

注：lnCPI，lnGDP，lnGE，ln$M1$ 的 ADF 检验和 PP 检验分别包括截距项和趋势项，而它们差分平稳性检验分别取的形式只含有截距项。"*"、"**"、"***"分别表示 10%，5%，1% 拒绝原假设的显著性水平。

（二）SVAR 模型的检验及估计结果

综上所述，根据本书的式（7.17）来选取 VAR 模型的内生向量，它们是 $X_t = [\Delta p_t, \Delta y_t, \Delta g_t, \Delta m_t]'$，在此，我们分别用季节调整后的 ln$CPI$，ln$GDP$，ln$GE$，ln$M1$ 的差分序列表示 Δp_t，Δy_t，Δg_t，Δm_t 对应的时间序列。而简单式扰动项 ε_t 是个四维向量，即 $\varepsilon_t = [\varepsilon_{1t}, \varepsilon_{2t}, \varepsilon_{3t}, \varepsilon_{4t}]'$，它的每个分量是 u_t^s，u_t^d，u_t^g，u_t^m 的线性组合。

我们使用 Eviews 5.0 对 VAR 方程进行检验，结果表明按照 AIC 准则、SC 准则以及 HQ 准则以及方程的系数显著性大小，选择其滞后 2 期的形式。进一步，Eviews 5.0 运算结果表明，VAR（2）特征多项式的逆根都在单位圆内，所以 VAR（2）是稳定的。

在此对 SVAR 模型的识别使用 AB - 型（可参见高铁梅（2006）关于 SVAR 模型的叙述部分），即矩阵 A、B 是 4 × 4 的可逆矩阵，它们满足 $A\varepsilon_t = Bu_t$。根据以上讨论的短期识别条件，我们对矩阵 A

取下三角矩阵，B 取对角矩阵。把 Δp_t，Δy_t，Δg_t，Δm_t 对应的 4 组数据在 Eviews 5.0 中去运行得到矩阵 A、B 分别如下：

$$A = \begin{bmatrix} 1 & 0 & 0 & 0 \\ -2.420 & 1 & 0 & 0 \\ 2.347 & 0.099 & 1 & 0 \\ 1.303 & -0.002 & -0.126 & 1 \end{bmatrix},$$

$$B = \begin{bmatrix} 0.004 & 0 & 0 & 0 \\ 0 & 0.032 & 0 & 0 \\ 0 & 0 & 0.024 & 0 \\ 0 & 0 & 0 & 0.038 \end{bmatrix}$$

然后根据 SVAR 模型的识别思路，得到结构方程，进一步可以得到我们分析需要的脉冲反应函数（impulse response function，IRF）和方差分解（variance decomposition）。

（四）脉冲函数分析和方差分析

接下来，我们分别分析供给冲击、需求冲击、政府购买冲击、货币供给冲击对经济中的物价水平、总产量、政府支出、货币供给产生的动态过程。

1. 供给冲击

图 7-1 反映的是当发生总供给的 1% 正向冲击后，物价水平、产出、政府支出、货币供给量对其动态响应过程。一是考察物价水平 lnCPI 对供给冲击的反应，在冲击的即期，物价水平立即增加，但增加幅度不大，低于产量 lnGDP 总供给冲击的动态响应。然后物价水平持续增加，大概在第 14 个季度稳定在一个不变的水平。这正符合 AD—AS 模型分析的含义—生产成本因素的供给方面冲击会使物价水平上升。这是因为生产成本上升会使供给曲线向左移动，这样物价水平上涨，例如，最近的石油价格上涨，使工业生产成本上升，从而促使中国 2007 年年初至 2008 年 6 月物价水平，对当期

通货膨胀具有一定的影响。二是看产量 $\ln GDP$ 对供给冲击的响应，尽管在总供给冲击的即期，产量表现为立即上升到一个水平，但随后各期产量的累积反应是逐渐下降，大概到第 14 个季度下降到一个稳定水平，这种情形和 AD—AS 模型不相一致。出现这种现象的原因可能是物价上升促进私人投资过热，从而使产量增加。三是看供给冲击对财政政策和货币政策的影响，由于本书供给冲击是指物价水平冲击，经济表现为通货膨胀的趋势，于是财政政策和货币政策应是从紧的，这样就出现它们在图 7－1 中对应的情形，在受到供给冲击后，政府支出在当期立即下降，大约经历 12 个季度最终缓慢累积下降不变状态，而货币供给量在初期立即下降一个较小值，经历 13 个季度最终缓慢累积下降到一个不变的值。这是符合中国的财政政策和货币政策遇到通货膨胀时所采取的紧缩性政策的含义，即它与式（7.7）、式（7.8）中对应的政府支出、货币供给变量系数正负性是一致的。

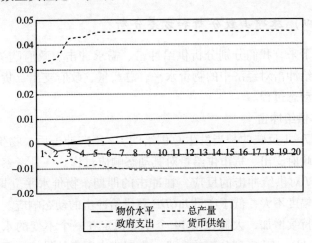

图 7－1　供给冲击的动态累计效应

另外，从表 7－2 中可以观察到，供给冲击对价格波动影响的贡献程度在很大程度上大于其他 3 个冲击的贡献，大约达到 90%，这和凯恩斯主义价格上升来自于总需求增加的观点是不相一致。

表 7 - 2　　　物价水平 CPI 和 GDP 预测误差的方差分解

成分	期间	供给冲击	需求冲击	政府支出冲击	货币供给冲击
物价水平 CPI	1 季度	100.00	0.00	0.00	0.00
	5 季度	91.50	2.54	3.89	2.06
	10 季度	90.32	3.66	4.02	2.00
	15 季度	90.20	3.77	4.03	2.00
	20 季度	90.19	3.78	4.04	2.00
GDP	1 季度	8.60	91.41	1.36E - 31	1.46E - 30
	5 季度	9.43	90.11	0.18	0.28
	10 季度	9.46	90.04	0.21	0.29
	15 季度	9.46	90.04	0.21	0.29
	20 季度	9.48	90.04	0.21	0.29

2. 需求冲击

　　图 7 - 2 是表示经济中的物价水平、产出、政府支出、货币供给量对 1% 正向需求冲击的动态响应过程。一是物价水平对需求冲击的响应，在即期物价几乎没有变化，但到第 2 季度后，物价水平累积响应效应渐渐增大，大概在第 15 季度稳定在一个不变的水平，这说明需求冲击会促进物价水平上涨。二是产量对需求冲击的动态响应，在受到需求冲击的即期，产量 $\ln GDP$ 立即上升到一个水平，随后持续上升，大概在第 6 季度累计上升的值保持稳定不变，这说明需求冲击会使产量增加。三是政府支出和货币供给对需求冲击的响应，政府支出 $\ln GE$ 在受到需求冲击后，当期立即下降，接着持续下降，大约在第 15 季度下降到一个稳定的状态；而货币供给在受到需求冲击后，持续下降，大约在第 12 季度累计下降到稳定值，但是这个值不大。由以上分析得出结论：（1）需求冲击会促进价格水平的上升和产量的增加；（2）当需求冲击发生后，财政政策和货

币政策应该采取紧缩的政策。第一个结论符合 AD—AS 模型需求增加使产量和物价水平都提高的经济含义，这与 Blanchard（1989）的结论是一致的，第二结论是吻合凯恩斯主义的宏观需求管理政策的经济学内涵。

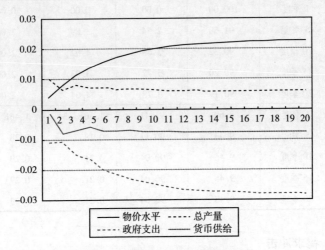

图 7 - 2　需求冲击的动态累积效应

同时，从表 7 - 2 可以看到，需求冲击对产量波动影响的贡献程度在很大程度上大于其他 3 个冲击的贡献，大约也达到 90%，这也和凯恩斯主义产量的波动主要来自需求冲击的观点是一致的。

3. 政府支出冲击

图 7 - 3 是表示经济中的物价水平、产出、政府支出、货币供给量对 1% 正向政府冲击的动态响应过程。一是物价水平对政府支出冲击的效应。物价水平 ln*CPI* 在受到 1% 政府冲击后，由即期开始逐渐上升，大约经过 17 季度下降到一稳定状态，这说明政府支出增加会使物价水平下降，这一结论和凯恩斯主义政府支出增加促使物价水平上涨的观点不一致，因为凯恩斯主义认为，政府支出增加会使总需求增加，促使总需求曲线的移动，从而物价水平上升。出现这样结论，也许政府支出增加有挤出效应，即政府通过税收等

财政收入增加财政支出会对私人的投资有挤出效应，从而政府支出行为总效应是负，从而总需求下降，于是物价水平遇到正的政府冲击后就降低。二是产量对政府支出冲击的动态效应，产量 $\ln GDP$ 在受到 1% 的政府支出冲击后，增加幅度不是很大，大概经历 13 个季度渐渐累积上升到一个不变的值，尽管效应不大，但说明政府支出增加会促使产量增加，这符合 AD—AS 模型政府支出促使产量提高的经济学含义。三是政府支出和货币供给遇到政府支出冲击的动态响应。政府支出冲击是指政府为发生的随机事件而进行的花费支出，这类随机事件是指如经济外部的金融危机、水灾、地震等自然灾害。在遇到 1% 的政府支出冲击后，政府支出在当期立即上升到一个水平，随后在第 1 季度累计效应下降至一个稳定值，然后经历先上升，再小幅下降，再上升的过程，最终大约在第 7 季度累计效应逐渐稳定下来；而货币供给在遇到 1% 的政府支出冲击后，其动态的响应在当期是立即上升，随后经历下降、上升、再下降、再上升的过程，最后大概在第 12 季度处在一个稳定状态。这说明在遇到政府支出冲击后，政府支出以及货币供给都会增加，以消除经济中不利的冲击。

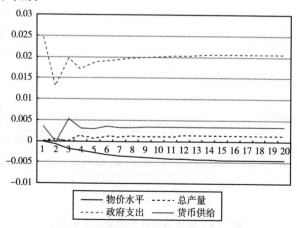

图 7-3 政府支出冲击的动态累积效应

4. 货币供给冲击

图 7 - 4 是表示经济中的物价水平、产出、政府支出、货币供给量对 1% 正向货币供给冲击的动态响应过程。一是物价水平对货币供给冲击的动态响应。当 1% 货币供给冲击发生后，物价水平的动态累计效应从初期开始持续上升，大概在第 13 季度达到稳定不变的状态。这说明货币供给增加，物价水平就会上升，二是产量对货币供给冲击的动态响应。货币供给的冲击对产量的最终累计效应在第 9 期后处在一个稳定值，但这个值很小。由此我们得出实证的一个结论：货币供给增加会促使物价水平上升，但对产量的影响很小。这个结论是符合新古典主义的一个观点——货币政策只影响物价水平，而对产量没有影响，这就意味着该结论不符合 AD—AS 模型的经济含义。再次，来看政府支出和货币供给对货币供给冲击的动态响应。关于政府支出对货币供给冲击的动态效应，在受到冲击后，其累计效应经历先下降，后上升，再下降的过程，最终在大概第 13 季度稳定不变；而货币供给量对货币供给冲击的动态效应，在受到冲击的当期立即上升一定水平，随后经历下降，上升，再下降，最后在第 12 季度稳定下来。

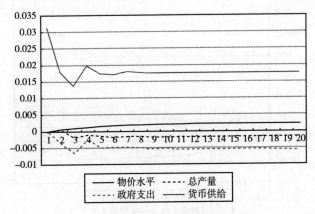

图 7 - 4　货币供给冲击的动态累积效应

综上所述，关于本书实证分析的结论可归纳为以下几点：

（1）总供给冲击（价格冲击）促使物价水平上升，产量增加，即当正向供给冲击发生后，价格水平和产量同向变动。

（2）总供给冲击（价格冲击）促使物价水平上升，政府支出减少，同时货币供给减少。

（3）在受到总需求冲击后，物价水平表现上升一定水平，产量表现为一定幅度的增加，即当正向需求冲击发生后，价格水平和产量表现为同向变动。

（4）当出现正总需求冲击后，政府支出、货币供给量同时减少，这也符合凯恩斯主义的相机抉择的需求管理观点。

（5）政府冲击对物价水平的效应为负，而对产出的影响为正，前者不符合凯恩斯主义财政政策相机抉择的观点，而后者符合凯恩斯主义财政政策相机抉择的观点。

（6）货币供给增加会促使物价水平上升，但对产量的影响很小。这个结论是新古典主义的观点—货币政策只影响物价水平，而对产量没有影响，货币是覆盖在实际经济上的一层"面纱"。

（7）财政政策和货币政策面临供给冲击（或价格冲击）和需求冲击，都是同向运动，这说明中国财政政策和货币政策具有一定的互补性。

把以上实证分析的结论和凯恩斯主义的观点或 AD—AS 模型的经济学含义进行比较，我们发现：中国的产量和物价水平对总需求冲击的同向运动符合 AD—AS 模型总需求增加促使价格和产量都提高的经济学含义，财政政策和货币政策对需求冲击和供给冲击的反应符合凯恩斯主义相机抉择的观点；而产量和物价水平对总供给冲击的同向运动不符合 AD—AS 模型供给变动促使价格和产量反向运动的经济学含义；货币供给冲击对物价水平和产量的作用是符合新古典主义货币政策无效性的观点，也就意味着这个结论与 AD—AS 模型货币政策有效性的经济学含义不相符合。因此我们可以得出一个重要结论：中国数据在一定程度上与凯恩斯主义 AD—AS 模型的经济学含义具有不匹配性。这个结论与高坚和杨念（2007）研究的结论相反；而与徐高（2008）的研究结论大体上是相同的，因为他的研究结论也意味着中国数据实证的结果与凯恩斯主义的 AD—AS 模型具有不一致性，但是我们分析所暗含的结论与徐高（2008）分析的结果——短期总需求曲线的斜率为正，总供给曲线的斜率为负——有点差别，因为本章以上的结论（1）、（2）意味着于短期总需求曲线的斜率为正，总供给曲线的斜率为正。

四、结语

本章是尝试对凯恩斯主义的 AD—AS 模型在中国的匹配性或适用性进行检验，在讨论了一个凯恩斯主义的 AD—AS 模型后，利用 SVAR 模型实证分析并得出相应的结论，并把它们与 AD—AS 模型的经济学含义进行比较，发现：中国数据与 AD—AS 模型的经济学内涵在一定程度上具有不匹配性。这说明当我们运用凯恩斯主义来作为中国宏观经济问题分析和中国政府用它作为政策制定的理论基础时，经济学者和政策制定者一定要慎重考虑其适用性，否则会导致经济分析的结论出现错误或政策制定出现失误，造成政策实施无效或起反作用。

关于我们研究的实证结论，还可以通过稳健性（robustness）检验，来提高实证结论的说服力。但对本章实证分析的结论做稳健性（robustness）检验还有一定的困难，原因有两个：一是中国的季度数据从 20 世纪 90 年代初才有统计，研究样本容量有限，导致很难从总样本中抽出部分样本进行有效检验；二是本章虽然只选取了 Δp_t，Δy_t，Δg_t，Δm_t 4 个 SVAR 内生变量，但其他相关宏观变量如信贷、利率、税收、劳动就业目前并没有系统或准确的季度统计数据，以致数据难以获得，导致无法通过增加向量维数来进行稳健性（robustness）检验。因此，我们对本章实证分析的结论未能做稳健性（robustness）检验，这会在一定程度上减弱本书结论的说服力。当然，本章从实证角度对凯恩斯主义的质疑只是一次初步尝试，对于 AD—AS 模型在中国的适用性或匹配性的相关研究，还需要进一步的深入下去。本章研究大概有三个方向有待进一步扩展：一是按照 Blanchard（1989）、Blanchard 和 Quah（1989）的思路去分析中国的价格水平和产量对供给冲击和需求冲击的反应与凯恩斯主义的经济学内涵是否一致；二是按照 Gali（1992）的思路分析中国的数据和 IS - LM 模型的匹配性，三是可以遵循 Gali（1999）的方法分析凯恩斯主义垄断竞争模型与中国数据的一致性。

参考文献

［1］高坚、杨念：《中国的总供给—总需求模型：财政和货币政策分析框架》，载于《数量经济技术经济研究》2007 年第 5 期。

［2］高铁梅：《计量经济学分析方法与建模：Eviews 应用与建模》，清华大学出版社 2006 年版。

［3］龚敏、李文溥：《中国经济波动的总供给与总需求冲击分析》，载于《经济研究》2007 年第 11 期。

［4］林黎、任若恩：《中国的最优化动态 IS - LM 模型构建与应用》，载于《数量经济技术经济研究》2007 年第 2 期。

［5］徐高：《斜率之谜：对中国短期总供给/总需求曲线的估计》，载于《世界经济》2008 年第 1 期。

［6］张茵、万广华：《中国的经济周期：一个 AD - AS 模型的视角》，载于《世界经济文汇》2005 年第 2 期。

［7］Ahmer, M., 2005, "How Well Does the IS - LM Model Fit in Developing Economy: The Case of Indian", *International Journal of Applied Economics*, 2 (1): 90 - 106.

［8］Blanchard, O. J., 1989, "A Traditional Interpretation of Macroeconomic Fluctuations", *American Economic Review*, 79 (5): 1146 - 1164.

［9］Blanchard, O. J. and D. Quah, 1989, "The Dynamic Effects of Aggregate Demand and Supply Disturbances", *American Economic Review*, 79 (4): 654 - 673.

［10］Funke, M., 1997, "How Important are Demand and Supply Shocks in Explaining German Business Cycles? New Evidence on an Old Debate", *Economic*

Modelling, 14: 11 – 37.

[11] Gali, J., 1992, "How Well Does the IS – LM Model Fit Postwar U. S. Data?", *The Quarterly Journal of economics*, 107 (2): 709 – 738.

[12] Gali, J., 1999, "Technology, Employment and the Business Cycle: Do Technology Shocks Explain Aggregate Fluctuations?", *American Economic Review*, 89 (1): 249 – 271.

第三篇

开放经济下政府支出
效应及其传导机制

第八章

我国财政政策对净出口、有效
汇率效应的实证分析

一、引言

伴随着经济全球化，市场国家的经济开放度不断地增加，面对的外部冲击压力也进一步增大，特别是在当前国际金融危机持续影响以及欧洲国家主权债务危机蔓延的情况下，各国都面临较大的外部冲击，经济运行不确定性加大，制定和实施灵活且富有弹性的财政政策已经成为各国预防和化解经济危机的有力工具之一。这为探讨开放经济下财政政策效应问题提供了难得的机遇和平台。

近年来国外一些实证检验聚焦于此。[①]如 Kim 和 Roubini（2008）也利用 SVAR 模型（structural vector autoregression model）分析美国财政冲击对真实汇率的效应，发现美国的扩张性财政政策冲击或政府预算赤字冲击会改善当前账户，而使真实汇率贬值；Arin 和 Koray（2009）运用半结构向量自回归模型（Semi-Structural VAR），探讨了美国财政政策冲击对加拿大经济的影响，最终发现

---

① 20 世纪 90 年代中期后，国外有些学者在这方面做了相关研究（Vamvoukas，1999；Piersanti，2000；Leachman and Francis，2002）。

美国政府支出增加会恶化本国贸易平衡，同时促使汇率下降，进而影响加拿大经济；而 Enders 等（2011）也利用向量自回归模型（Vector Autoregression，VAR）分析美国财政冲击对真实汇率的影响，发现面对扩张的财政冲击，真实汇率和贸易项目（the terms of trade）贬值。

在国内，对财政政策宏观效应的探讨主要集中在封闭经济情形，如：郭庆旺和贾俊雪（2006）等探讨了政府支出对总产量的影响；潘彬等（2006）研究了政府支出与消费的关系；李永友（2004）、郭健（2006）等分析了宏观赋税对总产量的效应；李晓芳等（2005）讨论了政府支出和税收对产量的影响，然而，仅有少量研究关注了开放经济下财政政策对出口或者汇率的影响效应，如朱杰（2002）把私人部门的外债存量纳入浮动汇率制下蒙代尔—弗莱明模型的理论框架，分别从短期和长期的角度分析了基于国债融资的财政扩张对汇率的调整压力（汇率效应），以及汇率相应调整通过债务重估效应对财政扩张效果（产出效应）的反作用。然而该研究主要是理论视角来加以探讨中国相关问题的。[①] 而在财政政策对出口或者汇率影响效应的实证经验上，目前的研究屈指可数，如许雄奇等（2006）检验了 1978～2003 年中国财政赤字与贸易差额的关系，刘伟等（2007）分析了贸易收支、财政赤字、实际汇率与 GDP 之间的长期协整关系，而赵国旭、邹华明（2008）则利用协整和因果检验方法，通过考察财政政策整体及其构成对消费、基本建设投资、净出口和国内生产总值的影响，探讨开放经济下我国财政政策的有效性。然而，这些研究采用的实证方法相对单一，主要用 Granger 因果检验和协整方法进行分析，同时，它们分析使用数据主要来自于中国相关的年度数据。此外，SVAR 模型已经成为实

---

① 此外，祝树金等（2005）在开放经济条件下，把政府财政政策引入到人力资本驱动的两部门内生增长模型中，证明由于扭曲性税收政策的存在，经济更容易产生增长的不确定性，但他们仅对一般理论研究，没有关注中国的相关问题。

证宏观分析的重要工具之一（Sims，1980，Bernake，1985，Blanchard and Quah，1989，Blanchard and Perotti，2002，Perotti，2007）尽管国内使用 SVAR 的研究李晓芳等（2005）探讨了财政政策的效应，但是他们是在封闭经济下来展开讨论的。基于以上所述，我们尝试从以上两个方面进行创新，一是使用 SVAR 模型，利用制度信息法（institutional information）得到识别条件，对开放经济下中国财政政策的效应进行讨论，二是选取中国 1992 年第 1 季度至 2010 年第 4 季度的相关季度数据作为样本来进行实证分析。

二、SVAR 模型设定和识别方法[①]

结构向量自回归（Structural Vector Auto Regressive，SVAR）模型目前已经成为实证宏观经济学分析的重要工具之一。Sims（1980，1986），Bernanke（1986），Shapiro 和 Watson（1988）对 SVAR 模型进行了早期研究，但自从 Blanchard 和 Quah（1989）在 SVAR 模型中引进长期约束条件以及 Gali（1992）引入长期约束和短期约束来识别经济冲击中的永久性冲击和暂时冲击后，SVAR 模型被广泛运用于宏观经济波动、货币政策、财政政策的动态效应等相关宏观问题的实证分析。

下面我们就如何从简约式 VAR（Reduced VAR）模型去识别（identification）出 SVAR 模型给出一个简述。首先来看 SVAR 模型，把它的表达式写成滞后算子形式：

$$A(L)X_t = E \times u_t, \quad E \times (u_t u_t') = I_n \tag{8.1}$$

其中，$A(L)$ 是一个关于滞后算子 L 的多项式:，X_t 表示 n 个内生变量组成的向量，E 为 $n \times n$ 阶矩阵，本书中，矩阵 E 为单位阵，u_t 称为结构式扰动项或冲击（structural shocks）。在本书中 X_t 含有

---

① 为了保障这章完整性，在此我们保留了 SVAR 模型简单介绍部分。

两个变量，它们分别为生产率水平差分的波动部分和劳动就业的波动部分。

若 $A(L)$ 可逆，则 X_t 可以表示为无穷阶 VMA（∞）的形式：

$$X_t = C(L) \times u_t \tag{8.2}$$

其中，$C(L) = A(L)^{-1} \times E$，另一方面对稳定的向量（Vector Process）过程，可以写成滞后算子形式：

$$B(L)X_t = \varepsilon_t \quad \text{或} \ X_t = D(L) \times \varepsilon_t \tag{8.3}$$

其中，$D(L) = B(L)^{-1}$，$B_0 = I_n$，$D_0 = I_n$，误差项 ε_t 是不可观测的，称为简化式扰动项（Reduced-form disturbances），$E(\varepsilon_t \varepsilon'_t) = \sum_\varepsilon$（正定对称矩阵）。结合式 $(X_t = C(L)u_t)$ 和 $(X_t = D(L)\varepsilon_t)$ 可得：

$$C_0 u_t = \varepsilon_t \ \text{和} \ C_t = D_t C_0, t = 1, 2, 3, \cdots, \tag{8.4}$$

对式（$C_0 u_t = \varepsilon_t$）平方取期望，可得：

$$C_0 C'_0 = \sum_\varepsilon \tag{8.5}$$

$\sum_\varepsilon$ 定义为 ε_t 的协方差矩阵，因此只要识别出 C_0 来，我们就可以识别 SVAR 模型。

对 C_0 的识别要进行约束，如果分析的向量是 n 维，需要 $\dfrac{n(n-1)}{2}$ 个约束条件，才能识别出 C_0 中的参数。

首先来看如何施加约束以及识别出 C_0。如果假设 C_0 为下三角矩阵，对式 $C_0 C'_0 = \sum_\varepsilon$ 进行乔利斯基（Cholesky）分解就可识别出 C_0 中的各参数。在进行实证经济问题研究时，一般从经济学含义上给出 $\dfrac{n(n-1)}{2}$ 个约束条件。

再来看如何施加约束条件和识别出长期响应矩阵。结合式（$C_0 u_t = \varepsilon_t$）和（$C_t = D_t C_0$，$t = 1, 2, 3, \cdots,$），我们可以得到：

$$C(1) = D(1)C_0 \qquad (8.6)$$

其中 $C(1)$，$D(1)$ 分别表示 SVAR 模型中和 VAR 模型中的冲击的长期响应矩阵，

$$C(1) = \sum_{t=0}^{\infty} C_t, D(1) = \sum_{t=0}^{\infty} D_t \qquad (8.7)$$

因而可得：

$$C(1)C(1)' = D(1)C_0C_0'D(1)' = D(1)\sum_{\varepsilon}D(1)' \qquad (8.8)$$

如果假设 C（1）下三角矩阵，由上式进行乔利斯基（Cholesky）分解识别出 $C(1)$ 中的各参数。有时从经济学含义上给出 $\frac{n(n-1)}{2}$ 个约束条件，再结合式（$C(1) = D(1)C_0$）求出 C_0 中的各参数。有时根据经济学含义给出的约束条件是短期和长期相结合（Gali，1992）。

综上所述，利用 SVAR 模型的建立分析过程可以概括为，首先估计出简约式 VAR 模型，即式（$B(L)X_t = \varepsilon_t$），然后通过一定的转化得到式（$X_t = D(L)\varepsilon_t$），这样，D_t，$t = 1$，2，3，…，已知，然后加上相应约束条件可识别出 C_0，随后可以算出 $C_t = D_tC_0$，$t = 1$，2，3，…，$u_t = C_0^{-1}\varepsilon_t$。于是由 $X_t = C(L)u_t$ 知，向量 X_t 中的每个变量是随机结构冲击 u_t 中各项的一个线性组合，从而可以进行脉冲反应分析。

三、开放经济下中国财政政策的经验特征

（一）本书 SVAR 模型内生变量的选择及其识别条件

经过 30 多年的发展，SVAR 模型现已发展成为分析货币和财政政策效应的重要实证分析方法之一，财政政策效应可能比货币政策更适合使用 SVAR 模型来讨论（Blanchard and Perotti，2002），于是

本书尝试使用此模型来分析政府支出和税收对净出口、实际有效汇率的动态效应。

关于本书 SVAR 模型的识别条件确定，我们选取 Blanchard 和 Perotti（2002）制度信息法（Institutional Information）。一般地，使用 SVAR 分析财政政策问题，识别方法有乔利斯基分解（Cholesky decomposition）（Gali et al.，2007）、叙事法（narrative approach）（Ramey and Shapiro，1998）、制度信息法（institutional information）（Blanchard and Perotti，2002）。制度信息法（institutional information）是根据以国家税收或转移支出制度（tax and transfer system）去识别税收和政府支出对经济活动的自动反应。在此，我们选择制度信息法 SVAR 的识别条件，主要基于以下两个原因，一是叙事法主要用于由于战争原因导致政府支出突然增加情况下的财政政策效应的讨论，二是在本书实证分析中，我们使用乔利斯基分解（Cholesky decomposition）得出总产量对税收收入反应为负，这是不符合经济原理的（这可从图 1 上观察到）。因此，我们在此就选用制度信息法来讨论。这也与国外 Erceg 等（2005）、Kim 和 Roubini（2008）分析政府支出对汇率和净出口选用的实证分析是一致的，而在国内李晓芳等（2005）在分析中国财政政策的效应也采用此种方法。另外，我们在此还做了一个拓展：把 Blanchard 和 Perotti（2002）的 SVAR 模型的 3 内生变量税收、政府支出和 GDP 拓展到税收、政府支出、GDP、净出口以及有效汇率 5 个变量。关于汇率变量，我们采用刘尧成等（2010）选择的有效汇率。SVAR 模型的内生向量可记为 $X_t = [T_t, G_t, Y_t, NX_t, REER_t]$，其中 T_t, G_t, Y_t, NX_t, $REER$ 分别表示税收、政府支出、GDP、净出口以及真实有效汇率。[1]

现在我们来讨论本书 SVAR 模型的识别条件。SVAR 模型的思

---

[1] 在此，笔者对本书的汇率概念做一个说明，实证分析中用到有效汇率是汇率的间接标价法，这意味着：若有效汇率值增加，则汇率或本国货币升值；而后面本书模型用到汇率是汇率直接标价法，这意味着：若汇率值增加，则汇率或本国货币贬值。总之，本书实证分析中的有效汇率与理论模型中的汇率运动方向正好相反。

路是从简约式来识别结构式的。[1] 如果分析的向量是 Y_{jt} 维的，就需要 n × （n−1）/2 个约束条件。因此，本书 SVAR 模型的识别需要 5 × （5−1）/2 = 10 条件。我们假定税收对当期的政府支出、净出口以及有效汇率没有反应，这是符合经济学原理的，由于有税收制度，税收与当期的总产量有关，在此，按照李晓芳等（2005）的分析结果，我们取收入税率对 GDP 的弹性为 1.72。同时，财政政策采取相机抉择，政府支出是反周期变化，我们利用相应的数据得出，政府支出对 GDP 的弹性为 −1.8。一般地，政府支出决定是由前几期或当期主要经济信息来决定，加上在决策和实施上还有一定的时滞性，我们认为它不受当期经济变量的影响，即在这里可假定当期的净出口和有效汇率的变化对当期的政府支出没有影响。因此，在我们选用 AB 型（$Au_t = B\varepsilon_t$，u_t 为结构式随机扰动项，ε_t 为简约式随机扰动项）基础上，我们可把以上 10 个约束条件归纳如下：

$$A = \begin{bmatrix} 1, & 0, & -1.72, & 0, & 0 \\ a_{21}, & 1, & 1.87, & 0, & 0 \\ a_{31}, & a_{32}, & 1, & 0, & 0 \\ a_{41}, & a_{42}, & a_{43} & 1, & 0 \\ a_{51}, & a_{52}, & a_{53}, & a_{54}, & 1 \end{bmatrix}, B = \begin{bmatrix} b_{11}, & 0, & 0, & 0, & 0 \\ 0, & b_{22}, & 0, & 0, & 0 \\ 0, & 0, & b_{33}, & 0, & 0 \\ 0, & 0, & 0 & b_{44}, & 0 \\ 0, & 0, & 0, & 0, & a_{55} \end{bmatrix}$$

（二）数据选择和处理

（1）来看数据的选取。采用中国的 1992 年第 1 季度至 2010 年第 4 季度的相关季度数据，样本容量为 76。由于对变量要扣除物价指数得到实际值才能进行分析，于是对月度的物价水平 CPI 转换，以 1995 年第 1 季度为基期，得出 1992 年第 1 季度至 2010 年第 4 季度的各个季度物价水平。在这里我们用 GDP 表示总产量，而关于

---

[1] 具体可参见：高铁梅：《计量经济学分析方法与建模：Eviews 应用与建模》，清华大学出版社 2006 年版，第 250 ~ 259 页。

GDP 平减指数只能得到年度，却没有关于季度的，于是利用年度的 GDP 平减指数按照复利计算出季度 GDP 平减指数，最后实际季度 GDP 由名义季度 GDP 扣除季度 GDP 平减指数得到记为 RGDP。政府支出是指财政支出。实际政府支出、实际税收收入、实际净出口、实际居民消费分别由名义政府支出和名义税收、净出口、名义居民消费扣除 CPI 而得到，分别记为 RGE、RT、RNX。而收入税率由于不能从国家公布的统计数据直接得到，我们用政府的税收总收入除以 GDP 得到的平均税率来表示，即用 RT 除以 RGDP 得到平均税率，记为 ATR。以上这些数据主要来自中经专网统计数据库。同时，可根据国际清算银行公布数据（http：//www.bis.org/）得到实际有效汇率，记为 REER。

（2）来看数据处理。先对 ATR、RGE、RGDP、RNX 和 EER 这 5 组数据取自然对数，这可减弱它们的异方差性，并且将它们的对数形式分别记为 lnATR、lnRGE、lnRGDP、lnRNX 和 lnREER。随后，在处理数据时，我们发现它们对应的数据具有一定季节性特征，于是在这里使用了 TRAMO/SEATS 方法来对这 5 变量的数据进行季节调整。然后，本书应用 ADF 和 PP（Phillips-Perron）方法对调整后的 lnRGDP、lnRPC、lnRGE、lnITR 各序列进行平稳性检验，结果表明这些调整后的各时间序列存在不平稳性。我们在这里进行 SVAR 模型分析时，不取这些变量的差分形式，因为差分会使以前的一些信息损失，所以在此用 HP 滤波方法得到这 5 个变量的波动项，我们进行 ADF 平稳性检验后，发现这些变量的波动项具有平稳性。

在此，使用 Eviews 5.0 对 VAR 方程进行检验，结果表明按照 AIC 准则、SC 准则，选择其滞后 2 期的形式，这与李晓芳等（2005）利用 SVAR 模型研究中国财政政策的效应时选取的滞后期数相同。进一步，Eviews 5.0 运算结果表明，VAR（2）特征多项式的逆根都在单位圆内，所以 VAR（2）是稳定的。

如果我们不使用本书的识别条件，而使用乔利斯基分解（Cholesky decomposition），即识别矩阵是下三角矩阵形式，可得到总产量分别对政府支出和税收的冲击反应情况，具体见图8-1。从图8-1上可以观察到，总产量对收入税率的冲击反应开始为正数，接着为负数，而总产量对政府支出冲击的动态效应几乎为负数且效果不是很大，这些结论与经济学原理"税收一般促使产量下降，而政府支出乘数的作用可使产量水平上升"不相匹配，于是本书我们没有选用乔利斯基分解（Cholesky decomposition）来得到识别条件。因此，本章的SVAR模型选用前面讨论的制度法来得到识别条件。

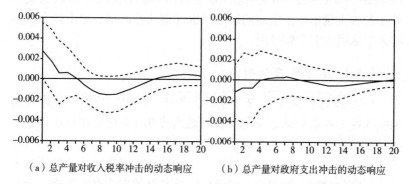

（a）总产量对收入税率冲击的动态响应　　　（b）总产量对政府支出冲击的动态响应

图8-1　VAR模型中总产量对政府支出和收入税率冲击的动态响应

接着，我们把对应的5组数据在Eviews 5.0中去运行得到相应的矩阵，然后根据本书所选的识别条件，按照SVAR模型的识别思路，从而得到结构方程，发现依照本书所选的约束条件运行不存在过渡识别。首先，可得AB型的矩阵如下：

$$A = \begin{bmatrix} 1 & 0 & -1.72 & 0 & 0 \\ 0.0248 & 1 & 1.870 & 0 & 0 \\ 0.0269 & -0.113 & 1 & 0 & 0 \\ 0.346 & 0.770 & -2.962 & 1 & 0 \\ 0.246 & -0.0109 & -0.0245 & -0.000195 & 1 \end{bmatrix}$$

$$B = \begin{bmatrix} 0.0485 & 0 & 0 & 0 & 0 \\ 0 & 0.436 & 0 & 0 & 0 \\ 0 & 0 & 0.0125 & 0 & 0 \\ 0 & 0 & 0 & 0.4542 & 0 \\ 0 & 0 & 0 & 0 & 0.00470 \end{bmatrix}$$

随后，我们可得到本书分析所需要的脉冲反应函数（Impulse Response Function，IRF），总产量、净出口和有效汇率对政府支出冲击和收入税率冲击反应的结果。也可得到总产量、净出口和实际有效汇率的方差分解情况。

（三）脉冲反应分析

（1）我们来看图 8-2，考察总产量（GDP）分别对政府支出和收入税率冲击的动态反应。面对政府支出 1% 的正向冲击，总产量的反应表现为立即上升到最大值，随后较快地下降，大约在第 3 季度初下降到一个极小值，接着，从第 3 季度至第 8 季度经历先上升后下降的过程，而在第 8 季度后，总产量的反应继续下降，而且为负，大约在 12 季度初下降到最小，随后又渐渐回升，约在第 17 季度后反应消退为零，回到初始位置。而面对收入税率 1% 的正向冲击，总产量当期立即下降，然后在第 2 季度初上升接近于零。随后，大体经历了一个缓慢下降的过程，大约在第 8 季度下降到极小。然后，总产量反应才渐渐回升，大约在第 14 季度反应大体为零，即回到原来状态。总之，面对政府支出正向的冲击，总产量反应大体为正。而面对平均税率的冲击，总产量反应为负，但其程度不是很大。

（2）我们观看图 8-3，考察净出口分别对政府支出和收入税率冲击的动态反应。面对政府购买 1% 正向冲击，净出口在第 1 季度内没有反应，在第 2 季度初开始它的反应强度逐渐增加，大约在第 3 季度增加到最大值，随后它的反应强度逐渐减弱，大约在第 5 季度初就消退为零，回到初始状态。而面对收入税率 1% 的正向冲击，净出口或当期账户反应表现为立即下降到一个值，随后继续下降，大约在第 2 季度初下降到最小值。接着净出口反应开始逐渐上升，大约在第 4 季度后，它的反应大体消退到零，即回到初始状态。总之，面临政府支出正向冲击，净出口反应为正。而面对收入税率的正向冲击，净出口反应为负。

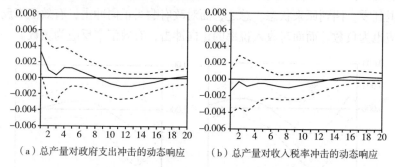

（a）总产量对政府支出冲击的动态响应　　（b）总产量对收入税率冲击的动态响应

图 8 - 2　总产量分别对政府支出冲击和收入税率的动态响应

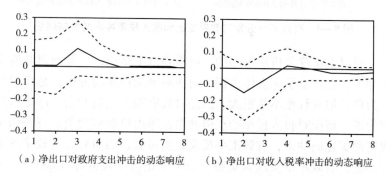

（a）净出口对政府支出冲击的动态响应　　（b）净出口对收入税率冲击的动态响应

图 8 - 3　净出口分别对政府支出和收入税率冲击的动态响应

（3）我们来观察图 8 - 4，考察有效汇率分别对政府支出和收入税率冲击的动态反应。面对政府支出 1% 正向冲击，有效汇率反应立即上升到一个值，接着在第 2 季度初开始下降，在第 3 季度转为负后继续下降，大约在第 7 季度初下降到最小，随后渐渐回升，大约在第 12 季度初，有效汇率反应变为零，接着经历了先小幅上升后小幅下降的过程，大约在第 20 季度后有效汇率反应消退为零。而面对收入税率1%的正向冲击，有效汇率反应立即下降到一个负值，随后逐渐下降，大约在第4季度初下降到最小值，接着渐渐地上升，在第8季度初，有效汇率反应开始转为正值，随后经历了一个先上升后下降的过程，但上升下降幅度不大，大约在第17季度后，有效汇率反应消退到零，回到原来状态。总之，面对政府购买正向冲击，有效汇率反应也为负数。而面对收入税率的正向冲击，有效汇率反应为负数。

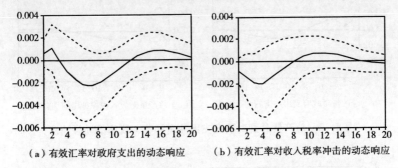

（a）有效汇率对政府支出的动态响应　　　（b）有效汇率对收入税率冲击的动态响应

图 8 - 4　有效汇率分别对政府支出和收入税率冲击的动态响应

对以上实证分析进行归纳，可得到以下结论，一是面对政府支出冲击，总产量反应大体为正，而面对平均税率的冲击，总产量反应为负，但其程度不是很大。二是对政府购买正向冲击，净出口反应为正。而面对收入税率的正向冲击，净出口反应为负。三是面对政府购买正向冲击，有效汇率反应也为负数，而面对收入税率的正向冲击，有效汇率反应为负数。第1结论与李晓芳等（2005）、王文甫（2010）具有一致性。[1]

---

　　[1]　使用缩小样本容量法进行强健性检验（Robust）。为此我们使样本容量变约为原来的2/3，使样本选取的区间从2000年第1季度到2011年第4季度；按照以上SVAR分析步骤和约束条件，可得到GDP、净出口以及有效汇率分别对政府支出冲击和收入税率冲击的动态响应过程，发现它们结果与以上利用1995年第1季度到2011年第4季度的相关季度分析的结果具有大体一致性。这说明我们实证的结论具有一定的强健性。关于做强健性检验时所得到结果，由于为使行文主题突出，在此笔者略去。

（四）方差分解分析

我们从表8－1中可知，收入税率冲击、政府支出冲击、总供给冲击、净出口冲击、实际有效汇率的冲击分别对总产量、净出口、实际有效汇率的方差分解或波动贡献情况。

表8－1　　　总产量 GDP、净出口 NX 及实际有效汇率 REER 预测方差分解　　单位：%

期数　　　Cholesky 排序	收入税率冲击	政府支出冲击	总供给冲击	净出口冲击	实际有效汇率的冲击
总产量的方差分解					
1 季度	6.97	1.047	91.98	0.00	0.00
5 季度	6.98	1.42	79.53	11.51	0.57
10 季度	9.52	1.29	66.88	21.61	0.70
15 季度	10.14	1.70	65.50	21.91	0.75
20 季度	10.38	1.72	64.42	22.72	0.76
净出口的方差分解					
1 季度	0.035	0.58	0.44	98.95	0.00
5 季度	0.50	2.83	3.14	91.94	1.60
10 季度	0.71	2.83	3.21	91.05	2.20
15 季度	0.84	2.84	3.33	90.59	2.39
20 季度	0.87	2.85	3.34	90.46	2.48
实际有效汇率的方差分解					
1 季度	5.79	0.72	0.28	0.033	93.17
5 季度	20.11	1.19	7.40	0.87	70.42
10 季度	20.51	3.05	12.72	1.07	62.64
15 季度	20.75	2.98	12.67	1.09	62.51
20 季度	20.65	3.13	12.87	1.13	62.23

（1）来看收入税率冲击、政府支出冲击、总供给冲击、净出口冲击、实际有效汇率的冲击分别对总产量的方差分解或波动贡献情况。在第 1 季度内，对总量 *GDP* 波动的贡献最大来自于总供给冲击，达到 91.98%，其次是收入税率冲击对总量 *GDP* 波动的贡献达到 6.97%，政府支出冲击达到 1.047%，而净出口冲击和实际有效汇率的冲击对总量 *GDP* 波动的贡献为零。然而，随着时间推移，总供给冲击的贡献率逐渐下降，而收入税率冲击、政府支出冲击、净出口冲击、实际有效汇率冲击贡献率都有所上升，最终，对总量 *GDP* 波动的贡献从大到小，依次为总供给冲击为 64.42%，净出口冲击为 22.72%，收入税率冲击为 10.38%，政府支出冲击 1.72%，实际有效汇率的冲击为 0.76%。

（2）来看收入税率冲击、政府支出冲击、总供给冲击、净出口冲击、实际有效汇率的冲击分别对净出口的方差分解或波动贡献情况。在第 1 季度内，对总量净出口波动的贡献最大来自于净出口冲击，达到 98.95%，而政府支出冲击对净出口波动的贡献达到 2.85%，收入税率冲击达到 0.035%，实际有效汇率冲击对净出口波动的贡献为零。然而，随着时间推移，净出口冲击的贡献率逐渐下降，而收入税率冲击、政府支出冲击、总供给冲击、实际有效汇率冲击贡献率都有所上升，最终，对净出口波动的贡献从大到小，依次为净出口冲击为 90.46%，政府支出冲击 2.85%，实际有效汇率的冲击为 2.48%，收入税率冲击为 0.87%。

（3）来看收入税率冲击、政府支出冲击、总供给冲击、净出口冲击、实际有效汇率冲击分别对实际有效汇率的方差分解或波动贡献情况。在第 1 季度内，对实际有效汇率波动的贡献最大来自于实际有效汇率冲击，达到 93.17%，而收入税率冲击对实际有效汇率波动的贡献达到 5.79%，政府支出冲击达到 0.72%，而净出口冲击对实际有效汇率波动的贡献为 0.033%。然而，随着时间推移，实际有效汇率冲击的贡献率逐渐下降，而收入税率冲击、政府支出冲击、总供给冲击、净出口冲击贡献率都有所上升，最终，对实际有效汇率波动的贡献从大到小，依次为实际有效汇率冲击为62.23%，收入税率冲击为20.65%，，总供给冲击为12.87%，政府支出冲击3.13%，净出口冲击为1.13%。

（五）强健性检验

关于对以上实证研究的结论，我们可通过以下两个方法进行强健性（Robustness）检验，以考察实证结论的说服力。一是缩小样本容量，即在足够大的样本容量条件下，从样本中再抽出部分样本进行实证 SVAR 检验，然后比较检验的结果与所关注的实证结论是否一致，二是增加变量，即通过增加 SVAR 中更多的变量来检验所关注的实证结论是否改变。

本章实证结果进行强健性检验（Robust）我们使用了两种方法。一是使用缩小样本法。为此我们使用样本容量原来的 2/3，分别选取样本区间从 1992 年第 1 季度至 2000 年第 3 季度和 1997 年第 3 季度到 2010 年第 4 季度，按照文中 SVAR 分析步骤和约束条件，得到 GDP、净出口以及有效汇率分别对政府支出冲击和收入税率冲击的动态响应过程。二是增加变量方法，我们分别在本书 SVAR 模型中引入居民消费、社会投资、物价水平、利率，按照文中 SVAR 分析步骤和约束条件，得到 GDP、净出口以及有效汇率分别对政府支出冲击和收入税率冲击的动态响应过程。结果发现它们与以上利用 1992 年第 1 季度到 2010 年第 4 季度的相关季度分析的结果是一致性的。这说明我们实证的结论具有一定的强健性。

同时，我们对本章做强健性检验时，还得出以下结论，一是收入税率提高使总消费下降，而政府支出增加使总消费水平提高。二是收入税率提高使社会总投资下降，政府支出增加也使社会总投资下降。三是收入税率提高使利率短期内上升，中长期内下降，长期内变为零，而政府支出增加也使利率短期内上升，中长期内下降，但幅度不大，而长期内为零。四是收入税率提高使物价水平短期内上升，而中长期内下降，长期内变为零，而政府支出增加也使物价水平短期内下降，中长期内提高，但幅度不大，长期内为零。

四、结语

本章利用中国相关的宏观季度数据，利用向量自回归模型讨论了中国的财政政策对净出口、实际有效汇率的作用，实证分析得出主要结论有，一是面对政府支出冲击，总产量反应大体为正，而面对平均税率的冲击，总产量反应为负，但其程度不是很大；二是对政府购买正向冲击，净出口反应为正；而面对收入税率的正向冲击，净出口反应为负；三是面对政府购买正向冲击，有效汇率反应也为负数，而面对收入税率的正向冲击，有效汇率反应为负数。

简而言之，中国财政政策对净出口和有效汇率效应的经验特征：政府支出增加也使有效汇率下降，但政府支出增加使净出口增加，这与发达市场经济国家存在差别。这是什么原因呢？我们发现，标准的蒙代尔－弗莱明模型不能解释它们。因为根据标准的Mundell-Fleming模型，在浮动汇率制度下，财政赤字增加会引起利率的提高，从而导致资本内流和实际汇率升值，实际汇率的升值使出口减少和进口增加，贸易收支恶化或净出口下降。因此，要考察此问题需从中国经济运行自身的特点中出发。我们推测可能有两个因素在开放经济下中国财政政策效应的传导机制中担当重要角色，一是中国经济发展还处在起飞阶段，政府支出是一种较为直接的、见效较快的经济增长促进手段，对居民消费和厂商生产行为具有较大的正外部性。二是中国在传统社会向现代社会转型中，居民消费行为具有一定惯性或习惯形成。由于政府支出的正外部性存在，政府支出增加会有利于社会投资增加，促使社会总量或总收入的水平提高，而消费习惯使居民消费在近期内增幅不大，这样由于供给多而消费少，会促使更多产品的出口，最终净出口增加和有效汇率下降，因此，中国政府支出的正外部性和居民消费的习惯形成可能是解释中国这一经验事实的重要因素，我们可把这些非完全竞争的因素引入新开放宏观经济模型（NOEM）分析框架来考察这一问题，可能是本章进一步探讨的方向。

参考文献

［1］高铁梅：《计量经济学分析方法与建模：Eviews 应用与建模》，清华大学出版社 2006 年版，第 250～259 页。

［2］郭健：《税收、政府支出与中国经济增长的协整分析》，载于《财经问题研究》2006 年第 11 期。

［3］郭庆旺、贾俊雪：《财政投资的经济增长效应：实证分析》，载于《财贸经济》2005 年第 5 期。

［4］李晓芳、高铁梅、梁云芳：《税收和政府支出政策对产出动态冲击效应的计量分析》，载于《财贸经济》2005 年第 2 期。

［5］李永友：《我国税收负担对经济增长影响的经验分析》，载于《财经研究》2004 年第 12 期。

［6］刘伟、胡兵、李传昭：《财政赤字、实际有效汇率与贸易收支——基于中国数据的实证检验》，载于《管理世界》2007 年第 4 期。

［7］刘尧成、周继忠、徐晓萍：《人民币汇率变动对我国贸易差额的动态影响》，载于《经济研究》2010 年第 5 期。

［8］潘彬、罗新星、徐选华：《政府购买与居民消费的实证研究》，载于《中国社会科学》2006 年第 5 期。

［9］王文甫：《价格黏性、流动性约束与中国财政政策的宏观效应——动态新凯恩斯主义视角》，载于《管理世界》2010 年第 9 期。

［10］许雄奇、张宗益、康季军：《财政赤字与贸易收支不平衡：来自中国经济的经验证据》，载于《世界经济》2006 年第 2 期。

［11］朱杰：《开放经济下私人部门外债与财政政策有效性分析：基于 M－F 模型的理论视角》，载于《世界经济》2002 年第 9 期。

［12］赵国旭、邹华明：《开放经济下我国财政政策的有效性分析》，载于《财经问题研究》2008 年第 6 期。

［13］Arin, K., P. and F. Koray, 2009, "International Transmission of Fiscal Shocks: an Empirical Investigation", *Open Economies Review*, 7: 425 – 434.

［14］Bernanke, B., 1986, *Alternative explanations of the money-income correlation* [J]. Carnegie-Rochester Conference Series on Public Policy, North-Holland,

Amsterdam.

[15] Blanchard, O. and Perotti, R., 2002, "An Empirical Characterization of the Dynamic Effects of Changes in Government Spending and Taxes on Output", *Quarterly Journal of Economics*, 117: 1329 – 1368.

[16] Blanchard, O. J. and D. Quah, 1989, "The Dynamic Effects of Aggregate Demand and Supply Disturbances", *American Economic Review*, 79 (4), 654 – 673.

[17] Erceg, C. J., L. Guerrieri, and C. Gust, 2005, "Expansionary Fiscal Shocks and the Trade Deficit", Board of Governors of the Federal Reserve System, International Finance Discussion Paper No 825.

[18] Galí, J., J. D. López-Salido, and J. Vallés, 2007, "Understanding the Effects of Government Spending on Consumption", *Journal of the European Economic Association*, 5: 227 – 270.

[19] Kim, S. and N. Roubini, 2008, "Twin Deficits or Twin Divergence? Fiscal Policy, Current Account, and the Real Exchange Rate in the U. S. A", *Journal of International Economics*, 74 (2): 362 – 383.

[20] Leachman, L. L. and Francis, B., 2002, " Twin Deficits: Apparition or Reality?", Applied Economics, 34, 1121 ~ 1132.

[21] Perotti, R., 2007, "In Search of the Transmission Mechanism of Fiscal Policy", forthcoming NBER Macroeconomics Annual.

[22] Piersanti, G., 2000, "Current Account Dynamics and Expected Future Budget Deficits: Some International Evidence", Journal of International Money and Finance, 19, 255 ~ 171.

[23] Shapiro, Matthew and Mark Watson, 1988, "Sources of Business Cycle Fluctuations", *NBER Macroeconomics Annual*, 111 – 148.

[24] Sims, C. A., 1980, "Macroeconomics and reality", *Econometrica*, 48, 1 – 48.

[25] Sims, C. A., 1986, "Are forecasting models usable for policy analysis?", *Quarterly Review*, *Federal Reserve Bank of Minneapolis*, 10, 2 – 6.

[26] Vamvoukas, G. A., 1999, "The Twin Deficits Phenomenon: Evidence from Greece", Applied Economics, 31, 1093 ~ 1100.

第九章

我国财政政策对净出口、有效汇率效应的理论分析

第八章的研究发现，开放经济下中国财政政策的宏观经济效应表现出不同于西方发达市场经济国家的经验特征：政府支出增加会使总产量、净出口增加，而有效汇率下降；收入税率的提高会使总产量、净出口和有效汇率同时下降。这一章试图从政府支出的正外部性和消费习惯形成角度，解释开放经济下中国财政政策效应的这一经验特征。为此，本书建立一个新开放宏观经济模型，通过引入垄断竞争、价格黏性、消费习惯以及政府支出的正外部性等非完全竞争因素来加以考察，经济模拟结果发现：消费习惯以及政府支出正外部性是解释开放经济下中国财政政策效应经验特征的重要因素。

一、引言

伴随着经济全球化，市场国家的经济开放度不断地增加，目前世界经济前景不确定性意味着各国面临经济波动的潜在风险也在加强，制定和实施灵活且富有弹性的财政政策也成为各国预防和化解经济危机的有力工具之一。这为探讨开放经济下财政政策效应问题提供了难得的机遇和平台。

近年来国外不少研究聚焦于此。在实证检验上，如 Kim 和 Roubini（2008）也利用 SVAR 模型（Structural Vector Autoregression

Model）分析美国财政冲击对真实汇率的效应，发现，美国的扩张性财政政策冲击或政府预算赤字冲击会改善当前账户，而使真实汇率贬值；Arin 和 Koray（2009）运用半结构向量自回归模型（Semi-Structural VAR），探讨了美国财政政策冲击对加拿大经济的影响，最终发现，美国政府支出增加会恶化本国贸易平衡，同时促使汇率下降，进而影响加拿大经济；而 Enders 等（2011）也利用向量自回归模型（Vector Autoregression，VAR）分析美国财政冲击对真实汇率的影响，发现面对扩张的财政冲击，真实汇率和贸易项目（the terms of trade）贬值。在经济模拟上，如 Erceg 等（2005）使用一个开放的动态一般均衡模型估计美国的财政冲击（政府支出冲击和劳动税收冲击）对贸易平衡的影响，发现不管政府预算赤字来自政府支出增加还是减税，财政赤字冲击会恶化贸易平衡，但效应较小。Corsetti 和 Müller（2006）重点考察了澳大利亚、加拿大、英国和美国 4 国"双赤字"（budget and trade deficit，Twin Deficits）的贸易影响效应。通过标准两国两种产品模型模拟发现：经济开放度越低或财政冲击的持续性较大时，财政赤字扩大（政府支出增加）会导致贸易平衡恶化。而 Ravn 等（2007）也从深度习惯概念（Deep Habit）角度，以美国、英国、加拿大与澳大利亚四个 OECD工业国家为对象，考察了开放经济中的政府购买冲击效应，经济模拟证实：深度习惯模型能很好地匹配经验特征"政府购买增加促使总产出和私人消费增加，而使贸易平衡恶化、实际汇率贬值"。

　　上述研究大多支持"政府支出增加会恶化贸易平衡或减低净出口，同时促使汇率下降"的观点，[①] 他们认为产生这样经验结论的原因是：国内政府支出增加，对消费和投资的挤出效应，如果经济

---

　　① 政府支出增加会恶化政府预算赤字，同时政府支出增加会恶化贸易平衡或贸易赤字，这意味着预算赤字和贸易赤字是同时趋势变化，国外相关研究把此关系称为双赤字假说（twin deficits）。当然也有个别研究认为不支持双赤字假说，如 Kim 和 Roubini（2008）对美国进行实证分析，得出政府赤字或预算与贸易平衡或赤字之间不是同向变化（twin deficits）而是反向变化，他们称为双分叉（twin divergence）。

开放度较低或政府支出冲击持续性较强，这种政府支出的挤出效应就更大，消费、投资减少会使净出口减少，于是贸易平衡恶化，同时对本国产品的需求下降，本国产品价格下降，汇率就贬值（Corsetti and Müller，2005，Erceg et al.，2005）。

然而，基于中国数据的经验表明，中国财政政策对净出口和有效汇率的效应表现为不同的经验特征：政府支出增加也使有效汇率下降，但政府支出增加使净出口增加，① 这与发达市场经济国家存在差别，使得按照国外研究思路建立新开放宏观经济模型（New Open Economy Macroeconomics model，NOEM）并不能很好的解释开放情形下中国财政政策效应的这一经验特征。因此，要考察此问题需从中国经济自身的特点中出发。我们推测可能有两个因素在开放经济下中国财政政策效应的传导机制中担当重要角色，一是中国经济发展还处在起飞阶段，政府支出是一种较为直接的、见效较快的经济增长促进手段，对居民消费和厂商生产行为具有较大的正外部性。二是中国在传统社会向现代社会转型中，居民消费行为具有一定惯性，即习惯形成（habit formation）。由于政府支出的正外部性存在，政府支出增加会有利于社会投资增加，促使社会总量或总收入的水平提高，而消费习惯使居民消费在近期内增幅不大，这样由于供给多而消费少，会促使更多产品的出口，最终净出口增加和有效汇率下降，因此，中国政府支出的正外部性和居民消费的习惯形成可能是解释中国这一经验事实的重要因素。

而在国内，对财政政策效应的探讨也主要集中在封闭经济情形，②很少关注开放经济下的中国财政政策效应分析，如：朱杰

---

①　不管国外还是国内有关财政政策对净出口和汇率的效应与蒙代尔—弗莱明（Mundell-Fleming）模型内涵具有不一致性。蒙代尔—弗莱明模型蕴涵着"政府支出增加或减税会促使汇率上升，净出口量减少"。

②　如郭庆旺和贾俊雪（2006）等探讨了政府支出对总产量的影响；潘彬等（2006）研究了政府支出与消费的关系；李永友（2004）、郭健（2006）等分析了宏观赋税对总产量的效应，李晓芳等（2005）讨论了政府支出和税收对产量的影响。

（2002）在开放经济下把私人部门的外债存量纳入浮动汇率制下的蒙代尔—弗莱明模型进行分析，探讨基于国债融资的财政扩张对汇率的影响效应，发现：在外债重估效应的作用下，短期内财政扩张的产出效应被削弱，而长期内私人外债的本币价值保持不变；祝树金等（2005）在开放经济条件下，把政府财政政策引入到人力资本驱动的两部门内生增长模型中，证明由于扭曲性税收政策的存在，经济更容易产生增长的不确定性；赵国旭和邬华明（2008）通过对开放经济条件下财政政策有效性检验变量的确立、借助协整和因果检验方法，考察了财政政策整体及其构成措施的效力，并根据其表现和特点概括出现阶段我国财政政策执行的效果和原则。然而，尽管国外研究中使用 SVAR 模型分析开放经济下财政政策的效应，但以上国内这些研究没有使用该模型对本书相关问题进行实证分析，同时，这些研究主要还是借助具有凯恩斯主义性质的蒙代尔—弗莱明模型的理论框架，缺乏从个体优化行为角度出发的动态分析，而且对开放经济下中国财政政策效应的传导机制在理论上也缺乏深入探讨。

　　基于此，本章试图从政府支出的正外部性和消费习惯形成角度，建立一个新开放宏观经济模型，考察财政政策的宏观经济效应及模型的传导机制。文章的创新之处，一是首次借助于新开放宏观经济模型（NOEM）探讨开放经济下中国财政支出的宏观经济效应；二是与外国传导机制不同的，我们从政府支出的正外部性和消费习惯形成视角，来诠释开放经济下财政政策效应的经验特征。

　　本章余下的结构安排如下，一是我们建立一个新开放经济模型对开放经济下我国的财政政策效应的传导机制加以讨论，二是对本书研究进行总结和说明。

二、新开放宏观经济模型的解释

（一）模型的经济背景考察

　　这部分将在新开放宏观经济模型（NOEM）分析框架下，主要引入垄断竞争、黏性价格、政府支出的正外部性、消费习惯或习惯形成（habit formation）、投资调整成本等不完全竞争因素来解释开放经济下中国财政政策宏观效应的特征事实。这些不完全竞争因素的引入主要是基于以下原因来考虑的：

（1）关于黏性价格的考虑。国内研究中国产品市场上的价格存在黏性较少，如陆军和舒元（2002）在研究货币政策无效性命题时，他们认为中国还存在市场的不完全性，特别是价格、工资刚性的存在，以致市场不能迅速调整以出清市场。此外，陈昆亭和龚六堂（2006）、李吉春和孟晓宏（2006）、王君斌和王文甫（2011）分别在研究中国经济波动和货币政策冲击问题时，引入价格黏性这一因素，并获得较好解释力度。另外，在中国现实经济环境中，存在一些垄断竞争行业，如电力、通讯、石油、交通等部门，它们的油价、通讯资费、电价等商品具有一定的名义价格刚性。因此，我们可以考虑价格黏性和垄断竞争因素。

（2）关于政府支出正外部性的引入。就现实中国经济运行来讲，政府支出是一种最为直接、见效较快的经济增长促进手段。政府在公共道路建设、城乡基础设施建设等方面的支出可能提高居民的福利水平，有利于居民消费水平的提高，于是对居民的消费行为产生正外部性。国内部分研究也证实了政府支出正外部性的存在如黄赜琳（2005）、王文甫和朱保华（2010）在真实周期模型（Real Business Cycle，RBC）框架下研究中国经济波动和财政问题时，引入政府支出的正外部性这一因素，发现它能提高模型对中国经济波动和政府支出产生挤入效应的解释力度。①

（3）关于消费习惯或习惯形成的考察。国内大量研究都证实了关于消费习惯的存在性（艾春荣、汪伟，2008，杭斌，2010，闫新华、杭斌，2010，杭斌，2011）。而且部分学者也证实在 DSGE 模

---

① 刘生龙（2010）实证检验了中国基础设施的外部性存在性，而基础设施是中国政府支出重要内容，这意味着中国政府支出具有外部性。

型框架中引入消费习惯可更好地解释中国现实。如刘斌（2008）、王君斌等（2011）在 DSGE 模型框架下引入消费习惯进行经济模拟，均得到了较好的效果。基于这些研究，本书也尝试把习惯形成引入 NOEM 模型进行分析。

（4）关于投资调整成本因素的考虑。此方面国内相关研究很少，仅有朱微亮等（2009）在一般均衡经济框架下建立了一个包含调整成本的产出—资本资产定价模型，探讨了企业投资过程中的调整成本对股票收益率的影响，发现模型能解释中国股市上 88% 的股票收益变动，意味着投资存在一定的调整成本。此外，因为资本物品的投资调整成本能促使消费、GDP 等变量对冲击反应的变化缓慢，为了能反应技术冲击或财政政策冲击的效应持续性或持久性，我们在构建的模型中尝试引入这一因素加以考虑。

因此，我们将主要借鉴 Gali（2008）的思路，但我们研究与他分析不同之处有两点，一是本书是在 NOEM 模型框架来讨论财政政策的效应，二是本书在生产函数中引入资本的因素来进行考察。具体说，把政府支出的正外部性、习惯形成、投资调整成本等非完全竞争元素引入到 NOEM 框架下构建新的模型，通过经济模拟与比较，考察刻画开放经济下中国财政政策效应的动态特征的关键因素。其中垄断竞争的引入主要利用 Dixit 和 Stiglitz（1977）的方法考虑垄断竞争市场，名义价格刚性的引入主要参考 Calvo（1983）的思路。

（二）模型的建立[①]

1. 消费者优化行为

消费者追求一生效用最大化：

$$E\left\{\sum_{t=0}^{\infty}\beta^{t}U(\tilde{C}_{t},G_{t},N_{t})\right\} \tag{9.1}$$

----

① 模型具体推导可参见本章附件的模型推导部分。

其中，$\tilde{C}_t = C_t / C_{t-1}^h$，这表示消费者具有消费习惯或习惯形成（Habit formation），h 表示习惯或消费形成的系数。

在此参照黄赜琳（2005）思路，我们认为政府支出对消费者的效用水平产生正效应，于是把政府支出引入效用函数，即为：

$$U(C_t, G_t, N_t) = \frac{(TC_t)^{1-\sigma}}{1-\sigma} - \frac{N^{1+\varphi}}{1+\varphi} \tag{9.2}$$

其中，$TC_t = \tilde{C}_t G_t^\gamma$（黄赜琳，2005）（通过实证分析，这种有效消费函数更适合中国），γ 表示私人消费与政府支出的关系系数，σ 表示消费者消费的跨期替代弹性，φ 表示劳动供给对工资水平的弹性。

$$C_t = \left[\theta^{\frac{1}{\varepsilon}} C_{H,t}^{\frac{\varepsilon-1}{\varepsilon}} + (1-\theta)^{\frac{1}{\varepsilon}} C_{F,t}^{\frac{\varepsilon-1}{\varepsilon}} \right]^{\frac{\varepsilon}{\varepsilon-1}}, \varepsilon > 0 \tag{9.3}$$

国内产品和国外产品的总消费分别是各国产品的各种消费产品的不变替代弹性（CES）组合。

$$C_{H,t} = \left(\int_0^1 C_{H,t}(j)^{\frac{\mu-1}{\mu}} \mathrm{d}j \right)^{\frac{\mu}{\mu-1}}, C_{F,t} = \left(\int_0^1 C_{F,t}(j)^{\frac{\mu-1}{\mu}} \mathrm{d}j \right)^{\frac{\mu}{\mu-1}} \tag{9.4}$$

$$P_{H,t} = \left(\int_0^1 P_{H,t}(j)^{1-\mu} \mathrm{d}j \right)^{\frac{1}{1-\mu}}, P_{F,t} = \left(\int_0^1 P_{F,t}(j)^{1-\mu} \mathrm{d}j \right)^{\frac{1}{1-\mu}} \tag{9.5}$$

国内物价指数是国内产品的物价水平和国外产品在国内物价水平的函数。

$$P_t = \left[\theta P_{H,t}^{1-\varepsilon} + (1-\theta) P_{F,t}^{1-\varepsilon} \right]^{\frac{1}{1-\varepsilon}} \tag{9.6}$$

国内产品的物价水平除以汇率等于国外物价水平，而国外产品的价格水平乘以汇率等于它们在国内的物价水平。

$$P_{H,t} = S_t P_{H,t}^*, P_{F,t} = S_t P_{F,t}^* \tag{9.7}$$

$$P_t = \left[\theta P_{H,t}^{1-\varepsilon} + (1-\theta) P_{F,t}^{1-\varepsilon} \right]^{\frac{1}{1-\varepsilon}} = S_t P_t^*$$

政府购买产品的需求来自国内产品和国外产品的购买。

中国政府支出宏观效应及其传导机制研究

$$G_t = \left[\theta^{\frac{1}{\varepsilon}} G_{H,t}^{\frac{\varepsilon-1}{\varepsilon}} + (1-\theta)^{\frac{1}{\varepsilon}} G_{F,t}^{\frac{\varepsilon-1}{\varepsilon}} \right]^{\frac{\varepsilon}{\varepsilon-1}} \tag{9.8}$$

政府对国内产品的购买支出是国内所有产品的消费组合，政府对国外产品的购买是国外所有产品的组合。

$$G_{H,t} = \left(\int_0^1 G_{H,t}(j)^{\frac{\mu-1}{\mu}} \mathrm{d}j \right)^{\frac{\mu}{\mu-1}}, G_{F,t} = \left(\int_0^1 G_{F,t}(j)^{\frac{\mu-1}{\mu}} \mathrm{d}j \right)^{\frac{\mu}{\mu-1}} \tag{9.9}$$

投资需求来自国内产品和国外产品的购买支出。

$$I_t = \left[\theta^{\frac{1}{\varepsilon}} I_{H,t}^{\frac{\varepsilon-1}{\varepsilon}} + (1-\theta)^{\frac{1}{\varepsilon}} I_{F,t}^{\frac{\varepsilon-1}{\varepsilon}} \right]^{\frac{\varepsilon}{\varepsilon-1}} \tag{9.10}$$

私人投资需求对国内产品的购买是国内所有产品的一个消费组合，私人投资对国外产品的购买是国外所有产品的组合。

$$I_{H,t} = \left(\int_0^1 I_{H,t}(j)^{\frac{\mu-1}{\mu}} \mathrm{d}j \right)^{\frac{\mu}{\mu-1}}, I_{F,t} = \left(\int_0^1 I_{F,t}(j)^{\frac{\mu-1}{\mu}} \mathrm{d}j \right)^{\frac{\mu}{\mu-1}} \tag{9.11}$$

代表性的消费者预算约束如下：

$$\int_0^1 P_{H,t}(j)(C_{H,t}(j) + I_{H,t}(j))\mathrm{d}j + \int_0^1 P_{F,t}(j)(C_{F,t}(j) + I_{F,t}(j))\mathrm{d}j$$
$$+ \frac{\Theta_t + D_t}{1 + i_t} + \frac{\Theta_t^*}{1 + i_t^*} = (1 - \tau_t)(W_t N_t + R_t K_t + \Pi_t)$$
$$+ \Theta_{t-1} + D_{t-1} + S_t \Theta_{t-1}^* \tag{9.12}$$

在这里，W_t 和 R_t 分别表示工资率和资本回报率，Π_t 表示垄断竞争厂商转移给消费者的利润，τ_t 表示政府对消费者收入征收的税率，Θ_t 表示名义债券（nominal non-contingent bonds），D_t 表示政府名义债券，i_t 表示名义利率。

我们可把代表性的消费者预算约束化简为：①

---

① 具体推导过程可参见 Gali, J.. 2008, "Monetary policy. and the Open Economy", Chapter7. in Monetary Policy, inflation, and the Business Cycle: An introduction to the new Keynesian Framework, P edited Galí, Jordi, Princeton. N. J.: Princeton University Press。

$$P_t(C_t + I_t) + \frac{\Theta_t + D_t}{1 + i_t} + \frac{\Theta_t^*}{1 + i_t^*} = (1 - \tau_t)(W_t N_t + R_t K_t + \Pi_t)$$
$$+ \Theta_{t-1} + D_{t-1} + S_t \Theta_{t-1}^* \qquad (9.13)$$

假设资本积累调整成本如下：

$$K_t = (1 - \delta)K_{t-1} + \phi\left(\frac{I_t}{K_{t-1}}\right)K_{t-1} \qquad (9.14)$$

2. 厂商优化问题

（1）垄断竞争的厂商

在国内，存在大量的垄断竞争厂商，$j \in (0,1)$，它们的生产函数形式遵循 Glomm 和 Ravikumar（1994）的方法，将政府支出 G_t 引入规模收益不变的柯布—道格拉斯型生产函数：

$$Y_t(j) = A_t G_t^{\alpha_G} K_{t-1}(j)^\alpha N_t(j)^{1-\alpha} \qquad (9.15)$$

在此，A_t 表示技术水平，α_G 表示产量对政府支出的弹性大小，α 表示资本收入在产出的份额大小。[①]

同时，定义总产量函数如下：

$$Y_t \equiv \left[Y_t(j)^{\frac{\mu-1}{\mu}}\mathrm{d}j\right]^{\frac{\mu}{\mu-1}} \qquad (9.16)$$

对于代表性的垄断竞争性厂商，我们可从成本最小化的角度出发，得到：

$$\frac{K_{t-1}(j)}{N_t(j)} = \frac{\alpha}{1-\alpha}\frac{W_t}{R_t^K} \qquad (9.17)$$

我们可得到代表性厂商的边际成本为：

---

① 由于这里只考虑开放经济下的财政政策效应传导机制，对技术进步在此没有加以考察。其中，我们在模拟过程中发现，如果加入技术冲击对我们的结果没有影响，同时得出结论：在技术冲击发生后，净出口增加，而有效汇率产生贬值。技术进步对汇率的贬值效应这一结论与林毅夫（2007）、刘尧成和徐晓萍（2010）研究的结论具有一致性，即不能支持"巴拉萨—萨缪尔逊效应假说"。

$$MC_t = [\Psi (R_t^K)^\alpha (W_t)^{1-\alpha}]/P_t, \text{ 在这里: } \Psi = \alpha^{-\alpha}(1-\alpha)^{-(1-\alpha)}。$$

（2）垄断厂商的价格设定

在此按照 Calvo（1983）的思路，假设有 θ 厂商保持价格黏性，有 $(1-\theta)$ 厂商保持灵活的价格，这样要保持价格黏性的厂商追求以下效用最大化：

$$\max_{P_{H,t}^f} E_t \sum_{k=0}^{\infty} \theta^k \left\{ \Lambda_{t,t+k} Y_{t+k}(j) \left(\frac{P_{H,t}^f}{P_{H,t+k}} - MC_t \right) \right\} \tag{9.18}$$

而且这样厂商的约束条件为：

$$Y_{t+k}(j) = X_{t+k}(j) = \left(\frac{P_{H,t+k}(j)}{P_{H,t+k}} \right)^{-\varepsilon_p} Y_{t+k} \text{ 或}$$

$$Y_{t+k}(j) = X_{t+k}(j) = \left(\frac{P_{H,t}^f}{P_{H,t+k}} \right)^{-\varepsilon_p} Y_{t+k} \tag{9.19}$$

对式（9.18）求一阶条件并化简得：

$$E_t \sum_{k=0}^{\infty} \theta^k \left\{ \Lambda_{t,t+k} Y_{t+k}(j) \left(\frac{P_{H,t}^f}{P_{H,t+k}} - u_p MC_{t+k} \right) \right\} = 0 \tag{9.20}$$

对式（9.20）进行变换，可得：

$$P_{H,t}^f = u_p E_t \sum_{k=0}^{\infty} \omega_{t,t+k} P_{H,t+k} MC_{t+k} \tag{9.21}$$

在这里，$\omega_{t,t+k} \equiv \dfrac{\theta^k \left(\Lambda_{t,t+k} Y_{t+k} \dfrac{1}{(P_{H,t+k})^{1-\varepsilon_p}} \right)}{\sum\limits_{k=0}^{\infty} E_t \theta^k \left(\Lambda_{t,t+k} \dfrac{1}{(P_{H,t+k})^{1-\varepsilon_p}} Y_{t+k} \right)}$ $\qquad$ (9.22)

描述国内产品的总价格水平动态变化的方程如下：

$$P_{H,t} = (\theta P_{H,t-1}^{1-\varepsilon_p} + (1-\theta)(P_{H,t}^f)^{1-\varepsilon_p})^{1/(1-\varepsilon_p)}$$

3. 政府部门

政府预算约束为：

$$P_t G_t + D_{t-1} = \tau_t (W_t N_t + R_t K_t + \Pi_t) + \frac{D_t}{1 + i_t} \qquad (9.23)$$

在这里，政府收入一部分来自税收收入，另一部分来自发行公债收入，政府支出分为两部分，它们分别为政府支出 G_t，偿还到期的债券 D_t。

同时，在此假定政府支出和收入税率的自然对数服从 AR（1），即为：

$$\ln G_t = \rho_G \ln G_{t-1} + \varepsilon_t^G, \ \ln \tau_t = \rho_\tau \ln \tau_{t-1} + \varepsilon_t^\tau$$

此处，ε_t^G、ε_t^T 是白噪声过程，且 $\varepsilon_t^G \sim N(0, \sigma_G^2)$，$\varepsilon_t^\tau \sim N(0, \sigma_\tau^2)$。

4. 市场均衡

产品市场均衡条件：
$$Y_t = C_t + I_t + G_t + NX_t \qquad (9.24)$$

劳动市场均衡条件：
$$N_t = \int_0^1 N_t(j) \, \mathrm{d}j \qquad (9.25)$$

资本市场均衡条件：
$$K_t = \int_0^1 K_t(j) \, \mathrm{d}j \qquad (9.26)$$

与以上模型建立的思路，我们讨论对称的国外经济体中的消费者、厂商、政府的行为。

我们分别用右上方带星号的字母表示国外对应的经济变量。

（三）对数线性化方程

在此部分，除非特别说明，一般具有时间下标的小写字母 x_t 都表示经济变量与其稳态之比地对数值，即：$\hat{X}_t \equiv \log(X_t/X)$。在这样的经济系统中，有 40 个变量，它们分别为：

$$\{\hat{C}_t, \hat{C}_t^*, \hat{N}_t, \hat{N}_t^*, \hat{Q}_t, \hat{Q}_t^*, \hat{K}_t, \hat{K}_t^*, \hat{R}_t, \hat{R}_t^*, \hat{W}_t, \hat{W}_t^*, \hat{I}_t, \hat{I}_t^*, \hat{D}_t, \hat{D}_t^*, \hat{Y}_t,$$

$$\hat{Y}_t^*, A_t, A_t^*, \hat{r}_t, \hat{r}_t^*, \hat{MC}_t, \hat{MC}_t^*, \hat{G}_t, \hat{G}_t^*, \hat{i}_t, \hat{i}_t^*, \hat{\tau}_t, \hat{\tau}_t^*, \hat{P}_t, \hat{P}_t^*, \hat{\pi}_t,$$

$$\hat{\pi}_t^*, \hat{\pi}_{H,t}, \hat{\pi}_{F,t}, \hat{\pi}_{H,t}^*, \hat{\pi}_{F,t}^*, tb_t, \hat{S}_t\}$$

我们进行对数线性化找到 40 个方程，然后利用 Dynare 程序运行得到，总产量、消费、投资、净出口和有效汇率分别对政府购买冲击和居民收入税率冲击的动态反应。

（四）模型的参数校准

1. 国内参数值取值或估计

（1）消费者偏好参数取值或估计。关于居民主观贴现率。根据 1995 年第 1 季度至 2010 年第 4 季度，平均每季度物价水平上升 2.2%，家庭主观效用的贴现率为 $\beta = 0.978$。

关于居民消费的替代弹性。我们作如下估计：本书根据消费者跨期最优条件 $C_t^{-\sigma} = \beta E_t [C_{t+1}^{-\sigma} R_{t+1}]$ 得到方程 $\Delta \ln C_t = (1/\sigma) \ln R_{t+1} + \varepsilon_t$，再利用时间序列 $\Delta \ln C_t$ 和 $\ln R_{t+1}$ 估计跨期替代弹性 $1/\sigma$，而从 $R_t = \alpha Y_t / K_{t-1} + (1 - \delta)$，利用张军（2002）方法推算出 2002 年的中国资本存量，从而得到 1978 ~ 2009 年资本存量，再结合 1978 ~ 2009 年 GDP 可估计出 R_{t+1}，最终得到估计值 $\sigma = 0.87$。关于工资对劳动供给的弹性或劳动力供给弹性的倒数 φ，我们按照王彬（2010）估计值取 $\varphi = 0.8$，而后面在对进行模型参数敏感性分析时发现，模拟结果对此参数在一定区间内取值比较稳定。另外，我们按王君斌等（2011）取消费习惯参数 $h = 0.583$。

（2）厂商生产参数取值。关于产出对资本的弹性 α，国内学者对资本份额的估计也在 0.5 左右，如张军（2002）估计此值为 0.499，王小鲁和樊纲（2000）估计它为 0.5。于是在此取资本份额 α 为 0.5。关于资本的折旧率，按照陈昆亭和龚六堂（2006）做法，本书选取的年折旧率为 0.10，按算术平均计算出季度为折旧率 $\delta = 0.025$。关于最终品厂商对中间品价格需求弹性 ε_p，Zhang（2009）基于 GMM 实证证据得到 $\varepsilon_p = 4.61$，本书也取此值。关于中间每期保持价格不变的厂商在社会的比重，陈昆亭和龚六堂（2006）取 $\theta = 0.6$，本书也取此值。投资关于托宾 Q 的弹性，参照刘斌（2008）取 $\eta = 2.09$。关于季度稳态毛利率，李春吉和孟晓宏

（2006）校准出稳态年度毛利率为 1.1134，由算数平均得到季度稳态毛利率近似为 $R \equiv r + 1 = 1.028$。

（3）政府和货币当局政策参数及其他参数取值或估计。关于政府支出与消费的居民的效用影响的权重，根据黄赜琳（2005）的估计，在此取它为 $\gamma = 0.36$。而关于产量对政府支出弹性，我们按照王文甫和朱保华（2010）的估计值，取 $\alpha_G = 0.698$。我们按照本书所采用的季度数据，可得平均税率的均值，把它作为稳态时的收入税率 $\tau = 0.15$。关于货币利率简单的泰勒规则系数。我们在经济模拟时，发现在利率规则方程中，通货膨胀缺口系数 $\phi_\pi > 1$ 是模型有唯一均衡解的充分必要条件，而若 ϕ_π 都在 1 值左右或小于 1，则模型的解存在非收敛性或爆炸性或不确定性。然而，国内大多数有关泰勒规则的研究表明 ϕ_π 都在 1 值左右或小于 1，但陈昆亭和龚六堂（2006）取 $\phi_\pi = 1.75$、$\phi_y = 0.50$，刘斌（2008）研究中国货币政策时，在泰勒利率规则方程 $\phi_\pi = 1.31$、$\phi_y = 0.78$，我们分别取这两类参数模拟发现结果相同，于是本书取 $\phi_\pi = 1.75$、$\phi_y = 0.50$。另外，我们对政府支出和收入税率序列进行处理，对波动部分进行无截距的一阶自回归可得，政府支出冲击自相关系数为 $\rho_G = 0.57$，标准差为 $\sigma_G = 3.76\%$；收入税率冲击自相关系数 $\rho_T = 0.227$，标准差为 $\sigma_T = 3.07\%$。

（4）其他相关参数取值。由李春吉和孟晓宏（2006）的稳态年度稳态通货膨胀率为 1.08，于是由算术平均得到季度稳态通货膨胀率为 $\pi = 1.02$。通过 1995 年第 1 季度至 2010 年的第 4 季度相关数据，我们可分别得到政府支出、居民消费、社会投资在 GDP 的比例分别为 $\gamma_G = 0.18$，$\gamma_C = 0.43$，$\gamma_I = 0.39$；由于季度的政府债务数据缺乏，在这里就利用 1978～2008 年的政府债务在 GDP 的比例 $\omega_B = 0.12$ 来表示季度数据的比例。最后，我们把以上参数校准或估计值归纳在表 9 – 1 中。

中国政府支出宏观效应及其传导机制研究

表 9 – 1 中国的模型参数校准值

σ	h	φ	β	γ	α_C	α	ε_p	θ	δ	R	π
0.87	0.583	0.8	0.978	0.36	0.698	0.5	4.61	0.60	0.025	1.028	1.02

η	τ	ϕ_π	ϕ_y	γ_C	γ_G	γ_I	ω_B	ρ_G	σ_G	ρ_T	σ_T
2.09	0.15	1.75	0.50	0.43	0.18	0.39	0.12	0.57	3.76%	0.227	3.07%

2. 国外参数取值

因为美国在世界经济占有重要地位，于是关于国外模型的参数校准本书选用美国作为对象。

(1) 偏好参数的取值。我们取消费者主观贴现率 $\beta^* = 0.99$，这意味着每年的年利率 4%，如 Gali 等（2007）、Liu 和 Phaneuf（2007）对美国的经济参数校准时就是取这一数值。我们参照国外一般研究，如 Christiano 等（2005）、Gali 等（2007）、Liu 和 Phaneuf（2007），取消费者跨期替代弹性 $\sigma^* = 1$。取工资关于劳动投入的弹性 $\varphi^* = 0.20$，在国外经济模型中我们也考虑消费习惯这一因素，按照 Christiano 等（2005）取其值为 $h^* = 0.65$。

(2) 生产者参数的取值。我们参照 Christiano 等（2005），产出关于资本的弹性取 $\alpha^* = 0.36$，资本折旧率取 $\delta^* = 0.025$，关于价格加成参照 Gali 等（2007）取 $u_p^* = 0.20$，这意味着最终品厂商对中间品的需求价格弹性为 $\varepsilon_p^* = 6.0$。①一般在国外，投资关于托宾 q 的弹性 $\eta^* = 1$，此值在 1 左右的变化不会对模拟结果有多大的影响。此外，我们按照 Gali 等（2007）、Liu 和 Phaneuf（2007）取保持价格不变的厂商所占比例 $\theta^* = 0.75$。

(3) 政策及其他的参数取值。关于政府支出与消费对居民的效用影响的权重 γ^*，以及产量对政府支出的弹性系数 α_C^* 的取值。国外在动态随机一般均衡模型框架下讨论财政政策问题时，没有考虑

---

① 这可由 $1 + u_p^* = \varepsilon_p^* / (1 - \varepsilon_p^*)$ 得到。

到政府支出正外部性（Gali et al., 2007, Leeper et al., 2010, Drautzburg and Uhlig, 2011）于是在此假设 $\gamma^* = 0$、$\alpha^{*C} = 0$。关于货币利率简单的泰勒规则系数，我们利用 Taylor（1993）的取值，分别取 $\phi_\pi^* = 1.50$，$\phi_y^* = 0.50$。我们参照刘斌（2006）对国外的稳态通货膨胀值取为 $\pi^* = 1.03^{1/4}$。在此取其近似值 $\pi^* = 1.0075$。按照 Gali 等（2007）的校准参数值取稳态的利率 $R^* = 1.025$。我们圣地亚哥美联储Ⅱ（St Louis Federal Reserve Bank's Fed Ⅱ）的经济数据网站上（http://research.stlouisfed.org/fred2/），1992 年第 1 季度至 2010 年第 4 季度的相关数据进行计算，可得平均税率的均值 0.26，把它作为稳态时的收入税率 $\tau = 0.26$。政府支出冲击自相关系数 $\rho_G = 0.90$，标准差为 $\sigma_G = 2.82\%$；收入税率冲击自相关系数 $\rho_T = 0.80$，标准差为 $\sigma_T = 2.74\%$。取消费在总产量中比例 $\gamma_C^* = 0.71$，取政府支出在总产量中的比例 $\gamma_G^* = 0.25$，取总投资在总产量中的比例 $\gamma_I^* = 0.18$，取政府债务与总产量的比值 $\omega_B^* = 0.82$。最后，我们把以上参数校准或估计值归纳在表 9 - 2 中。

表 9 - 2 美国的模型参数校准值

σ^*	h^*	φ^*	β^*	γ^*	α_G^*	α^*	ε_p^*	θ^*	δ^*	R^*	π^*
1	0.65	0.2	0.99	0	0	0.36	6.0	0.75	0.025	1.025	1.0075

η^*	τ	ϕ_π^*	ϕ_y^*	γ_C^*	γ_G^*	γ_I^*	ω_B^*	ρ_G^*	σ_G^*	ρ_T^*	σ_T^*
1	0.26	1.5	0.5	0.71	0.25	0.18	0.82	0.90	2.82%	0.80	2.74%

（五）模型经济模拟 [①]

我们对以上模型进行经济模拟，分别得到总产量、净出口以及汇率对财政政策正向冲击的动态反应图。一般来说，面对外生冲击，经济系统处在稳态的位置被打破，宏观经济变量出现对稳态的

[①] 具体经济模型程序，可参考本章附件经济模型模拟程序部分。

偏离，经过一定时间，它们又回到稳态，在本书的模型中也是这样，面对财政政策冲击，总产量、净出口以及汇率等宏观经济变量出现对稳态位置的偏离，经过一些季度后它们又回到稳态。

从图9-1中，我们可以观察到总产量或GDP分别对政府支出和收入税率正向冲击的动态响应。首先，我们来看总产量对政府支出正向冲击的动态效应。面对政府支出的1%正向冲击，总产量或GDP的反应在当期立即上升到一个最大值，即总产量正向偏离值达到最大，随后就较快地下降，大约在第6季度下降到零值，但它没有停止，继续下降，产量或GDP的反应为负，大约在第9季度下降到最小值，但此值不大，此后就缓慢上升，大概在第30季度回到零值或初始状态，并一直保持不变。其次，我们来看总产量对收入税率正向冲击的动态效应。面对收入税率的1%正向冲击，总产量或GDP的反应或对稳态偏离值的变化是：当期立即上升到一个最大值，接着在第1季度内立即下降到零值，并穿过零值变为负，继续下降，大约在第5季度下降到最小，然后开始逐渐上升，大概在第21季度回到零值，随后在稍大于零值上变动，最终约在第40季度后回到零值，即总产量又回到稳态，并一直保持不变。总之，面对正向政府支出冲击，总产量或GDP总体上表现为增加，而面对收入税率冲击，总产量或GDP表现为下降。

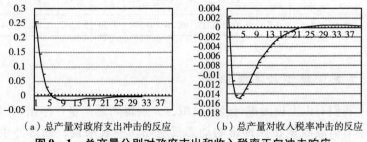

（a）总产量对政府支出冲击的反应　　（b）总产量对收入税率冲击的反应

图9-1　总产量分别对政府支出和收入税率正向冲击响应

从图9-2中，我们可以观察到净出口或贸易平衡分别对政府支出和收入税率正向冲击的动态响应。首先我们来看净出口或贸易平衡对政府支出正向冲击的动态效应。面对政府支出的1%正向冲击，净出口或贸易平衡的反应如下：在当期立即上升到一个最大值，即总产量正向偏离值达到最大，随后开始下降，大约在第6季度达到零值，但它穿过零值继续下降，大概在第12季度下降到最小负值，但该值较小，随后缓慢上升，大概在第40季度净出口又回到稳态位置，并保持不变。其次，我们来看净出口对收入税率正向冲击的动态效应。面对收入税率的1%正向冲击，净出口的反应或对稳态偏离值的变化如下：净出口在当期立即下降到一个最小负值，接着开始逐渐上升，大约在第21季度回到零状态，其后虽然它在稍大于零值上运行，但我们可以对这样变动可以忽略，最终净出口回到稳态并一直保持下去。总之，面对政府支出的1%正向冲击，净出口或贸易平衡的反应总体上是上升的，而面对收入税率冲击，净出口或贸易平衡的反应是下降的。

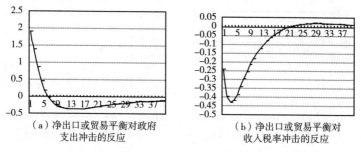

（a）净出口或贸易平衡对政府
支出冲击的反应

（b）净出口或贸易平衡对
收入税率冲击的反应

图9－2　净出口分别对政府支出和收入税率正向冲击响应

从图9－3中，我们可以观察到汇率分别对政府支出和收入税率正向冲击的动态响应。首先，我们来看汇率对政府支出正向冲击的动态效应。面对政府支出的1%正向冲击，汇率的动态反应如下：汇率立即下降到一个负值，随后继续下降，大约在第3季度下降为最小值，接着开始上升，大概在第8季度回到零值，然后变为正值，从第8季度至第40季度经历了先上升后下降的过程，最终回到稳态位置，并一直保持这状态不变。其次，我们来看汇率对收入税率正向冲击的动态效应。面对收入税率的1%正向冲击，汇率的反应或对稳态偏离值的变化是：在当期立即下降到一个负值，随后还继续下降，大概在第2季度下降到最小值，其后，开始快速上升，大概在第3季度达到零值，并穿过零位置，继续上升，大概在第8季度达到最大值，随后又开始下降，大约在第14季度又达到零值，然后转化为负值，接着从第14季度至第40季度经历先下降后回升的过程，在第40季度后，再次回到零值或稳态，但保持稳态一直下去。总之，面对政府支出的1%正向冲击，在短期内（2年内）汇率变现为下降或本国货币升值，而在中长期后（2年以后）汇率表现为上升或本国货币贬值。而面对收入税率冲击，汇率在短期（1年内）表现为下降或本国货币升值，而在中期内（1年到4年内）表现为上升或本国货币贬值，但在长期内（4年到10年之内）表现为下降，即本国货币升值。

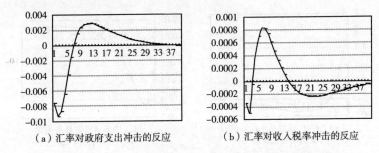

（a）汇率对政府支出冲击的反应　　（b）汇率对收入税率冲击的反应

图9-3　汇率分别对政府支出和收入税率正向冲击响应

对以上分析进行总结，经济模型模拟的主要结论有：

（1）面对政府支出正向冲击，总产量或GDP总体上表现为增加，而面对收入税率正向冲击，总产量或GDP表现为下降。

（2）面对政府支出正向冲击，净出口或贸易平衡的反应总体上是上升的，而面对收入税率冲击，净出口或贸易平衡的反应是下降的。

（3）面对政府支出的正向冲击，在短期内（2年内）汇率变现为下降或本国货币升值，而在中长期后（2年以后）汇率表现为上升或本国货币贬值。而面对收入税率正向冲击，汇率在短期（1 年内）表现为下降或本国货币升值，而在中期内（1 年到 4 年内）表现为上升或本国货币贬值，但在长期内（4 年到 10 年之内）表现为下降，即本国货币升值。

我们把以上模型模拟的结果与本书第二部分实证分析的结论进行比较发现，两者之间具有一定的一致性或匹配性。那么为什么具有这样的一致性呢？接下来，我们对此问题做具体而深入地讨论。

（六）模型的传导机制分析[1]

接着我们来分析开放经济下中国财政政策冲击效应的传导机理。[2]

（1）我们考察政府支出冲击对总产量、净出口、有效汇率的传导机制。

第一，来看政府支出冲击对总产量效应的传导机制。面对政府支出正冲击，总产量反应为正，我们认为产生这样效应的原因如下：主要有三个渠道。一是政府支出增加，会产生财富负效应（negative wealth effects）（Baxter and King，1993），从而使消费者收入减少，即产生收入效应，于是消费者的休闲降低，这意味着消费者的劳动供给增加，这会使总产量增加，这在 RBC 模型中是成立的；二是我们模型假设之一是产品的价格具有黏性，政府支出增加，劳动需求增加，使工资水平上升，由于产品价格黏性，在短期内工资水平上升较大，这样消费者提供劳动就增加，从而使劳动投

---

①　蒙代尔—弗莱明模型蕴涵着"政府支出增加或减税会促使汇率上升，净出口量减少"。

②　在经济模型模拟过程，我们分别还模拟了完全竞争模型、只具有价格黏性的垄断竞争模型、具有价格黏性、政府支出外部性的垄断竞争模型以及具有价格黏性、习惯形成的垄断竞争模型，发现四类模型不能解释中国财政政策对净出口、有效汇率效应的经验事实。为了使行文主题突出或简洁，在此就省略这 4 模型的模拟结果，具体可参见本章的附件。

入量上升，于是价格黏性使总产量增加幅度增加（我们在模型模拟时发现政府支出具有这样性质）。三是我们模型还假设政府支出对消费者和生产者产生正外部性，于是政府支出增加，会使生产者效率提高，从而促使产量上升更高幅度。

第二，我们考察净出口对政府支出正向冲击效应的反应机制。我们有等式 $NX_t = Y_t - C_t - I_t - G_t$ 或 $NX = S_t - I_t + T_t - G_t$（$S_t$，$T_t$ 分别表示总储蓄、总税收额，其他字母的含义前面已作解释）可知，政府支出增加直接对净出口产生负效应。同时，我们经济模拟发现，政府支出增加还会使消费者的消费和投资增加（对此结果感兴趣的读者，可向作者索取），这样会使净出口增加幅度更大，如果不考虑使产量或储蓄增加其他因素，我们就可得出这一结论：政府支出会使净出口下降。我们在经济模型模拟时发现，这一结论是在完全竞争市场环境是成立的，这意味着完全竞争的 NOEM 宏观模型不能解释开放经济下的中国财政政策效应特征。此外，在经济模拟时又发现，如果考虑政府支出对消费者和生产者的外部性，政府支出对净出口产生正效应。这主要的原因是：政府支出增加，会增加当期投资，但是下几期产生的生产能力增加，即产品供给增加，又由于政府支出正外部性，从而生产者的生产效率提高，于是政府支出从这个方面使生产者投资增加，因此，产品供给量会增加更大幅度，一旦它大于政府支出 G、总消费 C 和总投资 I 增加之和，那么政府支出增加就使净出口增加。

第三，我们考察有效汇率对政府支出正向冲击的反应机理。上面已经分析政府支出增加会使总产量增加，于是可贸易品供给总量增加，这样会导致可进出口交换比率或贸易条件（terms of trade）下降或降低，因此，政府支出增加促使有效汇率降低。

（2）我们考察收入税率冲击对总产量、净出口、有效汇率的传导机制。

第一，分析总产量对税率冲击正向冲击反应的机制。当税收税率增加时，会使消费者收入减少，从而消费者消费和投资降低，于是总需求下降，会使总供给减少。同时私人投资减低，会使下几期的厂商生产能力下降，与总供给会减少。因此，收入税率增加，总产量减低。

第二，分析净出口对税率冲击正向冲击反应的机制。我们对模型模拟发现，当收入税率增加时，消费者的消费和投资减少，于是由等式 $NX_t = Y_t - C_t - I_t - G_t$ 可知，税收税率增加有促使净出口增加趋势，然而，上面分析当税收税率增加时，总产量下降。如果总产量下降趋势大于消费和投资增加趋势，净出口下降，中国税收税率增加促使净出口下降大概属于此种情况。

第三，分析有效汇率对税率冲击正向冲击反应的机制。前面分析税率增加会使总产量下降，于是可贸易品供给总量减少，这样会导致可进出口交换比率（terms of trade）增加，因此，政府支出增加促使有效汇率上升。

总而言之，具有垄断竞争、黏性价格以及政府支出正外部性的新开放宏观经济模型除了不能很好地解释收入税对有效汇率的经验特征，但能较好地解释中国总产量、净出口以及有效汇率对政府支出冲击以及中国总产量、净出口对收入税率的经验特征。此外，我们还发现：完全竞争模型中变量对财政政策的反应程度较大。

（七）强健性检验

为了使模型经济结论更加可靠，笔者还对本书主题模型中相关变量的脉冲反应做了敏感性检验。通过试验表明模型结论对一些参数在一定范围内变化不敏感，如：α 在 $[0.4, 0.55]$ 区间内不影响模型的收敛性和稳定性。垄断竞争厂商的需求价格弹性 ε_p 在 $[4, 12]$ 之间取值，保持价格不变概率 θ 在 $[0.4, 0.7]$ 之间取值，劳动时间的弹性 φ 在 $[0.2, 6]$ 取各种不同值，投资价格弹性 η 在 $[0.8, 2]$ 之间取各种不同值，这些所有的实验结果都表明，脉冲反应结果是稳健的，即各关键变量对冲击的动态轨迹的运动方向没有改变。以上这一结果表明本书构建模型的模拟结论在相当宽泛的参数范围内是稳定的。

三、结语

本章对第八章实证分析得出结论：（1）政府支出增加会使总产量、净出口增加，而有效汇率下降；（2）收入税率增加会使总产量、净出口和有效汇率下降，这与开放经济下发达市场经济国家财政政策宏观经济效应的经验事实明显不一致。本书试图从政府支出的正外部性和消费习惯形成角度，解释开放经济下中国财政政策的经验特征。为此，本章建立一个新开放宏观经济模型，通过引入垄断竞争、价格黏性、消费习惯以及政府支出的正外部性等非完全竞争因素，考察财政政策的宏观经济效应及模型的传导机制。最终，模拟结果发现：具有垄断竞争、黏性价格以及政府支出的正外部性、消费习惯等非完全竞争因素的新开放宏观经济模型尽管不能很好地解释中国财政政策对有效汇率的效应，但能较好地解释中国的总产量、净出口对政府支出和收入税率冲击反应的经验特征。

本章研究结论进一步说明，政府支出正外部性、消费习惯等因素在开放经济下中国财政政策宏观效应的传导机制中起到重要作用。这意味着，不仅在我们讨论中国财政政策宏观效应需要考虑到非完全竞争因素在其中所起的作用，而且中国政府在制定和实施财政政策时，也需要考虑到外部性、消费习惯等因素非完全竞争市场环境的变化对财政政策实施绩效的影响，预留适度政策调整空间，保持财政政策的灵活性。当前，在后危机时代中国政府积极调整财政政策，在保持经济持续稳定增长方面发挥了显著作用。不过，随着中国经济发展的持续推进，政府支出的正外部性和消费习惯正在减弱。同时，我们模拟结果显示在完全竞争条件下，宏观变量对财政政策冲击反应较大，而随着中国经济开放度的加大，特别是全面市场经济地位的逐步确立，财政政策对产出、净出口以及汇率影响可能变大。如果宏观政策制定者没有意识到这些因素，不进行及时、有效地调整，宏观政策实施效果必将受到一定影响。所以，今后一段时间内，根据市场非完全竞争环境以及外部经济环境的变化，在保持财政政策连续性及稳健性的情况下，灵活地调整财政政策，将成为提升宏观经济调控水平的一个重要思路。

本章构建的模型还不能很好地解释中国汇率对财政政策冲击反应的经验特征，究其原因可能是：模型设定暗含汇率受经常性项目的影响，但没有考虑到汇率会受资本性项目以及货币因素的影响，在一定程度上削弱了模型的解释力度。因此，在新开放宏观经济模型中引入资本性项目以及货币等元素进行探讨，将是本书研究进一步拓展的方向。此外，消费者流动性约束（Gali et al.，2007）、不可分效用（non-separable preference）（Linnemann，2006），以及反周期加成（countercyclical mark-up）（Ravn et al.，2006）这样三个机制可能导致政府支出产生挤入效应（crowd-in effects），在开放经济宏观经济模型中分别引入三个机制构建模型，也是我们进一步探讨中国开放经济下财政政策效应传导机制的另一个思路。

参考文献

［1］艾春荣、汪伟：《习惯偏好下的中国居民消费的过度敏感性——基于1995～2005年省际动态面板数据的分析》，载于《数量经济技术经济研究》2008年第11期。

［2］陈昆亭、龚六堂：《黏滞价格模型以及对中国经济的数值模拟——对基本RBC模型的改进》，载于《数量经济技术经济研究》2006年第8期。

［3］郭健：《税收、政府支出与中国经济增长的协整分析》，载于《财经问题研究》2006年第11期。

［4］郭庆旺、贾俊雪：《财政投资的经济增长效应：实证分析》，载于《财贸经济》2005年第5期。

［5］杭斌：《城镇居民的平均消费倾向为何持续下降——基于消费习惯形成的实证分析》，载于《数量经济技术经济研究》2010年第6期。

［6］杭斌：《理性习惯偏好与居民消费行为》，载于《统计研究》2011年第3期。

［7］黄赜琳：《中国经济周期特征和财政政策效应——一个基于三部门

RBC 模型的实证分析》，载于《经济研究》2005 年第 6 期。

[8] 李吉春、孟晓宏：《中国经济波动——基于新凯恩斯主义垄断竞争模型分析》，载于《经济研究》2006 年第 10 期。

[9] 李晓芳、高铁梅、梁云芳：《税收和政府支出政策对产出动态冲击效应的计量分析》，载于《财贸经济》2005 年第 2 期。

[10] 李永友：《我国税收负担对经济增长影响的经验分析》，载于《财经研究》2004 年第 12 期。

[11] 林毅夫：《关于人民币汇率问题的思考与政策建议》，载于《世界经济》2007 年第 3 期。

[12] 刘斌：《我国 DSGE 模型的开发及在货币政策分析中的应用》，载于《金融研究》2008 年第 10 期。

[13] 刘尧成、周继忠、徐晓萍：《人民币汇率变动对我国贸易差额的动态影响》，载于《经济研究》2010 年第 5 期。

[14] 刘生龙：《基础设施的外部性在中国的检验：1988～2007》，载于《经济研究》2010 年第 3 期。

[15] 陆军、舒元：《研究货币政策无效性命题在中国的实证研究》，载于《经济研究》2002 年第 3 期。

[16] 潘彬、罗新星、徐选华：《政府购买与居民消费的实证研究》，载于《中国社会科学》2006 年第 5 期。

[17] 王彬：《财政政策、货币政策调控与宏观经济稳定——基于新凯恩斯主义垄断竞争模型的分析》，载于《数量经济技术经济研究》2010 年第 11 期。

[18] 王君斌、郭新强、蔡建波：《扩张性货币政策下的产出超调、消费抑制和通货膨胀惯性》，载于《管理世界》2011 年第 3 期。

[19] 王君斌、王文甫：《非完全竞争市场、技术冲击和中国劳动就业——动态新凯恩斯主义视角》，载于《管理世界》2010 年第 1 期。

[20] 王文甫：《价格黏性、流动性约束与中国财政政策的宏观效应——动态新凯恩斯主义视角》，载于《管理世界》2010 年第 9 期。

[21] 王文甫、朱保华：《政府支出的外部性和中国政府支出的宏观效应：动态随机一般均衡视角》，载于《经济科学》2010 年第 2 期。

[22] 王小鲁、樊纲：《我国工业增长的可持续性》，经济科学出版社2000 年版。

[23] 闫新华、杭斌：《内、外部习惯形成及居民消费结构——基于中国

农村居民的实证研究》，载于《统计研究》2010 年第 5 期。

[24] 祝树金、赖明勇、张新：《开放经济中财政政策和内生增长的不确定性：多重稳态和多重均衡》，载于《世界经济》2005 年第 6 期。

[25] 赵国旭、邬华明：《开放经济下我国财政政策的有效性分析》，载于《财经问题研究》2008 年第 6 期。

[26] 张军：《资本形成、工业化与经济增长：中国的转轨特征》，载于《经济研究》2002 年第 6 期。

[27] 朱杰：《开放经济下私人部门外债与财政政策有效性分析：基于 M－F 模型的理论视角》，载于《世界经济》2002 年第 9 期。

[28] 朱微亮、刘海龙、史青青：《基于调整成本的产出——资本资产定价模型研究》，载于《管理工程学报》2009 年第 9 期。

[29] Arin, K., P. and F. Koray, 2009, "international transmission of fiscal shocks: an empirical investigation", *Open Economies Review*, July, 425 –434.

[30] Baxter, M. & King, R. G., 1993, "Fiscal policy in general equilibrium," American Economic Review, 83, 315 ~ 334.

[31] Blanchard, O. and Perotti, R., 2002, "An empirical characterization of the dynamic effects of changes in government spending and taxes on output", *Quarterly Journal of Economics*, 117, 1329 – 1368.

[32] Calvo, G., 1983, "Staggered Prices in a Utility Maximizing Framework", *Journal of Monetary Economics*, 12, 383 – 398.

[33] Christiano L. J., M., Eichenbaum and C. L. Evan, 2005, "Nominal Rigdities and the Dynamic Effects of a Shock to Monetary Policy", Journal of Political Economy, 113 (1), 1 –45.

[34] Corsetti, G. and G. J., Müller, 2006, "Twin Deficits: Squaring Theory, Evidence and Common Sense", Economic Policy, 21 (48), 597 –638.

[35] Dixit, A. and Stiglitz J., 1977, "Monopolistic Competition and Optimum Product Diversity", The American Economic Review, 67 (3): 297 –308.

[36] Drautzburg, T. and H. Uhlig, 2011, "Fiscal Stimulus and Distortionary Taxation", NBER Working Paper, No. 17111.

[37] Enders, Z., G. J. Müller, and A. Scholl, 2011, "How do fiscal and technology shocks affect real exchange rates? New evidence for the United States", Journal of International Economics, 83, 53 – 69.

[38] Erceg, C. J., L. Guerrieri, and C. Gust, 2005, "Expansionary Fiscal Shocks and the Trade Deficit", Board of Governors of the Federal Reserve System, International Finance Discussion Paper No 825.

[39] Galí, J., 2008, "Monetary policy, and the Open Economy", Chapter7, in Monetary Policy, inflation, and the Business Cycle: An introduction to the new Keynesian Framework, P edited Galí, Jordi, Princeton. N. J. : Princeton University Press.

[40] Galí, J., J. D. López-Salido, and J. Vallés, 2007, "Understanding the Effects of Government Spending on Consumption", *Journal of the European Economic Association*, 5, 227 -270.

[41] Glomm, G. and B., Ravikumar, 1994, "Public investment in infrastructure in a simple growth model", *Journal of Economic Dynamics and Control*, 18, 1173 -1188.

[42] Kim, S. and N. Roubini, 2008, "Twin Deficits or Twin Divergence? Fiscal Policy, Current Account, and the Real Exchange Rate in the U. S. A", *Journal of International Economics*, 74 (2), 362 -383.

[43] Leeper, E. M., A. W., Richter, and T. B., Walker, 2010, "Quantitative Effects of Fiscal Foresight", NBER Working Paper, No. 16363.

[44] Linnemann, L., 2006, "The effects of government spending on private consumption: A puzzle?" *Journal of Money, Credit and Banking*, 38, 1715 -1736.

[45] Liu, Z. and L. Phaneuf, 2007, Technology shocks and labor market dynamics: Some evidence and theory, Journal of Monetary Economics 54 (2007) 2534 -2553.

[46] Ravn, M., Schmitt-Grohe, S. and Uribe, M., 2006, "Deep habits", *Review of Economic Studies* 72, 195 -218.

[47] Ravn, M., Schmitt-Grohe, S. and Uribe, M., 2007, "Explaining the effects of government spending shocks on consumption and the real exchange rate", *NBER Working Paper*, No. 13328.

[48] Taylor, J. B., 1993, "Discretion versus Policy Rules in Practice", *Carnegie-Rochester Conference Series on Public Policy*, 39, 195 -214.

[49] Zhang, W., 2009, China's monetary policy: Quantity versus Price Rules, Journal of Macroeconomics, 31 (3), 473 -484.

附件 1　实证分析强健性检验的附图

1. 如果在本书实证分析 SVAR 加入消费变量，那么我们可得到以下冲击响应图形，如附图 9 - 1 所示。

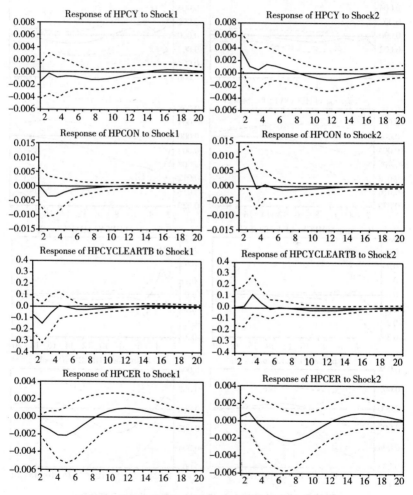

附图 9 - 1　总产量、消费、净出口、有效汇率分别
对政府支出和税率冲击的动态反应

2. 如果在本书实证分析 SVAR 加入投资变量，那么我们可得到以下冲击响应图形，如附图 9-2 所示：

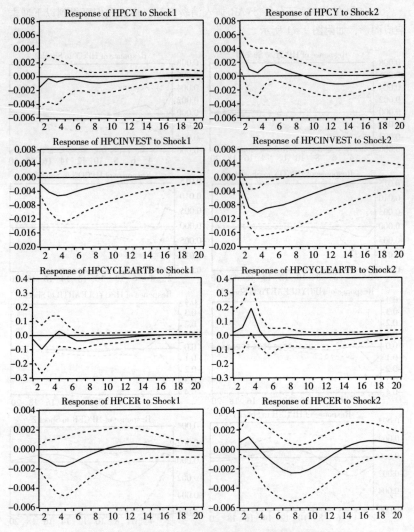

附图 9-2　总产量、投资、净出口、有效汇率分别
对政府支出和税率冲击的动态反应

3. 如果在本书实证分析 SVAR 加入利率变量,那么我们可得到以下冲击响应图形,如附图 9 - 3 所示:

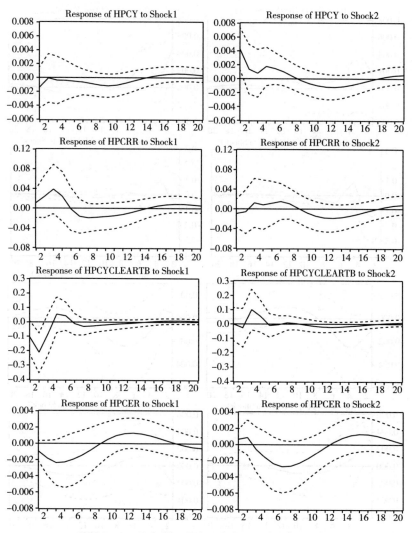

**附图 9 - 3 总产量、利率、净出口、有效汇率分别
对政府支出和税率冲击的动态反应**

4. 如果在本书实证分析 SVAR 加入消费品物价指数，那么可得到以下冲击响应图形如附图 9－4 所示：

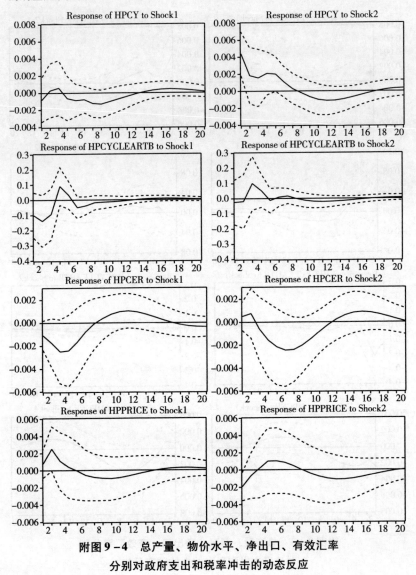

附图 9－4 总产量、物价水平、净出口、有效汇率
分别对政府支出和税率冲击的动态反应

附件2　模型推导过程

一、经济系统中个体行为

1. 代表性消费者的偏好

代表性消费者最大化的一生效用：

$$E_t\left\{\sum_{k=0}^{\infty}\beta^t U(C_{t+k},G_{t+k},N_{t+k})\right\} \tag{1}$$

$$C_t=\left[\theta^{\frac{1}{\varepsilon}}C_{H_t^t}^{\frac{\varepsilon-1}{\varepsilon}}+(1-\theta)^{\frac{1}{\varepsilon}}C_{F_t^t}^{\frac{\varepsilon-1}{\varepsilon}}\right]^{\frac{\varepsilon}{\varepsilon-1}},\varepsilon>0 \tag{2}$$

本国和国外商品的总消费主要是各自国家各种商品的不变替代弹性形式进行组合。

$$C_{H,t}=\left(\int_0^1 C_{H,t}(j)^{\frac{\mu-1}{\mu}}dj\right)^{\frac{\mu}{\mu-1}},C_{F,t}=\left(\int_0^1 C_{F,t}(j)^{\frac{\mu-1}{\mu}}dj\right)^{\frac{\mu}{\mu-1}} \tag{3}$$

$$P_{H,t}=\left(\int_0^1 P_{H,t}(j)^{1-\mu}dj\right)^{\frac{1}{1-\mu}},P_{F,t}=\left(\int_0^1 P_{F,t}(j)^{1-\mu}dj\right)^{\frac{1}{1-\mu}} \tag{4}$$

国内消费物价水平（CPI）P_t是国内商品物价水平$P_{H,t}$与国外商品物价水平$P_{F,t}$的不变替代弹性的组合。

$$P_t=\left[\theta P_{H,t}^{1-\varepsilon}+(1-\theta)P_{F,t}^{1-\varepsilon}\right]^{\frac{1}{1-\varepsilon}} \tag{5}$$

$$P_{H,t}=S_t P_{H,t}^*,P_{F,t}=S_t P_{F,t}^* \tag{6}$$

这里，S_t是表示汇率的大小，于是由式（5）、式（6）可得：

$$P_t=\left[\theta P_{H,t}^{1-\varepsilon}+(1-\theta)P_{F,t}^{1-\varepsilon}\right]^{\frac{1}{1-\varepsilon}}=S_t P_t^*$$

本国政府购买分别来自政府购买本国产品$G_{H,t}$和国外产品$G_{F,t}$，假设本国政府购买总量G_t是关于$G_{H,t}$和$G_{F,t}$的不变替代弹性的函数，同时假设政府购买本国产品$G_{H,t}$是购买本国各种产品的一个不变替代弹性的组合，政府购买国外产品$G_{F,t}$是购买国外各种产品的一个不变替代弹性的组合。

$$G_t=\left[\theta^{\frac{1}{\varepsilon}}G_{H_t^t}^{\frac{\varepsilon-1}{\varepsilon}}+(1-\theta)^{\frac{1}{\varepsilon}}G_{F_t^t}^{\frac{\varepsilon-1}{\varepsilon}}\right]^{\frac{\varepsilon}{\varepsilon-1}} \tag{7}$$

$$G_{H,t}=\left(\int_0^1 G_{H,t}(j)^{\frac{\mu-1}{\mu}}dj\right)^{\frac{\mu}{\mu-1}},G_{F,t}=\left(\int_0^1 G_{F,t}(j)^{\frac{\mu-1}{\mu}}dj\right)^{\frac{\mu}{\mu-1}} \tag{8}$$

而对国内投资总需求，我们类似于政府购买的假设。

$$I_t = \left[\theta^{\frac{1}{\varepsilon}} I_{H,t}^{\frac{\varepsilon-1}{\varepsilon}} + (1-\theta)^{\frac{1}{\varepsilon}} I_{F,t}^{\frac{\varepsilon-1}{\varepsilon}} \right]^{\frac{\varepsilon}{\varepsilon-1}} \tag{9}$$

$$I_{H,t} = \left(\int_0^1 I_{H,t}(j)^{\frac{\mu-1}{\mu}} \mathrm{d}j \right)^{\frac{\mu}{\mu-1}}, I_{F,t} = \left(\int_0^1 I_{F,t}(j)^{\frac{\mu-1}{\mu}} \mathrm{d}j \right)^{\frac{\mu}{\mu-1}} \tag{10}$$

于是对产品的需求函数是：

$$Y_t^D = \left(\frac{P_{H,t}}{P_t} \right)^{-\varepsilon} \left[\theta(C_t + G_t + I_t) + (1-\theta)(C_t^* + G_t^* + I_t^*) \right] \tag{11}$$

$$Y_t^D(j) = \left(\frac{P_{H,t}}{P_{H,t}(j)} \right)^{-\varepsilon} Y_t^D \tag{12}$$

代表性消费者的跨期预算约束等式如下：

$$\begin{aligned} P_t(C_t + I_t) + R_t^{-1}(\Theta_t + D_t + \Theta_t^*) &= (1-\tau_t)(W_t N_t + R_t^k K_{t-1} + \Pi_t) \\ &\quad + T_t + \Theta_{t-1} + D_{t-1} + S_t \Theta_{t-1}^* \end{aligned} \tag{13}$$

在这里，W_t 和 R_t 分别表示工资率和资本租金率，Π_t 表示垄断竞争性的厂商转移给消费者的利润大小。τ_t 表示对消费者收入征收的税率大小，T_t 表示政府对消费者征收的一次性税收。Θ_t 表示名义不随环境变化的债券（nominal non-contingent bonds），以本国的货币来计量其价值，同时在各国非完全竞争的金融市场之间可流通。D_t 表示政府发行的债券，它被本国消费者购买，i_t 表示其名义利率的大小。

我们按照 Baxter and Crucini（1993）的思路，假定资本积累有调整成本。

$$K_t = (1-\delta)K_{t-1} + \phi\left(\frac{I_t}{K_{t-1}} \right) K_{t-1} \tag{14}$$

2. 厂商最优化问题

垄断竞争性厂商：

在本国经济中，假设有大量厂商组成一个连续统（continuum），其中每个厂商生产具有一定差异性的产品，其中普通或代表性（generic）的厂商 $j \in (0, 1)$，它在垄断竞争经济环境中进行生产，生产函数为柯布 - 道格拉斯（Cobb-Douglas）函数形式。

$$Y_t(j) = A_t K_{t-1}(j)^{\alpha} N_t(j)^{1-\alpha} \tag{15}$$

定义总产量为：

$$Y_t \equiv [Y_t(j)^{\frac{\mu-1}{\mu}} \mathrm{d}j]^{\frac{\mu}{\mu-1}} \tag{16}$$

3. 政府部门预算约束

$$P_t G_t + D_{t-1} + T_t = \tau_t (W_t N_t + R_t K_t + \Pi_t) + \frac{D_t}{1 + i_t} \tag{17}$$

4. 市场出清

产品市场： $\qquad$ $Y_t^D (j) = Y_t^D (j)$ $\tag{18}$

劳动力市场： $\qquad$ $N_t = \int_0^1 N_t (j) \, dj$ $\tag{19}$

资本市场： $\qquad$ $K_t = \int_0^1 K_t (j) \, dj$ $\tag{20}$

从 $Y_t (j) = A_t K_{t-1} (j)^\alpha N_t (j)^{1-\alpha}$ 和 $Y_t \equiv \left[\int_0^1 Y_t (j)^{\frac{\mu-1}{\mu}} \, dj \right]^{\frac{\mu}{\mu-1}}$ ，我们可得到总督的生产函数。

$$Y_t \equiv \left[\int_0^1 (A_t K_{t-1} (j)^\alpha N_t (j)^{1-\alpha})^{\frac{\mu-1}{\mu}} \, dj \right]^{\frac{\mu}{\mu-1}} \approx \left[(A_t \int_0^1 K_{t-1} (j)^\alpha \, dj \int_0^1 N_t \right.$$

$(j)^{1-\alpha} dj)^{\frac{\mu-1}{\mu}}]^{\frac{\mu}{\mu-1}} = A_t K_{t-1}^\alpha N_t^{1-\alpha}$ 关于净出口需求 NX_t ：

由于 $EX_t = \left(\dfrac{P_{H,t}}{P_t} \right)^{-\varepsilon} [(1 - \theta) (C_t + G_t + I_t)]$ ， $EX_t = \left(\dfrac{P_{H,t}^*}{P_t^*} \right)^{-\varepsilon} [(1 - \theta) (C_t^* +$

$G_t^* + I_t^*)]$

二、个体最优化问题的求解

我们假定消费者效用函数为：

$$U(C_t, G_t, N_t) = \frac{(TC_t)^{1-\sigma}}{1-\sigma} - \frac{N^{1+\varphi}}{1+\varphi} \tag{21}$$

在这里假定： $TC_t = C_t G_t^\gamma$ $\tag{22}$

我们按照第二章附件2模型推导去求解第五章的模型的一阶条件，并对数线性化，可得到本国经济系统中对数线性方程，同理也可得到本国经济系统中对数线性方程，两者合并如下：

$$E_t \{ - \sigma (\hat{C}_{t+1} - \hat{C}_t) + \vartheta (1 - \sigma) (\hat{G}_{t+1} - \hat{G}_t) + \hat{R}_t - \hat{\pi}_{t+1}) \} = 0 \tag{23}$$

$$E_t \{ - \sigma^* (\hat{C}_{t+1}^* - \hat{C}_t^*) + \vartheta^* (1 - \sigma^*) (\hat{G}_{t+1}^* - \hat{G}_t^*) + \hat{R}_t^* - \hat{\pi}_{t+1}^*) \} = 0$$

$$\tag{23^*}$$

$$-\sigma \hat{C}_t + \theta(1-\sigma)\hat{G}_t + \hat{W}_t - \frac{\tau^N}{1-\tau^N}\hat{\tau}_t - \varphi \hat{N}_t = 0 \qquad (24)$$

$$-\sigma \hat{C}_t^* + \theta(1-\sigma)\hat{G}_t^* + \hat{W}_t^* - \frac{\tau^N}{1-\tau^N}\hat{\tau}_t^* - \varphi \hat{N}_t^* = 0 \qquad (24^*)$$

$$q_t = \beta E_t\{q_{t+1}\} + (1-\beta(1-\delta))E_t\{\hat{R}_{t+1} - \overline{\tau}\,t_t\} - (\hat{R}_t - E_t\{\pi_{t+1}\}) \quad (25)$$

$$q_t^* = \beta E_t\{q_{t+1}^*\} + (1-\beta(1-\delta))E_t\{\hat{R}_{t+1}^* - \overline{\tau}\,t_t^*\} - (\hat{R}_t^* - E_t\{\pi_{t+1}^*\}) \quad (25^*)$$

$$\kappa \hat{q}_t - (\hat{I}_t - \hat{K}_{t-1}) = 0 \qquad (26)$$

$$\kappa^* \hat{q}_t^* - (\hat{I}_t^* - \hat{K}_{t-1}^*) = 0 \qquad (26^*)$$

$$(1-\delta)\hat{K}_{t-1} + \delta \hat{I}_t - \hat{K}_t = 0 \qquad (27)$$

$$(1-\delta^*)\hat{K}_{t-1}^* + \delta \hat{I}_t^* - \hat{K}_t^* = 0 \qquad (27^*)$$

$$\omega_n(1-\tau)(\hat{W}_t + \hat{N}_t) + \omega_k(1-\tau)(\hat{R}_t^k + \hat{K}_t) - (\omega_n + \omega_k)\tau\hat{\tau}_t + \omega_D\hat{D}_{t-1}$$
$$-\omega_c(\hat{P}_t + \hat{C}_t) - \omega_I(\hat{P}_t + \hat{I}_t) - R^{-1}\omega_D(\hat{D}_t - \hat{R}_t) = 0 \qquad (28)$$

此处定义 $\omega_n \equiv \dfrac{WN}{PY}$，$\omega_k \equiv \dfrac{R^k K}{PY}$，$\omega_D \equiv \dfrac{D}{PY}$，$\omega_c \equiv \dfrac{C}{Y}$，$\omega_I \equiv \dfrac{I}{Y}$

$$\omega_n^*(1-\tau^*)(\hat{W}_t^* + \hat{N}_t^*) + \omega_k(1-\tau^*)(\hat{R}_t^{k*} + \hat{K}_t^*) - (\omega_n^* + \omega_k^*)\tau\hat{\tau}_t^*$$
$$+\omega_D^*\hat{D}_{t-1}^* - \omega_c^*(\hat{P}_t^* + \hat{C}_t^*) - \omega_I^*(\hat{P}_t^* + \hat{I}_t^*) - R^{*-1}\omega_D^*(\hat{D}_t^* - \hat{R}_t^*) = 0$$
$$(28^*)$$

此处定义 $\omega_n^* \equiv \dfrac{W^* N^*}{P^* Y^*}$，$\omega_k^* \equiv \dfrac{R^{*k} K^*}{P^* Y^*}$，$\omega_D^* \equiv \dfrac{D^*}{P^* Y^*}$，$\omega_c^* \equiv \dfrac{C^*}{Y^*}$，$\omega_I^* \equiv \dfrac{I^*}{Y^*}$

$$\omega_G(\hat{P}_t + \hat{G}_t) + \omega_D\hat{D}_{t-1} = \tau\omega_n(\hat{\tau}_t + \hat{W}_t + \hat{N}_t) + \tau\omega_k(\hat{\tau}_t + \hat{R}_t^k + \hat{K}_t)$$
$$-R^{-1}\omega_D(\hat{D}_t - \hat{R}_t) \qquad (29)$$

此处 $\omega_G \equiv \dfrac{G}{Y}$。

$$\omega_G(\hat{P}_t + \hat{G}_t) + \omega_D \hat{D}_{t-1} = \tau\omega_n(\hat{\tau}_t + \hat{W}_t + \hat{N}_t) + \tau\omega_k(\hat{\tau}_t + \hat{R}_t^k + \hat{K}_t) - R^{-1}\omega_D(\hat{D}_t - \hat{R}_t)$$

$$(29^*)$$

此处 $\omega_G^* \equiv \dfrac{G^*}{Y^*}$。

$$\hat{Y}_t = \hat{A}_t + \alpha\hat{K}_{t-1} + (1-\alpha)\hat{N}_t \tag{30}$$

$$\hat{Y}_t^* = \hat{A}_t^* + \alpha\hat{K}_{t-1}^* + (1-\alpha)\hat{N}_t^* \tag{30*}$$

$$\hat{R}_t = \hat{MC}_t + \hat{P}_t + \hat{A}_t + (\alpha-1)\hat{K}_{t-1} + (1-\alpha)\hat{N}_t \tag{31}$$

$$\hat{R}_t^* = \hat{MC}_t^* + \hat{P}_t^* + \hat{A}_t^* + (\alpha-1)\hat{K}_{t-1}^* + (1-\alpha)\hat{N}_t^* \tag{31*}$$

$$\hat{W}_t = \hat{MC}_t + \hat{P}_t + \hat{A}_t + \alpha\hat{K}_{t-1} - \alpha\hat{N}_t \tag{32}$$

$$\hat{W}_t^* = \hat{MC}_t^* + \hat{P}_t^* + \hat{A}_t^* + \alpha\hat{K}_{t-1}^* - \alpha\hat{N}_t^* \tag{32*}$$

$$\hat{\pi}_{H,t} = \lambda_p \hat{MC}_t + \beta E_t \hat{\pi}_{H,t+1} \tag{33}$$

此处 $\lambda_p \equiv (1-\theta_p)(1-\beta\theta_p)/\theta_p$.

$$\hat{\pi}_{H,t}^* = \lambda_p^* \hat{MC}_t^* + \beta E_t \hat{\pi}_{H,t+1}^* \tag{33*}$$

此处 $\lambda_p^* \equiv (1-\theta_p^*)(1-\beta\theta_p^*)/\theta_p^*$.

$$\hat{MC}_t + \hat{P}_t - \alpha\hat{R}_t - (1-\alpha)\hat{W}_t = 0 \tag{34}$$

$$\hat{MC}_t^* + \hat{P}_t^* - \alpha\hat{R}_t^* - (1-\alpha)\hat{W}_t^* = 0 \tag{34*}$$

$$\hat{\pi}_t - \hat{P}_{t-1} + \hat{P}_t = 0 \tag{35}$$

$$\hat{\pi}_t^* - \hat{P}_{t-1}^* + \hat{P}_t^* = 0 \tag{35*}$$

$$\hat{\pi}_t = \theta\nu_H\hat{\pi}_{H,t} + (1-\theta)\nu_F\hat{\pi}_{F,t} \tag{36}$$

此处，$\nu_H = \left(\dfrac{P_H}{P}\right)^{1-\varepsilon}$，$\nu_F = \left(\dfrac{P_F}{P}\right)^{1-\varepsilon}$

$$\hat{\pi}_t^* = \theta^*\nu_H^*\hat{\pi}_{H,t}^* + (1-\theta^*)\nu_F^*\hat{\pi}_{F,t}^* \tag{36*}$$

此处，$\nu_H^* = \left(\dfrac{P_H^*}{P^*}\right)^{1-\varepsilon^*}$，$\nu_F^* = \left(\dfrac{P_F^*}{P^*}\right)^{1-\varepsilon^*}$

$$\hat{\pi}_{H,t} = \hat{S}_t - \hat{S}_{t-1} + \hat{\pi}_{H,t}^* \tag{37}$$

$$\hat{\pi}_{F,t} = \hat{S}_t - \hat{S}_{t-1} + \hat{\pi}_{F,t}^* \tag{38}$$

$$\hat{r}_t = \phi_\pi \hat{\pi}_t + \phi_y \hat{y}_t \tag{39}$$

$$\hat{r}_t^* = \phi_\pi^* \hat{\pi}_t^* + \phi_y^* \hat{y}_t^* \tag{39*}$$

$$\hat{P}_t = \hat{S}_t + \hat{P}_t^* \tag{40}$$

$$\omega_{tb} tb_t = \hat{Y}_t - \omega_c \hat{C}_t - \omega_I \hat{I}_t - \omega_g \hat{G}_t \tag{41}$$

此处，$\omega_{tb} = \dfrac{TB}{Y}$，$\omega_c = \dfrac{C}{Y}$，$\omega_I = \dfrac{I}{Y}$，$\omega_g = \dfrac{G}{Y}$

$$\hat{A}_t = \rho_A \hat{A}_{t-1} + \varepsilon_t^A \tag{42}$$

$$\hat{A}_t^* = \rho_A^* \hat{A}_{t-1}^* + \varepsilon_t^{*A} \tag{42*}$$

$$\hat{G}_t = \rho_G \hat{G}_{t-1} + \varepsilon_t^G \tag{43}$$

$$\hat{G}_t^* = \rho_G^* \hat{G}_{t-1}^* + \varepsilon_t^{*G} \tag{43*}$$

$$\hat{\tau}_t = \rho_G \hat{\tau}_{t-1} + \varepsilon_t^\tau \tag{44}$$

$$\hat{\tau}_t^* = \rho_G^* \hat{\tau}_{t-1}^* + \varepsilon_t^{*\tau} \tag{44*}$$

在这个经济系统中共有 40 变量，它们分别如下：

$$\{\hat{C}_t, \hat{C}_t^*, \hat{N}_t, \hat{N}_t^*, \hat{Q}_t, \hat{Q}_t^*, \hat{K}_{t+1}, \hat{K}_{t+1}^*, \hat{I}_t, \hat{I}_t^*, \hat{D}_{t+1}, \hat{D}_{t+1}^*, \hat{Y}_t, \hat{Y}_t^*, \hat{G}_t, \hat{G}_t^*,$$
$$\hat{i}_t, \hat{i}_t^*, \hat{\tau}_t, \hat{\tau}_t^*, \hat{A}_t, \hat{A}_t^*, \hat{P}_t, \hat{P}_t^*, \hat{\pi}_t, \hat{\pi}_t^*, \hat{\pi}_{H,t}, \hat{\pi}_{F,t}, \hat{\pi}_{H,t}^*, \hat{\pi}_{F,t}^*, tb_t, \hat{S}_t\}$$

附件 3   经济模型模拟运行程序

```
//fiscal policy and open economy, Dynare
var
```

//domestic variables

cc, y, tb, s, p, pi, c, w, q, i, k, n, d, r_k, pi_H, mc, pi_F, r, a, g, tau,

//foreign variables

y1, r1, c1, p1, pi1, w1, q1, i1, k1, n1, d1, r_k1, pi_H1, mc1, pi_F1, a1, g1, tau1;

varexo e_a, e_g, e_t, e_a1, e_g1, e_t1;

parameters

//domestic parameters

h, sgma, gamma, tau_s, phi, beta, delta, kappa, omega_n, omega_k, omega_D, omega_c, omega_I, omega_g, omega_tb, r_s,

alpha, lambda_p, theta_p, nu_H, nu_F, phi_pi, phi_y, rho_a, rho_g, rho_t, sigma_a, sigma_g, sigma_t,

//foreign parameters

sgma1, gamma1, tau_s1, phi1, beta1, delta1, kappa1, omega_n1, omega_k1, omega_D1, omega_c1, omega_I1, omega_g1, r_s1,

alpha1, lambda_p1, theta_p1, nu_H1, nu_F1, phi_pi1, phi_y1, rho_a1, rho_g1, rho_t1, sigma_a1, sigma_g1, sigma_t1;

//domestic parameters values

h = 0.56; sgma = 0.84; gamma = 0.54; tau_s = 0.30; phi = 0.8; beta = 0.98; delta = 0.025; kappa = 1; omega_n = 0.51;

omega_k = 0.49; omega_D = 0.20; omega_c = 0.40; omega_I = 0.43; omega_g = 0.20; r_s = 1.025;

alpha = 0.49; theta_p = 0.64; nu_H = 0.60; nu_F = 0.40; phi_pi = 1.20; phi_y = 0.533; omega_tb = 0.20;

rho_a = 0.90; rho_g = 0.57; rho_t = 0.52; sigma_a = 0.057; sigma_g = 0.38; sigma_t = 0.058;

lambda_p = (1 - theta_p) * (1 - beta * theta_p)/theta_p;

//foreign parameters values

sgma1 = 1; gamma1 = 0.10; tau_s1 = 0.33; phi1 = 0.20; beta1 = 0.99; delta1 = 0. 025; kappa1 = 1; omega_n1 = 0. 67;

omega_k1 = 0. 33; omega_D1 = 0. 20; omega_c1 = 0. 60; omega_I1 = 0. 30; omega_g1 = 0. 16; r_s1 = 1. 02;

alpha1 = 0. 33; theta_p1 = 0. 75; nu_H1 = 0. 60; nu_F1 = 0. 40; phi_pi1 = 1. 53; phi_y1 = 0. 77;

rho_a1 = 0. 90; rho_g1 = 0. 90; rho_t1 = 0. 58; sigma_a1 = 0. 067; sigma_g1 = 0. 067; sigma_t1 = 0. 057;

lambda_p1 = (1 − theta_p1) * (1 − beta1 * theta_p1)/theta_p1;

model (linear);
//domestic Euler equation (L1)
cc = c − h * c (−1);

− sgma * (cc(+1) − cc) + gamma * (1 − sgma) * (g(+1) − g) − h * (− sgma * (cc(+2) − cc(+1)) + gamma * (1 − sgma) * (g(+2) − g(+1))) + r − pi (+1) = 0;

//foreign Euler equation (L1 *)
− sgma1 * (c1(+1) − c1) + gamma1 * (1 − sgma1) * g1(+1) − gamma1 * (1 − sgma1) * g1 + r1 − pi1(+1) = 0;

//domestic optimal labor input equation (L2)
− sgma * c + gamma * (1 − sgma) * g + w + (tau_s/(1 − tau_s)) * tau − phi * n = 0;

//foreign optimal labor input equation (L2 *)
− sgma1 * c1 + gamma1 * (1 − sgma1) * g1 + w1 − (tau_s1/(1 − tau_s1)) * tau1 − phi1 * n1 = 0;

//domestic Tobin q equation (L3)
q = beta * q(+1) + (1 − beta * (1 − delta)) * (r(+1) − (tau_s/(1 − tau_s)) * tau) − r + pi(+1);

//foreign Tobin q equation (L3 *)
q1 = beta1 * q1(+1) + (1 − beta1 * (1 − delta1)) * (r1(+1) − (tau_s1/(1 − tau_s1)) * tau1) − r1 + pi1(+1);

// domestic optimal investment equation (L4)

kappa * q − (i − k) = 0;

// foreign optimal investment equation（L4 * ）

kappa1 * q1 − (i1 − k1) = 0;

// domestic capital accumulation equation（L5）

(1 − delta) * k(−1) + delta * i − k = 0;

// foreign capital accumulation equation（L5 * ）

(1 − delta1) * k1(−1) + delta1 * i1 − k1 = 0;

// domestic individual restrcition equation（L6）

omega_n * (1 − tau) * (w + n) + omega_k * (1 − tau_s) * (r + k) − tau_s * tau + omega_D * d(−1) − omega_c * (p + i) − (r_s^(−1)) * omega_D * (d − r) = 0;

// foreign individual restrcition equation（L6 * ）

omega_n1 * (1 − tau1) * (w1 + n1) + omega_k1 * (1 − tau_s1) * (r1 + k1) − tau_s1 * tau1 + omega_D1 * d1(−1) − omega_c1 * (p1 + i1) − (r_s1^(−1)) * omega_D1 * (d1 − r1) = 0;

// domestic governement restriction equation（L7）

omega_g * (p + g) + omega_D * d(−1) =

tau_s * omega_n * (w + n) + tau_s * omega_k * (r_k + k) + tau_s * tau − (r_s^(−1)) * (d − r);

// foreign governement restriction equation（L7 * ）

omega_g1 * (p1 + g1) + omega_D1 * d1(−1) =

tau_s1 * omega_n1 * (w1 + n1) + tau_s1 * omega_k1 * (r_k1 + k1) + tau_s1 * tau1 − (r_s1^(−1)) * (d1 − r1);

//domestic production function（L8）

y = a + 0. 698 * g + alpha * k(−1) + (1 − alpha) * n;

//foreign production function（L8 * ）

y1 = a1 + alpha1 * k1(−1) + (1 − alpha1) * n1;

//domestic relationship equation between capital return and wage（L9）

r_k − w = k + n;

//foreign relationship equation between capital return and wage（L9 * ）

r_k1 − w1 = k1 + n1;

// domestic New Keynesian Phillips Curve（L10）

pi_H = lambda_p * mc + beta * pi_H (+1);

// foreign New Keynesian Phillips Curve (L10 *)

pi_H1 = lambda_p1 * mc1 + beta1 * pi_H1 (+1);

//domestic marginal cost equation (L11)

mc + p-alpha * r – (1 – alpha) * w = 0;

//foreign marginal cost equation (L11 *)

mc1 + p1 – alpha1 * r1 – (1 – alpha1) * w1 = 0;

// domestic inflation and price equation (L12)

pi – p(–1) + p = 0;

// foreign inflation and price equation (L12 *)

pi1 – p1(–1) + p1 = 0;

//domestic equation of inflation, domestic and foreign goods inflation (L13)

pi = nu_H * pi_H + nu_F * pi_F;

//foreign equation of inflation, domestic and foreign goods inflation (L13 *)

pi1 = nu_H1 * pi_H1 + nu_F1 * pi_F1;

//domestic equation of domestic goods inflation, domestic goods to foreign inflation and exchange rate (L14)

pi_H = s – s(–1) + pi_H1;

//domestic equation of foreign goods to domestic inflation, foreign goods inflation and exchange rate (L15)

pi_F = s + s(–1) + pi_F1;

//domestic interest rate rule equation (L16)

r = phi_pi * pi + phi_y * y;

//foreign interest rate rule equation (L16 *)

r1 = phi_pi1 * pi1 + phi_y1 * y1;

//exchange rate equation (L17)

s – s(–1) + r1 = – r + p – p1;

// trade balance equation (L18)

omega_tb * tb = y-omega_c * c-omega_I * i-omega_g * g;

//domestic technology shock equation (L19)

a = rho_a * a(–1) + e_a;

//foreign technology shock equation (L19 *)

```
a1 = rho_a1 * a1 ( -1) + e_a1;
//domestic government spending shock equation （L20）
g = rho_g * g( -1) + e_g;
//foreign government spending shock equation （L20 * ）
g1 = rho_g1 * g( -1) + e_g1;
//domestic tax shock equation （L21）
tau = rho_t * tau( -1) + e_t;
//foreign tax shock equation （L21 * ）
tau1 = rho_t1 * tau1 ( -1) + e_t1;
end;


initval;
//domestic variables
c = 0; w = 0; q = 0; i = 0; k = 0; n = 0; d = 0;
y = 0; r_k = 0; pi_H = 0; mc = 0; p = 0; pi = 0;
pi_F = 0; r = 0; s = 0; tb = 0;
a = 0; g = 0; tau = 0;
//foreign variables
c1 = 0; w1 = 0; q1 = 0; i1 = 0; k1 = 0; n1 = 0; d1 = 0;
y1 = 0; r_k1 = 0; pi_H1 = 0; mc1 = 0; p1 = 0;
pi1 = 0; pi_F1 = 0; r1 = 0;
a1 = 0; g1 = 0; tau1 = 0;
end;


shocks;
var e_a = sigma_a^2;
var e_g = sigma_g^2;
var e_t = sigma_t^2;
var e_a1 = sigma_a1^2;
var e_g1 = sigma_g1^2;
var e_t1 = sigma_t1^2;
end;
```

stoch_simul（periods = 2100）；

附件4 模型模拟附图

完全竞争、价格黏性、政府支出外部性及消费习惯的传导机制分析。

1. 完全竞争传导机制

为了分析方便，我们把正文中的模型称为在主题模型参数中。我们分别取本国保持价格不变厂商的比例 $\theta = 0.00001$，而取国外保持价格不变厂商的比例 $\theta^* = 0.00003$，同时，分别把消费习惯参数、政府支出正外部性参数设定为零，即 $h = 0$，$\gamma = 0$，$\alpha_G = 0$。在本书中，我们把这样设定的模型近似完全竞争模型，并对它进行经济模拟，得到的结果用于代替完全竞争模型的模拟结果。在对此近似完全竞争模型进行经济模拟后，我们发现，总产量、净出口对政府支出冲击为正，而它们对收入税率冲击反应为负，这与主题模型的结论具有一致性，即这些结论与对应的经验事实具有一定的匹配性。然而，在经济模拟完全竞争模型时，我们发现，面对政府支出冲击，私人消费表现为下降，如附图 9 – 5 所示，即政府支出对消费产生挤出效应。这与国外对完全竞争模型模拟的结果相同（Baxter and King，1993，Burnside et al.，2004），然而国内研究实证分析得出政府支出对消费产生正效应或挤入效应（潘彬等，2006），因此，此处的完全竞争模型不能解释中国政府支出对消费挤入效应的经验事实。完全竞争模型不能解释中国汇率对收入税率效应的经验事实。

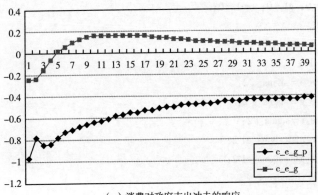

（a）消费对政府支出冲击的响应

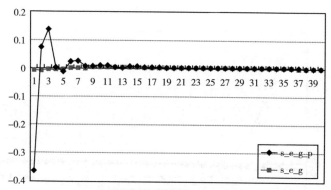

（b）汇率对政府支出冲击的响应

附图9－5 完全竞争模型和主题模型中消费和汇率
对政府支出冲击的动态响应

注：c_e_g_p 表示在完全竞争模型中消费对政府支出冲击的反应，c_e_g 表示在主题模型中消费对政府支出冲击的反应，s_e_g_p 表示在完全竞争模型中汇率对收入税率冲击的反应，s_e_g 表示在本书主题模型中汇率对收入税率冲击的反应。

2. 价格黏性传导机制

在主题模型参数中，分别把消费习惯参数、政府支出正外部性参数设定为零，即 $h=0$，$\gamma=0$，$\alpha_C=0$，而其他参数保持不变，我们称此情况下的模型为价格黏性的垄断竞争模型，简记为价格黏性模型。我们对黏性价格模型进行经济模拟发现：面对政府支出正向冲击，总产量、净出口反应为正，汇率反应为正（这意味着汇率贬值，即有效汇率减低），而面对收入税率冲击，净出口下降，汇率上升（这意味着汇率贬值，即有效汇率减低）。这些结论与主体模型是一致的，即黏性价格模型能说明中国财政政策效应对应的经验事实。而在黏性价格模型模拟结果中又发现：面对政府支出冲击，净出口、汇率是下降的（这意味着汇率升值，即有效汇率增加），而面对收入税率的冲击，总产量是上升的。这与主题模型模拟的结论不一致，当然不能解释中国财政政策效应对应的经验事实。同时，我们观察模拟结果如附图9－6所示，发现在黏性价格模型中，面对政府支出冲击，消费是下降的，这也与中国政府支出对消费产生挤入效应的特征事实不匹配。因此，我们认为，黏性价格模型不能很好地解释开放经济下中国财政政策效应的经验事实。

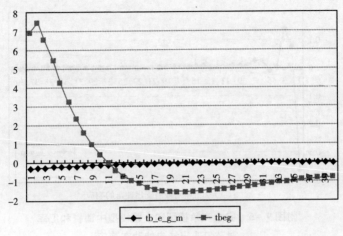

（a）净出口对政府支出冲击的响应

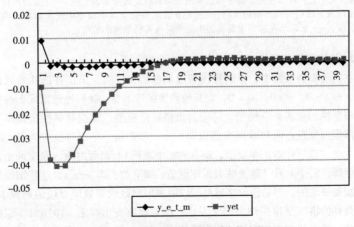

（b）总产量对收入税率冲击的响应

**附图 9 - 6　在价格黏性模型和本书主题模型中净出口和产量
对财政政策冲击的动态响应**

注：tb_e_g_m 表示在价格黏性模型中净出口对政府支出冲击的反应，tb_e_g 表示在本书主题模型中净出口对政府支出冲击的反应，y_e_t_m 表示在价格黏性模型中总产量对收入税率冲击的反应，y_e_t 表示在本书主题模型中总产量对收入税率冲击的反应。

3. 政府支出外部性传导机制

在主题模型参数中，把消费习惯参数设定为零，即 $h = 0$，政府支出外部性等其他参数保持不变，我们称此情况下的模型为政府支出正外部性的垄断竞争模型，简记为外部性模型，如附图 9-7 所示。

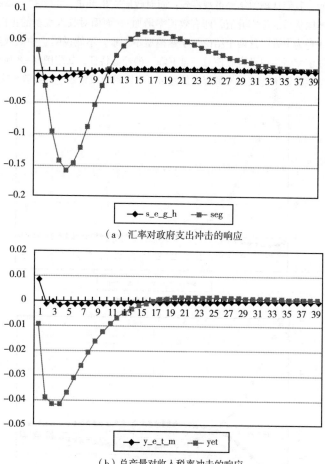

（a）汇率对政府支出冲击的响应

（b）总产量对收入税率冲击的响应

附图 9-7　在有外部性模型和本书主题模型中产量对收入税率冲击的动态响应

注：y_e_t_o 表示在外部性模型中总产量对收入税率冲击的反应，y_e_t 表示在本书主题模型中总产量对收入税率冲击的反应。

我们对黏性价格模型进行经济模拟发现：面对政府支出正向冲击，消费、总产量、净出口表现为上升，而面对收入税率正向冲击，净出口量上升，汇率值增加（这意味着本国货币或汇率贬值，即有效汇率减低），这些结论与主题模型具有一定程度的一致性，与中国财政政策效应的对应经验事实具有一定匹配性。然而，我们从模拟结果可观察到：面对政府支出冲击，汇率是下降的（这意味着本国货币或汇率升值，即有效汇率增加），而面对收入税率的正向冲击，总产量表现为上升。这两个结论与主题模型不一致，不能说明"中国政府支出增加会使汇率贬值以及税收使总产量下降"的经验特征，如附图9-8所示。因此，外部性模型不能很好地解释开放经济下中国财政政策效应的经验事实。

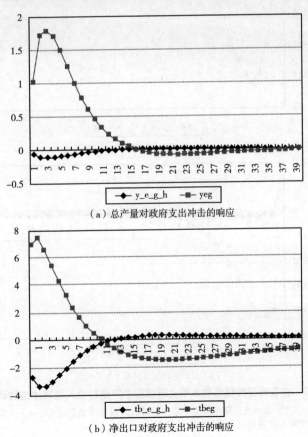

（a）总产量对政府支出冲击的响应

（b）净出口对政府支出冲击的响应

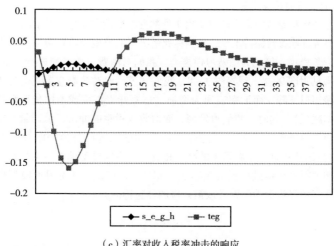

（c）汇率对收入税率冲击的响应

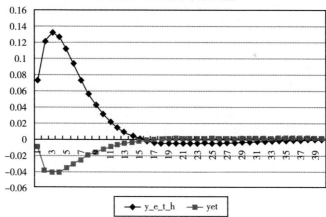

（d）总产量对收入税率冲击的响应

**附图9-8 在消费习惯模型和本书主题模型中产量、
净出口及汇率对政府支出冲击的响应**

注：y_e_g_h 表示在消费习惯模型中总产量对政府支出冲击的反应，y_e_g 表示在本书主题模型中总产量对收入税率冲击的反应，tb_e_g_h 表示在消费习惯模型中净出口对政府支出冲击的反应，tb_e_g 表示在本书主题模型中净出口对政府支出冲击的反应，s_e_g_h 表示在消费习惯模型中汇率对政府支出冲击的反应，s_e_g 表示在本书主题模型中汇率对政府支出冲击的反应。

4. 消费习惯传导机制

在主题模型参数中，把政府支出正外部性参数设定为零，即 $\gamma = 0$，$\alpha_G = 0$，消费习惯等其他参数保持不变，我们称此情况下的模型为消费习惯或消费形成的垄断竞争模型，简记为消费习惯模型。我们对消费习惯模型进行经济模拟，部分结果见附图 9-8。观察图 9-8，我们知道，面对政府支出正向冲击，总产量、净出口下降，而汇率表现为增加（这意味着汇率或本国货币贬值，即有效汇率减低）。同时，我们也发现，面对收入税率的冲击，总产量、净出口增加，而汇率表现为下降（这意味着汇率或本国货币升值，即有效汇率增加），这些结论正好与主题模型的结果相反，与主题模型模拟结论具有不一致性，与相关财政政策效应的经验事实不相匹配。因此，消费习惯模型也不能很好解释开放经济下中国财政政策效应的经验特征。

第四篇

财政政策效应的阶段性分析

第十章

新中国成立后我国财政政策
效应的阶段性分析

新中国成立 60 多年来，我国经济发展取得巨大成就，财政政策在其中起到重要作用，然而前 30 年是计划经济，后 30 年是市场经济改革，经济环境有较大区别，于是这两个时期财政政策的效应必然有所差异性，基于此，本书分别选择 1952 ~ 1978 年和 1978 ~ 2010 年这两个阶段的年度数据，利用 SVAR 模型进行脉冲反应及方差分解分析对此问题进行探讨。

一、引言

新中国成立 60 多年来，我国经济发展可分为两个阶段。一是 1949 ~ 1978 年，这一阶段是计划经济时代；二是 1978 ~ 2010 年，这一阶段是市场经济改革时期，经过这 30 多年的经济发展，我国经济取得举世瞩目的成就。不可否定财政政策在新中国成立后我国经济发展中起到重要作用。然而，由于这两个阶段经济背景是不同的，于是财政政策的效应必然有所差异。基于此，本书选择对改革开放前和改革开放后的财政政策效应进行探讨。

国内关注财政政策宏观经济效应的研究较多：在政府支出方面，张海星（2004）、郭庆旺、贾俊雪（2006）、董直庆、滕建洲（2007）等探讨了政府支出对总产量的影响，而李广众（2005）、李永友、从树海（2006）、潘彬等（2006）研究了政府支出与消费的关系；在税收方面，蒙荫莉（2001）、李永友（2004）、郭健（2006）等分析了宏观赋税对总产量的效应，李晓芳等（2005）讨论了政府支出和税收对产量的影响。尽管这些研究选择的数据样本和方法不同，但它们得出结论具有一致性，即大多数都支持"政府支出对总产量和消费产生正效应，而税收对产量和消费产生负效应"的观点。然而，以上研究主要以实证分析为主，而且还存在以下局限，一是他们的讨论对象是改革开放后的财政政策效应，而没有对新中国成立时期到改革开放初期之间财政政策效应进行深入的讨论。二是实证分析方法主要是以回归分析为主，方法略显单一，很少使用结构向量自回归（Structural Vector Autoregresssion，SVAR）方法。二是尽管李晓芳等（2005）、王文甫（2010）用到此方法，然而他们没有对财政政策的宏观效应进行阶段差异性分析。基于此，本书分别选择1952~1978 年和1978~2010 年这两个阶段相应的中国宏观年度数据，比较分析中国财政政策的效应差异性。

　　本章余下结构安排如下，一是对 SVAR 模型设定和识别方法进行讨论，二是对中国财政政策的宏观效应 SVAR 分析，主要讨论1952~1978 年和1978~2010 年这两个阶段总产量和消费对政府支出和税收冲击的脉冲响应，并进行比较分析。

二、中国财政政策的宏观效应差异性分析

（一）本章 SVAR 模型内生变量的选择及其识别条件

　　经过改革开放 30 多年的发展，SVAR 模型现已发展成为分析货币和财政政策的效应重要实证分析方法之一，财政政策效应可能比货币政策更适合使用 SVAR 模型来讨论（Blanchard and Perotti，2002），于是本书尝试使用此模型来分析政府支出和税收对净出口、实际有效汇率的动态效应。

关于本章 SVAR 模型的识别条件确定，我们选取 Blanchard 和 Perotti（2002）制度信息法（institutional information）。一般地，使用 SVAR 分析财政政策问题，识别方法有乔利斯基分解（Cholesky decomposition）（Gali et al.，2007）、叙事法（narrative approach）（Ramey and Shapiro，1998）、制度信息法（institutional information）（Blanchard and Perotti，2002）。制度信息法（institutional information）是根据以国家税收或转移支出制度（tax and transfer system）去识别税收和政府支出对经济活动的自动反应。在此，我们选择制度信息法 SVAR 的识别条件，主要基于以下两个原因，一是叙事法主要用于由于战争原因导致政府支出突然增加情况下的财政政策效应的讨论，二是在本书实证分析中，我们使用乔利斯基分解（Cholesky decomposition）得出总产量对税收收入反应为负，这是不符合经济原理的（这可从图 10－1、图 10－2 上观察到）。因此，我们在此就选用制度信息法来讨论。而在国内李晓芳等（2005）在分析中国财政政策的效应也采用此种方法。为此我们也使用 Blanchard 和 Perotti（2002）的 SVAR 模型 3 内生变量税收、政府支出和 GDP。SVAR 模型的内生向量可记为 $X_t = \begin{bmatrix} T_t, & G_t, & Y_t \end{bmatrix}$，其中 T_t，G_t，Y_t 分别表示税收、政府支出、GDP。

现在我们来讨论本书 SVAR 模型的识别条件。SVAR 模型的思路是从简约式来识别结构式的。如果分析的向量是 Y_{jt} 维的，就需要 $n \times (n-1)/2$ 个约束条件。因此，本书 SVAR 模型的识别需要 $3 \times (3-1)/2 = 3$ 条件。我们假定税收对当期的政府支出、净出口以及有效汇率没有反应，这是符合经济学原理，由于有税收制度，税收与当期的总产量有关，在此，我们发现如果要使财政政策冲击表现为经济学含义（财政收入对总产量和消费的效应为负，而政府支出对它们的效应为正），那么识别条件如下：1952～1978 年，收入税率对 GDP 的弹性取为 1.76，同时，财政政策采取相机抉择，政府支出是反周期变化，政府支出对 GDP 的弹性为－1.89，其他上对角元素为零；1978～2010 年，收入税率对 GDP 的弹性取为 1.52，同时，财政政策采取相机抉择，政府支出是反周期变化，政府支出对

GDP 的弹性为 -1.20，其他上对角元素为零。因此，在我们选用 AB 型（$Au_t = B\varepsilon_t$，u_t 为结构式随机扰动项，ε_t 为简约式随机扰动项）基础上，于是把以上 10 个约束条件归纳如下：

$$A_1 = \begin{bmatrix} 1,0,-1.76 \\ a_{21},1,1.89 \\ a_{31},a_{32},1 \end{bmatrix}, B_1 = \begin{bmatrix} b_{11},0,0 \\ 0,b_{22},0 \\ 0,0,b_{33} \end{bmatrix} \qquad (1952 \sim 1978 \text{ 年})$$

$$A_2 = \begin{bmatrix} a_{11},0,-1.50 \\ a_{21},a_{22},1.20 \\ a_{31},a_{32},a_{33} \end{bmatrix}, B_2 = \begin{bmatrix} b_{11},0,0 \\ 0,b_{22},0 \\ 0,0,b_{33} \end{bmatrix} \qquad (1978 \sim 2010 \text{ 年})$$

（二）数据选择和处理

（1）来看数据的选取。采用中国的 1952～2010 年的相关年度数据，样本容量为 58。由于对变量要扣除物价指数得到实际值才能进行分析，于是以 1978 年为基期，得出各年的物价水平。政府支出是指财政支出。实际政府支出、实际财政收入、实际居民消费、实际 GDP 分别由名义政府支出和财政收入、名义居民消费、名义 GDP 扣除 CPI 而得到，分别记为 RGE、RT、$RGDP$。以上这些数据主要来自国家统计局网站。

（2）来看数据处理。先对 RT、RGE、$RGDP$ 这 3 组数据取自然对数，这可减弱它们的异方差性，并且将它们的对数形式分别记为 $\ln RT$、$\ln RGE$、$\ln RGDP$。随后，本书应用 ADF 和 PP（Phillips-Per-ron）方法对调整后的 $\ln RT$、$\ln RGE$、$\ln RGDP$ 各序列进行平稳性检验，结果表明这些调整后的各时间序列存在不平稳性。我们在这里进行 SVAR 模型分析时，不取这些变量的差分形式，因为差分会使以前的一些信息损失，所以在此用 HP 滤波方法得到这 3 个变量的波动项，我们进行 ADF 平稳性检验，发现这些变量的波动项具有平稳性。

在此，首先，我们把采用中国 1952～2010 年第 4 季度的相关年度数据分为两个时间段，一是 1952～1978 年，二是 1978～2010 年。其次，我们使用 Eviews 5.0 对 VAR 方程进行检验，结果表明按照 AIC 准则、SC 准则，选择其滞后 1 期的形式。进一步，Eviews 5.0 运算结果表明，VAR（1）特征多项式的逆根都在单位圆内，所以 VAR（2）是稳定的。

$$A_1 = \begin{bmatrix} 1.00 & 0.00 & -1.72 \\ -1.16 & 1.00 & 1.86 \\ 6.17 & -5.98 & 1.00 \end{bmatrix}, \quad B_1 = \begin{bmatrix} 0.074 & 0 & 0 \\ 0 & 0.12 & 0 \\ 0 & 0 & 0.17 \end{bmatrix}$$

$$(1952～1978 \text{ 年})$$

$$A_2 = \begin{bmatrix} 1.00 & 0.00 & -1.50 \\ 15.77 & 1.00 & 1.20 \\ 15.62 & -20.23 & 1.00 \end{bmatrix}, \quad B_2 = \begin{bmatrix} 0.047 & 0.00 & 0.00 \\ 0.00 & 1.038 & 0.00 \\ 0.00 & 0.00 & 0.52 \end{bmatrix}$$

$$(1978～2010 \text{ 年})$$

　　另外，如果我们不使用本书的识别条件，而使用乔利斯基分解（Cholesky decomposition），即识别矩阵是下三角矩阵形式，可得到总产量分别对政府支出和税收的冲击反应情况，具体见图 10 - 1 和图 10 - 2。从图 10 - 1 和图 10 - 2 中可以观察到，总产量对财政收入的冲击反应开始为正数，接着为负数，然后为负数，而总产量对政府支出冲击的动态效应几乎为负数且效果不是很大，这些结论与经济学原理"税收一般促使产量下降，而政府支出乘数的作用可使产量水平上升"不相匹配，于是本书我们没有选用乔利斯基分解（Cholesky decomposition）来得到识别条件。因此，本书的 SVAR 模型选用前面讨论的制度法来得到识别条件。

　　（3）我们通过施加前面的约束条件，我们得到脉冲反应结果。同时为了验证本书脉冲响应结果是否具有一定的强健性（Robust），我们在 RGE、RT、RGDP 3 个变量基础上，再加入消费来组成 4 个变量 SVAR 模型，同时施加前面的识别条件，从而来做强健性检验，我们发现 4 个变量 SVAR 所得到在这两时段总产量对政府支出

中国政府支出宏观效应及其传导机制研究

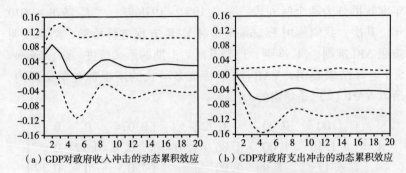

（a）GDP对政府收入冲击的动态累积效应　　（b）GDP对政府支出冲击的动态累积效应

图 10 - 1　简约 VAR 中 GDP 分别对财政收入和政府支出
冲击的动态累积效应（1952～1978 年）

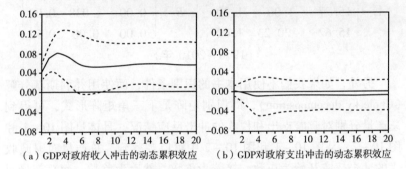

（a）GDP对政府收入冲击的动态累积效应　　（b）GDP对政府支出冲击的动态累积效应

图 10 - 2　简约 VAR 中 GDP 分别对财政收入和政府支出
冲击的动态累积效应（1978～2010 年）

和政府收入冲击的累积效应与 3 个变量 SVAR 所得的具有一致性。此外，我们分别得到在这两个时段，居民消费对财政支出和财政收入冲击的累积效应结果。

（三）脉冲反应分析

从图 10 - 3 中，我们可分别观察到，在 1952～1978 年和 1978～2010 年两个时期 GDP 对财政收入冲击的动态效应。首先，1952～1978 年时期 GDP 对财政收入冲击的动态效应，面对 1% 的正向财政收入冲击，GDP 动态反应的累积效应如下：GDP 立即提高到一个较小值，随后其累积效应开始下降，大约在第 3 年末下降到最小负值，接着开始增加，大约在第 8 年上升到一个极大值，然后，经历了一个先下降后小幅上升，在小幅下降的过程，最终在第 17 年后回到一个稳定的值。这说明，在 1991～2000 年时期政府的财政收入增加，对 GDP 的最终累积效应为负，这是符合"财政收入会使总量下降"的基本经济学原理。其次，1978～2010 年这个时期 GDP 对财政收入冲击的动态效应，面对 1% 的正向财政收入冲击，GDP 动态反应的累积效应如下：GDP 立即下降到一个负的较小值，然后，在第 2 年下降到一个极小值，接着又开始上升，大约在第 4 年上升到一个极大值，随后开始下降，在第 7 年达到另一个极小值后，又开始上升，大约在第 11 年后达到一个稳定值，这说明在 1978～2010 年时期，政府的税收增加，对 GDP 的最终累积效应为负，这也符合"财政收入会使总量下降"的基本经济学原理。总之，不管在 1952～1978 年时期还是在 1978～2010 年时期，我国政府的财政收入增加都使社会的总产量水平（GDP）降低，然而，我们发现，1952～1978 年时期的财政收入对 GDP 的效应要大于 1978～2010 年时期的效应。

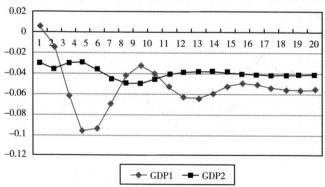

图 10－3　GDP 对财政收入冲击的动态累积效应

注：GDP1 表示 1952～1978 年的国内生产总值；GDP2 表示 1978～2010 年的国内生产总值；以下相同。

从图 10 – 4 中，我们可分别观察到，在 1952 ~ 1978 年和 1978 ~ 2010 年两个时期居民消费对税收冲击的动态效应。首先，来看 1952 ~ 1978 年时期居民消费对财政收入冲击的动态效应，面对 1% 的正向财政收入冲击，居民消费动态反应的累积效应如下：居民消费立即减低到一个值，随后一年上升到最大值，接着又开始下降，在第 5 年下降一个最小负值，然后，经历了一个又上升后下降的过程，最终在第 12 年后变为稳定负值，这说明，在 1952 ~ 1978 年时期政府的财政收入增加，对居民消费的最终累积效应为负。其次，来看 2001 ~ 2010 年这个时期 GDP 对税收冲击的动态效应，面对 1% 的正向税收冲击，居民消费的动态反应的累积效应如下：居民消费立即下降到一个负的较小值，然后在 2 年后增加到一个极大值，随后，开始下降，大约在第 7 年下降到一个最小值且为负，接着经历了一个先上升后又平缓下降的过程，大约在 19 年后变为一个稳定值且为负。总之，不管在 1952 ~ 1978 年还是在 1978 ~ 2010 年，我国政府的财政收入增加都使居民消费水平降低，然而，我们发现，1952 ~ 1978 年的财政收入对居民消费的效应要小于 1978 ~ 2010 年的效应。

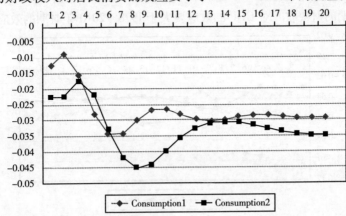

图 10 – 4　消费对财政收入冲击的动态累积效应

注：Consuption1 表示 1952 ~ 1978 年的国内生产总值；consumption2 表示 1978 ~ 2010 年的国内生产总值。

从图 10−5 中，我们可分别观察到，在 1991~2000 年和 2001~
2010 年两个时期 GDP 对政府支出冲击的动态效应。首先，1991~
2000 年 GDP 对政府支出冲击的动态效应，面对 1% 的正向政府支出
冲击，GDP 动态反应的累积效应如下：GDP 立即提高到一个值，
随后其累积效应开始增加，大约在第 11 季度达到最大值。接着
GDP 动态反应的累积效应开始较为平缓地下降，大约在第 19 季度
达到稳定值，并一直保持不变。这说明，在 1991~2000 年政府支
出增加，对 GDP 的最终累积效应为正。其次，1978~2010 年这个
时期 GDP 对政府支出冲击的动态效应，面对 1% 的正向政府支出冲
击，GDP 动态反应的累积效应如下：GDP 立即上升到一个正的较
小值，然后开始上升，2 年后上升到最大值，随后经历了先一个下
降后很平缓上升的过程，最终在第 12 年变为一个稳定的值。总之，
不管在 1952~1978 年还是在 1978~2010 年，我国政府支出增加都
使社会的总产量水平（GDP）提高，而且对总产量的效应大体相
当，这说明我国财政政策效应变现为挤入效应，然而，我们发现，
1952~1978 年时期的政府支出对 GDP 效应的变动程度 2001~2010
年时期的政府支出对 GDP 效应的变动程度。

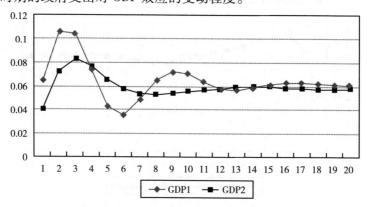

图 10−5　GDP 对政府支出的动态累积效应

注：GDP1 表示 1952~1978 年的国内生产总值；GDP2 表示 1978~2010 年的国内生
产总值。

从图 10 - 6 中，我们可分别观察到，在 1952～1978 年和 1978～2010 年两个时期居民消费对政府支出冲击的动态效应。首先，1952～1978 年居民消费对政府支出冲击的动态效应，面对 1% 的正向政府支出冲击，居民消费动态反应的累积效应如下：居民消费立即提高到一个值，随后其累积效应开始逐渐增加，大约在第 3 年达到最大值，接着经历了先下降后平缓上升的过程，最终，大约在第 12 年后运动到一个正的稳定值，这说明，在 1952～1978 年政府支出增加，对居民消费的最终累积效应为正。其次，2001～2010 年 GDP 对政府支出冲击的动态效应，面对 1% 的正向政府支出冲击，居民消费的动态反应的累积效应如下：居民消费立即提高到一个值，随后其累积效应开始逐渐增加，大约在第 3 年达到最大值，接着开始经历先缓慢下降后较平缓地上升的过程，这说明，在 1978～2010 年政府支出增加，对居民消费的最终累积效应为正。总之，不管在 1952～1978 年还是在 1978～2010 年，我国政府支出增加都使居民消费水平提高，这意味着我国政府支出对居民消费表现为挤入效应，然而，我们发现，1952～1978 年的财政收入对居民消费的效应要小于 1978～2010 年的效应。

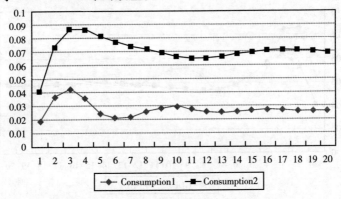

图 10 - 6 消费对政府支出的动态累积效应

注：Consuption1 表示 1952～1978 年的消费；consumption2 表示 1978～2010 年的消费。

我们把以上分析结论概括如下：

（1）不管在 1952～1978 年还是在 1978～2010 年，我国政府的财政收入增加都使社会的总产量水平（GDP）和居民消费降低，然而，我们发现，1952～1978 年的财政收入对 GDP 的负效应要大于 1978～2010 年的负效应。1952～1978 年的财政收入对居民消费的负效应要小于 1978～2010 年的负效应。

（2）不管在 1952～1978 年还是在 1978～2010 年，我国政府支出增加都使社会的总产量水平（GDP）和居民消费提高，这说明我国财政政策效应变现为挤入效应，然而，我们发现，1952～1978 年的政府支出对 GDP 正效应 2001 年小于 2010 年的政府支出对 GDP 正效应。1952～1978 年财政收入对居民消费的效应要小于 1978～2010 年的效应。

从以上结论可知，我国财政政策效应在新中国成立后 30 年和改革开放后具有一定差异性，那么为什么会出现这样的差异性呢？我们认为，这可能由于这两个时期的经济体制不同造成的。在新中国成立后的 30 年中，我国实行的是计划经济体制，中央高度集权，加上"文化大革命"，到 1978 年经济快要到崩溃的边缘，这样的计划经济体制造成经济效率低下。而 1978 年我国政府果断地实行了改革开放政策，特别在党的十二大上确立了社会主义市场经济改革的方向，市场经济制度不断地完善，以及 2001 年我国加入世贸组织，这些促使资源的配置效率大大提高，社会生产力得到较充分的解放，目前我国经济总量位居全球第二，这意味着，相对新中国成立后 30 年，我国在改革开放后 30 年的经济效率有了很大的提高，这样的经济效率在财政上表现为，新中国成立后 30 年财政收入对总产量的负效应要小于改革开放后 30 年财政收入对总产量的负效应，而新中国成立后 30 年财政支出对总产量、居民消费的正效应要小于改革开放后 30 年财政支出对总产量、居民消费的正效应。

（四）方差分解

在这部分我们分别讨论，在 1952～1978 年和 1978～2010 年这两个期间，政府收入冲击、政府支出、总供给冲击对 GDP 波动贡献的大小，即方差分解分析。

（1）从表 10－1 中来看，在 1952～1978 年，政府收入冲击、政府支出冲击、总供给冲击分别对总产量的方差分解或波动贡献情况。在第 1 年，对总量 GDP 波动的贡献最大来自于财政收入冲击，达到 72.027%，其次是供给冲击，达到 27.848%，最小是政府支出冲击对总量 GDP 波动的贡献达到 0.124%，很小以致可以忽略。然而，随着时间推移，财政收入冲击对总产量波动的贡献逐渐下降，而政府支出冲击、供给冲击逐渐上升，最终，在第 12 年后，各种冲击的贡献处在一个稳定的值，财政收入冲击对总产量波动的贡献为 45.905%，政府支出冲击对总产量波动的贡献为 13.114%，总供给冲击对总产量波动的贡献为 40.981%，而总产出的标准差由第 1 年的 0.140 逐渐上升，在第 12 年后稳定在 0.221。总之，在 GDP 波动的贡献中，最终贡献大小依次为政府收入冲击 45.905%、供给冲击 40.981、政府支出冲击 13.114%。

表 10－1 从财政政策角度的总产量 GDP 预测方差分解（1952～2010 年）

期数　　　Cholesky 排序	标准差	财政收入冲击	政府支出冲击	供给冲击（总产量冲击）
1 年	0.140	72.027	0.124	27.848
3 年	0.1857	38.768	14.875	46.358
5 年	0.280	47.262	12.573	40.166
7 年	0.217	45.503	12.996	41.501
9 年	0.219	46.047	12.964	40.989
11 年	0.221	45.941	13.087	40.971
13 年	0.221	45.901	13.081	41.018
15 年	0.221	45.905	13.114	40.981

（2）从表 10 - 2 中来看，在 1978～2010 年，财政收入冲击、政府支出冲击、总供给冲击分别对总产量的方差分解或波动贡献情况。在第 1 年内，对总量 GDP 波动的贡献最大来自于财政收入冲击，达到 60.987%，其次是供给冲击对总量 GDP 波动的贡献，达到 38.877%，最小是政府支出冲击达到 0.136%，此值很小，可以忽略。然而，随着时间推移，财政收入冲击、政府支出冲击对 GDP 波动的贡献率是逐渐增加，最后在第 15 年时财政收入冲击的贡献为 69.092%，并趋于一稳定值，而政府支出冲击对 GDP 波动的贡献率逐渐增加的，最终，在第 15 年政府支出对 GDP 的贡献最终稳定在 1.568%。但是，总供给冲击对 GDP 随着时间推移是逐渐下降的，在第 15 年它的贡献率稳定在 29.340%。而产出的标准差从第 1 年到第 9 年是逐年上升的，即从 0.0598 上升到 0.1020。总之，在 GDP 波动的贡献中，最终贡献大小依次为：政府收入冲击 69.092%，供给冲击 29.340%、政府支出冲击 1.568%。

表 10 - 2　　　　从财政政策角度的总产量 GDP 预测方差分解（1978～2010 年）

期数 　Cholesky 排序	标准差	财政收入冲击	政府支出冲击	供给冲击（总产量冲击）
1 年	0.0598	60.987	0.136	38.877
3 年	0.0958	70.464	1.342	28.193
5 年	0.0972	70.491	1.559	27.950
7 年	0.101	69.637	1.545	28.818
9 年	0.102	69.420	1.557	29.024
11 年	0.102	69.115	1.564	29.320
13 年	0.102	69.123	1.567	29.311
15 年	0.102	69.092	1.568	29.340

以上分析得出的结论是：从财政政策视角来看，不管在 1952～

1978 年和 1978～2010 年，在 GDP 波动中，最终贡献大小都依次为：政府收入冲击，供给冲击、政府支出冲击，但从 1952～1978 年和 1978～2010 年，政府收入冲击对总产量波动分析贡献的大小从 45.905% 增加到 69.092%，供给冲击对总产量波动的贡献大小从 40.981% 下降为 29.340%，政府支出冲击对总产量波动的贡献大小从 13.114% 下降为 1.568%。

三、结　语

本章分别选择 1952～1978 年和 1978～2010 年这两个阶段的年度数据，利用 SVAR 模型进行脉冲反应及方差分解分析中国财政政策效应阶段的差异性，脉冲反应分析发现。（1）不管在 1952～1978 年还是在 1978～2010 年，我国政府的财政收入增加都使社会的总产量水平（GDP）和居民消费降低，然而，我们发现，1952～1978 年的财政收入对 GDP 的效应要大于 1978～2010 年的效应。1952～1978 年的财政收入对居民消费的效应要小于 1978～2010 年的效应。（2）不管在 1952～1978 年还是在 1978～2010 年，我国政府支出增加都使社会的总产量水平（GDP）和居民消费提高，这说明我国财政政策效应变现为挤入效应，然而，我们发现，1952～1978 年的政府支出对 GDP 效应的变动程度 2001～2010 年的政府支出对 GDP 效应的变动程度。1952～1978 年的税收对居民消费的效应要小于 1978～2010 年的效应。方差分解分析发现，从财政政策视角来看，不管在 1952～1978 年和 1978～2010 年期间，在 GDP 波动中，最终贡献大小都依次为：政府收入冲击，供给冲击、政府支出冲击，但从 1952～1978 年和 1978～2010 年，政府收入冲击对总产量波动的贡献大小从 45.905% 增加到 69.092%，供给冲击对总产量波动的贡献大小从 40.981% 下降为 29.340%，政府支出冲击对总产量波动的贡献大小从 13.114% 下降为 1.568%。

同时，本章分析的结论蕴涵着一些政策含义。本章分析认为，不管是在新中国成立后 30 年还是改革开放后的 30 年，政府收入对总产量和消费产生负效应，因此，近年来我国财政收入增长要高于经济增长率，这必定对我国经济运行带来一定负面影响。但是政府要提供公共产品和促使经济发展，必须要有一定财政收入作为保障，于是政府应该实行结构性减税促使实体经济发展，如可向第三产业、民营企业或中小企业进行适度的减税促使它们的发展，已达到保增长和保就业的目标，同时政府应开征物业税、房产税等税种减低消费税，以促使消费需求的增加以扩大内需。同时，本章分析认为，新中国成立后 30 年的财政政策对经济效率要小于改革开放后的 30 多年，这大概是由于 30 多年市场改革的产物，于是政府应继续推动和深化市场化，促使资源配置效率的提高，使经济发展再迈上一个新的台阶。另外，本章认为，不管是在新中国成立后 30 年还是改革开放后的 30 多年，政府支出对总产量和居民消费产生正效应，但这意味着，政府应扩大开支就可保增长和扩内需，由于多年来我国政府支出过多地关注政府投资和消费，这样边际回报已经不大，政府支出应更多关注民生，提高居民的福利水平。

参考文献

［1］高铁梅：《计量经济学分析方法与建模：Eviews 应用及实例》，清华大学出版社 2006 年版。

［2］郭健：《税收、政府支出与中国经济增长的协整分析》，载于《财经问题研究》2006 年第 11 期。

［3］郭庆旺、贾俊雪：《财政投资的经济增长效应：实证分析》，载于《财贸经济》2005 年第 5 期。

［4］董直庆、滕建洲：《我国财政与经济增长关系：基于 Bootstrap 仿真方法的实证检验》，载于《数量经济技术经济研究》2007 年第 1 期。

［5］李广众：《政府支出与居民消费：替代还是互补》，载于《世界经济》2005 年第 5 期。

［6］李晓芳、高铁梅、梁云芳：《锐收和政府支出政策对产出动态冲击效应的计量分析》，载于《财贸经济》2005 年第 2 期。

［7］李永友：《我国税收负担对经济增长影响的经验分析》，载于《财经研究》2004 年第 12 期。

［8］李永友、从树海：《居民消费与中国财政政策的有效性——基于居民最优消费决策行为的经验分析》，载于《世界经济》2006 年第 5 期。

［9］蒙荫莉：《宏观税负与经济增长的实证研究》，载于《数量经济技术经济研究》2001 年第 2 期。

［10］潘彬、罗新星、徐选华：《政府购买与居民消费的实证研究》，载于《中国社会科学》2006 年第 5 期。

［11］张海星：《公共投资与经济增长的相关分析——中国数据的计量分析》，载于《财贸经济》2004 年第 5 期。

［12］王文甫：《价格黏性、流动性约束与中国财政政策的宏观效应——动态新凯恩斯主义视角》，载于《管理世界》2010 年第 9 期。

［13］Bernanke, B., 1986, "Alternative explanations of the money-income correlation", Carnegie-Rochester Conference Series on Public Policy, North-Holland, Amsterdam.

［14］Blanchard, O. J. and D. Quah, 1989, "The Dynamic Effects of Aggregate Demand and Supply Disturbances." American Economic Review, 79 (4), 654 – 673.

［15］Blanchard, O. and Perotti, R., 2002, "An Empirical Characterization of the Dynamic Effects of Changes in Government Spending and Taxes on Output", Quarterly Journal of Economics, 117: 1329 – 1368.

［16］Gali, J., 1992, "How Well Does the IS – LM Model Fit Postwar U. S. Data?", The Quarterly Journal of economics, 107 (2), 709 – 738.

［17］Galí, J., J. D. López-Salido, and J. Vallés, 2007, "Understanding the Effects of Government Spending on Consumption", Journal of the European Economic Association, 5: 227 – 270.

［18］Shapiro, Matthew and Mark Watson, 1988, "Sources of Business Cycle Fluctuations", NBER Macroeconomics Annual, pp: 111 – 148.

［19］Sims, C. A., 1980, "Macroeconomics and reality", Econometrica, 48, 1 – 48.

［20］Sims, C. A., 1986, "Are forecasting models usable for policy analysis?", Quarterly Review, Federal Reserve Bank of Minneapolis, 10, 2 – 6.

第十一章

1990 年后中国财政政策
效应的阶段性分析

1990 年至今近 20 年来我国经济取得如此的成就，不可否定财政政策在其中发挥着重要的作用，由于前 10 年和后 10 年的经济环境不同，财政政策的效应必然有所差异。基于此，本章分别选择 1990~2000 年和 2001~2010 年这两个阶段的季度数据，利用 SVAR 模型进行脉冲反应及方差分解分析对此问题进行探讨。

一、引言

20 世纪 90 年代初，我国确立了社会主义市场经济改革的方向，20 世纪 90 年代后期又成功地克服了亚洲金融危机的冲击，整个 90 年代经济运行良好，而在 2001 年我国加入世贸组织后，经济表现为强健地增长，此外，在 2008 年后又成功地战胜了次贷危机带来的挑战，进入"十二五"期间经济发展又上了一个新台阶。近 20 年来我国经济取得如此成就，不可否定其中财政政策发挥了一个重要的作用，由于这两个时期的经济环境不同，财政政策的效应必然有所差异。基于此，本书选择 1990~2000 年和 2001~2010 年的财政政策的效应进行分析具有一定探讨的价值空间。

国内关注财政政策宏观经济效应的研究较多：在政府支出方

面，张海星（2004）、郭庆旺和贾俊雪（2006）、董直庆和滕建洲（2007）等探讨了政府支出对总产量的影响，而李广众（2005）、李永友和从树海（2006）、潘彬等（2006）研究了政府支出与消费的关系；在税收方面，蒙荫莉（2001）、李永友（2004）、郭健（2006）等分析了宏观负税对总产量的效应，李晓芳等（2005）讨论了政府支出和税收对产量的影响。尽管这些研究选择的数据样本和方法不同，但它们得出结论具有一致性，即大多数都支持"政府支出对总产量和消费产生正效应，而税收对产量和消费产生负效应"的观点。然而，以上研究主要以实证分析为主，而且还存在以下局限，一是样本数据的选择偏重于年度时间序列。而相比年度数据，使用季度数据分析能更好地体现宏观经济短期分析。二是实证分析方法主要是以回归分析为主，方法略显单一，很少使用结构向量自回归（Structural Vector Autoregresssion，SVAR）方法，尽管李晓芳等（2005）、但对分析结论没有进行强健性检验。三是尽管李晓芳等（2005）、王文甫（2010）用到此方法，他们没有对财政政策的宏观效应进行阶段差异性分析。基于此，本书分别选择1992年第1季度至2000年第4季度和2001年第1季度至2010年第4季度这两个阶段相应的中国宏观季度数据，进行比较分析中国财政政策的效应差异性。

本章余下结构安排如下，一是对SVAR模型设定和识别方法进行讨论，二是对中国财政政策的宏观效应SVAR分析，主要讨论1991年第1季度至2000年第4季度和2001年第1季度至2010年第4季度这两个阶段总产量和消费对政府支出和税收冲击的脉冲响应，并进行比较分析。

二、中国财政政策的宏观效应 SVAR 分析

（一）本书 SVAR 模型内生变量的选择及其识别条件

经过30多年的发展，SVAR模型现已发展成为分析货币和财政

政策的效应重要实证分析方法之一，财政政策效应可能比货币政策更适合使用 SVAR 模型来讨论（Blanchard and Perotti，2002），于是本书尝试使用此模型来分析政府支出和税收对净出口、实际有效汇率的动态效应。

关于本书的 SVAR 模型的识别条件确定，我们选取 Blanchard 和 Perotti（2002）制度信息法（institutional information）。一般地，使用 SVAR 分析财政政策问题，识别方法有乔利斯基分解（Cholesky decomposition）（Gali et al.，2007）、叙事法（narrative approach）（Ramey and Shapiro，1998）、制度信息法（institutional information）（Blanchard and Perotti，2002）。制度信息法（Institutional Information）是根据以国家税收或转移支出制度（tax and transfer system）去识别税收和政府支出对经济活动的自动反应。在此，我们们选择制度信息法 SVAR 的识别条件，主要基于以下两个原因，一是叙事法主要用于由于战争原因导致政府支出突然增加情况下的财政政策效应的讨论，二是在本书实证分析中，我们使用乔利斯基分解（Cholesky decomposition）得出总产量对税收收入反应为负，这是不符合经济原理的。因此，我们在此就选用制度信息法来讨论。而在国内李晓芳等（2005）在分析中国财政政策的效应也采用此种方法。我们与 Blanchard 和 Perotti（2002）一样，我们的 SVAR 模型也选择 3 内生变量税收、政府支出和 GDP。SVAR 模型的内生向量可记为 $X_t = [T_t, G_t, Y_t]$，其中 T_t, G_t, Y_t 分别表示税收、政府支出、GDP。

现在来讨论本书的 SVAR 模型的识别条件。SVAR 模型的思路是从简约式来识别结构式的。如果分析的向量是 n 维的，就需要 n × (n - 1)/2 个约束条件。因此，本书的 SVAR 模型的识别需要 3 × (3 - 1)／2 = 3 条件。我们假定税收对当期的政府支出、净出口以及有效汇率没有反应，这是符合经济学原理，由于有税收制度，税收与当期的总产量有关，在此，我们发现如果要使财政政策冲击表现为经济学含义（财政收入对总产量和消费的效应为负，而政府支出对它们的效应为正），那么识别条件如下：1992 年第 1 季度至 2000 年第 4 季度，收入税率对 GDP 的弹性取为 2.32，其他上对角的元素为零；2001 年第 1 季度至 2010 年第 4 季度，收入税率对 GDP 的弹性取为 2.72，同时，财政政策采取相机抉择，政府支出是反周期变化，政府支出对 GDP 的弹性为 -1.86，其他上对角的元素为零。

因此，在我们选用 AB 型（$Au_t = B\varepsilon_t$，u_t 为结构式随机扰动项，ε_t 为简约式随机扰动项）基础上，我们分别把 1992 年第 1 季度至 2000 年第 4 季度和 2001 年第 1 季度至 2010 年第 4 季度可把本书的 AB 型中 3 个约束条件归纳如下：

$$A = \begin{bmatrix} a_{11}, & 0, & -2.32 \\ a_{21}, & a_{22}, & 0 \\ a_{31}, & a_{32}, & a_{33} \end{bmatrix}, B = \begin{bmatrix} b_{11}, & 0, & 0 \\ 0, & b_{22}, & 0 \\ 0, & 0, & b_{33} \end{bmatrix}$$

（1992 年第 1 季度至 2000 年第 4 季度）

$$A = \begin{bmatrix} a_{11}, & 0, & -2.72 \\ a_{21}, & a_{22}, & 1.86 \\ a_{31}, & a_{32}, & a_{33} \end{bmatrix}, B = \begin{bmatrix} b_{11}, & 0, & 0 \\ 0, & b_{22}, & 0 \\ 0, & 0, & b_{33} \end{bmatrix}$$

（2001 年第 1 季度至 2010 年第 4 季度）

（二）数据选择和处理

（1）来看数据的选取。采用中国的 1992 年第 1 季度至 2010 年第 4 季度的相关季度数据，样本容量为 76。由于对变量要扣除物价指数得到实际值才能进行分析，于是对月度的物价水平 CPI 转换，以 1995 年第 1 季度为基期，得出 1992 年第 1 季度至 2010 年第 4 季度的各个季度物价水平。在这里我们用 GDP 表示总产量，而关于 GDP 平减指数只能得到年度，但关于季度的没有，于是利用年度的 GDP 平减指数按照复利计算出季度 GDP 平减指数，最后由实际季度 GDP 由名义季度 GDP 扣除季度 GDP 平减指数得到记为 *RGDP*。政府支出是指财政支出。实际政府支出、实际税收收入、实际净出口、实际居民消费分别由名义政府支出和名义税收、净出口、名义居民消费扣除 *CPI* 而得到，分别记为 *RGE*、*RT*。以上这些数据主要来自中经专网统计数据库。

（2）来看数据处理。先对 *RT*、*RGE*、*RGDP* 这3组数据取自然对数，这可减弱它们的异方差性，并且将它们的对数形式分别记为 $\ln RT$、$\ln RGE$、$\ln RGDP$。随后，在处理数据时，我们发现它们对应的数据具有一定季节性特征，于是在这里使用了 TRAMO/SEATS 方法来对这5个变量的数据进行季节调整。然后，本书应用 ADF 和 PP（Phillips-Perron）方法对调整后的 $\ln RT$、$\ln RGE$、$\ln RGDP$ 各序列进行平稳性检验，结果表明这些调整后的各时间序列存在不平稳性。我们在这里进行 SVAR 模型分析时，不取这些变量的差分形式，因为差分会使以前的一些信息损失，所以在此用 HP 滤波方法得到这3个变量的波动项，并进行 ADF 平稳性检验，发现这些变量的波动项具有平稳性。

我们首先把采用中国的1992年第1季度至2010年第4季度的相关季度数据分为两个时间段，一是1992年第1季度至2000年第4季度，二是2001年第1季度至2010年第4季度。其次，我们使用 Eviews 5.0 对 VAR 方程进行检验，结果表明按照 AIC 准则、SC 准则，选择其滞后2期的形式，这与李晓芳等（2005）利用 SVAR 模型研究中国财政政策的效应时选取的滞后期数相同。Eviews 5.0 运算结果表明，VAR（2）特征多项式的逆根都在单位圆内，所以 VAR（2）是稳定的。分别得到1991年第1季度至2000年第4季度和2001年第1季度至2010年第4季度对应的 AB 型矩阵如下：

$$A = \begin{bmatrix} 1.00 & 0.00 & -2.32 \\ -0.186 & 1.00 & 0.00 \\ 0.0231 & -0.165 & 1.00 \end{bmatrix}, \quad B = \begin{bmatrix} 0.0264 & 0 & 0 \\ 0 & 0.0157 & 0 \\ 0 & 0 & 0.00323 \end{bmatrix}$$

（1991年第1季度至2000年第4季度）

$$A = \begin{bmatrix} 1.00 & 0.00 & -4.72 \\ 0.0435 & 1.00 & 6.86 \\ -0.0714 & -0.165 & 1.00 \end{bmatrix}, B = \begin{bmatrix} 0.0298 & 0.00 & 0.00 \\ 0.00 & 0.0626 & 0.00 \\ 0.00 & 0.00 & 0.0111 \end{bmatrix}$$

（2001 年第 1 季度至 2010 年第 4 季度）

另外，如果我们不使用本书的识别条件，而使用乔利斯基分解（Cholesky Decomposition），即识别矩阵是下三角矩阵形式，可得到总产量分别对政府支出和税收的冲击反应情况，具体如图 11 – 1 和图 11 – 2 所示。从图 11 – 1 中可以观察到，总产量对收入税率的冲击反应开始为正数，接着为负数，然后为负数，而总产量对政府支出冲击的动态效应几乎为负数且效果不是很大，这些结论与经济学原理"税收一般促使产量下降，而政府支出乘数的作用可使产量水平上升"不相匹配，于是本书我们没有选用乔利斯基分解（Cholesky Decomposition）来得到识别条件。因此，本书的 SVAR 模型选用前面讨论的制度法来得到识别条件。然后把数据在 Eviews 中运行，分别得到冲击响应以及方差分解的结果。

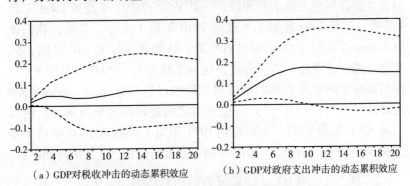

（a）GDP对税收冲击的动态累积效应　（b）GDP对政府支出冲击的动态累积效应

图 11 –1　简约 VAR 中 GDP 分别对税收和政府支出冲击的动态累积效应
（1991 年第 1 季度至 2000 年第 4 季度）

注：CGDP 表示国内生产总值的波动项，CTAX 表示税收的波动项，CGE 表示政府支出的波动项，以下相同。

（3）我们通过施加前面的约束条件，我们得到脉冲反应结果，

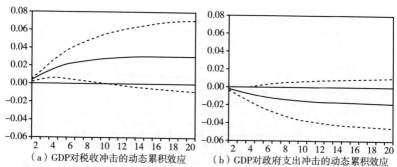

图 11 – 2　简约 VAR 中 GDP 分别对税收和政府支出冲击的动态累积效应
（2001 年第 1 季度至 2010 年第 4 季度）

分别见图 11 – 3，图 11 – 4。同时为了验证本书脉冲响应结果是否具有一定的强健性（robust），我们在 RGE、RT、$RGDP$ 三变量基础上，再加入消费来组成四变量 SVAR 模型，同时施加前面的识别条件，从而来做强健性检验，我们发现四变量 SVAR 所得到在这两时段总产量对政府支出和政府收入冲击的累积效应与三变量 SVAR 所得的具有一致性。此外，我们分别得到在这两个时段，居民消费对财政支出和财政收入冲击的累积效应结果，分别见图 11 – 5 和图 11 – 6。

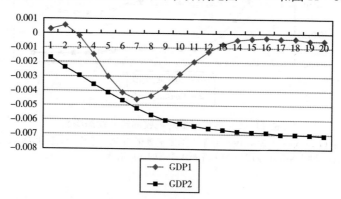

图 11 – 3　GDP 对税收冲击的动态响应

注：GDP1 表示 1992 年第 1 季度至 2000 年第 4 季度的国内生产总值；GDP2 表示 2001 年第 1 季度至 2010 年第 4 季度的国内生产总值。

中国政府支出宏观效应及其传导机制研究

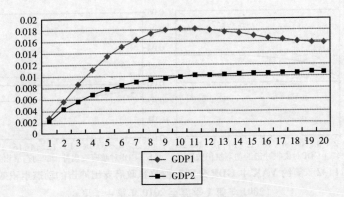

图 11 - 4   GDP 对政府支出冲击的动态响应

注：GDP1 表示 1992 年第 1 季度至 2000 年第 4 季度的国内生产总值；GDP2 表示 2001 年第 1 季度至 2010 年第 4 季度的国内生产总值。

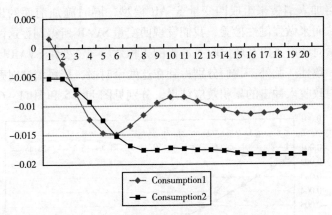

图 11 - 5   居民消费对税收冲击的动态响应

注：Consumption1 表示 1992 年第 1 季度至 2000 年第 4 季度的居民消费；Consumption 2 表示 2001 年第 1 季度至 2010 年第 4 季度的居民消费。

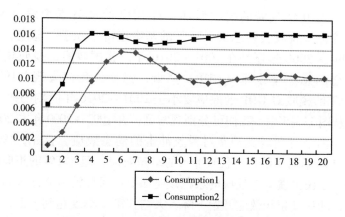

图 11 - 6　居民消费对政府支出的动态响应

注：Consumption1 表示 1992 年第 1 季度至 2000 年第 4 季度的居民消费；Consumption 2 表示 2001 年第 1 季度至 2010 年第 4 季度的居民消费。

（三）脉冲反应分析

从图 11 - 3 中，我们可分别观察到，在 1992 ~ 2000 年和 2001 ~ 2010 年两个时期 GDP 对税收冲击的动态效应。首先，1992 ~ 2000 年 GDP 对税收冲击的动态效应，面对 1% 的正向税收冲击，GDP 动态反应的累积效应如下：GDP 立即提高到一个值，随后其累积效应开始增加，大约在第 2 季度达到最大值。接着 GDP 动态反应的累积效应开始逐渐下降，大约在第 7 季度末达到最小值，且为负值，然后渐渐地增加，向零值靠近，最终在第 15 季度后变为一个稳定值，且为负的较小值。这说明，在 1992 ~ 2000 年时期政府的税收增加，对 GDP 的最终累积效应为负，这是符合"税收会使总量下降"的基本经济学原理。其次，2001 ~ 2010 年这个时期 GDP 对税收冲击的动态效应，面对 1% 的正向税收冲击，GDP 动态反应的累积效应，GDP 立即下降到一个负的较小值，然后随着时间推移，这一累积效应的负效应越来越大，大约在第 16 季度达到负效应最大，并处在一个稳定值。这说明在

2001～2010年政府的税收增加，对 GDP 的最终累积效应为负，这也符合"税收会使总量下降"的基本经济学原理。总之，不管在1991～2000年还是在2001～2010年，我国政府的税收增加都使社会的总产量水平（GDP）降低，然而，我们发现，1991～2000年的税收对 GDP 的效应要小于2001～2010年时期的效应。

从图11－5中，我们可分别观察到，在1992～2000年和2001～2010年两个时期居民消费对税收冲击的动态效应。首先，1992～2000年时期居民消费对税收冲击的动态效应，面对1%的正向税收冲击，居民消费动态反应的累积效应如下：居民消费立即提高到一个值，随后其累积效应开始下降，大约在第2季度达到零值，但是仍然没有停止变为负值并继续下降。大约在第5季度下降最小值且为负数，接着开始增加，大约在第10季度达到极大值，然后又开始较平缓地下降，大约在第16季度变为一个极小值，然后较平缓地上升，大约在第20季度后变为一稳定值，且为负数。这说明，在1992～2000年政府的税收增加，对居民消费的最终累积效应为负。其次，2001～2010年这个时期 GDP 对税收冲击的动态效应，面对1%的正向税收冲击，居民消费的动态反应的累积效应如下，居民消费立即下降到一个负的较小值，然后随着时间推移，这一累积效应的负效应变得越来越大，大约在第17季度达到负效应最大，并处在一个稳定值。这说明，在2001～2010年政府的税收增加，对居民消费的最终累积效应为负。总之，不管在1992～2000年还是在2001～2010年，我国政府的税收增加都使居民消费水平（GDP）降低，然而，我们发现，1991～2000年的税收对居民消费的效应要小于2001～2010年的效应。

从图11－5中，我们可分别观察到，在1992～2000年和2001～2010年两个时期 GDP 对政府支出冲击的动态效应。首先，1992～2000年 GDP 对政府支出冲击的动态效应，面对1%的正向政府支出冲击，GDP 动态反应的累积效应如下：GDP 立即提高到一个值，随后其累积效应开始增加，大约在第11季度达到最大值。接着 GDP 动态反应的累积效应开始较为平缓地下降，大约在第 19 季度达到稳定值，并一直保持不变。这说明，在 1992～2000 年政府支出增加，对 GDP 的最终累积效应为正。其次，2001～2010 年这个时期 GDP 对政府支出冲击的动态效应，面对 1% 的正向政府支出冲击，GDP 动态反应的累积效应如下，GDP 立即上升到一个正的较小值，然后随着时间推移，这一累积效应的正效应越来越大，大约在第 18 季度达到其正值效应最大，并处在一个稳定值。这说明在 2001～2010 年政府支出增加，对 GDP 的最终累积效应为正数。总之，不管在 1992～2000 年还是在 2001～2010 年，我国政府的税收增加都使社会的总产量水平（GDP）提高，然而，我们发现，1992～2000 年的政府支出对 GDP 的效应要大于 2001～2010 年的效应。

　　从图 11－6 中，我们可分别观察到，在 1992～2000 年和 2001～2010 年两个时期居民消费对政府支出冲击的动态效应。首先，1992～2000 年居民消费对政府支出冲击的动态效应，面对 1% 的正向政府支出冲击，居民消费动态反应的累积效应如下：居民消费立即提高到一个值，随后其累积效应开始逐渐增加，大约在第 6 季度达到最大值，接着开始增加，大约在第 12 季度达到极小值，然后又开始较平缓地上升，大约在第 16 季度变为一个极小值，然后较平缓地上升，大约在第 17 季度后变为一稳定值，且为正数。这说明，在 1992～2000 年政府支出增加，对居民消费的最终累积效应为正。其次，2001～2010 年这个时期 GDP 对政府支出冲击的动态效应，面对 1% 的正向政府支出冲击，居民消费的动态反应的累积效应如下，居民消费立即提高到一个值，随后其累积效应开始逐渐增加，大约在第 4 季度达到最大值，接着开始增加，大约在第 8 季度达到极小值，然后较平缓地上升，大约在第 15 季度后变为一稳定值，且为正数。总之，不管在 1991～2000 年还是在 2001～2010 年，我国政府支出增加都使居民消费水平提高，然而，我们发现，1991～2000 年的税收对居民消费的效应要小于

2001～2010 年的效应。

我们把以上分析结论概括如下：

（1）不管在 1992～2000 年还是在 2001～2010 年，我国政府的税收增加都使总产量水平（GDP）和居民消费降低，然而，我们发现，1992～2000 年时期的税收对 GDP 和消费的效应要小于 2001～2010 年时期的效应。

（2）不管在 1992～2000 年还是在 2001～2010 年，我国政府的税收增加都使社会的总产量水平（GDP）消费提高，然而，我们发现，1991～2000 年的政府支出对 GDP 的效应要大于 2001～2010 年的效应，而 1991～2000 年的税收对居民消费的效应要小于 2001～2010 年的效应。

为什么 20 世纪 90 年代和 21 世纪的前 10 年中国财政政策的效应具有一定差异性呢？这可从两个方面看，一是 20 世纪 90 年代初，中国在党的十二大确定社会主义市场改革方向，经济处在起飞初期阶段，市场机制配置资源作用产生的效率处在规模报酬递增阶段，闲置资源开始利用起来，二是进入 21 世纪时，特别在 2001 年加入世贸组织以后，中国市场开放度大大地增强，经济发展水平进入一个新的阶段，资源利用率很高，如近年内的电荒、民工荒等现象可见一斑，有些学者如曾湘泉认为中国经济发展已经接近或达到刘易斯拐点，人均收入已迈入中等收入国家的门槛，经济发展处在经济起飞的中后期。因此，由这两个时期经济发展环境之间有差异性，财政政策的效应就表现为一定的差异性。在 20 世纪 90 年代，经济发展处在起飞早期，市场配置效率刚开始作用，资源未达到充分利用，财政政策的挤入效应就较大，税收负效应就较小，而在 21 世纪的前 10 年，资源利用率相对大大地提高，税收对经济负效应逐渐加强，政府支出的挤出效应相应增加。基于此，就出现：1991～2000 年的税收对 GDP 和消费的效应要小于 2001～2010 年的效应；1991～2000 年的政府支出对 GDP 的效应要大于 2001～2010 年的效应。

（四）方差分解

在这部分我们分别分析，在 1992 年第 1 季度至 2000 年第 4 季度和 2001 年第 1 季度至 2010 年第 4 季度这两个期间，税收冲击、政府支出、总供给冲击对 GDP 波动贡献的大小，即方差分解。

（1）从表 11 – 1 可知，在 1992 年第 1 季度至 2000 年第 4 季度，收入税率冲击、政府支出冲击、总供给冲击分别对总产量的方差分解或波动贡献情况。在第 1 季度内，对总量 GDP 波动的贡献最大来自于总供给冲击，达到 53.964%，其次是政府支出冲击，达到 30.739%，最小是收入冲击对总量 GDP 波动的贡献达到 15.297%。然而，随着时间推移，总供给冲击的贡献率先上升，第 3 季度上升到 59.309%，然后逐渐下降，最后在第 17 季度时表现为 50.940%，趋于稳定值。而政府支出冲击对 GDP 的贡献表现与供给冲击的贡献变化趋势的不同，总的来看，随着时间推移是逐渐增加的，最终在第 17 季度稳定在 38.529%，但是税收冲击对 GDP 的贡献经历了一个先下降再上升的过程，即从第 1 季度的 15.297% 下降到第 7 季度的 8.614%，随后上升到第 10.570%，最终稳定在 15.531% 左右。而产出的标准差从第 1 季度至第 17 季度是逐年上升的，即从 0.0286 上升到 0.0398。最终，对总量 GDP 波动的贡献从大到小，依次为总供给冲击为 64.42%，净出口冲击为 22.72%，收入税率冲击为 10.38%，政府支出冲击 1.72%，实际有效汇率的冲击为 0.76%。总之，在 GDP 波动的贡献中，最终贡献大小依次为供给冲击 50.940%、政府支出冲击 38.529%、税收冲击的 10.531%。

表 11 - 1   从财政政策角度的总产量 GDP 预测方差分解
(1991 年第 1 季度至 2000 年第 4 季度)

期数 　　Cholesky 排序	标准差	税收冲击	政府支出冲击	供给冲击 (总产量冲击)
1 季度	0.0286	15.297	30.739	53.964
3 季度	0.0359	11.522	29.169	59.309
5 季度	0.0369	8.835	35.351	55.814
7 季度	0.0386	8.614	38.663	52.723
9 季度	0.0394	9.038	38.963	51.999
11 季度	0.0396	10.203	38.373	51.424
13 季度	0.0396	10.570	38.283	51.146
15 季度	0.0398	10.537	38.436	51.027
17 季度	0.0398	10.531	38.529	50.940

(2) 从表 11 - 2 可知，在 2001 年第 1 季度至 2010 年第 4 季度这个期间，收入税率冲击、政府支出冲击、总供给冲击分别对总产量的方差分解或波动贡献情况。在第 1 季度内，对总量 GDP 波动的贡献最大来自于总供给冲击，达到 61.255%，其次是收入冲击对总量 GDP 波动的贡献，达到 31.854%，最小是政府支出冲击达到 6.891%。然而随着时间推移，总供给冲击、税收冲击、政府支出冲击对 GDP 波动的贡献率是逐渐下降，最后在第 17 季度时总供给冲击下降到为 50.940%，趋于一稳定值。但是税收冲击、政府支出冲击对 GDP 波动的贡献率逐渐增加的，最终，在第 17 季度税收冲击对 GDP 的贡献最终稳定在 46.701%，税收冲击对 GDP 的贡献率稳定在 46.701%。而产出的标准差从第 1 季度到第 17 季度是逐年上升的，即从 0.0344 上升到 0.0506。总之，在 GDP 波动的贡献中，最终贡献大小依次为：税收冲击 46.701%，供给冲击 40.394%、政府支出冲击 12.905%。

表 11 − 2 从财政政策角度的总产量 GDP 预测方差分解
（1991 年第 1 季度至 2000 年第 4 季度）

期数 ＼ Cholesky 排序	标准差	税收冲击	政府支出冲击	供给冲击
1 季度	0.0344	31.854	6.891	61.255
3 季度	0.0493	47.110	11.455	41.435
5 季度	0.0500	47.538	12.106	40.356
7 季度	0.0502	47.081	12.544	40.375
9 季度	0.0504	46.801	12.776	40.423
11 季度	0.0505	46.723	12.868	40.408
13 季度	0.0506	46.707	12.896	40.397
15 季度	0.0506	46.701	12.905	40.394

以上分析得出的结论是：在 1992 年第 1 季度至 2000 年第 4 季度，在 GDP 波动的贡献中，最终贡献大小依次为供给冲击 50.940%、政府支出冲击 38.529%、税收冲击的 10.531%。但是在 2001 年第 1 季度至 2010 年第 4 季度，在 GDP 波动的贡献中，最终贡献大小依次为：税收冲击 46.701%，供给冲击 40.394%、政府支出冲击 12.905%。由此我们可以发现，从财政视角来看，从 1991～2000 年到 2000～2010 年，关于对 GDP 的贡献大小，供给冲击的贡献由第一位变为第二位，而税收冲击由最后一位变为第一位，政府支出冲击由第二位变为最后一位。

三、结 语

本章分别选择 1992～2000 年和 2001～2010 年这两个阶段的季度数据进行比较分析，利用 SVAR 模型进行脉冲反应及方差分解分析中国财政政策效应阶段的差异性，脉冲反应分析发现，不管在 1992～2000 年还是在 2001～2010 年，我国政府支出增加都使居民消费水平提高，然而，我们发现，1992～2000 年的税收对居民消费的效应要小于 2001～2010 年的效应。方差分解分析，在 1992 年第 1 季度至 2000 年第 4 季度，在 GDP 波动的贡献中，最终贡献大小依次为供给冲击、政府支出冲击、税收冲击的。而在 2001 年第 1 季度至 2010 年第 4 季度，在 GDP 波动的贡献中，最终贡献大小依次为：税收冲击、供给冲击、政府支出冲击。比较发现，从财政视角来看，从 1992～2000 年和 2000～2010 年，关于对 GDP 的贡献大小，供给冲击的贡献由第一位变为第二位，而税收冲击由最后一位变为第一位，政府支出冲击由第二位变为最后一位。

本章分析结论意味着一些政策含义。例如，本章认为，相对从 20 世纪 90 年代，21 世纪的前 10 年税收对总产量和消费负效应变大，因此，在"十二五"期间，政府应该实行减税政策，从而缓解税收对经济产生的负效应，促使厂商的投资和消费增加，以扩大内需来保增长和就业；此外，本章认为，相对从 20 世纪 90 年代，21 世纪的前 10 年政府支出对总产量和消费负效应变小，这说明政府支出的挤入效应越来越小，于是，在"十二五"期间，政府不能运用增加政府投资来保增长和就业，政府应在支出结构上进行调整，应更加关注民生方面支出，以保证居民消费的后顾之忧，使他们主动愿意多消费，同时，政府应在科研教育方面多投入，这在从长期上促使总供给水平的提高，以保证经济有长期增长的动力。

参考文献

[1] 高铁梅：《计量经济学分析方法与建模：Eviews 应用与建模》，清华大学出版社 2006 年版，第 250～259 页。

[2] 郭健：《税收、政府支出与中国经济增长的协整分析》，载于《财经问题研究》2006 年第 11 期。

[3] 郭庆旺，贾俊雪：《财政投资的经济增长效应：实证分析》，载于《财贸经济》2005 年第 5 期。

[4] 董直庆，滕建洲：《我国财政与经济增长关系：基于 Bootstrap 仿真方

法的实证检验》，载于《数量经济技术经济研究》2007年第1期。

[5] 李广众：《政府支出与居民消费：替代还是互补》，载于《世界经济》2005年第5期。

[6] 李晓芳，高铁梅，梁云芳：《税收和政府支出政策对产出动态冲击效应的计量分析》，载于《财贸经济》2005年第2期。

[7] 李永友：《我国税收负担对经济增长影响的经验分析》，载于《财经研究》2004年第12期。

[8] 李永友，丛树海：《居民消费与中国财政政策的有效性——基于居民最优消费决策行为的经验分析》，载于《世界经济》2006年第5期。

[9] 蒙荫莉：《宏观税负与经济增长的实证研究》，载于《数量经济技术经济研究》2001年第2期。

[10] 潘彬，罗新星，徐选华：《政府购买与居民消费的实证研究》，载于《中国社会科学》2006年第5期。

[11] 张海星：《公共投资与经济增长的相关分析——中国数据的计量分析》，载于《财贸经济》2004年第5期。

[12] 王文甫：《价格黏性、流动性约束与中国财政政策的宏观效应——动态新凯恩斯主义视角》，载于《管理世界》2010年第9期。

[13] Bernanke, B., 1986, "Alternative explanations of the money-income correlation", Carnegie-Rochester Conference Series on Public Policy, North-Holland, Amsterdam, 1986.

[14] Blanchard, O. J. and D. Quah, 1989, "The Dynamic Effects of Aggregate Demand and Supply Disturbances", *American Economic Review*, 79 (4), 654 – 673.

[15] Blanchard, O. and Perotti, R., 2002, "An Empirical Characterization of the Dynamic Effects of Changes in Government Spending and Taxes on Output", *Quarterly Journal of Economics*, 117: 1329 – 1368.

[16] Gali, J., 1992, "How Well Does the IS – LM Model Fit Postwar U. S. Data?", *The Quarterly Journal of economics*, 107 (2), 709 – 738.

[17] Galí, J., J. D. López-Salido, and J. Vallés, 2007, "Understanding the Effects of Government Spending on Consumption", *Journal of the European Economic Association*, 5: 227 – 270.

[18] Shapiro, Matthew and Mark Watson, 1988, "Sources of Business Cycle Fluctuations", *NBER Macroeconomics Annual*, 111 – 148.

[19] Sims, C. A., 1980, "Macroeconomics and reality", *Econometrica*, 48, 1 – 48.

[20] Sims, C. A., 1986, "Are forecasting models usable for policy analysis?" *Quarterly Review*, *Federal Reserve Bank of Minneapolis*, 10, 2 – 6.

后　记

　　书稿即将出版，回望博士毕业后的风雨兼程七年，感慨万千！虽已进入不惑之年，但仍有许多困惑，人生大概就是在这许多的困惑中上下求索吧！但是，这七年光阴也拨开了我学习上的一些迷雾，本书可以说见证了我多年来的思考与探索！刚毕业时，带着对经济学研究的热情以及经济学研究如何开展的困惑，选择了中国政府支出宏观效应及其传导机制作为研究方向，其中主要借鉴了现代经济学主流分析框架来展开论述，时光荏苒，一晃七个春秋悄然流逝，形成了目前这一不够成熟的研究成果。

　　这本书虽名曰《中国政府支出宏观效应及其传导机制研究》，但缺憾颇多，因为它并没有完全抓住中国政府支出宏观效应传导机制的内在逻辑，尽管使用了经济学规范的分析框架，但未能把中国经济运行的特色很好地融入其中，因力有不逮，只能留在以后的研究中继续完善了！但是，写作本书的过程，也解决了我学习中的一些困惑，如进行经济学研究需要什么样的知识结构，及其如何与现实衔接？如何提高解决现实问题的能力？如何在新古典框架下来研究中国经济问题？等等。在此，仅对最后一个问题做一番赘述。中国经济的运行既异于西方发达国家，又异于其他发展中国家，具有三大特征——大转型、大国家和大政府，这使中国经济不仅具有西方发达市场国家的市场摩擦性，而且具有较大的经济扭曲性，这意味着，我们的研究不能直接照搬国外的经济模型，而是应该借鉴经济学原理及现代经济学分析框架，引入中国经济特色，达到共性和个性的逻辑统一，这也许是中国经济研究的一个方向，同时，也是我努力的方向。目前，中国财政研究范式与国外还有很大一段距离，中国经济研究范式也处在转型时期，如果这本拙著，能够给读者提供一点新的思考，这将是我莫大的欣慰！

虽然在经济学研究领域浸润多年，涉猎广泛却学无所成！但在近十年的求学中，有很多老师和朋友给予了我极大的帮助，在此深表感谢！首先，要感谢的是：我的硕士生导师罗淳教授，博士生导师朱保华教授，博士后合作导师汪同三研究员和张涛研究员，安徽大学荣兆梓教授和田淑英教授，国家行政学院的冯俏彬教授，西南财经大学马骁教授、刘蓉教授和陈建东副教授，浙江大学方红生教授，浙江财经大学李永友教授，南京财经大学财税学院朱军副院长。其次，也感谢我的一些朋友：上海金融学院章辉教授，华南师范大学王子成副教授，西南财经大学王君斌副教授，江苏省社科院潘艳红副教授。再次，感谢我的妻子、岳母和岳父，是他们替我承担了繁重的家务，照顾好女儿，使我能在经济学空间中自由地遨游，感受求学之乐趣！最后，要感谢的是，时刻挂念在外游子、已进入古稀之年的父母二老！

"无冥冥之志者，无昭昭之明；无惛惛之事者，无赫赫之功"，"道虽迩，不行不至；事虽小，不为不成"。最后，以此共勉！

王文甫

2014 年 6 月 17 日